김흥호의 철학강좌

서양철학 우리심성으로 읽기

- 철인들의 사상 -

김흥호 전집

서양철학 우리심성으로 읽기 Ⅰ

지은이 : 김흥호
초판 발행일 : 2004년 3월 30일
초판 2쇄 발행일 : 2013년 12월 10일
펴낸곳 : 사색출판사
펴낸이 : 최정식
인　쇄 : (주) 약업신문

주　소 : 서울 중앙우체국 사서함 206호
전　화 : 070-8265-9873
팩　스 : 02-6442-9873
홈페이지 : www.hyunjae.org
이메일 : hyunjae2008@hotmail.com
등　록 : 2007. 10. 31. 제16-4315
ISBN : 89-90519-00-4(세트)
　　　　89-90519-05-5 04080

값 12,000원

＊잘못된 책은 바꿔드립니다.
　저자와의 협의하에 인지는 생략합니다.

일러두기

1 — 저자는 1970년부터 1981년까지 12년에 걸쳐 1인人 월간지 사색을 발간했다(총144호). 이것을 1983년에 주제별로 묶어서 전 10권의 전집으로 발간 되었는데 그중 서양철학에 관련된 내용은 5권으로, 고대, 중세, 그리고 근대 합리론에 속하는 철인들의 생애를 쓴『인물중심의 철학사(上)』와 근대 경험론과 현대 자유진영에 속하는 철인들의 생애를 쓴『인물중심의 철학사(下)』, 그리고 플라톤, 스피노자, 칸트, 니체, 하이데거의 작품에 대한 평이한 형이상하적 해설서인『철인들의 작품』, 키에르케고르, 야스퍼스, 니체, 하이데거의 생애와 사상을 살펴본『실존들의 모습』, 도스토예프스키, 릴케등 문학사상가의 생애와 사상을 그린『철학속의 문학』등이 있다.

2 — 그동안 절판된 전집에 대한 재발간이 절실히 요구되어 서양철학의 내용중『철인들의 작품』을 시작으로 전 5권에 대한 재편집을 기획하고, 내용을 독자들에게 더욱 쉽게 읽히도록 하기 위하여 활자의 크기 및 꼴을 바꾸고 문장의 맞춤법과 외국인명 및 저서명을 현대어법으로 수정하였다.

3 — 20세기 한국을 대표하는 신학자인 변선환 박사는 김흥호 선생의 글을 읽고 '김흥호라는 한 한국인의 심성에 비친 그리스도 실존의 모습'이라는 평을 했는데, 서양철학을 우리의 심성으로 이해하고 읽어 나간다는 의미에『서양철학 우리 심성으로 읽기』라는 제목으로 정하였다.

4 — 이 책의 재편집을 위해 이경희/임우식 선생께서 애를 써 주셨으며 인쇄교정에는 신옥희, 차현실 두분 선생께서 수고를 해 주셨다.

머리말

철인의 작품은 수석과 같다. 수석은 자연석이면서 자연석이 아니다. 그것은 예술과 운치가 담겨있는 신공의 조각 같은 것이다.

그것은 수없이 오랜 세월을 바람에 갈리고 물에 쓸려 자기도 모르는 사이 모가 부서지고, 수만 년 물에 씻기어 굴러 내리는 동안에 거친 것이 갈리우고 보드라운 것이 드러나 어느새 따뜻한 자비와 부드러운 온유를 지니게 되어 더 씻기고 더 닦일 것이 없을 만큼 완성된 모습을 지니게 된다.

그리하여 이제는 바람과 물을 거부하고 시간과 공간마저 거부한 채 영원을 안고 무한을 내포하여 하나의 이념처럼 결증하게 된 것이다. 아무도 그 이념을 깨뜨릴 수 없고 아무도 그 신성을 범할 길이 없다. 아무리 이성과 경험의 현대적 무기가 있다 해도 그것으로는 이 돌벽을 깰 수 없다.

그러나 우리가 현대에 절망하고, 나에게 절망하여 하나의 빈탕이 되어 수석을 바라볼 때는 수석은 이미 성벽이 아니요, 그것은 하나의 빈탕에 불과한 것이다.

나도 사라지고, 돌도 사라지고, 이 세상에서 일체가 사라질 때 수석은 다시 한번 찬연하게 빛을 발하게 된다.

 돌은 산이 되고 돌 사이의 흰줄은 폭포가 되고 폭포 아래 작은 구멍은 깊은 소연을 이루어 용이 날고 바람이 일어나 수석은 삽시간에 창조의 신비를 펼쳐낸다. 바위가 굴러 떨어지고, 비가 쏟아지고 해가 뜨고 바닷물이 밀려들고 사람이 몰리고 계절이 돌고 생명이 약동하고 죽음이 교체된다.

 동결되었던 시간이 풀린것이다. 마치 얼음이 풀려 물이 흐르듯 억만년 닦인 이념의 작은 돌이 인간의 상상력을 풀어 준 것이다. 이 때의 수석은 하나의 수석이 아니고 하나의 산 생명生命이요, 하나의 새로운 천지天地이기도 하다.

 그것은 비록 역사 안에서 시작되었으나 역사를 넘어서 그것 자체로서 완벽한 것이면서 언제나 개인의 정신 속에서 형상화되기를 요구하는 영원한 이념이요, 상상력을 해방하는 자유의 근거이기도 하다.

 이것이 철인들의 작품이다.

차례

머리말 ·· 4

제 Ⅰ 장   플라톤 : 소크라테스의 변명
생애 ·· 11
사랑 ·· 22
나라 ·· 37

제 Ⅱ 장   스피노자 : 에티카
영원한 상하 ·· 53
신즉자연 ··· 59
실체 ·· 65
범신론 ··· 71
생명 ·· 77
직관지 ··· 83
합리론 ··· 88
내재론 ··· 94
최고선 ··· 100
감정론 ··· 106
지적애 ··· 112
철학적 신앙 ·· 118

제 Ⅲ 장   칸트 : 순수이성 비판
비판 ·· 127
인식론 ··· 133
형이상학의 역사 ·· 139
선천적 형식 ·· 145
선천적 종합판단 ·· 150
감성론 ··· 156
시공론 ··· 162
범주론 ··· 168

판단론 ··· 174
이성론 ··· 180
변증론 ··· 186
주체론 ··· 192
행복론 ··· 197
실천이성 비판 ··· 203
판단력 비판 ·· 209
인간학 ··· 220

제 Ⅳ 장 니체 : 차라투스트라는 이렇게 말했다
초인 ··· 229
차라투스트라 ··· 235
얼룩소 ··· 241
행복의 섬 ··· 247
감람산 ··· 253
천년왕국 ··· 259

제 Ⅴ 장 하이데거 : 존재와 시간
사차원 ··· 269
존재 ··· 275
현존재 ··· 281
일상성 ··· 287
해석 ··· 292
현상 ··· 298
천명 ··· 304
적멸 ··· 310
적조 ··· 316
진성 ··· 321
독로 ··· 327
유희 ··· 333
관심 ··· 339
생경험 ··· 345
자고 ··· 351
실존 ··· 357
시간성 ··· 363

플라톤
Platon 427-347 B.C.

소크라테스의 변명
Apologia Sokrates 399 B.C.

생 애

 기원전 399년 아테네의 법정에서 행하여진 소크라테스의 변명은 소크라테스가 죽기 싫어서 한 변명이 아니다. 죽음을 각오한 소크라테스가 마지막으로 사랑하는 아테네 시민을 위하여 진정으로 베풀어 놓은 사랑의 잔치다. 우리들은 이 책을 읽어가면서 서산에 넘어가는 장엄한 태양처럼 한없는 인간의 존엄성을 맛볼 수 있다. 괴테가 말하는 것처럼 사람의 아들로서 죽어 가는 소크라테스의 인간적인 죽음은 플라톤의 천재적인 필치를 통하여 우리들의 심금을 울리게 한다.
 우선 간단히 소크라테스의 생애를 적어 놓고, 그가 어떻게 죽게 되는지 그 이유를 찾아보기로 하자.
 소크라테스는 기원전 469년에 아테네에서 태어났다. 아버지는 소프로니스코스란 조각가요, 어머니는 파이나레테라는 산파였다. 어렸을 때 일은 거의 알려져 있지 않지만 한 때 아버지의 직업을 계승하여 석공이 된 일이 있는 것 같다. 클라조메네 출신의 아낙사고라스가 동방으로부터 와서 페리클레스의 친구가 되어 아테네에 오랫동안 머물러 있었기 때문에 아테네에는 기원전 480년경 이오니아 철학이 유행하고 있었다. 그뿐만 아니라 천문학자 메돈, 수학자 테오도로스, 음악가 다몬, 소피스트인 프로타고라스, 고르기아스, 프로디코스, 히피아스 등 다재다능한 인사들이 아테네로 몰려들어 아테네는 세계 문화의 중심지로서 배우기를 좋아하는 젊은이들에게 많은 자극을 주고 있었다.

이때에 소크라테스도 천문학, 기하학, 음악, 변론술 등 그 당시의 유행에 뒤를 따랐으며 특히 아낙사고라스의 사상에는 많은 흥미를 느끼게 되었다. 17세 때부터 아루케라오스의 제자가 되어 28세에 사모스 섬에 출정할 때에는 스승과 동행하기도 하였다. 스승이 죽은 후 젊은 소크라테스는 과학학원(프론티스테리온)의 원장이 되어 하늘과 땅에서 일어나는 신비한 현상들을 탐구하고 설명하기도 하였다.

그러나 소크라테스의 관심은 점차로 철학으로 기울어져 특히 남쪽 이탈리아에서 온 피타고라스학파에게 많은 영향을 받았으며 엘리아의 파르메니데스와 그의 제자 제논과도 만났고 유명한 소피스트인 프로타고라스나 프로티코스와도 논쟁을 하였다. 소크라테스가 30세 났을 때에는 벌써 하나의 당당한 소피스트〔知者〕로서 세상에 알려지고 있었다. 맨 처음에 그의 학설에는 그 당시의 소피스트나 별로 다를 것이 없었다. 그러나 차차 그의 생각이 깊어지면서 그의 관심은 자기 자신이나 아테네 시민들의 마음씨로 기울어지기 시작하였다. 나무나 흙은 아무 것도 가르치는 것이 없다. 그는 자연탐구와 이방에 대한 관심을 버렸다.

그는 28세에 사모스 섬에 출정出征, 30세에 보병으로 포티다이아의 참전, 45세에 데리온 전선戰線과, 47세에 트라기아 북방에 싸우러 나간 것, 꼭 한번 이즈토모스의 축제 경기를 구경 갔던 것 외에는 한번도 외국에 나가려고 생각한 적이 없었다. 언제나 아테네의 시장이나 운동장 근처에서 닥치는 대로 사람들과 만나 웃고 이야기하고 떠드는 것이 그의 일과였다.

 그러나 35세 때 그의 제자 카이레폰이 델포이 신전의 여제관(女祭官, 무녀)으로부터 "이 세상에서 소크라테스 이상의 현인賢人은 없다."라는 신탁神託을 가지고 돌아온 후부터는 그의 사명감은 그의 자각과 더불어 확고부동해지고, 그의 학구적 탐색은 변하여 철학적 활동으로 전개되었다. 그는 전지全知의 하나님이 자기를 현인賢人이라고 하는 뜻은 무슨 뜻일까 하고 자기의 신념을 굳히기 위하여 당시에 이름 있는 학자, 정치가, 비극시인, 기술자 등을 방문하여 치열한 논쟁을 전개한다. 그 결과는 상대방들이 한 치도 양보하지 않는 지적 자신知的 自信에 견주어, 자기편에는 이렇다 할 지적 자신이 없는 것을 깨닫게 되었다.

 그들에게는 하나같이 전공에 대한 신념이 있었다. 그러나 소크라테스에게는 아무런 전공도 없었다. 그는 자기가 무식함을 알았다. 자기는 학자가 아니다. 자기는 아무 것도 모른다. 그러면 세상에 아는 자가 누구냐? 학자냐, 정치가냐, 비극시인이냐? 아니다. 그들의 지식이 어느 정도냐? 그들이 알면 무엇을 알고, 얼마나 안단 말이냐? 이 세상에 하나님 외에 아는 자가 누구냐? 없다. 아무 것도 모르면서 자기가 모른다는 것조차 모르고 있는 어리석은 존재가 아니냐? 만일 나를 현명하다고 하는 것은 사람은 아무 것도 모르고 있다는 인간의 무지를 솔직하게 알고 있는 까닭이 아니겠느냐? 그렇다. 아무 것도 모른다는 것을 알고 있다는 무지無知의 지지知만이 인간의 출발점이다.

 인간은 원점原點에서부터 다시 출발하여야 한다. 인간은 진리 앞에서 백지가 되어 새로운 삶을 가져야 한다. 이 점이 내가 다른 사람들과 다른 점이요, 이 점을 밝히는 것이 신이 나를 지자知者라고 하는 까닭일 것이요, 이 점을 밝히는 것이 신에 대한 나의 사명일 것이라고 생각했다. 그는 만나는 사람마다 신랄한 질문을 던져 사람들을 진정으로 진리 앞에 겸손하게 하고, 젊은이들에게 진리가 무엇인지를 찾아가도록 가르쳐 주었다. 많은 젊은이들이 소크라테스의 날카로운 논리에 자극을 받아 그를 흉내 내어 다른 사람들과 논쟁함으로 세월을 보내는 무리가 생겨 날 정도였다.

소크라테스가 39세 때 아테네의 운명을 결정하는 스파르타와의 펠로폰네소스 전쟁이 시작된다. 소크라테스도 출정하여 가두街頭철학이 일시 중단되나 다시 돌아와서 청년들을 계몽한다. 그러나 소크라테스의 가두철학이 청년들에게 유행으로 번져 사회의 말썽도 빚어내고, 오해도 일으켜 원수도 생기고, 후에 고소까지 당하는 일로 확대되어졌다.

소크라테스의 독특한 철학 활동의 원동력이 된 것은 델포이의 신탁이라고 하였지만 소크라테스는 어렸을 때부터 마음이 깨끗하여 신령의 소리를 듣는 어떤 이상한 영감을 가지고 있었다. 이 영감은 언제나 양심良心의 소리가 되어서 세상 사람들의 부정을 미워하고 썩은 세파에 물들지 않고 언제나 꿋꿋이 살아갈 수 있는 원동력이 되었다. 이것이 다른 사람들과 사귈 때에도 어떤 때에는 사귀는 것을 저지沮止하기도 하였다. 더욱이 의회의 정치활동 같은 것은 못하게 하였다. 그리고 마지막 재판에서 자기가 중형을 언도 받았을 때에도 변호하는 연설마저도 못하게 한 것이었다. 무엇을 하려고 할 때에 못하게 하는 소극적인 저지 능력이 이 영감으로부터 나오는 것이었다.

그러나 소크라테스에게는 또 하나의 다른 성격이 있었다. 그것은 소크라테스만이 가지고 있는 독특한 애정, 에로스이다. 소크라테스에게는 이상하게도 어린애와 같은 순정이 있었다. 누구나 그에게는 친밀감을 느꼈다. 어떤 때는 지나친 애정 때문에 오해를 사는 일도 있었다. 그러나 오해는 곧 풀려 그들은 어느 덧 철학의 세계로 끌려

들고 있었다. 언제나 꾸밈없는 자연스러운 것과 강하게 상대방을 끌어들이는 정신적인 사랑이 그들의 지적 대화에서 뒷받침이 되어 젊은 사람을 끌어가는 것이었다. 육체적인 애정에서 정신적인 사랑으로 그리고 결국은 선의 이데아의 세계까지 끌어올림은 플라톤이 『심포지움(향연 Symposion)』에서 잘 설명하고 있다.

그는 젊은이들을 생각하게 하고, 그들 속에서 어떤 깨달음이 나올 때까지 잘 인도하여 주었다. 그는 겸손하게 "신은 나를 산파로 삼으시고, 나 자신의 생산을 금해서서 나는 아무 것도 아는 것이 없고, 내가 생각해 낸 것은 아무 것도 없지만, 나와 사귀는 사람들은 맨 처음에는 아무 것도 모르는 것 같지만 나와 사귄 후부터는 신의 은총으로 놀랍게 발전하는 것을 의심할 수 없다."고 기쁨의 비명을 지르기도 하였다.

그의 애정이 플라톤을 길러내고 많은 제자들의 눈을 뜨게 하였다. 그는 자연을 알지는 못했으나 사람이 사는 원리를 알아낸 사람이다. 그는 윤리적인 면에서 처음으로 보편적인 것을 찾아 모든 생활에는 그 삶답게 하는 어떤 원리가 있고, 자기 원리를 아는 것이 인생전반에 걸친 근본적 문제라고 하였다. 모든 외적인 활동은 모두 자기 마음속의 깊은 원리 속에 연결되어 있다. 우리의 마음속이 아름답게 관조觀照될 때 사람의 모든 생활은 아름답게 조화될 수 있다.

사람들은 소크라테스와의 기탄 없는 대화를 통하여 자기의 무지無知를 고백하게 되고, 드디어는 진리를 향한 의욕으로 발전되어 보편적인 진리는 외부의 세계에 있는 것이 아니라 자기 자신의 영혼 속에 숨어 있다는 것을 알게 된다. 이것은 외적인 것이 아니요, 내적인 것으로서 이 지知에 눈이 뜰 때 사람은 비로소 자기 자신을 알게 되고, 자기 행동은 어떤 원리에 따라 움직이게 된다. 실천〔德〕은 원리〔知〕가 되고 원리는 실천이 되어 이 원리를 깨달은 사람은 절대 죄악을 행할 수 없게 된다. 자기 자신을 아는 일은 사회를 바로잡는 일이요, 나라를 일으켜 세우는 일이다. 이것이 소위 정의의 정신이요, 이 정신은 후에 규스코스학파로 발전하여 스토아로 발전되지만 아무리 부정한 대우를 받아도 나는 부정을 하지 않는다는 강한 소크라테스의 태도인 것이다.

  소크라테스는 현명한 사람일뿐만 아니라 정의의 용사이기도 하다. 그에게는 지와 행이 하나로 합하였다. 소크라테스는 육체를 지배하는 정신이 있을 뿐 아니라 육체의 속박을 벗어나 유유자적悠悠自適할 수 있는 영혼의 자유도 가졌다. 그는 이 세상에서 덕을 완성할 만큼 바로 산 인생은 언제나 불멸하는 내세의 복락이 자기를 기다리고 있는 것을 믿어 의심치 않았다. 신들과 같이 사는 일과 이 세상에서 많은 정신적인 유산을 남겨 높은 현인들과 만나 대화를 계속하는 것이 그의 소망이었다.

  우리는 이제『소크라테스의 변명』을 읽음으로써 그의 최후의 장면을 알아보기로 하자.

  때는 기원전 399년, 501명의 재판관으로 구성된 아테네의 배심법정에는 정치가 아뉴토스, 변론가 류콘, 시인 멜레토스의 장중하고 허위적인 원고들의 고소연설이 행하여졌다. 이에 대하여 피고인 소크라테스는 평범하고 담담하게 아무 꾸밈도 없는 사투리로 자기의 신념을 토로하였다. 세 부분으로 구분되는 첫 부분은 약간 변명이라 할 수 있는 내용이고, 둘째 부분은 재판관들이 첫 부분의 변명을 들은 후에 투표하여 61표의 차로 유죄로 결정하자 검사의 구형인 사형에 대하여 소크라테스는 형벌이 아니라 국빈으로 대접을 받아야겠다고 말한다. 그러나 친구들의 권유를 받아들여 벌금 30무나 정도는 내도 좋다고 말하는 부분이다. 셋째 부분은 이러한 피고인의 신청이 있자

재판관들은 다시 투표하여 220표의 차이로 원고 측이 승소, 결국 사형이 결정되고, 소크라테스에게 다시 한번 말할 기회를 준다.

 이 때의 소크라테스의 태도는 진리를 깨달은 인간으로서 진리 외에는 아무 것에도 쫓기지 않고 세속적인 감정이나 불안이나 욕망은 추호도 없이 담담하게 자기가 찾아낸 원칙대로 살아가는 좀처럼 보기 힘든 이상적인 인간 태도를 보여 주었다.

 고소장의 내용은 소크라테스는 청년을 부패시키고 아테네의 신이 아닌 새로운 신(다이몬)을 믿는다는 것이었다. 이에 대하여 소크라테스는 되는대로, 생각나는 대로 말하겠다고 하면서 자기가 고발받게 된 두가지 이유를 들었다. 첫째, 35년전, 자기가 진리[無知의 知]를 깨닫던 때 델포이 신전의 아폴로신이 "이 세상에는 소크라테스 이상으로 지혜 있는 사람은 없다"는 신탁이 있었는데, 결국 이 신탁이 많은 사람에게 질투를 일으켜 오늘날 죽게 되는 원인遠因을 이루게 되었다는 것과, 둘째, 가까운 이유로서는 자기의 방법을 악용하여 남을 골려주며 자기를 흉내 내는 젊은이들 때문에 자기가 이런 변을 당하게 되는 것이라고 말했다.

 그러나 청년을 타락시켰다는 것은 사실에 반대되는 일이고, 그를 무신론자로 모는 것도 당치 않은 말이다. 그에게는 사느냐, 죽느냐가 문제가 아니라, 옳으냐[義], 그르냐가 문제였다. 신에게서부터 받은 아테네에 대한 자기의 사명을 행하는 것이 옳은 것이요, 거역하는 것이 옳지 않은 일이다.

 죽음이 무엇인지는 아무도 모른다. 신이 계신데 죽음이 악이 될 수가 있으랴. 바로 산 인간에게는 죽음이 공포가 될 이치가 없다. 진리와 하나가 된 생명에는 죽음이 없다. 죽음은 깊이 든 잠이거나 이 세상에서 저 세상으로 떠나가는 길일 지도 모른다.

 『소크라테스의 변명』은 플라톤에 의하여 너무나 생생하게 기록되어 있다. 플라톤의 작품 중 가장 예술적인 향기가 높고, 소크라테스의 역사적 면목이 뚜렷하게 나타나 있다. 원고 밀레토스의 증언에서 무신론자라는 낙인이 찍힌 소크라테스는 이렇게 말한다.

"아테네 시민 여러분, 나는 여러분에게 간절한 사랑을 품고 있습니다. 그러나 여러분에게 복종하기보다는 오히려 신께 복종하겠습니다. 제 목숨이 붙어 있는 한, 그리고 제가 할 수 있는 한 결코 지혜를 사랑하고 구하는 일을 그만 두지 않겠습니다. 저는 계속해서 여러분을 다시 만날지라도 여러분에게 이렇게 지적하겠습니다. 세상에서 가장 뛰어난 시민들이여, 당신은 아테네라는 지력과 무력에 있어서 가장 뛰어난 위대한 도시국가의 시민이신데 오로지 금전만을 많이 얻으려고 정신을 판다는 것을 부끄럽게 생각하지 않습니까? 평판과 지위에는 마음을 쓰면서도 예지와 진리에는 관심이 없고 정신을 뛰어나게 하기 위해 애를 쓰지는 않고 근신도 하지 않는데 이것을 부끄럽게 여기지 않습니까?"

그리고 젊은이를 타락시켰다는 고발에 대해 변론한 내용이다.

"나는 지금껏 아무의 스승도 된 일이 없습니다. 그러나 내가 말을 하거나 일을 하고 있을 때 듣고 싶어하는 사람이 있다면 그가 젊었거나 늙었거나 거부한 일은 없습니다. 또 돈을 받으면 대화에 응하겠다던가, 돈을 받지 못하면 응하지 않겠다고 한 일도 없습니다. 부자나, 가난뱅이나 한결같이 질문을 받았습니다. 또 희망한다면 누구에게나 제 말을 들려주었던 것입니다. 그러나 그 사람들이 착한 사람이 되느냐, 않느냐는 나의 책임이 아닙니다. 또 아직 어떤 사람에게도 어떤 지식을 주겠다고 약속을 한 일도 없고 또 가르친 일도 없습니다. 그러므로 딴사람이 제게 듣거나 배운 일이 없는데 제게 개인적으로 배웠다든지 들었다고 말한다면 그것은 참으로 여러분, 그 말은 진실이 아닙니다. 만일에 참으로 내가 청년들에게 해를 주고 있다든가 주었다고 한다면 그들 가운데 벌써 장년이 된 사람으로서 자기가 젊었을 때 내게서 어떤 몹쓸 권고를 받은 일이 있었다고 느끼는 분도 있지 않겠습니까? 만일 그런 분이 있다면 지금 이 기회에 스스로 이 자리에 나오셔서 저를 고소하여 앙갚음을 해야 할 것입니다." 그러나 많은 사람들 가운데서 한 사람도 나타나는 사람은 없었다.

  사형언도를 받은 후 소크라테스는 이런 말을 한다.

  "죽음을 면할 명안은 얼마든지 있습니다. 아니 힘든 것은 죽음을 면하는 것이 아니겠지요. 그런 것이 아니겠지만 여러분, 비열한 짓을 면하는 길이야말로 훨씬 힘듭니다. 왜냐하면 죄악이 죽음보다 더 가깝기 때문입니다. 그러나 지금 나는 나이를 먹고 발걸음이 느리기 때문에 먼 죽음을 택합니다만 저를 고소한 사람들은 날쌔고 재빠른 분들이므로 가까운 죄악을 택했습니다. 그러니까 나는 여러분에게 사형을 언도 받고 이 자리를 뜨려고 하고 있습니다만 여러분은 진실을 거슬러 죄악과 부정을 했다는 언도를 받고 이 자리를 떠나는 것입니다. ……

  여러분은 제 죽음을 결정지었지만 제가 죽은 후, 곧 여러분에게 징벌이 내릴 것입니다. 그것은 여러분이 저를 사형에 처한 것보다 훨씬 더 심한 형벌인 것입니다.……왜냐하면 만일 여러분이 사람을 죽임으로써 여러분의 생활태도가 옳지 않다고 비판하는 소리를 막으려 한다면 그것은 좋은 생각이라 할 수 없기 때문입니다.……

  내가 여러분에게 청하는 것은 이뿐입니다. 나의 자식들이 어른이 된다면 제발 여러분은 내가 여러분을 괴롭힌 것과 같은 것으로 복수하십시오. 만일 그들이 훌륭한 덕을 쌓는 일보다 금전이나 그 밖의 일에 주의를 기울인다고 여러분에게 생각이 된다면, 그리고 아직 아무 것도 취할 것이 없는데 벌써 된 것처럼 우쭐거리고 있다고 생각되면, 내가 여러분을 비난한 것처럼 되지도 못하고 된 것처럼 우쭐거리고 있다고 꾸짖어 주십시오. 여러분들이 이런 일을 해 주신다면 나는 물론 자식도 여러분에게 정당한 취급을 받는 것이 되겠지요. 그러나 이제는 끝을 내기로 합시다. 가야할 시간이 되었으니까요. 나는 지금부터 사형을 받기 위하여, 여러분은 살기 위하여, 그러나 우리 앞에 어느 쪽이 좋은 것이 기다리고 있을 것인가는 아무도 모릅니다. 신이 아닌 이상."

이렇게 끝을 맺고 70세의 고령으로 기원전 399년, 아직도 날씨가 싸늘한, 이른 봄 감옥으로 향하게 된다. 표면상으로 소크라테스는 신을 무시하고 청년을 타락시켰다는 추상적인 이유로 재판을 받게 되지만 그러나 구체적인 내막은 약 30년 동안이나 계속되는 스파르타와의 사투死鬪에서 한 걸음 한 걸음 몰락해 가는 아테네의 운명과 정치적인 동요에 기인起因하는 것이었다.

펠로폰네소스 전쟁은 기원전 431년부터 421년까지 약 10년을 제일기로 하여 니기아스 강화로 일단 끝이 난 것처럼 보였으나 7년 후에는 다시 표면화하고 415년 불길한 시라구사원정과 그 실패로 말미암아 아테네는 결정적인 패배의 길을 걷기 시작했다. 405년 강대強大를 자랑하던 해군이 아이고스포다모로에서 패하자 아테네는 지칠 대로 지쳐 그 다음 해인 404년 스파르타군의 아테네 입성과 동시에 약 30년에 걸친 전쟁이 끝이 나게 된다. 이러한 전쟁의 비참한 변화는 새 시대의 진보적 사상가인 30대의 소크라테스를 70이 되기까지 아테네 시민을 채찍질하는 등에(쇠파리)가 되게 하였다.

인류의 스승 소크라테스를 빚어낸 전쟁이 또한 아테네의 교사敎師, 소크라테스를 죽음의 운명으로 몰아넣는다. 하나의 시민교사의 정치에 대한 책임이 이와 같이 날카롭게 추구된 일은 역사상 일찍이 나타나 본 일이 없다.

『심포지움』에서 그처럼 소크라테스를 칭찬한 알키비아데스는 정치가 크레온이 죽은 후 그는 민중의 당파를 이끌고 아테네의 지도적 정치가가 되었다가 니키아스의 평화주의적인 귀족적 당파에 대항하여 제국주의적인 정책을 주장하게 된다. 이것이 비극적인 시라쿠사 원정의 강행이 되고 그 결과는 대 실패가 되어 아테네로서는 다시 회복할 수 없는 치명적인 타격을 받게 된다. 알키비아데스의 정적들은 이 기회를 포착하여 알키비아데스를 본국으로 소환하고 그 책임을 물으려고 하자 알키비아데스는 스파르타로 망명하고 만다. 물론 망명지에서 암살되고 말지만 알키비아데스의 사건은 소크라테스에 있어서도 결코 기분 좋은 일이 아니었다.

기원전 404년 아테네가 항복한 후 스파르타는 아테네의 민주정권을 뒤집어엎고 스파르타의 간섭 아래 30인 집정관의 과두정치를 시행했다. 그 중심인물이 크리티아스요, 카르미데스도 그 가운데 한 사람이었다. 그들은 민주정치의 지도자들을 시외로 추방하고 부자의 재산을 몰수하고 급격한 개혁을 단행하는 공포정치를 실시했다. 겨우 8개월 후에 민주정권의 반격을 받아 무너지고 이 내란에서 크리티아스와 카르미데스도 죽게 된다. 그런데 크리티아스는 플라톤의 삼촌으로 소크라테스와는 잘 아는 처지였다. 물론 소크라테스 자신은 과두정치의 편이 아니었을 뿐만 아니라 과두정권의 살라미스 출신 레온을 잡으라는 명령에 항거하여 자기 집으로 돌아온 일도 있다. 그리고 그는 30인 집정관들을 평하여 이렇게 말하였다.

"소먹이는 목동이 소를 잃고 소의 질을 낮추고도 몹쓸 목동이 아니라면 우스운 이야기지만 국가의 지도자가 시민을 죽이고 국민의 질을 낮추고도 부끄러워 할 줄도 모르고 저급한 지도자라고 인정하지도 않는다면 그것이야말로 우스운 일이다."

그러나 크리티아스와 카르미데스의 사건은 민주당 정권으로 하여금 소크라테스를 사형으로 몰아넣는 동기가 된다. 소크라테스의 고

발자는 크리티아스와 카르미데스를 타도한 민주정치의 유력한 지도자 아뉴토스이기 때문이다.

당시의 아테네의 정치적 정세는 펠로폰네소스 전쟁 자체도 그러했지만 이해利害에 관련된 국가간의 싸움이요, 동시에 일종의 이데올로기적인 면도 있었다. 밖으로는 아테네의 민주주의가 스파르타의 귀족주의와 싸운 것처럼, 안으로는 민주주의적 당파와 귀족주의적 당파가 서로 이해와 이데올로기의 운명을 걸고 다투고 있었다. 따라서 그들의 당파는 귀족주의건, 민주주의건 자기의 이익과 이데올로기 이외에는 무엇에 대해서나 자기 자신을 굳게 봉하고 사상적인 정책으로 깊이 닫아버려 과거의 페리클레스가 자랑하던 언론의 자유나 시민의 자유는 명상의 민주정권이라 할지라도 찾아 볼 수가 없었다. 이러한 불안정한 정치적인 동요 속에서 소크라테스의 쇠파리(등에) 같은 날카로운 비판이나 행동이 그들에게 용납될 리가 없었다.

사 랑

사랑을 말하는 책은 많다. 어떤 의미로는 이 세상의 모든 책이 다 사랑의 주해註解라고 할 수 있겠지만 나는 플라톤의 작품 가운데서 소크라테스의 사랑을 생각해 보고자 한다.

소크라테스의 사랑에 관한 해설은 『심포지움(잔치, 향연-사실은 토론회)』이라는 플라톤의 작품에 나타나 있다. 플라톤이 우리에게 남겨놓은 저서가 30여 권이 있는데 그 가운데서 가장 아름답고 재미있는 책이 이 책이라고 한다. 우리나라에서도 여러 사람들이 번역을 해 놓았고, 세계 고전 전집 중에 『플라톤』이라는 대중판에도 들어 있다.

사랑(에로스)은 본래 희랍의 신神이다. 플라톤의 학교인 아카데미에도 이 신을 모셨다고 한다. 그 이유는 에로스라는 종교적인 신을 소크라테스가 철학적인 관념으로 바꾸어 놓았기 때문이다.『심포지움』에서는 당시의 철학사상을 대표하면서도 아직 종교적인 신화에서 벗어나지 못한 소크라테스 이전의 에로스의 사상을 다섯 명의 연사를 통하여 대변시킨다. 그리고는 마지막으로 소크라테스의 에로스에 대한 새로운 해석으로 옛것을 반박하고 철학적 개념인 새로운 에로스를 내어놓는다. 그 후 소크라테스의 제자요, 군인이었던 알키비아데스가 에로스의 실천자라고 할까, 화신이라고 해도 좋은 그런 사람이 바로 소크라테스라고 말한다.

 이 책의 대략적인 내용은 이렇다. 연회석상에서 토론회가 벌어졌다. 참석한 여러 사람들의 말이 끝나자 다시 술상이 벌어지고 잔으로 마시던 술이 대접이 되어 폭음을 하게 되어 세 사람을 남긴 채 모조리 쓰러진다. 그러나 새벽이 되어서는 그 가운데 두 사람도 그만 녹아 떨어지고 만다. 아무리 술을 마셔도 취하지 않는 사람, 그는 소크라테스였다. 소크라테스는 모두 쓰러지자 툭툭 털고 일어나 나아가 찬물에 목욕하고 그 자리를 떠났다는 것으로 이 책은 끝을 맺는다. 간단히 줄거리를 기록하고 이 책에서 가장 재미있었다고 생각되는 두어 곳을 인용하여 해설을 붙여 본다.

 기원전 416년 아테네에서 열린 문학 콩쿠르대회에서 젊은 비극작가 아가톤이 당선되어 삼만여 명 군중에게 환영을 받는 경사가 일어난다. 그래서 그 후 며칠 동안 아가톤의 집에서는 잔치가 벌어진다. 아마 여기 나오는 사람들이 모이는 것은 둘째 날쯤 되는 모양이다. 거기에는 소크라테스를 위시해서 극작가 아리스토파네스, 의사 에릭마코스, 시인이고 주인이며 고르기아스의 제자였던 아가톤, 군인 알키비아데스, 프로타고라스의 추종자였던 파우사니아스, 웅변가 파이드로스 그밖에 여러 사람이 모였던 것이다.

맨 처음에 파이드로스가 입을 연다. 사랑(에로스)이 가장 근원적인 신이며 사랑의 힘은 죽음보다도 강하며 아무리 비겁한 자도 애인 앞에서는 용감무쌍하게 되니 애인을 가진 젊은이만 싸우러 나가면 전쟁은 반드시 승리할 것이라는 만담조의 웅변을 털어놓는다.

둘째는 파우샤누스, 에로스의 여신에는 두 분이 있는데 하나는 판데모스고, 하나는 우라니오스다. 판데모스는 속된 사랑을 표시하고, 우라니오스는 정신적 사랑을 대표하여 남녀의 사랑은 전자前者에 속하고 사제師弟의 사랑은 후자에 속한다고 교육의 신성을 역설한다.

셋째로 에릭마코스는 의사답게 사랑은 인간의 문제뿐만이 아니라 자연의 모든 상대성 원리가 그대로 사랑의 원리이며 마찬가지로 신의 원리도 사랑에 의하여 움직이는 것이니, 우주만물이 사랑 아닌 것이 없다고 주장한다.

넷째로 아리스토파네스는 희극작가답게 남녀가 사랑하는 이유를 이렇게 말한다. 남녀는 이 세상에 태어나기 전에는 남자와 여자는 한 몸으로 되어 있었다. 눈도 네 개고 팔다리도 여덟 개로 날쌔고, 빠르기가 비수 같고, 보는 것도 예리하여 신들이 자기들의 영역이 침범당할까봐 두려워할 정도였다. 신들은 마침 자기들의 안전을 위하여 사람을 잡아 절반으로 잘라 병신을 만들어서 세상에 내려보냈다. 그래서 남자와 여자는 모두 반편이 되어 남자는 여편을 그리워하고, 여자는 남편을 그리워한다고 희극 조로 대사를 편다.

다섯째로 주인 아가톤이 신의 속성을 찬양하여 모든 아름다운 형용사를 동원하여 신을 찬미한다. 이 때에 소크라테스가 나와 너희들이 말하는 신이나 사랑은 추상적이며 신화적인 것이라고 반박하고 사랑은 너희들이 말하는 것 같은 그런 환상적인 아름다운 것이 아니라 추하다면 한없이 추한, 그러나 그의 대상만은 언제나 미화美化하는 빈곤의 신 페니아와 부귀의 신 포로스의 아들이라고 말한다. 그는 어머니를 닮아서 언제나 궁핍하고 또 아버지를 닮아서 언제나 행복하다고 말한다. 그리고 사랑에는 네 가지 단계가 있어서 이 단계를 올라간 사람만이 참으로 사랑을 말할 수 있는 자격을 가진 사람이라고 말한다.

끝으로 알키비아데스가 나타나 그러한 자격을 가진 사람이 다름 아닌 소크라테스라고 말함으로써 『심포지움』은 끝이 난다.

다음에 기록한 것은 가장 재미있다고 생각되는 곳을 한 두어 곳 인용한 후에 각각 해설을 붙이기로 한다.

"그래서 만일 어떤 사람이 이 땅의 것에서 출발하여 소년에의 바른 길을 통하여 상승하면서 저 아름다움을 보기 시작했다면 그 사람은 저의 마지막 목적에 이른 셈이지요. 왜냐하면 혼자의 힘으로 또는 남에게 이끌려 사랑의 신비에 이르는 올바른 길이란 다음과 같기 때문이지요.

곧 이 땅의 가지가지의 아름다운 것으로부터 출발하여, 끊임없이 가장 높은 아름다움을 목적으로 하여 높이 올라간다는 것, 마치 사닥다리의 층계를 올라가듯 하나의 아름다운 육체에서 아름다운 두 육체로, 아름다운 두 육체에서 아름다운 모든 육체로, 그리고 아름다운 육체에서 아름다운 여러 가지 직업 활동으로, 직업 활동에서 여러 가지의 아름다운 학문으로, 나아가 여러 가지 학문에서 다름 아닌 바로 그 아름다움 자체의 학문에 이르러, 여기서 곧 그는 드디어 아름다움의 본질을 알기에 이른다는 것을 의미하지요.

인생이 여기에 이를 때, 즉 그 아름다움을 보게 될 때 사람에게는 살 보람이 있는 거예요. 한번 아름다움을 본다면 당신은 벌써 황금이나 화려한 옷 따위, 또는 아름다운 소년이나 청년 따위를 생각하지 않게 될 거예요. 지금 당신은 그 청소년들을 보고 제 정신을 잃고, 또 당신이나 다른 사람들도, 사랑하는 소년을 보면서 항상 함께 있을 수 있다면, 먹는 일, 마시는 일 다 잊고 오직 그를 바라보고 그와 함께 있기를 바라지요. 하지만, 만일 어떤 사람이 아름다움 그 자체를 순수하게 뚜렷하게, 그리고 깨끗하게 인간의 육체나 성(sex)이나, 그밖에 죽어서 없어질 하잘 것 없는 것으로 더럽혀지지 않은 모습을 볼 수가 있다면 - 오히려 그 성스러운 아름다움을 항상 같은 형상을 가진 모습으로 본다면, 우리는 그 사람들의 심경을 어떻게 생각해야 할까요?

...... 그의 눈이 그 아름다움을 향하고, 합당한 기관(마음의 눈)으로 보고, 또 그와 함께 살 때, 그 사람의 생활은 비참한 것이 되리라 생각하나요? 혹은 오히려 당신은 필요한 기관(마음의 눈)을 가지고 그것을 보는 사람이 장악한 것은 덕의 환상이 아니라 참다운 덕임을 생각지 못하나요? 또 그가 낳은 것은 덕의 환상이 아니라 참다운 덕임을 생각지 못하나요? 그리고 참다운 덕을 낳고 그것을 키우기 때문에 그 사람은 신께 사랑을 받는 사람이 되지 않겠어요? 또 감히 사람이 죽지 않는 자가 될 수 있다면 그야말로 그 특권을 받지 않을까요?"(『플라톤』, (1968) 현대사상교양전 6권, 한국 자유교양 추진회, pp. 281~283)

소크라테스의 말에 의하면 소크라테스의 사랑은 아름다움 자체에 대한 사랑이다. 이 아름다움 자체에 도달하기 위하여 그는 육체로부터 직업 활동을 거쳐 학문에 이르렀다가 결국은 아름다움 자체에 도달한다. 이 아름다움 자체를 마음의 눈으로 본 사람은 다른 것에 대한 모든 애착은 다 끊어지고 참말로 산 보람을 느낀다. 그리고 덕을 낳아 기르고 신께 사랑 받는 사람이 되고 죽어도 죽지 않는 사람이 된다.

소크라테스가 말하는 아름다움 자체란 무엇일까?

그것은 자기 자체다. 내가 참이요, 좋은 이요, 아름다움이기 때문에 자기 자체를 보는 것처럼 아름다운 것은 없다. 플라톤은 자기 자체를 그려 놓았다. 그것이 아무리 자세하게 그려졌다고 해도 자기 자신을 보지 못한 사람에게는 온통 짐작이 안 갈 것이다.

그러나 누구든지 인생의 지知의 절정에 오르면 플라톤이 말하는 것보다 더 아름다움을 볼 수가 있을 것이다. 인생의 정상은 35세에 도달하는 것이 보통이다. 플라톤은 왜 자기 자체를 그렇게 아름다움이라고 표현했을까? 그것은 그 당시의 철학이 자기 자체를 셋으로 갈라 보았기 때문이다. 첫째로 우주관, 둘째로 세계관, 셋째로 인생관이다. 우주와 세계와 인생을 직관直觀한다는 말이다. 우주인들이 달나라에 가서 지구를 보고 그 아름다움에 놀랐다는데 우리의 마음의 눈으로 우주 전체를 보면 얼마나 아름다울까. 한 번 상상을 해보기 바란다.

본문으로 돌아가서 아름답다는 말은 물론 객관적으로 표현된 사랑의 내용이다. 만일 이것을 객체적客體的으로 표현한다면 매력魅力이라고 할 수 있을 것이다. 소크라테스가 육체의 아름다움이니, 직업 활동의 아름다움이니, 학문의 아름다움이니, 아름다움 자체의 아름다움이니 하는 것은 모든 육체나 이성이 주는 매력, 직업 활동이나 사회적 명성이 주는 매력, 학문이나 지식이 주는 매력, 아름다움 자체, 즉 자기의 본체가 주는 매력이라고 할 수 있을 것이다.

이 매력이라는 말을 다시 주관적으로 고쳐 보면 이성에 대한 그리움 혹은 애착愛着, 명성에 대한 갈구, 지식에 대한 동경憧憬, 자기 자신에 대한 회의懷疑, 즉 도대체 나는 누굴까 하는 수수께끼에 대한 무한한 관심일 것이다.

이 그리움이라는 말을 다시 주체적으로 고쳐 말해 보면 이성을 찾아가고 이성을 위하여 자기 생명까지라도 아낌없이 바친다는 헌신적 사랑, 국가와 사회를 위하여 봉사하고 헌신하는 희생적 사랑, 진리를 탐구하고 지식을 사랑하여 인생을 연구에 바치고 인류의 행복을 위하여 노력하는 진리에 대한 사랑, 그리고 자기 자신을 찾아서 사색하고 명상하고 금식하고 고행苦行하는 무아無我의 사랑, 이러한 모든 주체적인 현실 참여를 말할 것이다. 소크라테스가 말하는 사랑이란 이러한 모든 의식意識활동을 총괄해서 말하고 있다.

객관적인 관조觀照, 객체적인 매력, 주관적인 갈구, 주체적인 참여, 이 모든 것을 합해서 사랑이라고 말한 것이다. 사람은 누구나 사춘기가 되면 자연발생적으로 이성에 대한 매력을 느끼고 아무리 못난 상대라고 할지라도 그렇게 아름답게 느낄 수가 없다. 머리가 길면 긴 대로, 짧으면 짧은 대로 모두 멋이 있고 아름다운 법이다. 상사병이라고 할 만큼 상대방을 그리워 애모愛慕하게 되고 연모戀慕한 나머지 생명조차 부정하고 자기 자신을 불살라 버리는 현상까지도 나타날 수 있다. 명성, 지식, 자아탐구에 있어서는 사람의 인간 의식이 높아질수록 더 심각하고 고상해지는 것이 인간의 상정常情이다.

사람은 누구나 이성에 대한 그리움에서 처음으로 자아를 발견하게 될 것이다. 사회에 대한 직업 활동과 명성에서 자아의 자발적인 투지鬪志를 발견할 수도 있을 것이고, 학문과 지식의 탐구에서 자아의 무한한 가능성을 찾아내어 한없는 기쁨에 잠길 수도 있으리라. 그리고 인간은 자아의 탐구에서 인간의 영원한 신비에 한없는 존엄성을 깨달을 수 있으리라.

사람은 누구나 맨 먼저 성性에 눈을 뜨고, 사회에 눈이 뜨고, 학문에 눈이 뜨고, 자아에 눈이 뜬다. 마음의 눈이다. 소크라테스의 이 4계단은 가장 평범한 모든 사람들의 경험일 것이라고 말한다. 역시 이러한 경험을 치르지 않고서는 인생을 감히 살았다고 할 수 없을 것이다. 세계적으로 보아 자아의 눈이 뜬다는 마지막 단계는 인생의 정상인 35세라고 하였거니와 그 이유는 인생을 70년으로 잡을 때 35세는 인생의 절반이 되기 때문이다. 그리고 이 절정絶頂에 올라와 본 사람은 누구나 세상에 모든 부귀영화보다 자기 자신이 훨씬 가치가 있다고 느끼게 될 것이다. 그것은 자기 자신의 가치가 온 세계와도 바꿀 수 없다는 것을 비로소 깨닫게 되기 때문이다. 이 가치를 발견한 이후의 생활은 그야말로 빛과 힘에 찬 평범한 생활이다.

소크라테스의 말을 빌리면 덕을 낳아 기르는 시기라고 한다. 쉽게 말하여 남에게 자기를 보여 주는 시기일 것이다. 인생의 절정에서 우주와 세계와 인생의 방향을 본 사람만이 다른 사람의 참고가 될 수 있기 때문이다. 철인이 왕이 되든지, 왕이 철학을 배우든지 하는 유명한 플라톤의 말도 이러한 뜻을 의미한 것으로 생각된다. 이 절정에 올라왔다는 것을 동양 사람들은 깨닫는다고 한다. 깨달은 사람을 각자覺者라고 하는데 철학에서는 철인이라고 한다. 자기를 안 사람이란 자기를 본[觀]사람이란 뜻이다.

소크라테스는 일생 "너 자신을 알라"고 외쳤지만 소크라테스야말로 자신을 안 사람이다. 자신을 알아야 자기가 되고, 자기가 되어야 자기를 살고, 자기를 사는 것이 자기를 사랑하는 것이라면 소크라테스의 사랑은 참 자기에 대한 사랑이라고 할 수가 있다.

그 다음 「심포지움」에서 재미있는 곳은 소크라테스의 애제자愛弟子 알키비아데스의 입을 빌려 고백하는 플라톤의 "소크라테스는 에로스 자체, 즉 사랑 자체요, 사랑의 화신化身"이라고 하는 알키비아데스의 연설이다. 그의 연설의 한 토막은 이렇게 쓰여졌다.

"여러분, 나는 소크라테스를 비유로 들어 칭찬합니다. 아마도 이 사람은 그것을 우스갯소리로 삼기 위한 것으로 생각할 거요. 그러나 그 비유는 진실을 위한 것이며, 웃음거리를 만들려는 게 아닙니다.

나는 이렇게 주장하오.
　이 사람은 조각가의 제작장에 웅크리고 있는 저 시레노스의 좌상과 꼭 같소. 작가들은 그 좌상에 퉁소와 피리를 가지게 하였오. 좌상을 양쪽으로 열면 내부에는 신들의 상이 간직되어 있소. 또한 나는 주장하오. 이 사람은 사츄로스의 마르슈아스와 비슷하오. 그런데 소크라테스와 용모가 비슷하다는 점은 당신 자신도 아마 반대할 수는 없을 거요. 그런데, 그밖에 다른 점으로도 당신은 비슷해요. 자 이야길 들으시오.… 당신은 사람을 우롱하는 이요. 그렇지 않아요? 만일 당신이 인정하지 않는다면 증인을 내세우겠오.
　그리고 피릿군이 아니라고요? 그렇지요. 저 마르슈아스보다 훨씬 훌륭한 피릿군이지요. 곧 마르슈아스 쪽으로 말하면, 그는 악기를 사용하여, 입에서 나오는 힘으로 사람들을 혹하게 만들었지만 거기엔 악기가 필요했어요. 오늘도 피리로 그의 곡을 부는 사람은 지금도 그렇게 하지요.… 이를테면 올륨포스가 분 곡은 그의 스승 마르슈아스의 작곡으로 나온 거라고 주장합니다. 그런데 그의 곡을 연주하는 이가 훌륭한 피릿군이든, 엉터리 여자 피릿군이든, 그의 곡만이 청중을 황홀하게 하고 또 스스로 성스럽기 때문에 신과 밀의密議를 요구하고 있는 사람들이 누구인가를 분명하게 하지요. 그런데 당신도 꼭 같은 것을 하지만 다른 점은 악기 없이 산문으로 한다는 점이요. 적어도 우리 경험에 비추어 보면 어떤 사람이 아무리 훌륭한 웅변을 토할지라도 당신과 다른 말을 할 때. 별다른 인상을 받지 못해요.
　그런데 당신이 손수 이야기하는 것을 들을 경우는 물론 혹은 당신의 이야기를 제삼자를 통하여 들을 경우도 아주 서툴더라도 청중이 여자든, 남자든, 소년이든, 우리는 놀라고 마음을 빼앗기고 맙니다.
　여러분, 참말로 내가 몹시 취해 있지 않다고 생각하신다면 내 자신이 사람의 언론으로 어떤 처지에 빠졌는 지, 또 지금도 빠지고 있는

지 맹세하고 여러분에게 말하겠소.… 사실 그 말을 들으면 내 심장은 밀의密議를 축하하는 열광적인 고류반테스보다도 훨씬 격심하게 뛰어 놀고 그 사람의 말에 이끌려 눈물을 흘리지요. 그 외에도 많은 사람이 이와 꼭 같은 경험을 한 것을 보았소. 그런데 페리클레스나 다른 웅변가들의 이야기를 들을 때엔 참 말을 잘하는구나 하고 생각하지만 지금 말한 그런 느낌은 전혀 느끼질 못했소. 내 가슴이 벅차 오르지도 않았고 또 마치 노예상태에 빠진 때처럼 노여운 기분이 된 적도 없었소.

이와 반대로 여기 있는 이 마르슈아스는 현재의 나처럼 이런 생활은 더 참을 수 없다는 생각을 몇 번이나 일으켰소. 소크라테스. 당신은 진실이 아니라고 할 수 없겠지요.… 지금도 난 잘 알 수 있어요. 이 사람에게 귀를 기울이자 난 저항할 수 없이 그런 처지에 빠지지 않을 수 없었어요. 왜냐하면 이 사람은 나 자신 아직 부족한 곳이 많으면서도 자신을 희생하여 아테네의 나라 일을 하고 있다고 어쩔 수 없이 인정하게 만들기 때문이죠. 그래서 나는 마치 노래로 사람을 매혹시키는 사이렌에게서 도망치듯 억지로 귀를 막고 도망치지요. 노인이 되기까지 여기서 그에게 붙어있고 싶지 않으니 말이오. 그런데 나는 이 사람에게만은 아마 아무도 내게 기대하지 않는 그런 기분을 경험합니다. 곧 그것은 사람에게 대한 수치요, 나는 이 사람 앞에서만 부끄러워하오. 그것은 곧 내겐 이 사람에게 당신이 명하는 것을 할 필요가 없다고 반박할 수는 없다는 것, 그리고 이 사람을 떠나자마자 많은 사람의 존경을 얻으려는 욕망에 압도된다는 것을 잘 자각하고 있기 때문이요.

그래서 나는 이 사람을 벗어나 도망치오. 하지만 다시 그를 만나면 앞서 이 사람에게 한 양보를 돌아보고 부끄러워하지요. 그래서 이 사람이 이 세상에서 사라진다면 얼마나 좋을까 하고 생각한 일조차 있었소.

그렇긴 하나 만일 그런 것이 사실이 된다면 나는 훨씬 더 괴로워할 것도 잘 알고 있소. 그러니까 이 사나이를 어떻게 다루어야 좋을지 나는 모르겠소."(앞책 pp. 290~292)

위의 말을 통해서 소크라테스가 얼마나 매력적인 인간이었는지를 알 수 있다. 사랑의 화신化身이란 말은 소크라테스는 이제는 사랑을 하는 사람이라기보다는 사랑을 받는 사람이 되었다는 말이다. 소크라테스는 플라톤이나 알키비아데스의 사랑의 대상만이 아니다. 그후 많은 소크라테스 학도들의 존경의 대상이 되었으며 오늘날은 온 인류의 사랑이 되고 말았다.

에로스는 소크라테스 당시에는 하나의 신이었다. 희랍의 민족신이다. 그러나 민족신 에로스는 이미 생명을 잃고 하나의 우상이 되었었다. 소크라테스는 이것을 보고 가만있을 수가 없었다. 소크라테스는 신의 위치에 있던 에로스를 인간의 위치로 바꾸었고, 에로스를 신과 동물 사이의 중간 존재인 정신으로 고쳐 놓았다. 이리하여 에로스는 철학적인 생명으로 다시 살게 되고, 철학은 민족적이고, 국가적인 것으로 삼게 되었다. 그렇게 되기 위해서 소크라테스는 철학의 자리에 앉은 희랍의 신들에게 대하여 회의를 품기 시작하였다. 호메로스의 민족신은 신이 아니다. 하나의 관념이요, 우상이다. 소크라테스에 의하면 신은 관념이 될 수 없다. 동시에 신은 국가적인 신이 될 수가 없다. 국가는 철학의 대상이지, 종교의 대상은 아니다. 종교가 민족종교로 될 때 그것은 참다운 종교라고 할 수가 없다. 종교는 세계적인 것이다. 그리고 신은 살아 계신 실재다. 국가적 민족적인 탈을 쓴 신들은 민족 의지의 표상은 될지언정 신은 될 수가 없다. 그는 민족종교를 비난하고 다신교적 신관에 불만을 품었다.

소크라테스에 의하면 신은 한 분이요, 온 세계의 섭리자이신 한없이 높고 살아 계신 실재이다. 그는 그 당시의 사람들이 생각하던 신들에 대한 개념을 한없이 높은 것으로 끌어올리는 동시에 아테네 사람들이 신이라고 생각했던 그 자리에 정신(다이몬)이라는 새로운 존재를 가져다 놓게 된 것이다. 그 당시 사람들에게 신이었던 에로스가 소크라테스에 의하여 생각하는 정신이 된 것이다. 희랍의 민족종교가 차지했던 자리를 철학으로 바꾸어 놓은 것이다. 이리하여 민족신이 올라앉았던 자리에 철학 정신인 에로스가, 그리고 그의 화신인 철인이 그 자리를 채우게 된 것이다.

에로스는 종교의 대상이 아니라 철학의 대상이 되었다. 이리하여 지금까지 아름다움과 추한 것, 착한 것과 악한 것, 참과 거짓, 신적인 것과 동물적인 것으로 갈라졌던 깨어진 세계가 에로스라는 중간 존재를 통하여 다시 화합하기 시작하였다. 또 다시 조화된 인간, 조화된 세계, 조화된 우주가 나타나게 되었다. 사랑은 분열된 인격의 완성이요, 단절된 세계의 통일이요, 깨어진 우주의 화합인 것이다.

소크라테스는 언제나 자기를 중간자로서 자각하였다. 그는 모든 것을 다 아는 사람도 아니요, 그렇다고 아무 것도 모르는 사람도 아니다. 모르는 것을 비관하고 끝없이 알려고 노력하는 중도자中道者이다. 알려고 노력함을 애지愛知라고 한다. 모르는 것을 고백함은 무지의 자각이라고 한다. 혹은 무지無知의 지知, 즉 아무 것도 모른다는 것을 깨닫고 분발한다라는 뜻이다. 그런고로 적극적인 표현인 애지와 소극적인 표현인 무지의 지는 모두 중도자로서의 에로스의 별명이라고 할 수 있을 것이다.

철학은 지식의 소유자도 아니고, 지식이 아주 없는 자도 아니다. 애지, 즉 지식을 갈구하고 지식을 사랑하는 사람이다. 그런 의미에서 굳어버린 학자도 아니요, 교만한 소피스트도 아니다. 끊임없이 찾아가는 탐구자이다. 지식을 쌓아 놓고 팔아먹는 소피스트처럼 교만하고 굳어버린 우상이 아니다. 언제나 굶주린 독수리 새끼처럼 먹어도 먹어도 배부를 줄 모르는 젊음이요, 산 정신이다.

　애지자는 결코 지자도 아니고 무지자도 아니다. 자기가 아무 것도 모른다는 것을 깨닫는 것이다. 깨달았다는 말은 가만히 있는 것이 아니라 노력하는 상태이다. 땅 속의 보물을 만사 제쳐놓고 파는 사람이다. 다른 사람을 돌아볼 겨를도 없이 다른 사람도 모르게, 다른 사람이야 무엇이라고 하든 어떤 때에는 조소도 받고 박해도 받고 또는 목숨을 잃는 어려움을 당하면서도 힘있게 탐구하는 사람이다. 그런 의미에서 애지는 탐구자의 정신이다. 소크라테스도 애지자였다. 그런데 어느 날 그는 보물을 찾고야 말았다. 이 보물을 찾은 사람이 소크라테스다. 소크라테스를 에로스의 화신이라고 본 플라톤의 직관은 날카로운 것이라고 할 수 있을 것이다.

　알키비아데스는 소크라테스를 황금의 신상神像이 간직된 시레노스라고 표현하고, 소크라테스의 말을 사츄로스의 하나인 마르슈아스의 피리라고 비유한다. 함께 다니는 몸은 말이요, 머리는 사람으로서 코가 납작한 대머리의 노인이다. 황금의 신상은 빛나는 지혜를 상징한다. 허름한 겉차림에 지혜를 간직하고 있는 사람, 가장 어리석은 것 같으면서 가장 현명한 소크라테스, 자기 자신은 아무 것도 모른다는데 델포이 신탁神託은 이 세상에서 소크라테스보다 현명한 사람은 없다고 한다. 어째서 이러한 일이 있을까? 그것은 소크라테스가 처음으로 엄밀한 의미에 있어서 철학자이기 때문이다. 아직도 철학과 과학이 구별되지 않았을 때 소크라테스는 그것을 처음으로 알아낸 사람이다.

　철학은 자연의 탐구가 아니다. 외부세계의 탐구가 아니다. 인생의 탐구요, 내부세계의 탐구다. 사물을 아는 것이 아니라 자기를 아는 일이요, 자기 정신을 아는 일이다. 자연을 아는 면에 있어서는 소크라테스는 시레노스에 불과하다. 아무 것도 모르는 어리석은 바보였다. 소크라테스가 찾아가는 학자 소피스트마다 소크라테스보다 월등하게 아는 것이 많았다. 소크라테스는 인문과학이나 자연과학이나 사회과학이나 어떤 면에 있어서도 소피스트의 경쟁자가 아니었다. 그러한 의미에서 소크라테스는 머리는 사람이요, 몸은 말이요, 발은 염소며, 꼬리는 뱀이라고 하는 희랍신화의 반인반수半人半獸인 어리석게 생긴 노인임에 틀림이 없다.

그러나 시레노스의 석상石像안에는 황금의 신상인 자기를 안다는 철학이 있다. 거기에는 자기가 있다. 자기의 입장이 있다. 이 입장에 서면 아무리 거친 세파世波도 이 반석을 무너뜨릴 재간이 없다. 황금의 신상은 영원불변하는 지혜의 빛을 가지고 있었다. 영원을 비치는 철학의 빛이 깜깜한 인간의 마음을 비치기 시작한 것이다.

소크라테스는 자기를 알았다. 아는 것이 힘이었다. 소크라테스는 자기 속에서 한없는 힘이 용솟음쳐 나오는 것을 느꼈다. 소크라테스는 이 힘을 가지고 아테네의 운명을 바로 잡으려고 무한히 애를 쓴 사람이었다. 소크라테스는 거리로 뛰어 나갔다. 그의 힘은 말씀이 되어 끝없이 흘러 나왔다. 소크라테스의 말의 힘, 그것은 웅변가, 페리클레스도 갖지 못한 강한 것이었다. 그 말에는 힘이 있었다. 이 힘에 아테네의 젊은이들이 끌리기 시작하였다. 알키비아데스도 이 말의 힘에 끌리었다. 그는 희랍신화의 마르슈아스의 매혹적인 피리를 소크라테스의 말의 매력에 비교한 것이다.

마르슈아스는 사츄로스의 일종으로 피리를 발명한 반신반수이다. 사츄로스는 시레노스의 졸도로 머리는 사람이요, 몸은 염소라서 시레노스보다 조금 적은 괴물로서 언제나 시레노스와 같이 디오니소스 신을 모시고 다니면서 디오니소스 신의 시중을 든다. 마루슈아스는 특히 음악으로 시중드는 사츄로스의 하나로 그 피리소리에 매혹되지 않은 이가 없었다. 플라톤은 소크라테스의 인격을 황금신상을 가진 시레노스에 비하고 그의 말의 매력을 마르슈아스의 피리에 비교한 것이다.

 이러한 철인, 소크라테스를 만나 본 그 시대의 젊은이들은 얼마나 다행이었을까? 플라톤이 소크라테스를 얼마나 사숙私淑하고 존경하고 앙모하였는지는 플라톤이 신에 드린 네 가지의 감사 속에서 넉넉히 짐작할 수 있다. 그는 마지막 감사에서 소크라테스와 같은 시대에 태어났다는 것을 무한한 영광으로 생각하였다.

 오늘 그는 가고 바람에 갈리고 비에 씻긴 그의 석상石像이 남아있다. 고대 조각의 유물로 우리에게 전래된 소크라테스의 흉상을 보면 비록 성인이라는 선입관념을 가지고 볼지라도 그리 잘생긴 모습은 아니다. 머리는 버스러지고 얼굴은 크고 둥글며 눈은 우묵하고 번쩍이며 코는 넙죽하여 여러 만찬회에서 그 코 값을 한 것으로 생각되는 바, 그 외모야말로 가장 유명한 철학자의 얼굴이라기보다는 어떤 집 하인의 얼굴로 보아도 좋을 것이다.

 그러나 단지 한번 자세히 들여다보면 그 석상의 조잡한 모습을 통하여 말할 수 없이 친절한 인간미人間味와 끝없는 겸양과 단순함이 드러나 보인다. 아테네의 가장 훌륭한 청년들로 하여금 진정을 다하여 사랑하고 존경하게 한 큰 스승 소크라테스, 우리가 비록 그에게 대하여 아는 것이 태무하다 할지라도 그러나 귀족적 플라톤과 학자적 아리스토텔레스보다는 훨씬 잘 알고 있을 것이다.

 2300년을 격한 오늘의 우리도 언제나 때묻은 옷에 유유히 광장을 거닐며 온갖 정치적 소요에 흔들림 없이 만나는 사람과 더불어 이야기하며 젊은이와 학자들을 모아 가지고 신전회랑神殿廻廊의 그늘진 모퉁이에서 그들의 쓰는 말의 뜻을 새기고 있는 소크라테스의 호화롭지 못한 모습을 더듬어 볼 수가 있을 것이다.

나 라

 옛날부터 서양 속담 중에 "철학은 플라톤이요, 플라톤은 철학이다."라는 말이 전하여 온다. 특히 미국의 유명한 사상가 에머슨은 "철학의 역사는 즉 플라토니즘의 역사다."라고 말하고, 영국의 철학자 화이트헤드가 "구라파의 철학의 전통은 플라톤에 대한 일련의 각주脚註로 성립되어 있다."고 말한 후 플라톤은 현대에 와서 더욱 관심을 끌게 되었다.
 철학자는 시인이다. 극작가인 플라톤의 30여 편에 달하는 주옥같은 문장들은 인류의 언어, 문화의 신품神品이요, 불후의 고전이라고 할 수 있을 것이다. 그러나 그 가운데서도 플라톤 사상의 집대성이요, 총결정이라고 볼 수 있는 『이상 국가』, 희랍어로 폴리테이아Politeia는 하나의 경이驚異요, 영원히 참신한 인간 정신의 원천이라고 할 수 있을 것이다. 다행이 우리 나라에서도 번역이 나왔고(『플라톤』: 현대사상교양전 제6권 1968), 몇 가지 해설판도 나온 것 같다.
 인류가 오래 전부터 가지고 있는 거의 모든 문제가 어떤 때는 신화 형식으로, 어떤 때는 문학 형식으로, 그리고 동시에 철학적인 사색으로 부각된 것 같다. 『이상국가』는 플라톤의 사상과 인격이 가장 원숙한 경지에 이르기 시작한 50대에 쓰여진 것 같다. 그의 대화편 중에서 단연 중심적 위치를 차지할 수 있는 대표작으로서 십 권, 오 백 페이지에 달하는 방대한 저술이다. 철인정치를 중심으로 하여 교육론, 심리학, 윤리학, 사회학, 예술론을 위시해서 이데아의 고답적인 철학 이론이 나오는가 하면 처자의 공유론도 나오고 지배 계급의 사유재산 폐지론도 나온다.
 그러나 국가론의 가장 핵심은 정의正義에 대한 본질 추구이다. 플라톤이 생각하는 정의란 한 마디로 나를 위하는 것이 그대로 남을 위하는 것이 될 때에 성립된다. 제1권에서 정의가 모색되어 그 당시의 정의에 대한 두 가지 의견, 즉 정의란 "자기가 마땅히 갚아야 할 부채를 갚는 것이다."라는 남을 위하는 생각과 "정의란 강자의 이익에 불과하다."라는 자기를 위하는 생각을 논박하고, 제4권에 이르러 정의는 저마다 자기 할 일을 다 하고 남을 방해하거나 간섭하지 않는다는, 자기를 위하는 것이 그대로 남을 위하는 것이 된다는 소크라테스의 의견으로 통일되게 된다.

 이 세상에서 흔히 되어지는 꼴을 보면 자기를 위하면 남에게 손해가 가고 남을 위하면 자기에게 손해가 간다. 즉 자기를 위하는 것과 남을 위하는 것은 언제나 정 반대요, 모순되게 마련이다. 그런데 이 모순으로 나타나지 않고 하나로 통일이 되면 정의가 실현되는 것이다. 쉬운 예를 들면 어린애는 배가 고플 때는 어머니의 젖을 먹게 된다. 그때 어머니는 젖이 불어서 아프던 차에 어린애가 젖을 먹으니 시원해서 빙그레 웃으면서 어린애의 좋아하는 모습을 바라다보고 있다. 빼앗는 자와 빼앗기는 자가 피상적으로 보면 서로 원수요, 모순이지만 어머니와 아들이란 사랑 속에서는 이것이 기쁨이 되고 하나가 된다. 어린애를 위하는 것이 어머니를 위하는 것이요, 어머니를 위하는 것이 어린애를 위하는 것이다.

 우리가 정의를 한 마디로 사랑이라고 표현한다면 그 이상 할 말이 없다. 그러나 인간은 이성적 동물이다. 이 사랑이 지知적으로 표현되기 전에는 만족할 수가 없는 것이다. 사랑을 지적으로 표현한다는 말 자체가 모순일 지도 모른다. 그러나 이 모순을 통일할 수 있는 것, 그것이 인간이다. 그런고로 정의는 인간의 근본능력이다. 인간은 누구나 정의를 실현할 수가 있다. 개인에 있어서 이 능력이 실현될 때 국가에 있어서도 이 능력은 실현될 수 있을 것이다.

 플라톤의 '이상 국가'는 공상이 아니다. 현실화될 수 있는 국가이다. 그런 의미에서 '이상 국가'라기 보다는 영국식으로 '공화국'이라고 부르는 것이 좋을 것이다. 플라톤의 국가는 그 모습이 가장 가까운 중세기의 기독교 국가에서 이루어졌다고들 한다. 그것이 어느 정도였는지는 확실하지 않지만 하여튼 현실성 있는 이상국가라고 할 수 있다.

  플라톤이 이상국가를 쓴 것도 물론 소크라테스의 영향이었다. 그는 소크라테스의 인격에서 전연 이질적인 두 요소가 하나로 뭉치어 아름답게 조화를 이루고 있는 것을 보았기 때문이다. 소크라테스는 진정으로 자기를 위하는 사람이었다. 그런데 자기를 위한 모든 것은 남과 국가를 위한 것이 되고 말았다. 플라톤은 소크라테스의 인격에서 하나의 기적을 보았다. 플라톤은 또 다시 이 기적을 국가에서 시도해보려고 하는 것이다. 자기를 위하는 것이 어떻게 남을 위하는 것이 될 수 있을까. 나와 남은 어떻게 하나가 될 수 있나? 플라톤의 대답은 간단하다. 그것은 성숙이라는 것이다. 남자가 성숙하면 여자를 위하게 되고, 여자가 성숙하면 남자를 위하게 된다. 성숙만이 이질적인 것을 하나로 만드는 것이다. 소크라테스의 기적도 역시 그의 인격의 성숙에 있었다.

  소크라테스의 인격은 어떻게 성숙해졌을까? 이 비결은 아무도 모른다. 다만 성숙했다는 사실이 있을 뿐이다. 억지로 말해 보면 그 시대가 그를 성숙하게 하였다고 할 수밖에 길이 없을 것이다. 육체의 성숙도 마찬가지다. 나이가 스무 살이 되니, 자기도 모르게 성숙해졌다고 할 수밖에 없지 않을까. 소크라테스도 하나의 시대의 아들이다. 그 시대가 소크라테스를 그렇게 성숙하게 하였다고 할 수밖에 없다. 국가도 마찬가지다.

  이상국가가 언제 실현될 것이냐? 아무도 모른다. 다만 때가 되면 이상국가가 될 것이라고 밖에 할 수가 없을 것이다. 때가 찰 때에 비로소, 이것이 인류의 영원한 소망일 것이다. 플라톤은 때가 찬다는 말을 철인이 나타난다는 말로 표현을 했다. "철인이 왕이 되든지, 혹은 왕이 철인이 되어야 한다." 이것이 제5권에 나오는 유명한 말이다.

"철인이 왕이 되든지 왕이 철학을 배우든지 하기 전에는 이상국가는 이루어질 수 없을 것이다."

철인과 왕은 정반대 되는 개념이다. 하나는 지혜의 상징이요, 하나는 권력의 상징이다. 하나는 이타주의의 극치요, 하나는 이기주의의 극치다. 이 반대되는 두 극단이 하나가 될 때 이상 국가는 실현이 된다.

플라톤은 제5권에서 이상국가가 실현되기 위해서는 세 가지 난관이 있는데 이것이 최대의 난관이라고 하였다. 사실 이 난관은 인간의 힘을 넘어서서 있을 지도 모른다. 혹은 인간은 시대를 낳는다고 하였으니, 인간의 힘으로 이루어질 수 있는 것인 지도 모른다. 솔직히 말하면 인간의 힘으로 되는 것은 아니나, 인간의 힘없이 되는 것도 아니다. 예를 들면 가르쳐서 인간이 되는 것일까? 안 된다. 그 이유는 말을 물가로 끌고 갈 수는 있지만 말에게 물을 먹일 수는 없는 것과 같다.

인간은 인간이 어떻게 할 수 없는 그 무엇이 있다. 인간의 개성이라고 할까, 존엄성이라고 할까. 그러나 이 개성과 존엄성이 배우지 않고 이루어질 수 있을까? 그것은 안 된다. 물 없이 씨앗은 자랄 수 없기 때문이다. 그렇다고 물만 주면 씨앗은 자라느냐 하면 또 그렇다고 할 수도 없다. 역시 봄이라고 하는 때가 와야지 겨울에 물만 준다고 하여 되는 것은 아니다. 물을 주어서 되는 것은 아니지만 물을 안 주어도 안 된다. 인간의 힘으로 되는 것은 아니지만 인간의 힘 없이도 안 된다. 가르쳐서 되는 것은 아니지만 배우지 않고 되는 것도 아니다. 전통만으로 창작이 나오는 것은 아니지만 전통 없이 창작은 나올 수가 없다. 그런고로 플라톤은 가르쳐서 되는 것은 아니지만 가르치지 않을 수도 없다는 것이 그의 교육관이다. 이것은 유명한 덕을 가르칠 수 있느냐 하는 소크라테스의 물음이다.

그래서 그는 국민교육과 철인교육을 역설한다. 국민교육으로는 3장, 4장의 3계급의 교육이다. 산업계급과 방위계급과 지배계급이다. 이것은 개인의 육체에 비할 수도 있다. 배와 어깨와 머리가 이에 해당한다. 그는 심리학도 동원하여 정신의 세 가지 부분을 말하기도 한다. 정욕과 기개와 지성이라는 것이다. 플라톤은 그 위에 윤리학도 동원한다. 산업계급의 절제와 방위계급의 용기와 지배계급의 지식을 각각 배당한다. 전 국민에 대한 끈질긴 교육이 시작된다. 우선 20세까지 체조와 음악을 통하여 국민의 정신과 신체의 건강이 보장된다. 건강한 사람은 누구나 산업에 종사할 수 있다. 모든 국민 가운데서 우수한 자를 뽑아서 10년간 다시 특수교육을 한다. 그래서 국가를 유지할 수 있는 문관과 무관을 만든다. 그 후 다시 우수한 사람을 뽑아 또다시 10년을 교육한다. 이번에는 철학과 전공 지식이다. 40년 동안 교육을 받은 셈이다. 이리하여 지배계급이 나타나게 되는 것이다. 이 세 가지 계급은 모두 산업 부문에서, 방위 부문에서, 지배계급에서 가장 우수하고 실력 있는 사람들이다. 곧 절제와 용기와 지혜를 가진, 힘있는 사람들이 나타나게 된 것이다.

그러면 이것으로 이상 국가는 성립할 수 있을까? 아니다. 여기 이 사람들과는 전혀 이질적인 다른 차원이 들어와야 한다. 지혜와 용기와 절제의 삼차원으로서는 국가가 성립 안 된다. 그것은 마치 수탉 없이 낳은 계란이 어미의 품에서 썩고 말듯이 절제 있는 산업계급과 용기 있는 방위계급과 지혜 있는 지배계급도 부정부패를 면할 길이 없다. 이유는 생명이 없는 까닭이다.

생명이 되기 위해서는 이질적인 요소가 들어와야 한다. 그것이 철인이다. 철인은 힘의 세계가 아니다. 힘과는 아주 이질적인 것, 그것은 빛이다. 진리다. 이데아다. 진리만이 자유를 낳게 한다. 진리만이 생명을 얻게 한다. 철인이 나라의 왕이 될 때 부패는 떠나가고 생명이 약동하는 정의의 국가가 된다. 그것은 오로지 철인이 왕이 될 때에만 가능한 것이다.

철인, 그는 지배계급도 방위계급도 산업계급도 아니다. 모든 계급을 계급답게 하는 이질 적인 것이다. 철인은 어떤 의미로 인간의 힘에 의해서 나타난 존재가 아니다. 시대와 역사와 섭리의 창조다. 그런고로 아무리 교육을 중요시하는 플라톤도 교육을 통하여 쉽게 철인이 나오리라고는 생각하지 않았다. 철인은 비인간적인 방법으로 될 수밖에 길이 없다. 플라톤이 고작 말할 수 있는 것은 사회적인 역경逆境속에 밀어 넣는 것뿐이다. 그 속에서 죽이 되던 밥이 되던 인간으로서는 알 수 없는 교육이 시작된다.

그 가운데서 돌연 하나의 기적이 일어난다. 그것이 플라톤의 제7권 유명한 동굴의 비유다. 동굴이란 요새 말로는 영화관이다. 언제나 스크린만 보고 있는 사람이 있다. 그들은 스크린에 비치는 영상을 정말이라고 알고 있다. 마치 사람들이 현상세계를 실재라고 알고 있듯이 현상세계는 감각으로 알려진 세계다. 그러나 실재세계는 감각으로는 모른다. 순수성 혹은 영성으로만 알 수 있는 세계다. 이것은 현실에 대한 이해와는 전혀 다른 이질적인 차원의 인식 방법이다. 모든 사람은 현상이 그대로 실재라고 믿고 살아간다.

그런데 여기 갑자기 세속적 인생이 만족을 못하고 이 세속을 박차고 스크린과는 전혀 반대 방향으로 나아가는 사람이 있다. 빛은 강하게 그 눈을 비추어 거의 소경이 될 지경이다.

그러나 모든 고난을 극복하고 그는 동굴 밖으로 나아간다. 그리하여 그는 참 빛과 참 실재를 알게 된다. 그는 플라톤의 선의 이데아를 보게 된다. 그리고 하나의 사도使徒처럼 또다시 자기의 동굴로 돌아 간다. 그들을 깨우치기 위해서이다. 동굴 밖으로 나온 사람, 이것이 철인이다. 다시 동굴 안으로 돌아간 사람, 이것이 왕이다. 여기 비로소 철인 왕이 나타나게 된다.

어떻게 많은 사람 가운데서 이러한 이질적인 인간이 나오는 것일까? 모른다. 다만 현실적 고난 속에 떠밀어 넣고 10년 동안 세상을 경험하게 하는 구체적 교육이 이러한 가능성을 열 수 있는 길이라고 플라톤은 생각한다.

철인은 하나의 이질적인 존재다. 어떤 의미로는 신적인 존재다. 하나의 빛인 것이다. 이 빛과 계급적인 힘이 합할 때 국가는 살아난다. 그리하여 썩을 수 없고 죽을 수 없는 생명의 나라가 된다. 그것이 정의다. 지혜와 용기와 절제가 계급에 속해 있지만 정의는 오직 철인에게만 속한다. 철인 없이 정의는 없다. 철인과 계급이 하나가 된 곳에 정의는 성립한다. 철인은 마치 육체에 대한 영혼 같은 존재다.

플라톤은 영혼에 관하여는 5장에서 서술했다. 영혼이 육체와 하나가 될 때 생명이 실현되고 정의가 실현된다. 그런 의미에서 정의는 어느 부분에 속하는 덕이 아니다. 전체에 속하여 부분을 살리고 조화시키는 덕이라고 할 수가 있을 것이다. 유명한 선장과 선원의 비유가 제6권에 있다. 모든 계급에 속하는 선원은 힘을 다하여 노를 젓는다. 다만 선장만이 바다와 우주에 관한 지식을 가지고 앞을 바라보면서 방향을 선정한다. 선장의 눈빛과 선원의 팔 힘이 합할 때 배는 바로 갈 수가 있다. 바로 가는 것이 정의다.

빛과 힘이 하나가 된 것, 거기에 정의가 성립한다. 소크라테스에 있어서 지와 행이 일치하는 곳에 그의 아름다운 인격이 성립하는 것과 마찬가지다. 정의는 국가의 인격이요, 인격은 개인의 정의이다. 정의는 하나의 덕이 아니다. 덕과 이질적인 도가 하나가 될 때 나타나는 생명 형태가 정의인 것이다. 덕은 계급에 속하고 도는 철인에 속한다. 지가 정신에 속하고 행이 육체에 속하는 것과 마찬가지다. 이 둘이 하나가 될 때 생명이 되고, 나라가 되어 정의가 된다.

그런 의미에서 정의만이 발전하는 국가의 원동력이다. 정의가 깨지는 곳에 국가가 깨진다. 이것은 국가 8권, 9권에 나타나는 국가의 몰락 과정이다.

정의가 무엇이냐 하는 1권에서 시작하여 개인의 정의를 개인의 확대인 국가에서 찾아보자는 2권, 그리고 국민교육으로 국력을 기르자는 3권, 계급을 설정하는 4권, 그러나 힘으로만은 안되고 다시 빛의 철인을 찾는 5권, 철학이 논의되는 6권, 철인 교육의 가능성을 말하는 7권, 그리고 왕정에서 폭군으로 정의가 깨져 가는 8권, 그것이 다시 개인과 비교되는 9권, 마지막으로 시와 영혼을 논하는 10권으로 구성되어 있다.

좀 더 자세히 살펴보기로 하자. 원명 폴리테이아Politeia는 추상명사로서 반드시 한 뜻만을 표현하는 것이 아니기 때문에 라틴어로는 옛날부터 '레스퍼브리카'라고 번역되고 영어로는 '리퍼블릭 Republic'이라고 불리어지나 근대의 의미로서 공화국이나 국가는 아니라고 하는 것이 옳을 지도 모른다. 이것은 고대의 희랍 도시국가의 의미로 국가의 이상적인 모습을 논했다고 보아야 할 것이다.

플라톤의 작품 가운데서는 모두 12권인 『법률Nomoi』편 다음가는 대작으로 가장 저명한 것이 『대화 Timaios』편이다. 그 희곡적 구조로 보면 어느 날의 대화를 뒤에 소크라테스 자신이 다른 사람에게 이야기하는 것으로 되어 있다. 그 어느 날의 대화란 아테네로부터 약 20리 떨어진 항구 도시 페이라이에우스에 사는 폴레마르코스 집에서 어떤 축제일에 이야기되는 것으로 대화의 인물은 소크라테스를 중심으로 하여 폴레마르코스, 트라시마코스, 아데이만토스, 글라우콘 등이다.

폴레마르코스의 늙은 아버지 케팔로스는 소크라테스와의 이야기 가운데서 바로 깨끗하게 사는 것이 얼마나 중요한 지 모른다는 이야기를 하게 되는데 그는 그 후 축제를 보살피느라고 나가버리고 남은 사람들이 그의 말의 뒤를 이어 바로 산다는 것이 어떤 것인 지, 즉 정의에 대한 개념을 밝혀보는 토론을 시작하게 되는 것이다. 바르고 힘 있는 사람과 국가가 어떤 것인 지를 생각하고, 바르고 힘차게 인간이 교육됨으로써 인류는 참으로 행복하게 될 수 있다고 결론이 내려지는 대화편은 다섯 부분으로 갈라진다.

제1부(1권)는 두 가지 대화를 포함한다. 그 첫째 것은 폴레마르코스의 토론으로 남의 부채를 갚는 것이 정의라는 주장과 둘째는 트라시마코스의 토론으로 정의는 강자의 이익에 불과하다는 주장이 논의된다. 이상으로 1권이 끝나고 제1권 이하는 글라우콘 및 아데이만토스와 소크라테스의 대화다.

제2부(2 ,3, 4권)에서는 바르고 힘찬 사람이 어떤 것인가를 연구한다. 그러나 한 개인은 작고 알기가 어려우니, 개인의 확대인 국가는 보기도 쉽고 알기도 쉬우니까 우선 바르고 힘찬 국가를 알아보고, 다음에 바르고 힘찬 개인이 어떤 것인지 알아보기로 한다. 이리하여 행복한 가정생활의 묘사로서 시작이 되어 집이 합쳐 집단이 되고 더 커져서 국가가 되면 국내의 통치와 외적의 방어가 필요하게 된다. 이리하여 국가에는 농업, 상업 기타 여러 가지 직업에 종사하는 산업계급과 나라를 지키고 세우는 방위계급과 나라를 다스리는 통치계급의 세 계급이 성립된다.

그리고 국가가 완전히 힘이 있으려면 어떤 덕이 있어야 하느냐 하면 통치자에게는 지혜가 있어야 하고, 방위계급에는 용기가 있어야 하고, 산업계급에는 절제가 필요하다. 그리고 이 세 계급이 조화되고 바로 나가려면 최선의 통치자로 통일이 되어야 한다. 이리하여 각 계급이나 각 개인이 완전히 통일되어 각자의 기능을 최대로 발휘할 수 있을 때에 이것을 정의라고 한다. 즉 정의는 자기의 할 일을 다하고 남의 일에 간섭하지 않는 것이다라는 분업의 원리를 말한다.

이리하여 아름다운 나라란 지혜와 용기와 절제와 정의의 4덕을 구비한 나라를 말한다는 결론이 나온다. 이리하여 또다시 정의의 사람이 밝혀진다. 사람의 영혼도 세 부분으로 나눌 수가 있는데 지혜를 사랑하는 부분과 용기를 사랑하는 부분과 이익을 사랑하는 부분이 하나가 되어 조화가 될 때 정의의 인간이 정의의 아름다운 나라처럼 규정된다.

제3부(5, 6, 7권)에는 바르고 힘찬 나라의 수호계급이 논의된다. 방위계급과 통치계급에는 여자도 남자와 똑같이 활동한다. 그리고 수호계급이 사사로운 생각과 이기심을 떠나서 그들의 직책을 다하기 위해서는 재산과 부인과 자녀들을 공유한다는 어마어마한 이론이 전개된다. 그리고 마지막으로 국가의 가장 중요한 통치자의 문제가 논의된다. 그는 수호자요, 동시에 애지자愛知者여야 한다. 애지란 특수한 지식이 아니라 진리, 즉 이데아를 사랑하는 자다. 선善의 이데아다. 이 이데아만이 일체, 이 존재와 지식의 근원이다. 이데아를 궁극, 실재, 무가정의 원리無假定原理라고 한다.

인식의 대상에는 보이는 것과 생각되는 것이 있어, 생각되는 것은 이데아와 수학을 통하여, 보이는 것은 실물과 영상을 통하여 구분된다. 선의 이데아는 진리인 동시에 실재로서 이데아 계의 정점을 이루는 것으로 초월적인 것이다. 이것은 보이는 세계의 태양처럼 생각되는, 세계의 태양으로서 이 태양에 도달하기 위하여 동굴의 비유가 논의된다. 이리하여 가상적可想的인 이데아의 세계를 대상으로 하는 학문이 변증법이요, 사람들의 영혼으로 하여금 감각적 인식을 벗어나 변증법에 들어가게 하는 것은 수학적 학문이며, 변증법을 잘하는 사람의 특징은 종합과 직관으로써 이성은 종種 혹은 특수의 이데아로부터 최근류最近類의 이데아로 나아가고, 그 끄트머리로 최고류最高類 혹은 보편적인 선의 이데아를 직관하게 되는 것이다.

이리하여 이 원리를 보고 여기 부딪친 이성은 다음에는 다시 반대로 그 출발점으로 내려가게 되지만 그 때에도 가시적可視的인 방법은 쓰지 않고 이데아에 의하여, 이데아를 통하여, 이데아로 끝을 맺게 되는 것이다.

이와 같이 『국가』편은 이성의 변증법적 운동의 내려가는 측면도 말하지만 그 중점은 올라가는 측면이다. 우리는 그와 동시에 '아름다움 자체'라든가 '참 자체'라든가도 함께 생각하여야 한다. 또 여기서는 이데아론은 다만 존재학일 뿐만 아니라 가치학도 된다. 그렇지 않으면 통치자인 애지자가 이것을 배우게 되는 이유가 없어질 것이다.

제4부(8, 9권)는 대체로 부정, 불의의 국가를 대조적으로 보여준다. 이상적인 진, 선, 미의 철인 정치가 깨어지면 차차 타락된 정치 형태로서 우선 공명정치(티모크라티아)가 나타나서 특권계급이 국사를 농간하게 되고, 그 다음에는 과두정치(올리가르키아)가 나타나서 금권으로, 그 다음에는 민주정치(데모크라티아)가 우민愚民으로, 마지막 참주정치(티라니스)가 폭군에 의하여 국민은 착취되고 국가는 파멸되는 위기에 놓이게 된다. 이것은 마치 선량한 사람이 타락하여 명예에 잡히고, 재물에 빠지고, 치정에 휩쓸리고, 폭력의 노예가 되는 개인의 파멸과 대조된다. 동시에 정의의 인간과 불의의 인간의 행복 됨도 평가된다.

그런데 이러한 이상국가가 실현될 수 있을까? 지상에서는 어디서도 찾아볼 수 없을 것이라는 글라우콘의 의견에 대하여 소크라테스는 이상으로 존재하는 이상, 이것을 보고 자기 자신을 세우려고 하는 사람에게는 언제나 표본이 될 수 있을 것이라고 한다. 『국가』는 사실상 여기에서 끝나지만 개인에 있어서는 영혼의 불멸만이 인간의 정의를 뒷받침해 줄 것이라고 생각하여 제10권이 추가된다.

제5부(제10권)의 절반은 예술론으로 시와 같은 예술의 근본은 모방模倣으로서 그 작품은 이데아적인 실재로부터는 삼단이 떨어진 그림자에 불과하고 또한 덕의 입장에서 보아 교육적인 효과는 볼 것이 없다. 이리하여 그 당시 저속한 예술은 모두 이상국가에서 추방된다.

끝으로 바르고 힘있는 사람은 현세에서 행복할 뿐만 아니라 내세에서도 행복하게 된다는 에에르의 신화로 이야기는 끝이 난다.

그러면 동굴의 비유 하나를 인용한다.

"동굴과 같은 지하의 거처에 사람들이 있다고 하세. 그 거처는 태양의 빛을 향해 열려있는 동굴의 폭만큼 길다란 입구를 가지고 있네. 그리고 그 사람들은 그 거처 안에 어렸을 때부터 손과 발 그리고 목까지 묶여져 있네. 그 때문에 그들은 똑같은 곳에 머물러 있어서 전방만을 볼 수밖에 없네. 그들은 묶여져 있으므로 머리를 이쪽저쪽으로 돌릴 수 없기 때문이지. 그리고 또 이런 상상을 해보게. 그들을 위해서는 불빛이 그들의 후방의 높고 먼 곳에서 불타고 있네. 그 불과 수인과의 사이에는 위쪽에 하나의 길이 있다고 하세. 그리고 이 길에 연하여 벽이 있네. 마치 인형극에서 앞에 구경꾼을 향해 그 위쪽에서 인형을 나타내는 칸막이 벽이 마련되어 있듯이 말이네."

"네, 상상하겠습니다."

"그리고 다시 한번 상상해 보게. 사람들이 이 적은 벽 위에 나와 있는 여러 가지 도구, 돌, 나무 기타의 재료로 만들어진 인간과 그 밖에 동물의 상을 적은 벽을 따라 운반해 가네. 그리고 이 운반해 가는 사람들 가운데는 이야기를 하는 사람도 있고 잠자고 있는 사람도 있네."

"그것은 기묘한 비유, 기묘한 죄수이군요."

"우리들과 비슷한 자라네." 하고 나는 말했다.

"그렇지만 자네는 이와 같은 사람들이 자기 자신이나 상호간에 동굴의 정면에 불로서 투신되는 그림자 이외에 그 무엇인가를 본 일이 있었으리라고 생각하는가?"

"그것은 도저히 불가능했을 것입니다……." "그러나 만일 사람이 그를 거기서부터 험한 오르막길을 억지로 끌어 올려 태양 빛이 있는 곳에 내어놓기까지 놓아주지 않는다면 끌려가는 동안에는 고통스러워 화를 내고 빛이 있는 곳에 나왔을 때에는 눈은 광선으로 가득 차서 현재 진실한 것이다라 불리우고 있는 것을 하나도 볼 수 없으리라고는 생각하지 않는가?"

"네, 갑자기는 불가능하겠지요."

"그렇다면 익숙함을 필요로 한 것이라 생각하네. 만일 위쪽의 것을 보려고 한다면 말이네. 그리고 최초로 그가 손쉽게 볼 수 있는 것은 그림자이며 그 다음에는 물 속에 비친 인간이나 그 밖의 것의 영상이며 그 다음이 진실이네. 또 그 다음에는 하늘에 있는 것과 하늘 그 자체를 관찰하게 되는데 그것은 낮에 태양이나 태양 빛에 눈을 향하는 것보다 밤에 별이나 달빛에 향하는 편이 더욱 쉬울 것이네."

"네, 그것은 물론입니다."

"그리고 태양에 관해서 인데 그것도 물 속이라든가 태양은 이역이라 할 수 있는 장소 등에 나타난 그의 상이 아니라 태양 그 자체를 그 자신의 국토에서 봄으로써만 그것이 어떤 것인가를 관찰할 수 있으리라 생각하네."

"그 말씀이 틀림없을 것입니다."

"그리고 그 다음에는 이미 그 태양에 관해서 그야말로 계절이나 연류을 공급하는 것 또한 볼 수 있는 장소에 있는 모든 것을 관리하고 또 어떤 의미로는 자기들이 보았던 그 일체의 것의 원인이기도 하다는 것을 추론할 수 있으리라 생각하네."

"물론이지요."

"그렇다면 말이네, 그는 최초의 거처와 거기에서의 지혜와 그때 함께 속박되고 있던 사람들을 상기하여 자기는 그런 변화 때문에 행복하다고 생각하고 그 사람들을 동정할 것이라고는 생각하지 않는가?"

스피노자

Spinoza, Baruch 1632-1677

에티카
Ethica 1677

영원한 상하相下

　스피노자는 44세에 죽었다. 그는 교회에서 파문 당하고 고향에서 추방되어 자객의 위협을 느끼면서 숨어살았다. 그는 신을 저주한 사람으로, 죽은 개처럼 멸시를 당하면서 평생 안경알을 갈아 입에 풀칠하며 아주 간소한 생활을 하고 살았다. 그러나 그의 속에는 넘쳐 오르는 기쁨이 있었기 때문에 그는 신에 취한 사람이라는 존경을 받았고 그의 고귀한 생애와 위대한 사상은 성聖 스피노자라고 추앙 받게끔 되었다.

　부유한 유대상인의 아들로 태어난 그의 천재적인 지성은 유대민족의 종교적인 지도자로서 촉망을 받고 일찍부터 전통적인 종교훈련을 받게 되었다. 그러나 우연히 알게 된 자유사상가 환덴엔덴의 영향을 받아 그는 자연과학과 데카르트(R. Descartes 1596~1650) 철학에 끌리게 되어 그의 나이 31세 때에는 『데카르트 철학의 원리』라는 책을 출판하기까지 되었다. 그는 데카르트 철학의 후계자로서 자기의 전부를 철학에 바쳤다.

　그러나 어렸을 때부터 몸에 젖은 종교교육을 그의 몸에서 뽑아버

스피노자 53

릴 수는 없었다.『구약전서』, 유대교 경전인『탈무드』, 유대교의 비의인『카바라』, 그리고『신약전서』,『스콜라철학』등 종교도덕에 관한 그의 깊은 관심과 수학, 자연과학, 데카르트 철학, 스토아철학, 희랍철학에 관한 관심은 오랫동안 그의 속에서 모순, 갈등, 당착, 전투를 계속하다가 드디어는 그의 고상한 인격 속에서 하나의 조화를 이룩하게 되었다.

철학과 종교의 통일, 이것이 그의 지적애知的愛의 사상이요, 유대종교와 희랍철학의 조화가 신즉자연神卽自然의 철학이다. 과학과 도덕의 일치가 기하학적 윤리학인 그의『에티카』이다.

『에티카』는 그의 작품 중의 하나라기보다 그의 사상의 체계화라고 할 수가 있다. 한 때 헤겔이 "철학은 스피노자에서부터 시작하여야 한다"고 학생들에게 말하였듯이 스피노자는 체계를 세운 철학자로서 아리스토텔레스 이후의 최대의 철학자의 한 사람이기도 하다.

앞으로『에티카』를 읽어가기 전에 간단히『에티카』의 줄거리부터 적어놓고 조금씩 세밀하게 해설을 붙여가고자 한다.

이 책은 스피노자가 죽은 1677년 12월에 그의 친구들의 노력으로 인해 햇빛을 보게 되었다. 그러나 몇 달이 못 가서 곧 출판금지가 되었고 친구들은 스피노자 이상으로 박해를 받았다. 스피노자도 이 책의 운명을 예견했기 때문에 10여 년이나 걸려 이 책을 완성시켜 놓고도 자기가 살아서는 감히 출판할 생각을 하지 못했었다.

스피노자는 1661년 그의 나이 29세 때에 이 책을 쓰기 시작하여 죽기 2년 전인 42세 때에 끝냈다. 이 책의 원고는 비밀리에 라이프니츠(G. W. Leibniz, 1646~1716)를 비롯하여 가까운 친구에게만 보여주었다. 라이프니츠는 이 책 때문에 스피노자의 후계자가 된다. 스피노자는 죽으면서도 이 책을 출판할 때에는 자기 이름을 붙이지 말라고 당부하였다. 스피노자는 이 책을 자기가 쓰기는 썼지만 자기가 썼다고 생각하지 않았기 때문이다. 어떤 영원한 것이 자기의 손을 빌어 써놓은 것이라고 생각하였다. 쓴 것은 스피노자가 아니고 영원자이다. 이것이 그의 진정이었다. 영원자가 쓴 글에 자기가 쓴 것처럼 자기 이름을 붙인다는 것은 그로서는 할 수 없는 일이었다. 그렇기 때문에 그는 친구에게 그의 유고를 맡기면서 어떤 이름도 붙이지 말고 그냥 출판해 달라고 유언을 남긴 것이다. 그에게는 『에티카』가 영원자의 사유로써, 영원자의 마음속에서, 영원자의 입장에서, 영원의 상하相下에서 생각된 것이었기 때문에 그것이 진리임을 믿지 않을 수 없었다.

제일 처음에 『에티카』를 믿은 사람은 스피노자였다. 스피노자야말로 제일의 스피노지스트이다. 그는 진리는 그 자신의 힘으로 살아가는 것이라고 믿었다. 진리는 언제나 진리 자체가 말하고 진리 자체가 스스로를 나타낸다고 믿었다. 그는 자기의 철학이 위대한 철학이라고 생각해본 적은 없었지만 항상 자기의 철학이 올바른 철학이라는 확신은 가지고 있었다. 그는 자기 철학의 올바름을 믿고 살았다. 위대한 것은 아름답지만 올바른 것은 강력하기 짝이 없다. 힘은 언제나 올〔義〕에서 나온다.

스피노자의 지知와 애愛는 올〔義〕에서 하나가 되었다. 한없이 영원한 것을 찾아 올라가는 지적 사랑 속에 스피노자의 윤리학은 주옥같이 뭉쳐져서 그의 인격의 핵심이 되었다. 신에 대한 지적인 사랑은 하나님의 의義가 되어 스피노자를 한없이 고상하고 희귀한 세상으로 끌어 올렸다. 그 높은 곳에 우뚝 서서 다시 세밀히 세상을 내려다보는 철학이 스피노자의 철학이다.

스피노자에게는 말브란쉬도 따를 수 없는 신비주의가 있었다. 이 신비주의를 통하여 그에게는 언제나 직관이 빛나고 있다. 이 직관으로 단번에 본 것을 그는 유크리트처럼 기하학적인 엄밀성으로 자기의 체계를 전개해 간다. 거기에는 홉스(T. Hobbes, 1588~1679)도 따를 수 없는 합리적合理的인 것이 있다. 합리적인 것과 신비적인 것의 통일, 이것이 스피노자 속에서 하나가 되어 한 올을 이루어 기하학적 윤리학이 된다. 신비와 합리의 융합은 파스칼(B. Pascal, 1623~1662)도 따를 수 없을 만큼 아름답게 결정되었다.

스피노자의 『에티카』는 의義의 기하학이다. 그 속에는 형이상학이 있고, 심리학이 있고, 인식론이 있고, 감정론이 있고, 윤리학이 있다. 스피노자 철학의 전 체계가 기하학적 방법으로 정의와 공리를 기초로 하여 정리와 증명으로 펼쳐져 간다. 스피노자의 합리주의는 일체의 감정과 상상을 거부하고 한 사람의 기하학자가 되어 삼각형의 문제를 풀어가듯 인간의 문제를 풀어 나간다. 그러나 그가 그렇게 풀어 나가는 목적은 인간의 자유와 행복에 있었다. 쇠사슬에 결박된 포로를 풀어주는 승리군처럼 그는 인간에게 부착된 정욕과 감상을 그의 냉철한 지혜로 씻어주기 위하여 인간문제에 붙은 한없이 복잡한 학설을 그의 합리적인 추리로 제거하는 데 안간힘을 다했다.

스피노자의 철학은 단순한 인식이 아니라 인식을 넘어서는 인간의 행복을 목적으로 하고 있다. 그의 궁극목표는 이 세상으로부터의 해탈이다. 인간의 해탈을 앞세우는 곳에 스피노자의 강한 신비주의가 있다. 이 비밀을 발견 못하고 다만 합리적인 것에만 붙어 돌아간다면 스피노자는 우리에게 있어서 하나의 죽은 개에 불과할 것이다. 그러나 스피노자의 안경알을 얻어 끼고 영원의 상을 직관할 수 있는 사람에게는 스피노자야말로 신에 취한 신비주의자이며, 우리들에게 행복에 도취할 수 있는 진리를 부어 넣어준 성聖 스피노자인 것이다.

해탈의 철학은 동양적인 철학이다. 헤겔(G. W. F. Hegel, 1770~1831)이 스피노자를 동양적인 철학자라고 평했듯이 강한 신비주의의 바탕을 가진 스피노자는 우리의 좋은 친구임에 틀림이 없다. 훌륭한 것은 무엇이나 있기 드물고 얻기 어렵다는 그의 윤리학의 마지막 말처럼 스피노자의 윤리학은 인류의 정신문화에 있어서 훌륭한 하나의 진주로서 있기 드물고 얻기 어려운 존재임에 틀림이 없다.

스피노자는 29세에 『에티카』를 쓰기 전에 『에티카』의 서론이라고 할 수 있는 『지성개선론知性改善論』을 썼다. 마치 데카르트 철학의 입문으로 『방법서설』이 있듯이 스피노자에게는 윤리학에 들어가는 방법론으로서 『지성개선론』이 있는 것이다. 그는 『지성개선론』에서 자기의 철학의 목표를 선언한다. 인간에 있어서 정말 축복 받은 삶이 어떤 것인가를 발견하는 것이 그의 철학의 목적이었다. 다른 모든 것을 버리더라도 그것만 있으면 한없는 기쁨이 솟구쳐 오르는 그 하나를 그는 찾아낼 결심을 한다.

"일상생활에는 공허하고 무익한 일이 많다는 것을 경험한 나는 모든 것은 사람의 마음이 그 지배를 받지 않는 한 그 자체로서는 선도 아니고 악도 아니라는 것을 깨달았다. 그래서 나는 결심했다. 즉 인간이 관여할 수 있는 참다운 선, 다른 것을 다 제쳐놓고 오직 그것에 의해서 마음이 움직이는 참다운 선이 있는지 어떤지 알아보자. 하기는 나도 명예나 재물에서 많은 이익이 얻어진다는 것을 알고 있었으며 나의 목적을 진지하게 연구하려면 이 두 가지를 단념해야 한다는 것도 알고 있었다. 이것을 가지면 가질수록 쾌락이 증대하기 때문에 더욱 더 확대하고 싶은 마음이 생긴다. 따라서 언젠가 그 희망이 좌절을 당하게 되면 마음에 큰 고통이 생기게 마련이다. 하지만 영원한 것, 무한한 것에 대한 사랑은 어떤 경우에도 고통이 따를 염려가 없으며 참다운 쾌락으로 사람의 마음을 기른다. 가장 참다운 선은 사람의 마음이 자연과 더불어 공유하고 있는 통일의 지식이다. 사람의 마음은 지식을 탐구할수록 자기 힘과 자연의 질서를 더욱 더 이해하고 더욱 잘 자기를 이끌어 나가게 될 것이다. 그리고 자연의 질서를 이해하면 할수록 점점 더 용이하게 부질없는 일에서 자유를 누릴 수 있을 것이다. 이것이 완전한 방법이다."

스피노자는 이러한 방법으로 여러 가지 형태의 지식에 대한 비판을 거쳐 참다운 지식을 추구하기 시작한다. 결국은 물체와 사건의 세계인 현세의 질서와, 법칙과 구조의 세계인 영원의 질서로 구별되는데 이 구별이 그의 철학체제 전체의 기초이다.

"모든 개별존재는 그 수가 계산할 수 없을 만큼 많고 그 사정이 각각이기 때문에 그것을 일일이 다 헤아릴 수는 없으며 또한 그렇게 할 필요도 없다. 그러한 개별존재는 본질적으로 영원한 법칙에서 나온 것이며 거기에 의존하고 있다."

스피노자는 개별적인 것이 의존하고 있는 영원한 것을 붙잡으면 된다고 한다. 이 영원한 것을 그는 하나님〔神〕이라고 생각했다. 이 하나님을 보기 위해서는 마음이 깨끗하여야 했으며 이 마음을 깨끗이 하기 위해서 그는 재물과 명예를 헌신짝처럼 버렸다. 그리고 그는 자연과 같이 공유하고 있는 통일된 지식, 즉 직관력을 얻고자 했다. 직관은 인식의 최고의 상태이며 직관적 인식은 지성의 가장 명석한 상태이다. 이러한 직관을 얻기 위해서 감성적 지각이나 상상의 막연한 혼잡된 관념처럼 대상에 집착하는 모든 지각을 집어치우고 지성을 해방할 필요가 있었다. 인간해방에 앞서 지성의 해방, 이것이 『에티카(윤리학)』에 앞서는 『지성개선론』이다.

이러한 지성은 참다운 행복을 찾고야 말겠다는 강한 구도심求道心 없이는 불가능하다. 하나님에 대한 강렬한 사랑만이 이런 지성을 가질 수 있게 할 것이다. 마치 사랑하는 사람의 편지를 보기 위해서 글을 배우는 사람처럼 지에 대한 사랑 없이 신에 대한 사랑은 불가능하기 때문에 신에 대한 사랑은 결국 지적 애가 되지 않을 수 없다. 역시 진리와 생명의 하나님은 지적 애를 통해서만 도달될 수 있을 것이다.

스피노자는 참다운 관념과 거짓 관념을 구별하여 참다운 관념으로부터 그의 체계의 건축을 시작한다. 그는 가장 명석 판명한 관념이 신의 관념이라고 깨닫고 이 신의 관념을 집 모퉁이의 가장 요긴한 모퉁이 돌로 정초하고 여기서부터 윤리학의 집을 짓기 시작한다.

신즉자연神卽自然

스피노자는 가장 확실한 것을 신神이라고 하였다. 데카르트는 가장 확실한 것을 나[自我]라고 하였지만, 스피노자는 신이라고 하였다. 그런 의미에서 스피노자는 가장 종교적인 유대인의 전통을 그대로 계승한 사람이요, 그를 무신론자라고 하는 비난은 당치도 않는 말이라고 할 수 있겠다.

그러나 스피노자의 신은 일반사람들, 특히 유대교도나 기독교도인들이 알아들을 수 있게 표현되지는 않았다. 소위 성서에서 말하는 식의 표현은 아니었다. 그렇기 때문에 그가 무신론자라고 비난받는 데는 사실 조금도 할 말이 없는 것이다. 다만 스피노자가 하고 싶었던 것은 신에 관한 그의 이해를 철학적으로 표현해 보는 것이었다. 즉 철학의 오랜 전통을 가진 존재라는 말로 표현해 보고 싶었다.

스피노자는 유대교나 기독교에서 말하는 인격신이란 표현을 못마땅하게 생각했다. 인격신이라 하면 하나님도 사람처럼 생각하기 쉬울 뿐 아니라, 사람이 무엇을 만들 듯 하나님이 무엇을 만든다는 식의 사고방식이 너무도 유치하게 생각되었다. 그는 신을 인격적인 것과 비인격적인 것을 모두 초월하는 더 근원적인 존재로 생각하고 싶었다.

그는 참 하나님을 찾기 위해서 신앙적인 유대교나 기독교적인 탐구방법을 버렸다. 그가 택한 길은 지적인 길이다. 이것이 신에 대한 지적 사랑이다. 그것은 성서의 교훈을 지키고 하나님의 사랑에 도달하는 계시신앙의 길이 아니라, 성서도 필요 없고 계시도 필요 없이 계시신앙이 도달한 세계를 이성자신의 발로 도달하자는 것이다. 여기에 이성과 신앙의 분리가 있고 동시에 이성의 완전한 독립이 있다.

스피노자의 신은 사랑의 근원이요, 동시에 지혜의 근원이다. 태양이 빛의 근원이요, 힘의 근원이듯 신은 모든 정신의 근원이요, 물질의 근원이다. 신은 정신도 아니고 물질도 아니다. 그것들의 근원이요, 그것들의 뿌리이다. 신은 빛으로 존재해 있고 힘으로 내재해 있다. '신즉자연'은 신과 자연이 같다는 말이 아니라 정신적인 것과 물질적인 것의 근원이라는 뜻이다. 종교는 정신적으로 신을 찾아가고, 과학은 물질적으로 신을 찾아간다. 종교는 인격적이고 초월적이며, 과학은 법칙적이고 내재적이다.

근세는 과학의 시대이다. 근세의 철학자는 누구나 과학의 싹을 키워야 했다. 자연이 하나의 기계라고 생각한 사람이 데카르트다. 스피노자는 데카르트의 후계자로서 과학을 종교와 똑같이 사랑하고 싶었다. 스피노자의 신은 종교적인 신일 수만은 없었다. 스피노자의 신은 과학적인 신도 되어야 했다. 종교와 과학을 같이 사랑하는 신이 스피노자의 신이다. 스피노자는 자연을 무시하는 초자연을 인정할 수가 없었다. 초자연이 자연과 별개이며 대립하는 것이라면 자연이 참일 때에 초자연은 거짓일 수밖에 없을 것이다. 스피노자에 있어서 자연과 반대되는 초자연은 종교인을 위해서도 용납할 수가 없었다. 스피노자는 자연을 무시하는 초자연을 반대하는 것이지 초자연 자체를 반대하는 것은 아니었다. 스피노자는 얼마든지 길을 인정하였다. 신앙의 길로 구원에 도달할 수가 있다는 것을 그는 조금도 의심하지 않았다.

스피노자의 『신학정치론』 15장에는 "나는 여기에 성서와 계시의 유익함과 필요함을 상당히 높이 평가하고 있음을 밝혀둔다. 그것은 단순한 복종이 구제의 길이라는 것이 자연적인 광명에 의해서는 이해될 수 없지만, 계시만은 이성이 파악할 수 없는 신의 특수한 은총으로 이 사실을 알려줄 수 있기 때문이다. 그렇기 때문에 성서는 인간에게 막대한 위로를 주고 있는 것이다. 왜냐하면 절대적으로 복종할 수 있는 것은 누구에게나 가능하기 때문이다. 그러나 이성의 지도를 따라 최고의 경지에 도달할 수 있는 사람은 전 인류에 비하여 극히 소수의 인간이다. 그렇기 때문에 만일 우리가 성서의 증거를 가지지 못하였다면 우리는 거의 모든 사람의 구원에 대하여 절망에 빠졌을는지도 모른다."라고 쓰여 있다.

스피노자는 신앙과 이성이 추구하는 목표가 같다고 생각했다. 그래서 신앙의 밑바닥에 있는 신과 이성의 밑바닥에 있는 신은 하나의 신임에 틀림이 없다.

종교는 복종의 길을 가기 때문에 인격의 신이 아닐 수 없고 과학은 실험의 길을 가기 때문에 법칙의 신이 아닐 수 없다. 그러나 인식의 입장에 선 스피노자는 이성은 사물의 본성을 있는 그대로 파악할 수 있기 때문에, 이성으로 파악된 신이 감정으로 파악된 신보다 더 명백한 신이라고 생각하였다.

스피노자에게 있어서 신처럼 확실한 것은 없었다. 그것은 마치 우주의 태양 같은 것이다. 태양이 없으면 아무 것도 있을 수 없고, 태양이 없으면 아무 것도 볼 수가 없다. 눈이 약한 사람은 태양은 너무 강해서 못보고 그 빛에 비추인 만물만 본다. 이런 사람이 무신론적 유물론자이다. 그러나 스피노자는 태양도 볼 수가 있었고 만물도 볼 수가 있었다. 그런 의미에서 그는 유신론적 유물론자요, '신즉자연'이다.

스피노자는 자기의 세계를 세 갈래로 나누어 놓았다. 하늘과 땅과 사람이다. 하늘의 태양과, 땅의 만물과, 사람의 몸과 마음이다. 그는 하늘의 해와 같은 만물의 근원을 실체實體라고 하고, 땅위의 모든 만물과 같은 개체를 양태樣態라고 했으며, 그 가운데서 하늘과 땅을 연결해 주는 달과 같은 인간을 속성屬性이라고 했다. 실체와 속성과 양태는 스피노자 철학의 기본개념이다.

스피노자는 『에티카』제1부에서 신을 유크리트 기하학의 순서에 따라서 이렇게 정의定義를 내린다. "정의는 모두 여덟 가지가 있다. 이 여덟 가지는 가장 뚜렷한 것, 실체實體인 신을 말하고자 하는 것이다."

여덟 가지 정의는 다음과 같다.

1. "그것 자신의 원인이란 그 본질이 존재를 포함하는 것, 혹은 그 성질이 존재한다고 밖에 생각할 수 없는 것이다." 여기서 스피노자는 만물의 근거인 실체, 즉 무한한 신의 의미를 형식적으로 규정했다고 볼 수 있다.

2. "같은 성질이 다른 것에 의하여 한정되는 것을 그 종류에 있어서 유한이라고 한다. 예를 들면 물체는 우리들이 언제나 그보다 더 큰 것을 생각하는 까닭에 유한하다고 한다. 마찬가지로 어떤 사상은 다른 사상에 의하여 제한된다. 이에 반하여 어떤 물체가 어떤 사상에 의해, 또는 어떤 사상이 어떤 물체에 의해 한정되는 법은 없다." 이것은 유한한 만물의 형식적 규정이다.

3. "실체란 자신 안에 있고 또 자신에 의해서 이해되는 것이다. 즉 그 개념은 다른 물건의 개념을 필요로 하지 않고 형성된 것이라야 한다." 이것은 절대자인 실체의 본질 규정이다.

4. "속성이란 오성이 실체에 대하여 그 본질을 구성하는 것이라고 지각된 것이다." 이것은 실체의 내용이 표현되는 방법이다.

5. "양태란 실체의 발현, 즉 다른 것 안에서 그것에 의해 이해되는 것이다." 여기서는 실체의 자기제한으로서의 개체적인 것이 규정되어 있다.

　6. "신은 절대로 무한한 실재, 즉 각각 영원 무한한 본질을 표시하는 무한히 많은 속성으로 구성된 실체이다."

　7. "오직 그 성질의 필연에 의하여 존재하고 다만 그 자신에 의하여 행위가 결정되는 것을 자유라고 하고 이와 반대로 어떤 일정한 모양으로 존재하고 활동하게끔 다른 것으로부터 결정되는 물건을 필연必然이라고 하든지 차라리 강제된다."고 한다.

　8. "영원이란 존재가 영원한 물건의 정의로부터 필연적으로 일어난다고 생각되는 한 존재 그 자신이라고 생각된다."

　정의 3, 4, 5는 실체, 속성, 양태의 이야기이고, 6, 7, 8은 무한, 자유, 영원이란 신의 개념이고, 1, 2는 신과 세계를 말한다.

　야스퍼스(Jaspers, K. 1883~1969)는 스피노자의 신을 여섯 가지로 설명한다. 1. 신은 존재다. 2. 신은 무한이다. 3. 신은 가를 수 없다. 4. 신은 유일하다. 5. 신은 무엇이라고 한정되거나 표상될 수 없다. 6. 신은 가장 멀고, 가장 가깝다.

　첫째, 신은 있었다, 없었다 하는 존재가 아니라 있고 있는 자이다. 태양처럼 영원히 빛나는 존재이다. 그것은 유한에서부터 찾아 올라가는 무한이 아니라 일체의 추리나 연역을 떠나서 태양처럼 직접적으로 명백하고 확실하게 직관되는 것이다.

　둘째, 신이 무한하다는 것은 일체 제한을 받지 않는다는 말이다. 제한을 받으면 스스로 있을 수가 없다.

　셋째, 신에는 가능성과 현실성의 분열이 없고, 자유성과 필연성의 분열이 없다. 신의 자유는 필연적인 자유이기 때문에 인격적인 자유의지라고 볼 수는 없다.

넷째, 무한한 실체는 유일한 실체이다.

다섯째, 신은 아무런 제한도 받을 수 없고, 어떻게 표상될 수도 없다. 특히 신을 인간처럼, 혹은 왕처럼 생각하는 것은 신을 우상화하는, 신에 대한 모독이라고 생각했다.

여섯째, 신은 모든 만물의 내재적 원인이므로 가장 가깝고, 신과 사람의 차이는 성좌星座로서의 개와 우리 집의 강아지만큼이나 멀다.

정의 3에서 실체는 자기 안에 있고, 자기에게 이해된다고 한다. 존재의 근원이요, 인식의 근원이란 말이다. 태양은 모든 만물의 근원이요, 동시에 태양은 모든 만물을 보이게 비춘다. 존재의 근원이란 말은 있는 것이 아니라 모든 있는 것의 근원이며 있고 있다는 말이요, 이것은 추상적으로 있는 것이 아니고, 구체적으로 있는 것이다. 그것은 진리를 깨달은 사람에게는 가장 구체적인 뚜렷한 존재이다. 더욱이 그 존재의 명령은 거역할 수 없는 가장 강한 것이다. 그리고 스피노자의 실체는 개별적인 만물의 집합이 아니라 태양처럼 만물을 생산하는 능산적 자연能産的 自然이다.

이 태양에 대하여 만물은 소산적 자연所産的 自然이다. 생산된 만물은 모두 태양을 나타내는 양태樣態에 불과하다. 신은 실체로서 개체를 생산하는 보편적인 것이다. 태양이 초재자이며 내재자인 것처럼 실체로서의 신은 역시 초재자이며 내재자이다. 하나면서 모두요, 모두이면서 하나인 실체, 이것이 존재의 근원으로서의 신이다. 신은 존재의 원인만이 아니라 인식의 원인이기도 하다. 우리가 알 수 있는 것은 우리의 빛으로 아는 것이 아니라 신의 빛으로 밝혀진 것을 아는 것뿐이다.

우리가 진리를 깨닫는 것도 신의 빛에 밝혀져서 진리를 깨닫는 것이지 태양 빛이 없으면 아무 것도 볼 수 없다. 내가 물건을 보는 것이 아니라 나와 물건 위에 태양 빛이 빛나고 있는 것이다. 그런 의미에서 신은 인식의 근원이 된다. 스피노자의 실체는 주관적인 것의 객관적 투사라고 볼 수가 있다. 스스로 있고 스스로 아는 자, 이것이 신이다. 존재의 근원이요, 인식의 근원이 바로 신이다. 신을 태양처럼 생각하기는 플라톤의 선의 이데아가 그런 것이다. 스콜라철학에서의 신의 성질은 실재성實在性, 완전성完全性, 무한성無限性, 세 가지이다. 결국 스피노자는 실체의 실재성과 완전성과 무한성을 규정하여 신 외에는 어떠한 실체도 존재하지 않고 어떠한 실체도 생각할 수 없다고 한 것이다.

실체 實體

미국의 시인이요, 철학자인 산타야나(G. Santayana, 1863~1952)는 "플라톤 이후 진짜 철학자는 스피노자뿐이다. 왜냐하면 철학이란 신을 찾는 것이기 때문이다."라고 말했다. 스피노자는 독일의 시인 노발리스(G. S. Novalis, 1772~1801)가 말한 것처럼 신에 취한 사람이었다. 하나님을 사랑하는 것이 그의 삶의 전부였다. 그러나 그는 감정적으로 하나님을 사랑한 사람이 아니라 지적으로 하나님을 사랑한 사람이다. 그는 인간의 최대의 행복을 사랑에 두었다. 인간과 인간과의 사랑 속에도 행복이 있겠지만, 인간과 하나님과의 사랑 속에 최대의 행복이 있을 것임은 말할 것도 없다.

인간은 하나님을 사랑할 때에만 최고의 행복을 누릴 수가 있다. 그것도 정적인 신비주의가 아니라 지적인 철학적 사랑이라야 한다. 스피노자는 지적인 사랑 외에는 어떠한 사랑도 영원하지 못하다고 한다. 지적인 사랑만이 자기를 알고 상대방을 바로 판단할 수 있는 사랑이기에 사랑에 빠지는 일없이 정말 사랑할 수 있는 것이다.

사랑도 빠지는 사랑이면 못 쓴다. 사랑은 깨닫는 사랑이어야 한다. 하나님의 사랑은 깨닫는 사랑이기에 지적 사랑이어야 한다. 하나님에 대한 지적인 사랑만이 하나님의 영원성에 참여할 수 있을 것이다. 하나님의 영원성에 참여하는 사랑만이 인간에게 참다운 행복을 줄 수 있을 것이다.

스피노자는 하나님의 영원성에 참가할 수 있는 지知를 직관지直觀知 라고 하였는데 그것은 이성지理性知보다도 더 높은 것이었다. 이러한 지를 가졌기에 그에게는 하나님의 세계를 볼 수 있는 영광이 허락되었다. 직관지로 본 세계를 실체의 세계, 혹은 실재의 세계, 혹은 형이상의 세계라고 한다. 그렇기 때문에 그의 윤리학『에티카』의 첫머리에는 그의 형이상 또는 실체론이 붙어 있다. 그것은 직관지로 본 실체의 세계요, 신의 세계이다. 스피노자는 하나님 외에는 어떠한 실체도 있을 수 없다고 생각했기 때문에, 그의 실체론은 신론神論이라고 아니할 수 없다.

『에티카』제1부, 신에 관해서부터 세밀히 살펴보기로 하자. 제1부 맨 처음에 8개의 정의定義가 나온다. 그 가운데서도 핵심은 1조 자기원인, 3조 실체, 6조 신이다. 만일 1조의 자기원인이 뿌리라면, 3조의 실체實體는 열매란 말이요, 6조의 신은 나무라고 생각 할 수도 있다. 신이라는 큰 나무에 열린 열매가 실체요, 그 나무의 뿌리가 자기원인이다. 나무는 뿌리에서 나고, 뿌리는 열매에서 나고, 열매는 나무에서 난다. 나무와 열매와 뿌리는 삼위일체라고 할 수 있을 것이다. 나무를 성부라고 하면 열매는 성자, 뿌리는 성령이라는 식으로 생각할 수도 있다. 『에티카』에는 뿌리, 열매, 나무의 순으로 정의가 되어 있다.

스피노자는 데카르트의 후계자로서 그의 철학은 존재에서부터 시작한다. 데카르트는 오랜 생각 끝에 존재에 도달했지만 스피노자는 데카르트의 후계자답게 곧장 존재로부터 길을 떠난다. 데카르트는 "나는 생각한다. 고로 나는 있다."라고 했다. 생각하고, 생각하고, 생각하여 더 이상 생각할 것이 없어졌을 때 그는 마음의 평안을 얻었다. 마치 "하나님의 품에 안기기 전에는 마음의 평안이 없습니다." 하는 어거스틴(St. A. Augustine, 354?~430)의 말처럼 데카르트는 생각하고, 생각하고, 생각한 끝에 결국 자기 뿌리에 도달하여 안심을 얻은 경지를 "나는 있다." 하고 표현한 것이다.

'생각'이 철학이라면 '있다'는 종교이다. 철학이 지혜라면 종교는 사랑이요, 철학이 물음이라면 종교는 대답이요, 내가 물음이라면 하나님은 응답이다. 여기에 지적 인간과 사랑의 하나님의 일치가 있다.

데카르트가 그의 『성찰』에서 신의 존재와 영혼의 불멸을 증명하려고 시도한 것은 그의 지적 애의 단적인 표현이다. 지와 사랑의 통일은 데카르트에서 다시 스피노자로 이어진다. 스피노자도 자기의 뿌리인 자기원인과 일치할 때 한없는 마음의 평화를 얻었다. 이것이 스피노자의 윤리학의 전부이다. 스피노자는 자기와 원인과의 통일을 자기원인이라고 하고 자기원인이란 본질 속에 존재가 포함되는 것이라고 정의한다.

중국 송나라의 유학자, 소강절(邵康節 1011~1077)은 하늘의 달을 보면서 마음속의 몸을 생각하였다. 바다에 든 배가 바다 위를 달리듯이 마음속에 사는 몸이 완전한 자유라고 생각했기 때문이다. 마음이라고 하나, 진리라고 하나, 천명이라고 하나 같은 말이다. 하여튼 마음은 내 안에 있지 않고, 내 몸 밖에 있다. 마치 바다에 뜬 배처럼 마음 위에 뜬 몸이 그대로 자유인 것이다. 그러나 마음이 몸 속에 있다면 어떻게 될까? 그것은 바다 위에서 뒤집힌 배처럼 비극이요, 절망이다. 고민이요, 원망이요, 불안이요, 불평이며 마음에는 평화가

스피노자 67

없다.

 스피노자의 세계는 마음속에 몸이 있는 세계이다. 바다 위에 배가 뜬 세계이다. 마음을 본질이라고 하고, 몸을 존재라고 하자. 그러면 스피노자의 본질은 존재를 포함한다는 말이 실감나게 될 것이다. 스피노자는 자기가 바다 위에 뜬 배임을 느꼈을 때, "나는 있다."라고 외쳤다. 또한 그는 자기의 자유도 느꼈을 것이다.

 스피노자가 본질 속에 존재가 포함되어 있다고 하는 자기원인은 마치 태초에 빛이 있으라 하니, 빛이 있었다는 말과 비슷하기도 하다. 하나님에게 있어서는 본질과 존재가 하나라는 것이다. 하나님은 마치 집 자체와 같다. 설계와 재료가 일치하여 된 집이다. 자기원인이란 다 된 집이다. 하나님도 다 된 집이지만 스피노자도 다 된 집이다. 그가 플라톤 이후에 하나밖에 없는 철학자라고 불리우듯이 확실히 독창적인 사상가思想家임에 틀림이 없다.

 그는 대가가 못될는지는 모르지만 아담한 하나의 집〔家〕이다. 그의 윤리학『에티카』야말로 아름다운 하나의 집이다. 스피노자는 이 집에서 행복하게 살았다. 그는 언제나 삶을 말했지 죽음을 말한 일이 없었다. 그에게는 죽음이 없었다. 그는 자기의 영원을 느끼는 동시에 자기의 불멸도 느꼈다. 스피노자의 철학은 생의 철학이다. 자기원인이란 결국 생生이란 말이다. 그는 삶을 느꼈으며 자기 속에서 생수가 강같이 흐름을 느꼈다. 자기 속에서 생각이 쏟아져 나오는 것을 느꼈다. 자기도 모를 생각이 자꾸 쏟아져 나올 때 스피노자는 그것을 자기 것이라고 할 수가 없었다.

 스피노자는 죽으면서 간곡히 친구에게『에티카』를 출판해 줄 것을 부탁한다. 그러나 저자의 이름은 밝히지 않기를 원하였다. 스피노자는『에티카』를 쓰기는 썼으나 자기가 썼다고 할 수는 없었다. 자기가 쓴 것이 아니라 자기원인이 쓴 것이었다. 스피노자의 철학은 생의 철학이다. 괴테, 로망 롤랑, 슈바이처가 그를 좋아했고, 그밖에 많은 시인들이 그를 좋아했음은 사람들이 그 속에서 삶을 보았기 때문이다. 신에 취한 스피노자라 할 만큼 사람들은 그 속에서 신의 움직임을 엿볼 수가 있었다. 그에게는 신의 향기가 풍겼다. 마치 바위 밑에 핀 가련한 난초처럼 그는 아무도 모르게 혼자서 향기를 풍기면서 산 것이다.

자기원인이란 한 마디로 뿌리란 말이요, 동시에 살았다는 말이다. 마치 뿌리 있는 나무가 산 것처럼 그도 신에 부딪쳐 산 것이다. 그는 직관지를 통해서 자기의 뿌리를 보았다. 자기가 하나님 안에 있고, 하나님이 자기 안에 있다는 것을 그는 알게 된 것이다. 직관지를 통해서 본 것이기에 그의 뿌리는 실체요, 동시에 신이다. 스피노자는 자기원인은 있는 것이라고 밖에 생각할 수가 없었다. 자기의 삶을 느낄 때 자기의 삶의 원천을 부인할 수 있으랴. 그는 내가 있다고 하면서 자기의 근원자를 없다고 할 수는 없었다. 마치 나무는 있는데 나무 뿌리가 없다고 할 수 없는 것처럼 그는 자기의 존재와 자기원인의 존재는 하나라고 생각했다. 자기의 존재는 자기원인의 존재 속에 포함되어 있었기 때문이다.

3조의 실체는 본래 아리스토텔레스가 주어는 되나 술어가 될 수 없는 것과 같다고 했다. 그것을 설명하기 위해서 다른 말이 필요 없는 것이다. 그런 의미에서 실체는 직관될 것이지 남의 말을 들어서 알 수 있는 것은 아니다. 종교에서는 그런 것을 체득이라고 한다. 혹은 깨닫는다고 한다. 스피노자는 직관이라고 한다. 보고 알 수 있는 것이지 들어서 알 수 있는 것이 아니다. 실체는 직관의 대상이요, 개념이나 추리의 내용이 아니다. 그런 의미에서 실체는 존재자체이다. 있다는 것은 있는 것이지 그 이상 더 다른 개념을 붙일 수가 없다. 스피노자는 실체란 자기 안에 있고 자기에 의해서만 생각될 수 있는 것이라고 한다. 열매는 열매 안에 있고 열매 안에서만 싹이 튼다. 허공은 허공 안에 있지 다른 데 있을 수는 없고, 태양은 태양 빛으로만 보이지 다른 빛으로 보여지는 것은 아니다.

데모크리토스가 실체를 공간과 원자라고 한 것처럼 실체는 자기 안에 있고 자기에 의해서만 생각할 수 있는 것이다. 만일 허공과 태양이 영원불변하다면 실체란 허공과 태양처럼 영원불변하는 존재이다. 모든 현상계 밑에 깔려서 현상계를 움직이고 있는 영원불변한 존재가 실체이다. 플라톤은 그것을 이데아라고 하고 아리스토텔레스는 그것을 신이라고 하였지만, 스피노자가 실체를 말할 때에는 완전한 것을 말하고 싶어서 쓴 것일 것이다.

옛날부터 신은 실재와 완전과 무한으로 규정되어 있었다. 자기원인이 실재라면 실체는 완전이요, 신은 무한이 아닐까. 그렇기 때문에 스피노자는 실체란 자기 안에 있고 자기에 의하여 움직이고 그것이 움직이는데 어떤 신세도 지지 않는, 그것을 생각하기까지 아무런 다른 개념의 도움을 받지 않는, 그런 완전한 존재라고 하였으며 6조의 신을 무한이라고 정의한다. 마치 나무그루에서 무한히 많은 가지가 솟아나고 그 가지에 무한히 많은 잎이 또다시 솟아나듯이, 그는 존재 자체가 있을 때 그 존재에서 무한한 속성이 솟아 나오고, 각 속성에서 무한한 본질이 솟아 나오는 것을 신이라고 하였다.

스피노자에게 있어서 신은 하나의 생명의 약동이었을 지 모른다. 그는 한없이 쏟아져 나오는 속성과 본질을 보고, 무한한 별바다를 쳐다보면서 놀라는 칸트와 같이, 자연의 신비에 겸손하게 머리를 숙이며 신은 무한하다고 밖에 더 이상 말할 수가 없었을 것이다.

그는 7조에서 자유를 말한다. 그에게 있어서 자유는 마치 기차가 궤도를 달릴 때에 가장 빨리 갈 수 있는 것처럼 필연과 일치된 것이었으며, 제 마음대로 된 것을 자유로 보지 않았다.

또 그는 8조에서 영원을 말한다. 물건을 초월하면서 동시에 물건을 있게 하는 진리처럼, 그것은 장시간이나 무시간이 아니라 시간을 초월하며 시간을 있게 하는 존재 자체, 그것을 영원이라고 하였다.

5조의 양태는 실체를 태양이라고 하면 꽃과 같은 것.

4조의 속성은 실체가 태양이라면 빛과 힘 같은 것.

2조의 물체나 사상은 제한된 것, 그리고 서로 이질적인 것, 이런 이야기가 정의의 내용이라 볼 수 있다.

범신론汎神論

스피노자의 신즉자연을 이해하려면 그의 범신론을 이해하려고 노력해야 할 것이다. 범신론적 사상은 그 당시 스피노자만이 가졌던 것이 아니다. 르네상스의 중요한 하나의 특징이 범신론적인 것인데 이것은 독일신비주의라는 이름으로 강하게 뒷받침되어 있었다.

독일의 신비주의의 대표자는 야콥 뵈메(Jacob Beohme, 1575~1624)인데 이 사람은 루터와 칸트에게 지대한 영향을 끼쳤다. 야콥 뵈메의 원천은 에크하르트(Meister Eckhart, 1260~1327)이다. 에크하르트는 독일신비주의자의 개조라고 할 수 있다. 13세기말에 산 사람인데 그는 어느 날 대중 앞에서 이런 설교를 하였다.

"하나님은 왜 사람이 되었는가. 그것은 여러분들을 하나님의 외아들[獨生子]로서, 즉 그리스도와 꼭 같은 하나님의 아들로 낳기[生] 위해서입니다." 하고 말했다고 한다. 이러한 말은 그 당시의 기독교회가 신의 수육受肉을 그리스도에게만 국한하여 그리스도의 절대성과 유일성을 주장한데 비하여 아주 범신적인 사고방식이라 할 수 있다. 독생자는 그리스도만이 아니라 누구나 될 수 있다고 말하고 있기 때문이다.

 철학은 아무래도 자기를 찾는 것이기 때문에 한사람 한사람의 가치를 인정하지 않을 수 없고 그것이 종교와 일치하면 그 가치가 신적神的인 가치로 높여지고 만다. 그렇기 때문에 신비적 입장에서 보면 한사람 한사람이 신이요, 독생자로 보일 수밖에 없다.

 스피노자의 입장도 역시 신비적 입장이었다. 그에게는 신비적 직관이 있었다. 스피노자는 본 사람이다. 그는 보이지 않는 것을 보고 기하학적 방법으로 썼다. 그는 단적으로 "신은 실체다." 하고 그가 본 것을 분석해 간다. 그가 본 하나님은 영원 무한한 실체이다. 마치 샘물처럼 자기 속에서 한없이 솟아 나오는 자기원인이요, 아무 것에도 제한된 것이 없는 자유존재요, 자기의 존재와 자기의 본질이 하나가 된 신이다. 그렇기 때문에 신은 자재自在요, 자유自由요, 자족自足이다. 신은 자기 밖에 아무런 근거根據나 아무런 원인原因이나 아무런 목적目的을 가질 필요가 없는 분이다. 그렇기에 하나님에게는 '왜'가 없다. '왜'가 없다는 말은 신의 세계는 직관의 세계지 이론이나 사변의 세계는 아니라는 것이다. 이론이 끊어지고 사변이 끊어질 때 신의 세계가 전개되지 아직도 생각하는 정도로는 '있다〔存在〕'의 세계는 나타나지 않는다.

 존재의 세계가 있는 세계이지 사색이나 분석을 허락하지 않는다. 왜 있다든지 어떻게 있다든지 하는 것은 철학의 세계요, 과학의 세계지 종교의 세계는 아니다. 종교의 세계는 있는 세계요, 사는 세계지 그밖에 아무 것도 아니다. 왜 살아야 하는가가 아니다. 거저 사는 것이다. 왜 있나가 아니다. 거저 있는 것이다. 왜 하는가가 아니다. 거저 하는 것이다.

 에크하르트는 한사람 한사람이 거저 있기 위해서 하나님이 사람이 되었다는 것이다. 그러나 에크하르트의 생각은 그 후 점점 더 넓어진다. 사람만이 아니라 모든 만물이 다 거저 사는 것이 아닐까. 다시 말하면 사람만 신이 아니라 자연도 신이 아닐까. 이런 생각은 스피노자 시대가 되면 의례 나타나게 된다.

스피노자와 거의 동시대 사람으로서 독일에 안겔루스 시레지우스라는 사람이 있다. 이 사람은 하이데거도 참 좋아하는 사람인데 그는 "장미는 까닭 없이 있다. 그러나 그것은 피니까 피는 것뿐이다."라고 말했다. 장미는 물론 우주만물을 대표해서 말한 것이고 그것은 한마디로 자연전체를 대표한다고 해도 좋다. 장미는 '왜' 없이 있다. 왜 없이 있는 것은 신神뿐인데 만일 장미가 왜 없이 있다면 장미가 그대로 신이란 말이다. 신만이 있기 때문에 있는 것인데 장미가 만일 피니까 핀다고 하면 그것은 장미가 피고 있는 것이 아니라 신이 피고 있는 것이다. 있는 것(장미)도 신이요, 핀 것도 신이다. 있는 것이 존재, 피는 것이 본질이라면 존재와 본질의 일치는 신뿐이기 때문이다.

그것을 스피노자는 정의 제1조로 천명하고 있다. 이렇게 되면 신이 자연이 되었을 뿐 아니라 자연이 또한 신이 될 수밖에 없다. 예수뿐만 아니라 장미도 말씀이 육신으로 된 것이다. 이렇게 보면 자연이 그대로 신이요, 신이 그대로 자연이라고 하는 신즉자연의 스피노자의 범신론과 거의 같아지고 만다.

그런데 독일신비주의자들 중에는 기독교인들이 어떻게 그런 생각을 하게 되었을까 하고 이상하게 생각하는 사람들도 있었을 것이다. 물론 기독교에서는 이런 사상은 피조물과 신을 혼동한다고 해서 신에게 대한 최대의 모독이라고 생각한다. 스피노자도 유대교회에서 쫓겨났지만 독일신비주의자에게도 이단이라는 낙인이 찍혔다. 그러나 이론적으로는 이단들이지만 그들의 삶은 도저히 일반 기독교인들이 따라 갈 수 없을 만큼 진지했다.

스피노자가 무신론자라는 소리를 들으면서 다른 한편으로는 신에 취한 성聖 스피노자라는 소리를 듣는 것을 보면 독일신비주의자들과 비슷한 점이 있다. 독일신비주의자들은 정말 있는 것은 하나님뿐이라고 고백한다. 하나님 밖에는 아무 것도 없다. 그렇기 때문에 그들은 무無를 가지고 창조한 세계는 무에 불과하다고 생각한다. 인생이건, 세상이건 모두 허무한 것뿐이라고 그들은 단정한다.

헤겔도 스피노자를 무세계론자라고 규정하지만 누구나 하나님만을 실체라고 한다면 하나님밖에는 아무 것도 없을 것이다. 그렇다면 이 세계는 어떻게 될까. 결국 하나님 밖에 있다고 하는 것은 말이 안 되니, 하나님 안에 있을 수밖에 없다. 스피노자가 실체는 존재 안에 있다고 했듯이 하나님은 하나님 안에 있으며 만물도 정말 그것이 있는 것이라면 하나님 안에 있을 수밖에 없다. 이것이 내재론이라는 것이다.

스피노자는 "있는 것은 자기 안에 있든지 타자 안에 있다." 하는 공리 1조에서 "존재는 신이든지, 신 안에 있든지 할 수밖에 없다."고 한다.

에크하르트는 한 마리의 모기라도 그것이 하나님 안에 있을 때는 천사보다도 더 존귀하다고 한다. 모기만 그런 것이 아니다. 장미도 마찬가지이다. 하나님 안에 있는 장미는 단순한 하나의 자연물이 아니다. 하나님의 실체에 참여한 하나의 신이다. 장미의 본체(엣센티아)도 신이고 장미의 구체(엑지스텐티아)도 신이다. 말씀이 육신이 된 것은 예수 그리스도만이 아니다. 모기 한 마리, 장미 한 송이도 모두 하나님의 품안에 있을 때 그것은 모두 하나님의 독생자가 된다.

그렇기 때문에 왜 없이, 까닭 없이 피는 꽃은 이미 피조물이 아니다. 조물주의 일부분이요, 그렇기 때문에 피니까, 피는 것은 장미의 일이 아니요, 신 자신의 일이 된다. 이와 같이 일체를 신 안에서 볼 수 있게 되는 것은 나 자신이 신 안에 있을 때만 그렇다. 내가 하나님

품에 있을 때 하나님은 내 품안에 있다. 스피노자는 "내가 신을 사랑하는 것은 신이 나를 사랑하는 것이다."라고 한다. 신과 나는 이미 하나가 되어 나도 없고 신도 없이 다만 하나만이 있는 세계가 신비주의의 세계다. 그런 의미에서 스피노자도 지독한 신비주의자라고 볼 수 있다. 다만 그에게는 신비주의만 있는 것이 아니다. 합리주의가 또 있다. 이 점이 그를 독일신비주의와 구별하게 하는 점이다.

하여튼 신비주의의 특징은 일체의 대상화를 거부한다. 둘의 세계를 인정하지 않는다. 둘을 인정하면 하나님을 쪼개는 것이요, 하나님을 죽이는 것이라고 생각한다. 그러기 위해서는 나도 없고, 신도 없는 하나의 세계만을 '있다'고 한다. 그리고 그들은 하나님이라는 말을 입에 담기 싫어한다. 하나님이라고 하면 하나님을 대상화하기 때문이다. 그들은 하나님을 버리라고 한다. 하나님을 버려야 나도 버릴 수 있기 때문이다. 하나님도 버리고 나도 버리고 남는 무만이 신의 근원이요, 나의 근원이요, 하나의 근원이요, 일체의 근원이다. 일체가 무로 돌아갈 때만 거기에 유가 실현된다. 부정을 통한 대 긍정이 신비주의자들의 길이다. 그들은 자기부정의 쓰라린 수도를 거쳐서 신 없는 신에 취한 사람이 되어 버린다.

스피노자가 신에 취한 무신론자로 지명된 것은 그도 신비주의자로서의 낙인이 찍혔기 때문이다. 스피노자는 신과 만물의 관계를 실체와 양태의 관계로 규정한다. 양태는 실체 안에 있는 실체의 변태이다. 마치 물과 물결처럼, 태양과 꽃처럼 같으면서도 다르고, 다르면서도 같은 유한과 무한과의 차이라고 볼 수가 있다. 또한 "신과 양태를 연결짓는 것이 속성이다."라고 하였다.

마치 기독교에서 사람과 신을 연결하는 것이 예수 그리스도라고 하듯이 속성이란 지성이 신의 속알이라고 생각하는 것이며 그것이 사유와 연장이다. 사유는 그리스도요, 연장은 예수와 같은 것이다.

하나는 본질이요, 하나는 존재라고 해도 좋다. 그렇기 때문에 스피노자의 신관에 있어서 제일 중요한 것이 실체와 속성과 양태이다. 마치 성부와 성자와 성신과 같다. 그리고 성부이건, 성자이건, 성신이건 모두 안에 있고, 스스로 있고, 스스로 움직이고, 스스로 생각한다.

스피노자의 신은 의지가 없고, 원인이 없고, 목적이 없다. 목적관의 철폐, 이것이 스피노자의 신관의 핵심이라고 할 수 있다. 그는 '신에 관하여' 라는 제1부 마지막에 "내가 지금까지 말한 것은 신의 본성과 그 특질을 설명한 것이다. 신이 필연적으로 존재한다는 것, 신은 한 분[唯一]이라는 것, 신은 그 본성의 필연성으로만 존재하고 활동한다는 것, 신은 일체만물의 자유원인이라는 것, 그리고 만물은 신 안에 있다는 것, 그리고 신이 없이는 있다고도 생각할 수도 없다."는 것이다. 만물은 신에 의하여 예정되어 있고 자유의지나 절대적인 신의神意로부터가 아니라 신의 절대적 본성 또한 무한한 힘에 의해서 움직인다. 그런데 사람들이 내 말을 알아듣지 못하는 까닭은 그들이 하나의 편견에 사로잡혀 있기 때문이다. 그것은 모든 자연물은 사람들처럼 목적을 위해 일하고 있다고 생각할 뿐만 아니라 신이 모든 것을 하나의 목적으로 이끌어가고 있다고 주장하고 있다는 점이다. 그들은, 신은 만물을 사람을 위해 창조했고 또 사람은 신을 위해서 창조되었다고 생각하고 있다. "나는 왜 사람들이 이런 편견을 가지게 되었는지, 그리고 이 편견의 잘못이 무엇인지, 이 편견으로 좇아오는 가치관의 잘못이 어떤 것인지를 설명해 보겠다."고 했다.

그가 평생을 싸운 것은, 물고기는 사람을 위해 있고 사람은 신을 위해 있다는 종류의 목적관을 때려부수는 것이었다.『에티카』에 있는 신에 관한 정리는 36개인데 예를 들면 "신은 모든 것의 내재적 원인이요, 초월적 원인이 아니다."라든가 "존재하는 것은 모두 신 안에 있다." "어떤 것도 신 없이는 존재하지 않고 생각되지도 않는다."라는 등 '왜 없이 있는 신'의 속성을 논리적으로 분석해간다.

생명生命

스피노자는 생명철학자다. 그는 삶을 말했지, 죽음을 말한 적이 없다. 그에게는 일체가 살아 있었다. 그에게 있어서 대자연은 그대로 산 것이다. 자연은 그대로 신이다. 자연만 신이 아니라 자연을 살았다고 보는 그도 살았다. 눈앞에 펼쳐진 대자연을 보면 누구나 신비와 생명을 느끼지 않을 사람은 없을 것이다. 일체가 살아 있다는 생명의 약동을 느낄 때 인간은 한편 형이상의 세계로 비약할 수 있다. 스피노자도 생명의 신비에 부딪쳐 자기도 모르게 필연의 세계에서 살게 되었다.

그에게 있어서 일체는 필연이었으며, 우연이라고는 아무 것도 없었다. 그에게 있어서는 필연의 진리뿐이다. 거짓과 허위는 그에게는 없는 것이며 그런 것들은 그에게는 아무 흥미가 없었다. 진리는 마치 태양 같은 것이요, 허위는 거품 같은 것에 불과하다. 진리는 참이다. 진리는 실재이다. 진리는 있고 있는 영원하고 무한하고 완전한 것이다. 그는 진리에 대한 그리움을 가졌기에 자기 민족과 동포로부터 추방을 당하면서도 진리를 쫓아가지 않을 수 없었다. 그는 진리를 위해서는 언제나 목숨을 던질 수가 있었다. 진리가 있다는 것은 거저 있다는 것이 아니다. 나의 생명을 내걸고 있다는 것이다. 사는 것은 진리를 위해서 사는 것이고 진리 때문에 사는 것이다.

스피노자는 거짓과는 아무 상관이 없다. 아무리 거짓이 온 천하에 판을 칠지라도 그것이 스피노자와 무슨 상관이 있으랴. 스피노자가 사는 세계는 진리의 세계이다. 그것은 필연의 세계이다. 스피노자의 자유는 형이상의 자유이며, 필연의 세계의 자유이다. 하나님은 법을 어겨서 행동하는 분이 아니다. 마치 철도의 궤도를 달리는 기차처럼 필연과 법칙의 세계만이 자유의 세계이지, 우연과 황무지의 세계에는 어떤 자유도 없다. 있는 것은 진리 뿐이요, 필연뿐이다. 아무리 세상 사람들이 거짓을 가지고 부귀영화를 누려도 그것이 스피노자에게는 아무 매력도 없다. 그것은 허무요, 참이 아니다.

스피노자는 신은 실재라고 한다. 그것은 신이 진리이기 때문이다. 스피노자는 자연도 실재라고 한다. 그는 신을 능산적 자연, 자연을 소산적 자연이라고 한다. 능산적 자연이건, 소산적 자연이건 그에게 있어서는 모두 생명이요, 모두 진리이다. 신도 살았고, 자연도 살았다. 신도 진리요, 자연도 진리이며 모두가 필연이다. 마치 삼각형의 내각의 합이 180도가 되듯이 모두 필연이요, 모두 진리이다.

스피노자는 진리를 위해서 살고, 필연을 위해서 살았다. 그에게 있어서는 신은 필연이었고 필연 아닌 것은 아무 것도 없었다. 필연의 세계는 실재의 세계요, 완전의 세계요, 영원의 세계이다. 신은 완전하고, 실재하고, 무한하다. 한마디로 신은 살아 계신 하나님이다. 돌멩이가 살아있고, 산이 살아있고, 대자연이 살아있고, 내가 살아있듯이 신은 살아있다. 그는 신의 속성을 무한한 것으로 보고 이 세상은 신에게서 산출된 무한한 양태라고 했다.

스피노자에게는 일체 만물은 신 안에 있는 양태에 불과하다. 그렇기 때문에 그 자체가 독립해 있는 것이 아니다. 모두 보편적 법칙에 의하여 연결되어 있다. 그런고로 그에게 있어서는 주관적이고, 인간 중심적이고, 목적론적인 사고방식은 사라져 버리고, 객관적이고, 신 중심적이고, 기계론적인 사고방식만이 남게 되었다. 일체가 필연의 그물에 얽매여 있고 영원의 법칙에 얽매여 있다. 그렇기 때문에 참된 인식은 합리적 인식이어야 하며 영원한 입장에 설 때에만 참된 인식은 가능하게 된다.

하나님의 영원성은 자연의 법칙성과 일치하며 신의 본질과 자연의 존재는 구별할 수 없게 되고 신은 정신적으로만 표현될 뿐만 아니라 자연으로도 표현되어야 한다. 마치 나는 나의 말로 표현될 뿐만 아니라 나의 몸으로도 표현되어야 하는 것과 같다. 신은 정신이면서 육체요, 육체이면서도 정신이다. 신은 모든 만물 안에 있고, 만물은 모두 신 안에 있어 신과 자연은 구별할 수 없이 밀착하여 신즉자연의 범신론이 그의 입장이 된다. 모든 존재는 모두 동질적이요, 가치의 차별이나 지위의 고하 없이 수학적 필연적 연결을 가지고 신의 영원성에 참여하게 된다. 신비주의적인 사상과 기계적론적인 자연관이 결합이 되어 신은 존재가 되고, 만물은 양태가 되어 바다의 신과 물결의 만물이 살아서 움직이는, 산 자연이 스피노자의 산 세계이다.

그런고로 그에게 있어서는 이 세상에 신의 양태 아닌 것은 아무 것도 없다. 신의 양태가 아닌 것으로 보이는 것은 보는 눈이 멀어져서 그렇다. 세상에 악이 가득찬 것으로 보이는 것은 나의 눈으로 보기 때문에 그렇다. 내 눈으로 보지 말고 하나님의 눈으로 보면 세상에 악이 있을 이치가 없다. 하나님의 눈을 가져야 한다. 모든 것을 전체적 입장에서 보아야 한다. 사는 것이 좋고, 죽는 것이 나쁜 것은 내 눈으로 보아서 그렇다. 하나님의 눈으로 보면 사는 것이 좋고, 죽는 것이 나쁠 이치가 없다. 해가 뜨는 것이 좋고, 해가 지는 것이 나쁜 것은 낮을 중심해서 부분적으로 보기 때문에 그렇지, 낮과 밤을 다 생각하면 해가 뜨는 것도 좋고, 해가 지는 것도 좋다.

사람은 전체적으로 볼 수 있는 눈을 가져야 한다. 부분적으로 보면 이 세상은 죽지 않는 것이 없다. 그러나 전체적으로 보면 이 세상에 죽는 것은 아무 것도 없다. 전체의 세계는 필연의 세계요, 이치의 세계요, 신의 세계이다. 스피노자는 시종일관해서 일체현상의 필연성을 말하고, 신은 언제나 필연적인 법칙에 의하여 움직이는 것이지 신이 어떤 목적을 세우고 그것을 시도한다든지 제 마음대로, 제멋대로 이런 짓도 하고, 저런 짓도 하는 그런 방종한 신이 아니라는 것을 역설한다. 그리고 이 세상은 지금 만들어진 것 외에 어떤 다른 방식이나 다른 질서로 만들어질 수 없으며 이 우주와 이 세계는 신의 필연의 법칙에 의하여 산출된 최선의 것이다. 그렇기 때문에 신의 인식이나 자연의 인식은 언제나 영원하고 필연적인 이성의 입장이어야 한다.

스피노자는 언제나 거짓을 버리고 참에 속해 살았다. 좋다, 나쁘다, 밉다, 곱다에 휩쓸려 살지 않았다. 그는 오직 영원한 입장에서 자연의 필연적인 법칙에 의하여 자연과 인생의 모습을 있는 그대로 인식하고 이해해 갔다.

스피노자의 눈으로 보면 영원하고 필연적인, 이성적 인식만이 오직 유일하고 보람있는 삶의 근원이다. 이것은 이러한 인식만이 우리의 기쁨을 능동적으로 끄집어 내주고 우리의 소질을 키우고 길러 주어 우리를 억압하는 모든 번뇌로부터 우리를 해탈시켜 주기 때문이다. 우리들을 참으로 자유케 하는 것은 오직 참된 인식뿐이다. 거기서 정말 기쁨이 나오고 거기서만 정말 힘이 나온다.

스피노자에게 있어서 아는 것은 그대로 힘이었다. 그에게 있어서 감정이나 의지는 지성에 비하면 아무 것도 아니었으며 지성만이 힘의 원천인 것이다. 그는 신에게도 자유의지를 허락할 수 없었다. 의지의 힘은 맹목적인 힘이다. 그런 힘은 눈 없는 맹수 같아서 악마 이외의 아무 것도 아니다. 신은 눈이요, 빛이다. 지성만이 힘의 원천이요, 필연과 일치하는 자유의 근원이다.

스피노자는 무엇보다도 신의 인식을 최고의 인식이라고 생각한다.

신을 보지 못하고 그 밖의 것을 보았다고 해도 그것은 장님이 보는 것이나 마찬가지이다. 신을 볼 수 있는 눈, 그것은 육신의 눈이 아니라 마음의 눈이다. 마음의 눈이 뜨여야 한다. 마음의 눈이 뜨이고 열려 진리의 세계를 볼 수 있고, 필연의 세계를 볼 수 있어야 한다.

인간은 마음의 문을 열 때에만 영원한 세계와 통할 수가 있다. 그런 의미에서 인식은 신의 인식이 최고의 인식이요, 그것이 또한 최고의 선善이기도 하다. 이 인식은 우리가 가지고 있는 생명의 본질을 우주의 근원적 생명과 연결시켜 주어 거기서부터 오는 힘으로 우주의 생명을 한없이 풍성하게 한다.

우리의 생명의 기쁨은 우리의 생명이 한없이 넘쳐 확대되는 데서 최선의 기쁨을 얻을 수 있다. 신의 인식은 우리에게 있어서 최대의 기쁨이요, 이 기쁨은 우리들로 하여금 이 기쁨을 주시는 신에게로 더욱 가까워지도록 한다. 신의 인식은 신에 대한 사랑을 낳고, 이러한 사랑은 신의 인식에서 오기 때문에 신에 대한 지적 애라고 아니할 수 없다. 인간이 그의 생명을 쏟아 신을 사랑할 때 인간은 신의 사업에 동참하게 되고 신의 활동을 하게 된다. 그런 의미에서 인간이 신을 사랑한다는 것은 신이 신을 사랑하는 것이나 마찬가지이다. 신을 사랑하는 인간은 이미 인간이 아니요, 신이기 때문이다. 일체가 신이다. 이러한 신적인 사랑을 가지고 인간과 인간이 서로 사랑한다면 그것이야말로 참사랑이요, 참다운 하나요, 이러한 사랑으로 신과 사람이 사랑한다면 그것이야말로 참다운 사랑이요, 영원한 사랑이다. 영원한 사랑으로 신과 하나된 사람이야말로 일체를 긍정하고 일체를 해탈하여 어떠한 환경에 처해서도 참다운 선을 살 수가 있다. 스피노자는 이런 선을 가지고 참다운 기쁨을 느끼면서 산 것뿐이다.

스피노자에 있어서 신은 필연적인 존재요, 만물은 신에 의존해 있고 아무리 시간이 인간을 제한한다 하더라도 인간은 신의 영원한 본질과 연결되어 있는 것이다. 비록 인간이 허무한 현상에 휩쓸리는 한이 있을망정 인간과 신과의 영원한 쇠줄은 끊어지질 않는다. 이러한 신과의 연결은 그것을 깨닫는 사람이 비록 많지는 못하다고 할지언정 자연과학적인 현실을 초월하여 일체가 참〔萬法皆善〕이라는 절대적 가치 속에서 살 수 있는 세계이다.

결국 스피노자의 철학은 인간은 하나님의 것이며 하나님께로 와서 하나님께로 돌아가는 것이 가장 최고의 길이라는 것을 우리에게 말해주고 있다.

신의 완전성에서 신의 존재를 끌어내고(정리 11), 신즉자연이라는 신의 내재적 원인(정리15)을 밝히고, 신은 능산적 자연(정리 29)임을 밝히고, 일체만물의 필연성(정리 29)과 신만이 자유원인(제2부 정리 27)이라는 것을 밝힌다.

신의 자유란 신의 최고 능력 또는 무한한 성질로부터 무한히 많은 양식으로 무한히 많은 것이 필연적으로 쏟아져 나오는 것, 마치 삼각형의 성질에서 영원에 걸쳐 세 각의 합이 180도라는 것과 마찬가지다. 신의 자유는 쏟아져 나오는 근원적인 자유이지, 나와서 제멋대로 흘러가는 자유가 아니다. 그런 의미에서 신의 자유는 필연적 자유이며, 지적인 자유이다. 마치 글쓰는 사람이 영감에 부딪쳐 넘치는 생각을 적을 수가 없어서 비명을 올리는 것과 마찬가지의 자유이다.

스피노자의 생각의 요점은 인간 중심적인, 이기적인, 목적적인 생각을 집어치우고 아무 욕심 없이 무지 무욕의 영적 삶이 되어서 대자연과 같이 살고 해 달과 같이 자고 깨는 필연의 세계, 진리의 세계, 지의 세계, 합리의 세계이다. 이것이 제1부에서 신에 관하여 말하려는 전부이다.

그러면 이제부터 신 안에서 사는 인간은 어떠한지를 살펴보아야겠다.

직관지直觀知

　제1부에서는 신, 즉 영원하고 무한한 실재에 관한 스피노자의 태도를 밝혔다. 이제 제2부에서 그는 인간의 정신과 인간 최고의 행복이 무엇인지를 알아보고자 한다. 사람의 정신도 신의 본질에서 필연적으로 흘러나온 것이기 때문에 신의 속성에 사유와 연장이 각각 속하여 있듯이 그는 인간의 정신에도 사유와 연장이 각각 독립적으로 속하여 있다는 심신평행론心身平行論을 주장하게 된다.
　데카르트는 길이를 가진 신체와 생각을 가진 정신을 전혀 질이 다른 두 개의 실체로 생각하였다. 그러나 스피노자는 길이와 생각을 서로 다른 독립한 실체로 보지 아니하고 실체는 하나요, 길이와 생각은 그의 두 속성이라고 생각했다. 그렇기 때문에 길이의 세계와 생각의 세계는 하나의 실체의 두 면으로서 각각 독립된 두 면을 나타내기는 하지만 하나의 실체가 두 면인 이상 서로 떨어질 수는 없는 것이다. 그렇기 때문에 정신적인 면에 어떤 변화가 생기면 육체적인 면에도 어떤 변화가 생기고, 육체적인 면에 어떤 변화가 생기면 정신적인 면에도 어떤 변화가 생길 것이다. 그것은 정신적인 것이 육체적인 것에 작용하는 것이 아니라 하나의 실체가 두 가지 모습으로 나타나는 것이라고 볼 수 있다. 그런고로 한편에 변화가 있으면 다른 편에도 변화가 따르게 마련이다. 연장인 길이와 사유인 생각은 둘이 아니고 하나의 두 가지 표현이기 때문이다.
　스피노자는 〈제2부 정리 7〉에서 "관념의 질서와 그 연결은 사물의 질서와 그 연결과 마찬가지이다."라고 하여 소위 유명한 심신평행론 心身平行論을 주장하였다. 몸은 마음의 대상이요, 마음은 몸의 관념이다. 태초에 하나님께서 빛이 있으라 하니, 빛이 있었다 하는 말씀과 만물의 일치 또는 사유와 존재의 일치, 이것이 심신평행설의 사고의 밑바탕이다.
 신에게 있어서는 사유와 존재는 둘이 아니다. 빛이 있으라는 말씀과 더불어 빛이 있게 되었다. 빛이라는 생각을 하자마자 빛은 이미 있게 된 것이다. 신에게 있어서 생각과 있음은 하나이다. 결국 사람에게 있어서도 신에 부딪힌 사람, 신과 연결된 사람, 다시 말해서 철든 사람, 정신이 있는 사람, 깬 사람에게는 아는 것과 행하는 것이 하나가 될 것이다.
 스피노자의 심신평행설은 소크라테스의 지행일치와 별로 다른 것이 없을 것이다. 신즉자연의 스피노자는 의례 심신평행이요, 지행일치일 것이다. 스피노자에게는 아는 것이 그대로 하는 것이요, 하는 것과 하나가 되어 아는 것만이 참 아는 것일 것이다. 그는 아는 것, 즉 인식을 세 가지로 설명하고 있다.
 〈제2부 정리 40〉에 보면 첫째 인식은 의견 또는 표상이라고 불리워지는 것이고, 둘째 인식은 이성이라고 불리워지는 것이며, 셋째 인식은 직관지直觀知라고 불리워지는 것인데, 이 직관지는 물체와 정신을 동시에 파악할 수 있는 인식이다. 직관지란 물건을 통해서 물건을 보는 주관이 빠져나간 객관지客觀知로서 이런 지는 정신의 정신인 자각적인 지知요 스피노자가 〈제2부 정리 45〉에 "현실적으로 존재하는 모든 물체 혹은 개체의 관념은 신의 영원 무한한 본질을 필연적으로 포함하고 있다."고 말하듯 이것은 하나님의 빛 안에서 보는 영원한 필연적인 인식이라고 할 수 있다. 이러한 하나님 안에서의 필연적인 인식만이 지행일치 혹은 지덕일치의 세계요, 이런 속에만 덕복德福일치의 진정한 행복이 깃들게 된다.
 결국 정신의 활동은 자각이요, 자각에서 물체의 물체와 관념의 관념은 일치하고, 자유를 초래하여 덕복일치의 진정한 행복을 불러들일 수 있는 것이다. 이러한 인식이야말로 신의 빛 속에서 영원과 필연을 보는 인식으로 신의 필연적인 명령에 의하여 행동하고 그로 말미암아 우리들은 신적 성질을 분유分有하게 되고, 우리의 행동은 완전하게 되며 우리가 신을 더욱 깊이 인식하면 할수록 우리의 심정은 더욱 평안하게 되어 우리의 행복은 더욱더 확고해진다.

그리하여 인간은 자기의 운명에 더욱 순종하게 되고 사회생활에 있어서도 아무도 미워하거나, 원망하거나, 멸시하거나, 조소하거나, 화내거나, 질투하거나 하는 법이 없이 각각 자기소유에 만족하고 이성의 지도에 따라 적당히 이웃을 도와주게 된다. 또 통치자도 백성을 노예로 다스리는 것이 아니라 자유롭게 최선을 다할 수 있도록 통치하고 지도하게 된다.

스피노자에게 있어서는 무엇보다도 절대자요, 자기원인인 신에게 부딪혀서 신과 연결이 되어야 인간 정신도 하나의 필연이 되어 신과 연결되고, 그 안에 내재하여 실체가 되고, 필연을 가지고 영원 속에서 살아갈 때, 인간은 신처럼 자유롭고 행복할 수 있다는 것이다. 이러한 생각 때문에 그는 심신평행론을 주장하고, 지행일치를 주장하고, 참다운 행복이 참다운 인식에 있음을 강조하여 의지보다도 지성을 앞세웠고 자유의지 같은 것은 문제로 삼지도 않는다.

스피노자에 있어서 가장 중요한 것은 정말 아는 것이다. 행도 자유도 행복도 모두 앎에서 나온다. 마치 병아리가 알에서 깨어 나와 걸어가고, 뛰어 다니고, 먹을 것을 얻고, 아름다운 것을 보며 즐기듯이 스피노자에게 있어서 알에서 깨어 나오는 자각 또는 직관처럼 중요한 것은 없다. 우리의 모든 앎은 하나님에게 부딪힐 때만이 참이다.

〈제2부 정리 32〉는 "모든 관념은 신에 관계되는 한 참이다."라고 못을 박고 있다. 인간의 앎이 하나님에게 부딪치지 못하고 마치 수원지에 연결되지 않은 수도꼭지처럼 옆에 있는 물통에 연결되었다던가 그 밖의 인위적인 어떤 것에서 나오는 물은 참 물도 아니요, 깬 물도 아니다. 그런 의미에서 스피노자는 신에게 연결되지 않은 모든 지식은 불완전한 지식이요, 그것은 관념이 있는 곳에 물체가 있는 지식이 아니다. 신에 부딪친 인식은 절대적인 인식이요, 전체적인 인식이다.

스피노자는, 신의 입장은 전체적인 입장이기 때문에 올바른 인식이지만, 인간의 입장은 부분적인 인식이기 때문에 올바른 인식이 못된다고 한다. 마치 태양이 동편에서 나와 서편으로 진다는 것도 일부의 진리는 있지만 그것은 전체적인 입장에 서지 못했기 때문에 잘못된 인식이다. 모든 잘못된 인식은 부분적인 인식으로 인식의 부족이다. 마치 밤에 사물을 보는 것처럼 빛의 부족으로 확실히 알 수가 없는 것이다. 빛은 완전하지만 세상에는 그늘이 있듯이 인식도 본래는 완전한 것이지만, 그늘진 인식이 생겨 불완전한 인식이 있게 되는 것은 마치 플라톤의 동굴의 비유처럼 사람들이 너무도 오래 인간사회라는 동굴 속에 사로잡혀 자기와 인간이라는 그늘 속에서 전체적으로 보지 못하고 부분적으로만 보아왔기 때문이다.

스피노자는 마치 프로티누스나 어거스틴이 죄악을 신에게 돌리지 않고, 인간에게 돌리듯이 인식의 불완전을 신에 돌리지 않고, 인간의 부분 지에 돌리고 있다. 이와 같이 인간이 유한한 오성에 멎어 있는 한, 진리는 얻을 수가 없다. 유한이 차차 커져서 무한이 되고, 무한 속에서 다시 유한을 보는 지식이 필요하다.

스피노자는 유한에서 유한을 보는 지식을 짐작이라고 하고, 무한에서 무한을 보는 것을 이성적 인식 또는 추상이라고 하고, 무한에서 유한을 보는 인식을 지적 직관이라고 했으며 이것이 전체 속에서 부분을 보고, 하나님의 입장에서 세상을 보는 영원永遠한 상하相下에서 사물을 보는 참된 인식이요, 완전한 인식이다. 그렇기 때문에 스피노자의 인식은 전체 속에서 부분을 보는 내재적 인식이요, 본질에 근거하여 사물을 인식하는 절대지의 인식이다. 이런 직관지直觀知야말로 스피노자 철학의 출발점이라고 할 수 있다.

　스피노자에 있어서 직관지보다 더 중요한 것은 없다. 직관지란 전체적인 입장이요, 전체와 부딪쳐 나오는, 다시 말해서 신과 부딪쳐서 나오는 하나님의 빛 속에서 보는 지식이다. 진리를 깨닫고 보는 지식, 눈이 떠서 보는 지식, 그것이 참된 지식이다. 그런고로 스피노자에 있어서 무엇보다도 중요한 것은 사물을 보는 것에 앞서 눈이 뜨는 것이다.

　〈제1부 공리 6〉에 "참다운 관념은 그 대상과 일치하는 것이다." 하는 말도 있어서 대상과 관념의 일치, 또 생각과 존재의 일치, 마음과 몸의 일치, 지와 행의 일치, 이런 것이 물론 중요한 것은 말할 것도 없다. 마치 병아리가 나와서 걸어 다니며 꽃을 보고 쌀알을 집어먹고 하는 것도 물론 중요하지만 그보다도 더 중요한 것은 병아리가 계란에서 깨어 나오는 것이다.

　〈제2부의 정의 4〉에 "완전한 관념은 관념이 대상과의 관계를 떠나서 그것 자신만으로 생각되어도 참다운 관념의 모든 특성, 혹은 내적 특징을 가지고 있는 관념이다."라고 말했듯이 진리란 외적 관계를 모두 떠나서 관념자체 만으로도 관념이 될 수 있는, 참다운 관념이다. 그것은 진리의 모든 내적 특징을 모두 구비하고 있다. 진리는 자기 속에 진리 자체의 규범을 가져야 한다.

　〈제2부 정리 43〉은 "참된 관념을 가진 사람은 자기가 참된 관념을 가지고 있다는 것을 알고 또 그 진리에 대해서 의심할 수가 없다."고 말하듯 진리를 깨달은 사람은 자기가 진리를 깨달은 것을 알고 있으며 자기가 진리라는 것을 의심할 수가 없다. 그것은 자기가 진리자체인 신 안에 있으며 신과 연결되어 있음을 알고 있기 때문이다. 결국 진리란 내가 진리며 나를 나타내는 것이다. 마치 나무가 그것 자신이 나무며 그것에 꽃이 피고, 잎이 무성하고, 열매가 맺히는 것이 나무인 것처럼 진리는 스스로가 진리며 스스로를 나타내는 것이 또한 진리인 것이다.

　진리란 자기표현이며, 동양의 진기위성盡己爲性처럼 자기를 다하는 것이 진리이다. 진리는 진리의 명석함과 판명함으로 자기가 진리임을 드러내고 있다. 진리의 보증은 진리자체이다. 빛의 증명은 빛 자신이 했지 다른 무엇이 할 길이 없다. 이런 것을 자증自證이라고 하는데 진리는 진리가 나타내고, 진리는 진리의 힘으로 살아가는 것이다. 그런 의미에서 진리는 영원하고, 무한하다. 하나님은 하나님이 보여주셔야 볼 수 있는 것처럼 진리는 진리자체가 보여주는 길밖에 없다. 진리의 표준은 진리 밖에 있는 것이 아니고 진리 안에 있다는 내재설, 이것이 스피노자의 인식론의 특징이기도 하다.

　진리는 대상과 일치하는 것뿐만 아니라 진리 안에 있고, 진리를 성립시키고, 진리를 움직여가고 있는 것이다. 마치 병아리가 밖에 나와서 만물을 보는 것뿐만 아니라 계란 속에서 병아리가 되고 계란을 깨뜨리고 움직여서 계란에서 나오듯 사람은 진리를 깨닫고 진리가 되어 진리로서 살아가는 것이 참다운 삶이다. 지적 직관은 사물의 본질을 직관하는 능력이기도 하지만 자기를 완성시키는 능력이기도 하다. 이 능력 때문에 인간은 자기 자신을 완성하고 남을 올바르게 인도할 수 있는 힘을 가진다. 나를 살리고 남을 살리는 힘, 그것이 지적 직관이요, 하나님에게 부딪친 인간이 가질 수 있는 유일한 힘이다.

합리론合理論

　스피노자는 뜰 앞에 있는 한 그루의 나무와 거의 분별할 수 없을 정도로 하나가 되어 있었던 것 같다. 그가 나무를 사랑했다던가, 나무가 그를 사랑했다던가 하는 정도의 표현으로는 무엇인가 부족한 듯하다. 그가 제일 좋아한 개념은 나무의 뿌리로서의 근거根據, 나무의 줄기와 가지로서의 필연성必然性, 나무의 잎과 꽃으로서의 영원성永遠性, 그리고 나무의 열매와 씨로서의 실체성實體性이었다.

그에게 있어서는 자연적 원인과 인간적 이유가 하나, 지적인 인식과 가치적인 행동이 하나, 창조주의 신과 피조물인 자연이 하나, 정말 하늘과 땅처럼 다르고, 생生과 사死처럼 다른 두 이질적인 개념이 하나가 되어 있다. 이런 통일은 성숙한 사유, 성숙한 성품이 아니고서는 도저히 기대할 수가 없다. 우리가 스피노자에 대하여 매력을 느끼는 것은 그런 점일 것이다. 보통으로서는 도저히 생각할 수 없는 그런 묘기, 마치 나무와 돌을 붙이는 것 같은 묘기를 스피노자가 해낼 때 우리는 다만 감탄할 수밖에 없는 것이다.

스피노자가 제2부에서 가장 무시하는 것이 두 가지가 있다. 그것은 의意, 정情의 세계이다. 그는 제1부에서 목적론을 몹시도 싫어하고 우리들의 모든 편견이 거기에 있다고 배척하지만 목적의 세계는 의意와 정情의 세계요, 의욕意慾과 감정感情의 세계이다. 의욕이라기보다 욕심이라고 해야겠고, 감정이라기보다 애욕이라고 하는 것이 나을 지도 모르겠다. 결국 개체보존의 본능과 종족보존의 본능으로 의욕은 자기만 살겠다는 이기주의요, 애욕은 자기 집만 잘살면 된다는 가족주의다. 이런 본능과 집착만이 들끓는 곳에는 나라도 없고, 질서도 없고, 평화도 없고, 행복도 없고, 문화도 없고, 법도 없고, 인간도 없다. 그것은 짐승의 세계요, 원시생활에 불과하다.

근대 초에 태어난 스피노자가 누구보다도 강하게 기대한 것이 나라이다. 나라가 있어야 사람이 있다. 그는 개인과 가족이 있기 전에 나라가 있어야 한다고 주장한다. 나라가 있어야 사람은 인간이요, 나라를 지키고 생각할 수 있는 인간이라야 가족도 가지고, 개인도 될 수 있는 인간이기 때문이다. 스피노자에 있어서 나라라는 말이나, 법이라는 말이나, 이理라는 말이나, 자유라는 말이나, 행복이라는 말이나, 인간이라는 말은 모두 같은 말이다. 스피노자는 몇 번이고 몇 번이고 의지와 정서의 세계가 아닌, 이성의 세계를 수없이 강조한다.

〈제2부 정리 48〉에서 "정신 속에는 절대적인 의지, 혹은 자유의지는 없다."고 단정하고 만다. 감각에 의하여 파괴되고 혼란된 인식은 허위虛僞의 유일의 원인이다. 〈정리 5〉의 관념의 형상적 존재는 단순히 사유思惟하는 분으로 생각되는 한도 내의 신만을 원인으로 인정하고, 다른 속성으로 설명되는 한도 내의 신을 원인으로 하지 않는다.

스피노자는 무엇보다 이치만을 인정하고 싶었다. 이치가 있은 후에 의지나 감각 등의 다른 속성을 인정하고 싶었다. 그것은 인간의 본질이 이성에 있고, 국가의 본질이 이성에 있기 때문이다. 이성이 제일이라는 생각을 받아들이는 것이 얼마나 인간생활에 유익한가 하는 것을 그는 제2부 마지막에서 네 가지로 설명한다.

1. 이 생각은 우리들은 하나님의 명령만을 좇아 행동하고 하나님의 역사에 참여하고 있다는 것, 우리의 행동이 완전해지고 우리가 신을 더 많이 인식하게 됨에 따라 우리는 더 하나님의 명령에 순종하고 하나님의 본성에 가까워질 수 있다는 것을 알게 된다. 그렇기 때문에 이러한 생각은 우리의 마음을 평안하고 고요하게 만들어 줄 뿐만 아니라 우리들의 최고의 행복 또는 축복이 무엇인지를 우리에게 가르쳐준다. 결국 이러한 정복淨福은 하나님을 아는 데서만 얻을 수 있다는 유용성을 우리에게 알게 해준다. 그리고 이러한 인식을 통해서 우리는 사랑과 경건이 우리에게 명하는 것만을 행하도록 인도한다.

그 결과, 우리는 사람되는 것(德)과 하나님을 섬기는 것이 최고의 행복과 자유가 아니고 가장 어려운 일처럼 생각하여 하나님께로부터 최고의 보수를 받는 것이 당연한 권리처럼 생각하는 사람이 많은데 사람[德]에 관한 참다운 이해가 얼마나 그릇되고 먼 것인가를 우리들은 밝히 알게 될 것이다.

2. 이러한 생각은 주어진 운명에 대처하는 일, 또는 우리의 힘으로 어떻게 할 수 없는 일, 즉 우리로서는 알 수도 없는, 우리의 본성을 넘어서는 일들에 대하여 우리가 어떤 태도를 취하지 않으면 안 되는가를 가르쳐준다.

즉 우리가 운명의 두 가지 면을 좋든 나쁘든 태연하게 받아들이고 그것을 견디어내는 것만이 최선의 길임을 가르쳐준다. 마치 삼각형의 본질에서 세 각의 합이 180도라고 할 수 있는 것 같은 필연성을 가지고 일체가 하나님의 영원한 결정에서 나온다는 것을 믿을 수 있게 되기 때문이다.

3. 이러한 생활은 사회생활에 이바지하기도 한다. 왜냐하면 이런 사람은 아무도 미워하지도 않고, 멸시하지도 않고, 조소하지도 않고, 누구에게 화내지도 않고, 질투하지도 않는 초연한 태도를 가르칠 수 있기 때문이다. 그리고 이런 생각은 각 사람이 자기 소유에 만족할 수 있다는 것과 이웃에 대한 도움이 여성적 동정이나 자기편이라거나 미신으로부터가 아니고 이성의 지도만으로 즉 내가 제4부에서 말하려고 하는 것처럼 시대와 사회가 요구하는 바에 의하여 하여야 할 것을 가르쳐 주기 때문이다.

4. 최후로 공동사회를 위하여 적지 않은 공헌을 할 것이다. 왜냐하면 이러한 생각은 어떤 방식으로 백성을 다스려야 하며 지도하지 않으면 안 되는가. 다시 말하면 사람들을 노예로 받들게만 하는 것이 아니라 가장 좋은 일을 자유롭게 할 수 있도록 그들을 통치하고 지도하여야 한다는 것을 가르치기 때문이다.

첫째, 행복을 신의 인식에서 찾고 둘째, 그 운명을 필연성으로 대처하고 셋째, 국가생활의 본질을 이성으로 드높이고 넷째, 자유를 인간 정치의 목표로 삼고 있다. 국가적 삶은 이성적 삶이요, 이성적 삶이 우리에게 가르치는 것은 자유로운 인간이다. 이러한 인간은 필연성을 체득하여 운명을 넘어설 줄 알고 운명을 넘어선 인간만이 신의 뜻을 이해하고 신의 현존을 느낄 수 있는 사람이다.

 스피노자는 인간의 정신을 신의 무한지성의 일부로 보고(제2부 정리 43주해) 인간의 명석하고 판명한, 깬 정신은 필연적으로 신의 관념과 같이 참되다고 한다. 인간의 깸은 신의 깸과 통하여 인간은 깸을 통해서 신을 보고 신의 현존을 느끼게 된다. 신의 실재성은 인간의 명석한 사유에 있어서는 언제나 현존한다. 스피노자에 있어서는 모든 사유가 신으로 가까워지는 것이 아니고 신을 본 정신이 모든 사유의 주체가 된다. 스피노자에 있어서 사유는 참다운 인간의 능력을 정점으로 사유 속에는 신성이 깃들여 있다. 그것은 완전한 고요함을 가능케 하고 인간 존재의 순수성을 가능케 하는, 완전한 성실성이기도 하다.

 사유에 관한 스피노자의 경험은 사유의 명석을 얻어 일체존재의 실체가 현재의 것으로 되고 현실적으로 활동하게 되는 것이다. 스피노자는 신의 통찰을 행복의 정점으로 생각했다. 마치 오래 떨어져 있던 어린애가 어머니를 만나는 것이 유일의 행복이듯 그에게 있어서 신의 직관은 가장 행복한 것 중의 행복한 것이었다. 스피노자에게 있어서 가장 확실한 것은 신이다.

 〈제2부 정리 47〉에서 인간정신은 신의 영원 무한한 본질에 대하여 충분한 인식을 가지고 있다고 한다.

 〈제2부 정리 32〉에서 모든 관념은 신에 관계된 것만이 참이라고 한다. 스피노자는 내재설(內在說)을 주장하기 때문에 자기 마음 가운데 있는 신은 확실하나 자기 밖에 있는 물체의 세계는 아주 애매하다.

〈제2부 정리 26〉, "인간정신은 외부의 물체를 상상하는 한 그 물체에 대한 충분한 인식을 못 가진다."

〈제2부 정리 31〉, "우리는 우리 외부에 있는 개체의 지속에 대하여 극히 불충분한 인식 외에는 가지지 못하고 있다."

결국 스피노자에 있어서는 원의 중심이 제일 확실하고 원의 원주는 차차 희미해진다. 스피노자에게 있어서 원의 중심은 마음이요, 태양계의 태양 같아서 그것은 빛이요, 참이요, 모든 밝고 어두운 것과 참과 거짓의 표준이기도 하다. 빛 자체, 깸, 이것이 가장 명석하고 판명하다. 스피노자는 마음속에도 관념이 있고, 몸 속에도 관념이 있고, 물체 속에도 관념이 있어서 안다고 하는 것은 그것들이 하나로 꿰뚫릴 때에 알아지는 것으로 생각했다.

〈제2부 정리 16의 1〉, "인간정신은 자기 자신의 본성과 더불어 극히 많은 물체의 본성을 지각할 수 있다."

결국 과부의 사정을 과부가 알듯이 모든 만물을 알기 위해서는 내가 물이 되는 수밖에 길이 없다. 이물관물以物觀物이라고 하듯 물이 되어 물을 볼 때에만 물을 알 수가 있을 것이다. 물이란 말 대신에 존재라는 말을 써도 좋다. 내가 존재가 되고, 물이 존재가 될 때 존재와 존재는 통할 수 있다. 물이 되었다든지, 존재가 되었다든지 하는 말은 인생의 허탄虛誕한 꿈이 사라지고 하나의 실재가 되었다고 하는 것과 같다. 모든 공상이 깨지고 정말 생각하게 되었다고 해도 좋다. 꿈이 깨지고 현실에 눈이 뜰 때 모든 만물은 하나의 실재로서 그의 실상을 드러내 보여줄 것이다. 필연성을 이해한다든지 영원성을 이해한다든지 하는 것은 인간의 허탄한 욕심이 빠져나가고, 인간의 어지러운 정욕도 빠져나가고, 인간이 하나의 이성이 되었다는 것, 하나의 물物이 되었다고 할까. 냉정하고 평정平靜한 마음이 되어 사실을 사실대로 볼 수 있게 되었다고 할까? 인간의 편견과 미신의 안개가

다 걷히고 정말 맑고 밝은 정신이 되었다고 할까? 쉽게 말해서 깊은 잠에서 깨났을 때 인간이 있는 것을 있는 것으로 볼 수 있는 밝은 세계와 기쁜 세계가 펼쳐지게 될 것이다.

스피노자가 사물을 이해하는 것은 그것이 신 안에 있고 또 신적 본성의 필연성으로부터 나오는 한에서만 가능하다. 존재, 영원성, 필연성, 진리는 신과 같은 말로서 스피노자는 언제나 모든 관념은 그것들이 신과 관계하는 한에서만 참이라고 주장하고 있고 또 정신이 사물을 영원의 형상 밑에서 인식한다면 정신은 자기가 신 안에 있고 신에 의해 이해된다는 것을 안다. 또 우리의 정신은 사물을 참으로 이해하는 한 신의 무한지성의 일부분이다. 모든 것이 신 안에 있고 신에 의하여 이해된다고 생각하는 스피노자에게는 신의 인식이 근원적인 것이고 신의 인식을 가진 후에만 사물의 인식도 가능하게 된다.

스피노자에 있어서는 정신이 깨는 것이 첫째고, 그 다음에 보는 것이 참 보는 것이며, 자는 상태에서 보는 것은 꿈속에서 보는 것이지 참이 아니라는 말이 된다. 이것이 대륙합리론의 하나의 특색이요, 그것으로써 주체성을 앞세우고 사람됨을 앞세우는 그들의 충심을 이해할 수가 있다.

내재론內在論

『에티카』 제3부는 "감정의 기원과 그 성질"이라는 것이다. 우선 그의 서설에서 보면 '감정' 하면 사람만이 가지고 있는 독특한 것이고 '사람' 하면 자연하고는 아무 상관없는 독특한 것으로 생각하지만 사실 그런 생각처럼 망상은 없다는 것이다. 스피노자는 사람도 자연의 일부요, 감정도 사람에게 나타나는 하나의 현상인 이상 자연을 취급하는 기하학적 방법으로 감정을 기술하지 못할 이유가 하나도 없다고 생각한다. 그는 마치 인간의 행동이나 충동을 기하학자가 선을 다루고, 면을 다루고, 입체를 다루듯이 아주 냉정하게 인간문제를 취급하려 한다. 물론 그는 합리론자이다. 합리론자라기보다 내재론자內在論者이다.

내재론은 마치 우물 파는 것이나 마찬가지이다. 우물이란 무진장 넓게 파는 것이 아니다. 일정한 시멘트 토관을 땅 위에 놓고 그 속을 자꾸 파들어 간다. 그렇기 때문에 우물의 범위는 완전히 고정되어 있다. 외연이 결정이 된다. 자꾸 자꾸 파들어 간다. 열 길이고 스무 길이고 물이 나오기까지 환하게 뚫려가기 때문에 아무 것도 걸릴 것이 없다. 우물을 파 들어가듯 그 윤곽과 그 속을 꿰뚫어 보는 것을 명석 판명이라 한다. 우물은 직경 열 자되는 토관으로 파 들어가기 시작하면 아무리 깊이 파도 열자 이내지 깊어질수록 넓어질 수는 없다. 이것이 제3부의 정의 1번이다.

시작[原因]만으로도 그 끝[結果]을 명석 판명하게 알 수 있는 것이 충분한 원인이다. 충분하다기보다 완전하다고 해두자. 내재론은 언제나 완전하지 불완전이란 있을 수 없다. 내재론은 언제나 절대이지 상대일 수 없다. 내재론은 언제나 명석 판명하게 모를 것이 없다. 내재론은 자명自明한 일이다. 외재론이 되면 모를 것도 있고, 상대적인 것도 있고, 불완전한 것도 있지만 내재론에는 불투명한 것이 있을 리가 없다. 다 아는 일을 다시 아는 일인데 모를 것이 없다.

내재론은 종교의 세계이다. 종교에는 '하나님' 하면 하나님이 결정되어 있다. 마치 집 짓는 사람에게 지대가 결정되어 있듯이 집은 언제나 그 안에서 지어야지 그 범위를 넘어갈 수 없다. 사람들이 현실에 부딪쳐서 좌절되면 결국 내재론으로 갈 수밖에 길이 없다. 밖으로 나갈 수 없으면 안으로 들어올 수밖에 없는 것이다. 생각이란 것도 내재론에서 시작됐는지도 모른다. 무엇이건 마음대로 잘 되는데 내재론으로 올 이유가 없다. 밖에서 못 찾게 됐으니 안으로 찾는 것이다. 농토가 좁아서 더 심을 자리가 없으니 땅속이라도 파서 금이나 석유를 캐내 보자는 것이다.

〈정의 2〉는 우리의 속을 자꾸 캐보아서 금이나 석유나 또 다른 무엇이 나오듯 우리의 본질이 이해되기까지 파보자는 것이다. 스피노자는 이것을 능동能動이라고 한다. 그렇게 자꾸 팠을 때 금이 나오든지 석유가 나오는 경우도 있을 것이고, 돌멩이와 진흙이외 아무 것도 안 나올 수도 있다. 그 결과 우리의 기분이 기쁠 수도 있고, 우리의 기분이 우울할 수도 있다. 이런 기분의 변동을 스피노자는 감정이라고 한다. 그러므로 스피노자에 있어서 무엇보다도 중요한 것은 땅을 파는 일이다. 생각해 가는 일이다. 그런데 그저 파는 것이 아니다. 무엇인가를 바라고 얻으려고 파들어 간다. 이것을 스피노자는 욕망欲望이라고 한다. 모든 만물은 자기를 보존하고 자기를 발전시키려는 욕망이 있다.

〈정리 6〉은 어떤 것이든지 그 자신의 주체 안에 머물러 있는 한 자기존재를 고집하려고 노력한다. 무엇이나 자기가 되려고 애쓴다. 나무는 자라서 하늘에 닿을 듯 푸르러지기를 바라고, 바위는 무엇이 쳐들어와도 자기 자신이기 위하여 꼼짝하지 않고 앉아 있기를 바라고, 사람은 사람대로 위대한 인격이 되기를 바란다. 이것이 자연이요, 이것이 욕망이다. 그런 의미에서 스피노자의 욕망은 하나의 자연이다. 욕망은 사람에게 있어서는 하나의 성숙하려는 정신이라고도 볼 수 있다.

맹자가 가욕위지선可慾謂之善이라고 하였듯이 성선설이나 내재론의 욕망이 나쁜 것은 절대 아니다. 사람이 사람되겠다는 데 나쁠 이치가 없다. 내재론자들이 깊이 들어가면 신비주의자가 된다. 신비주의란 깊이 자기의 속을 뚫고 들어가다가 이상한 경험을 하는 것이다. 이상한 경험이란 별것이 아니고 석유가 터져 나오던가, 샘물이 터져 나오는 것을 경험하는 것이다. 그때 그들의 입장은 결정되는 것이고 그 이상 팔 필요가 없게 될 뿐만 아니라 물이나 석유를 얻은 기쁨은 바다 속에 들어간 해녀가 진주를 얻는 기쁨이나 마찬가지이다. 그래서 신비주의자의 공통된 특징은 기쁨이라는 것이다. 에크하르트니, 야콥 뵈메니, 스피노자니, 요한 웨슬레니, 사도 바울 등은 모두 기쁨을 말한다.

 동양 사람은 법열法悅이라고 하는데 이를 공자는 『논어』 첫머리에서 "배우는 것이 기쁘다"라는 말을 한다. 공자가 배운다는 것은 그저 배운다가 아니라 깨닫는 기쁨을 가진다는 것이다. 자기 속에서 무엇이 얻어진 것이다. 그래서 기쁘다는 것이다. 스피노자의 감정에서 제일 중요한 것의 하나가 기쁨이다. 우물 속에서 물이 나온다 할 때에 사람은 그 물이 무한히 흘러나옴을 느낀다. 신비주의에는 의례 영원한 생명이 뒤따르게 마련이다. 내 속에서 생수가 강물처럼 솟아 나온다고 한다. 그러면 그렇게 나오는 생수를 자기만 가지고 있을 수는 없다. 우물물도 퍼내지 않으면 썩게 마련이기 때문이다. 자꾸 퍼내야 한다. 자꾸 글을 써내고 예술인들이 자꾸 그려내는 것은 생명의 세계란 자꾸 써야 새로워지지 쓰지 않으면 썩어버리기 때문이다. 자꾸 퍼서 나무에 물을 주는 것은 자기가 살기 위해서이다. 마치 쥐가 나무를 쏠고 있듯이 그들은 자꾸 퍼내지 않을 수가 없다. 물을 퍼내야 뜨는 배처럼, 그들은 자기가 살기 위해서 글을 쓰고 있는 것이다. 스피노자가 그 역경에서 무엇 때문에 『에티카』를 썼을까? 자기가 살기 위해서이다. 자기가 살면 그것이 나무를 살리고, 풀을 살리고, 만물을 살린다.

 내재론에서는 내가 사는 것과 남을 살리는 것이 마찬가지이다. 나는 죽이고 남을 살리는 것이 아니라 나를 살리고 남을 살리는 것이다. 나를 죽여 이웃을 사랑하는 것이 아니라 자기와 같이 이웃을 사랑하라는 것이 내재론의 내용이다. 감정론에 있어서 스피노자가 주장하는 것이 세 가지가 있다. 완전과 기쁨과 사랑이다. 요한 웨슬레도 '기독자의 완전'이라는 말을 쓰고 기쁨과 사랑을 강조한다. 완전과 기쁨과 사랑은 내재론의 특징이다.

제3부 감정의 기원은 59개의 정리로 되어 있는데 결국 완전하냐, 불완전하냐, 기쁨이냐, 슬픔이냐, 사랑이냐, 미움이냐 하는 이 세 가지가 되풀이해서 문제가 된다. 완전과 기쁨과 사랑이 한 덩어리요, 불완전과 슬픔과 미움이 한 덩어리이다. 자기 안에서 살면〔內在〕 완전하고 기쁘고 남을 사랑하게 되는 것이고, 밖으로 나가면 불완전하고 슬프고 미워하게 된다.

결국 내재론은 무욕無欲의 세계요, 자족〔完全〕의 세계요, 자재〔喜悅〕의 세계요, 자유〔慈愛〕의 세계이다. 믿음의 세계는 영적 충만이요, 있는 기쁨이요, 사랑의 자유이다. 기쁨은 인간의 활동력을 확대시켜 더욱 충만해가고 슬픔은 인간의 활동력을 위축시켜 더욱 결핍되어 간다. 기쁨은 사람이 사랑하는 것이요, 사랑은 또 인간에게 기쁨을 주는 것이며, 슬픔은 사람들이 미워하는 것이며, 미움에서 슬픔이 일어나기도 한다.

사람이 바라보는 것은 기쁨이요, 그런 의미에서 희망은 불안정된 기쁨이라고 할 수도 있다.(정리 18 주해). 사랑하는 사람이 죽으면 슬프다(정리 19)든가, 미워하는 사람이 죽으면 기뻐한다(정리 20)든가, 내가 사랑하는 것을 사랑하면 나도 그를 사랑하게 된다던가〔母子〕, 내가 사랑하는 것을 사랑하면 미워하게 된다〔男女〕(정리 35)든가, 사랑을 하면 사랑을 받고 싶다(정리 33)든가, 사랑하면 사랑할수록 사랑은 깊어진다(정리 37)든가, 미워하면 할수록 더 미워진다(정리 38)든가 하다가도 스피노자는 미움보다 사랑이 커서(정리 43) 사랑은 능히 미움을 극복할 수가 있다(정리 44)고 하는 인도주의의 입장이 나오기도 한다.

스피노자는 기쁨을 정신의 활동하는 상태로 보고(정리 53) 기쁨이 따르지 않는 정신활동은 없다(정리 59)고까지 단언하는 것을 보면 스피노자가 일생 기쁨으로 살았다는 그의 생애가 얼마나 심한 정신적 활동으로 일관되었는지 알 수 있다. 그는 마지막으로 48가지의 감정을 정의한다.

1. 욕망은 인생의 본질이라는 데서부터 시작해서 2. 기쁨은 커지는 것 3. 슬픔은 적어지는 것이라고 말한다. 정신적 활동이 정체되는 것보다 더 큰 슬픔은 없다. 우리의 육체는 정지되어도 우리의 정신은 더욱 커질 수 있다는 데에 기쁨은 이루어진다. 4. 놀람이란 평정이 깨지는 것 5. 멸시란 무관심하게 되는 것 6. 사랑이란 무엇을 기뻐하는 것 7. 미움이란 무엇을 슬퍼하는 것 8. 지향이란 기쁨으로 무엇에 달라붙는 것 9. 이별이란 슬픔으로 떠나는 것 10. 헌신이란 존경하는 것에 대한 사랑 11. 조소는 멸시하는 것에 대한 기쁨 12. 희망은 불안정된 기쁨 13. 공포는 불안정된 슬픔 14. 확신은 의심이 제거된 기쁨 15. 절망은 의심이 제거된 슬픔 16. 기쁨은 예기하지 않았던 것을 만나는 기쁨 17. 통탄은 예기하지 않았던 것을 만나는 슬픔 18. 연민은 다른 사람의 재난에 대한 슬픔 19. 호의는 남을 돕는 사람에 대한 사랑 20. 적의는 남에게 해를 끼치는 사람에 대한 미움 21. 과대평가는 사랑 때문에 지나치게 평가하는 것 22. 경멸은 미움 때문에 적게 평가하는 것 23. 질투는 남의 행복을 슬퍼하는 것 24. 동정은 남의 행복을 기뻐하는 것 25. 만족은 자기활동에 대한 기쁨 26. 비관은 자기활동에 대한 슬픔 27. 실망은 자기행위에 대한 슬픔 28. 교만은 자기사랑 때문에 생긴 그릇된 평가 29. 비굴은 자기미움 때문에 생긴

그릇된 평가 30. 허영은 칭찬에 대한 잘못된 기쁨 31. 수치는 멸시에 대한 잘못된 슬픔 32. 유감은 욕망하던 것이 제거될 때 33. 내기는 욕망하는 이가 또 있을 때 34. 감사는 도와주는 이에 대한 사랑의 열의 35. 친절은 동정하는 사람에 대한 노력 36. 화는 미워하는 이에 대해 해롭도록 하는 욕망 37. 복수는 미움 때문에 자기를 해친 사람을 해치고자 하는 욕망 38. 잔인은 사랑하는 사람에게 해하도록 욕망하는 것 39. 겁은 공포를 피하려는 욕망 40. 용감은 위험을 무릅쓰고 돌진하는 욕망 41. 소심은 남이 돌진할 때 불안 때문에 자기 욕망을 억제하는 것 42. 공포는 불안 때문에 화를 피하려는 욕망 43. 순종은 남의 마음에 들게 하려는 욕망 44. 야심은 명예를 위한 지나친 욕망 45. 탐식은 음식에 대한 지나친 욕망 46. 폭음은 음주에 대한 지나친 욕망 47. 인색은 돈에 대한 지나친 욕망 48. 색욕은 이성에 대한 지나친 욕망.

결국 스피노자의 감정은 욕망, 사랑, 미움, 기쁨, 슬픔이 전부이다.

최고선最高善

스피노자는 〈제2부 정의 6〉에서 실재성과 완전성을 동일시한다. 이것은 플라톤의 이데아의 실재와 완전, 또 중세 실념론實念論의 "신은 완전하고 실재하신다"는 이야기나 마찬가지이다. 스피노자의 완전은 생명의 약동, 인간 본성의 활동능력을 말한다. 이런 생명력의 충전이 선이요, 생명력, 활동력의 감퇴를 악이라 한다. 스피노자는 이를 일컬어 생명의 약동 또는 능동이라고 생각하여 유용성有用性이라고도 하였다.

스피노자는 〈정의 8〉에서 덕德과 힘을 같이 본다. 덕은 사람이 되는 것이요, 힘은 된 사람의 능력이기 때문이다. 피곤하지 않은 정신, 독수리처럼 하늘을 날고, 물고기처럼 바다위로 뛰어오르는 생명력, 스피노자는 인간의 자유를 이러한 생명 속에서 느낀다. 이것이 스피노자의 감정의 힘이요, 정신의 힘이요, 생명의 힘이요, 필연의 힘이다. 전기가 없는 데가 없듯이 신도 없는 데가 없다. 자연 즉 힘이요, 힘 즉 자연이다.

인간이 어른(聖人)이 되어 성숙해지면 언제나 자연과 신은 하나이다. 인간에 있어서 자연을 스피노자는 덕德이라고 한다. 인간의 성숙한 상태이다. 성숙한 인간에게는 의례 힘이, 신이 따르는 법이다. 〈정의 8〉에서 보면 "덕이란 오로지 인간성질의 법칙에 의하여 이해될 수 있는 어떤 일을 할 수 있는 힘을 가졌다는 한에서 그의 본질 내지 성질이다."고 말한다.

스피노자는 인간의 성숙을 덕이라고 한다. 덕은 득지어내得之於內, 즉 속알이 든 것이다. 성숙한 인간은 언제나 불꽃이 된다. 언제나 성령의 충만을 얻어 완전에 도달할 수 있기 때문이다. 그러나 성숙하지 못한 어린 인간은 언제나 어른 밑에서 굴종과 예속으로 살게 마련이다. 성인이 아닌 사람에게는 완전성과 실재성이 언제나 결여되어 있다.

제4부 공리에서 "자연에는 밖에 한층 더 힘이 있고 강대한 것이 없는 개체는 하나도 없다. 무엇이 주어져도 그것을 파괴할 수 있는 한층 더 힘있는 것이 언제나 존재한다." 하고 굴종의 공리를 내어놓는다. 제4부는 결국 성숙하지 못한 아이의 세계를 말한다. 어른 없이는 못사는 세계다.

〈정리 2〉 "우리는 다른 부분 없이 자기만으로는 생각할 수 없는 자연의 일부분인 이상 남의 지배를 받는다." 인간이 성숙하려면 시간이 걸린다.

〈정리 3〉 "인간이 존재에 집착하는 힘에는 제한이 있어 외부의 힘에 의하여 무한이 능가된다."

〈정리 4〉 "인간이 자연의 일부가 아니기는 불가능하다. 그리고 인간의 성질만으로 생각되는 변화, 인간이 완전히 타당한, 따라서 인간만으로 충분한 원인이 될 수 있는 변화 이외에는 어떤 변화도 받지 않는다는 것은 불가능하다." 어린애는 언제나 어른의 도움을 받지 않을 수가 없다. 이것이 자연이다. "인간은 필연적으로 언제나 수동으로 예속되어 있고 또 자연의 공통적인 질서에 끌리어 그것에 복종하고 그것에 대하여 사물의 성질이 요구하는 만큼 순응된다."

〈정리 5〉 "우리의 능력은 외부의 원인의 힘에 의하여 규정된다."고 쓰고 〈정리 6〉도 마찬가지이다.

그런데 〈정리 7〉 "감정은 더 강한 감정에 의해서만 제거된다." 스피노자는 이 정리의 해설에서 인간의 성숙을 취급한다. 사람이 성숙해지면 지금까지 복종하던 외세에 반항하게 된다. 독립정신, 이것만이 사대주의事大主義를 극복하는 길이다. 아무리 사대주의가 나쁘다고 해도 성숙해지기 전에는 어쩔 수가 없다. 이것이 〈정리 1〉이다. 잘못된 관념은 아무리 잘못되었다고 해도 없어지는 것이 아니다. 결국 말로 되는 세상이 아니다. 결국은 실지가 문제이다.

스피노자는 감정을 실지의 문제로 보고 그 사람을 멀리서 생각할 때와 실지로 만났을 때와는 다르다는 〈정리 9, 10〉, 배가 고플 때와 배가 부를 때의 감정이 다르다는 〈정리 11〉을 내세운다. 그리고 〈정리 14〉에서 선이란 불이 붙는 성숙한 감정이고, 악이란 불이 붙지 않는 불완전한 감정이며, 또한 선이란 언제나 기쁨이 따르고, 악이란 언제나 슬픔이 따른다고 한 신비주의자, 스피노자에게는 불꽃이 그대로 기쁨이요, 선이요, 완전이요, 실재이다. 〈정리 15, 16, 17〉에서 사람은 비록 철이 들기 시작하여 선과 악에 대한 지식을 가졌다고 해도 아직 완전히 성숙하지 않은 이상은 계속 노예상태에서 벗어나기 힘들다고 한다.

〈정리 15〉 "선과 악에 대한 참된 지식으로 일어나는 욕망은 우리를 압박하는 감정으로 나오는 많은 다른 욕망에 의하여 압도되고 저지된다." 결국 마음에는 원이로되 육신이 약하다든지, 선을 보고 좋다고 하면서도 악을 좇는다든지, 지식이 더함에 근심도 더한다든지 하는, 아직도 완전히 성숙하지 못한 인간의 무능과 무상無常과 무력을 그리고 있다.

그러나 〈정리 18〉에서 그는 비로소 성숙(德)한 세대로 넘어간다. "성숙(德)은 그 자신을 위해서 바람직한 것이요, 성숙(德)보다 귀하고, 성숙(德)보다 유용하고, 성숙보다 더 가치있는 그것을 위해서만 추구하는 것은 아무 것도 없다"고 〈정리 18〉에서 설명한다. 성숙만이 자기의 힘으로 살고 자기 고유의 성질의 법칙에 의하여 자기의 생존을 유지하여 제멋대로 살아갈 수 있는 때요, 인간의 행복은 성숙에서 자기보존의 힘이 신장될 때 얻을 수 있다. 덕과 성숙만이 우리본질의 능동能動적 상태이다.

스피노자는 인간의 덕, 인간의 성숙을 정신적인 것으로 보고 인간의 성숙은 이성적 활동이 가능할 때만 성숙으로 인정하려고 한다. 마치 육체의 성숙이 이성적異性的 매력을 야기하듯 정신적 성숙은 이성적理性的 매력을 야기할 때만 인간적 성숙의 지표로 삼는다. 스피노자는 이성적理性的 활동을 인식認識이라고 하고 이성적 활동은 신의 인식으로 최고조에 도달한다. 선은 신의 인식이 그대로 선이요, 행복도 신의 인식이 그대로 행복이다. 덕도 신의 인식이 덕이다.

스피노자에 있어서는 신의 인식이 그의 철학의 핵심이다. 신의 인식이란 이성의 세대가 끝이 나고 직관의 세대로 넘어가는 것을 말한다. 분별지分別知가 끝이 나고, 통일지가 시작됨을 의미한다. 전체적인 파악, 이것이 산 지식이요, 세계관이요, 이것이 철학의 시작이다. 철학이란 세계관이요, 인생관이요, 우주관이다. 전체적인 직관, 이것이 철학이다. 다시 말해서 철학은 하나의 입장을 얻는 것이다. 사람이 물에 빠져서 허우적거리다가 육지로 올라와 대지 위에 꿋꿋이 섰을 때 힘을 쓰듯이 사람은 자기입장을 가질 때에만 힘을 쓸 수 있다.

힘, 이것이 덕이요, 대지를 마음대로 뛰어다니는 것이 자유요, 평안히 쉬는 것이 행복이다. 요는 자기의 입장을 얻는 것인데 이것은 신을 만나기 전에는 얻을 수가 없다. 집을 갖기 위해서는 결혼을 해야 하듯이 입장을 가지기 위해서는 신을 만나야 한다. 신이라고 이상하게 생각할 것이 없다. 진리라고 해두자. 진리를 깨닫는 것, 또는 도에 통하는 것, 생명을 얻는 것, 한마디로 존재에 부딪치는 것, 쉽게 말해서 하나의 경험을 가지는 것이다. 내가 있어서 경험이 있는 것이 아니라 경험이 있어서 내가 있다는 경험, 내 정신이 통일되어 내가 나를 본다고 해도 좋다. 하여튼 자기의 마음의 한 점을 찍는 것이다. 무극이 태극이라고 해도 좋다. 하여튼 자기의 집을 가질 때, 자기의 땅을 가질 때, 자기의 나라를 가질 때, 자기의 입장을 가질 때, 사람이 제일 처음에 느끼는 것이 힘이다. 자기가 있는 힘, 자기가 사는 힘, 자기가 서는 힘을 스피노자는 강조한다.

〈정리 22〉 어떠한 덕도 자기보존의 노력보다 먼저 생각할 수 없다고 한다. 자기보존의 노력, 자기가 자기 되는 것보다 더 큰 일은 없다. 어미가 새끼를 보존하듯 하는 하나님을 본 사람은 최선을 다하여 자기가 되려고 한다. 하나님의 아들로서의 자기가 되려고 최선을 다하는 것이 덕의 제일 조건이다. 사람이 사람되는 데에 행복도 있다. 그것이 〈정리 21〉이요, 자기보존의 목적은 자기를 위한 것이지 다른 것을 위한 것이 아니라는 것이 〈정리 25〉이다. 내가 내가 되는 것을 돕는 것이 쓸모 있는 것〔有用性〕이요, 내가 내가 되게 하는 것이 좋은 것[善]이다.

〈정리 20〉 "각 사람은 자기에게 더 쓸모 있는 것을 구하고 자기생존을 유지하도록 더욱 노력하고 그것을 한층 더 나아가 실행함으로 더욱 유덕有德하게 된다."

〈정리 19〉 "각 사람은 선이라고 판단된 것을 성질의 법칙에 따라 추구한다." 덕이란 자기본질의 발휘요, 자기가 자기 되는 것이 선이기 때문이다. 스피노자에 있어서 덕과 이성과 능동能動은 같은 말이다(정리 23). 진리를 깨달아야[理性] 입장을 얻게 되고[德] 입장을 얻어야 힘을 낼 수가 있다[能動]. 또 덕과 이성과 능동과 이익도 하나이다. 힘을 쓸 수 있어야 밥도 벌어먹을 수 있기 때문이다.

〈정리 24〉 "절대로 덕에 의하여 움직인다는 것은 우리에게 있어서는 이성의 지도를 좇아 행동하고 생활하고 자기의 생존을 유지하는 것에 불과하며 그리고 그것은 이익을 구하는 일이다."

〈정리 28〉 "정신의 최고선最高善은 신의 인식이요, 정신의 최고덕最高德은 신을 인식하는 데 있다. 최고선에 제일 필요한 것은 입장立場이요, 힘은 입장에서만 나온다. 최고덕이란 힘이다.

〈정리 29〉 "신의 인식은 우리의 본성이다. 우리의 본성과 일치하기 때문에 신의 인식이 선이기도 하다. 신의 인식과 우리의 본성과 선은 모두 마찬가지이다. 사물이 우리의 성질과 일치하면 할수록 그만큼 우리에게 더욱 쓸모 있고[有用] 더욱 선善이 된다. 이렇게 선인 유용성은 우리의 본성에서만 나온다. 이 본성을 스피노자는 이성이라고 한다. 선과 자유와 능동은 이성에서만 나온다.

〈정리 32〉 "인간은 수동에 예속되는 한 성질상 서로 일치할 수가 없다."

〈정리 33, 34〉 "인간은 수동적 감정에 억압되는 한 성질상 괴리나 반대가 야기된다." 즉 서로 싸운다는 말이다.

〈정리 35〉 "인간이 이성의 지도를 좇아 사는 한 그때에만 인간은 성질상 언제나 필연적으로 일치한다." 인간에게 있어서 가장 필요〔有用〕한 것은 인간이요, 인간 속에서도 이성을 따라 사는 인간만큼 쓸모 있는 것은 아무 것도 없다. 사람들이 이성을 따라 움직일 때만 서로 가장 많이 일치하고 가장 고귀하고 가장 유용하다. 모든 사람이 하나가 되는 것처럼 인생에 가치가 있고 쓸모 있는 것은 없다. 이성은 만인의 공통이며, 입장도 만인의 공통이며, 신의 인식도 만인의 공통이다. 여기에 스피노자의 사회의식의 근거가 있다.

〈정리 41〉 이성적 인간의 자유롭게 통일된 사회, 이것이 스피노자의 공화국의 이상이다. 스피노자는 이성과 선과 기쁨을 일치시킨다. 그는 마지막으로 이성적 입장과 감정적 입장을 뚜렷하게 구별하여 이성에 선 사람을 자유인, 감정에 선 사람을 노예라고 규정하고(정리 66) 자유인의 특징은 죽음에 대하여 생각하지 않는 것이라고 한다.

〈정리 67〉 "자유인은 죽음에 대하여 생각하는 것이 무엇보다도 적다. 지혜는 죽음에 대한 성찰이 아니고, 삶에 대한 성찰이다. 인간은 자유인이 되는 것이지 나면서부터 자유인이 아니다. 자유인은 인간의 이상이요, 여기에 인간생존의 의의가 있다.

감정론感情論

스피노자는 『에티카』 제4부에서 감정에 의하여 인간이 지배될 때의 상태를 노예라 하고 제5부에서는 그것을 벗어난 능동적인 자유로운 상태를 말한다. 스피노자의 특징은 의지의 자유를 절대부정하고 동시에 목적론을 절대부정한다. 삶의 철인, 스피노자는 삶이 인간의 의지에 의해 결정된다고는 생각할 수 없었다. 삶이란 것은 내 마음대로 살고프면 살고, 살기 싫으면 그만두는 그런 것이라고 생각할 수는 없었다. 스피노자에게 있어서는 삶이란 하나의 필연이었다.

　인간은 살지 않을 수 없는 하나의 필연이다. 내가 살기 원해서 사는 것도 아니고, 내가 이 세상에 오기 원해서 온 것도 아니고, 내가 죽기 원해서 죽고, 이 세상을 떠나기 원해서 떠나는 것도 아니다. 생사라는 것은 내 의지와는 아무 상관이 없다. 인간은 무엇을 위해서 태어나고, 무엇을 위해 죽는 것도 아니다. 인간의 생명은 무엇을 위해 죽을 수 있는 하나의 수단이 될 수 있으리 만큼 작은 것은 아니다. 인간의 가치가 절대이다. 우주를 위해서도 그의 목숨을 바칠 수 없는 절대적인 것이다.

　스피노자에게 있어서 인간은 하나의 신이다. 신이 무엇을 위해서 있을 리가 없다. 스피노자에게 있어서 생명처럼 고귀한 것은 없다. 생명이 무엇을 위해서 있을 리가 없다. 그런 의미에서도 스피노자는 목적론을 싫어한다. 더욱이 삶을 내 마음대로 된다고 생각하지는 않는다. 삶이란 하나의 필연이다.

　스피노자는 제4부 서론에서 인간은 목적을 위해서 있는 것이 아니고, 목적을 위해서 행동하는 것도 아니라고 한다. "사람이 그의 마음이 자유로운 결단에 의하여 무엇이나 할 수 있는 것처럼 생각하는 사람은 눈을 뜨고 꿈을 꾸고 있는 사람이다."

　나오고파서 나온 것이 아니다. 삶에는 자유가 없다. 필연뿐이다. "자연은 목적을 위해서 존재하는 것이 아니고, 마찬가지로 인간도 목적을 위해서 행동하는 것이 아니다." 자연도 무엇을 위해 죽는 것이 아니요, 인간도 무엇을 위해 죽는 것이 아니다. 때가 되어 죽는 것뿐이다. 인간에게는 목적이 있는 것도 아니고, 자유가 있는 것도 아니다. 때가 되면 죽는 것이고 어쩔 수 없이 온 것뿐이다.

　스피노자는 인간의 정신을 하나의 속알로 본다. 관념觀念이라고 해도 좋고, 덕德이라고 해도 좋다. 또는 지知라고 해도 좋고, 인식認識이라고 해도 좋다. 인간의 정신은 나무처럼 하나의 씨[種子]에서 시작된다. 여기에 합리론의 특징이 있다. 플라톤의 이데아처럼 인간의 정신은 하나의 씨이다. 이 씨가 트는 것이 각覺이요, 직관이요, 제3의 인식이고, 이 씨가 꿈을 꾸는 것이 제1 인식이요, 이 씨가 완전히 깨지 못한 것이 제2 인식이다. 스피노자의 선과 악은 씨가 트는 것이 선이요, 싹이 트지 못하면 악이다. 진리를 깨달은 사람은 선이요, 진리를 깨닫지 못하는 사람은 악이다. 철이 들면 선이요, 철이 못 들면 악이다. 스피노자의 선악은 깼느냐, 못 깼느냐에 달렸다. 깬 사람이 선이고, 못 깬 사람이 악이다.

　스피노자에게 있어서 모든 씨는 싹이 틀 수 있는 힘을 가지고 있다고 한다. 씨가 썩어서 싹이 틀 수 없으면 무력해지고, 싹이 틀 수 있으면 유력한 것이고 능동적인 것이다. 정신은 깰 수 있는 힘을 가지고 있다. 너무 고단하여 깨지 못하는 정신은 무능한 정신이고, 힘이 있는 정신은 유능한 정신이다.

　스피노자의 도덕과 윤리의 근본은 깨는 힘에 있다. 스피노자는 지知가 힘[力]이요, 힘이 선善이다. 모든 존재는 터 나올 수 있는 힘을 가졌다. 한없이 자기의 본질과 존재를 주장해 갈 수 있는 힘이 모든 것 속에 포함되어 있다. 원자 속에 원자력이 숨어있듯이 모든 존재는 힘 덩어리이다. 사람도 힘 덩어리이다. 스피노자는 신을 힘으로 본다. 인간이 신에 근거했다는 것도 사람은 힘 덩어리란 말이다. 인간이 인간이 된다는 것은 힘 덩어리가 된다는 말이다.

　〈제4부 정의 8〉 "나는 덕과 힘은 같다고 이해한다." 인간이 인간이 된다는 것은 힘이 터져 나온다는 말이다. 아이가 어른이 된다는 것은 힘없던 것이 힘있게 되는 것뿐이다. 그런데 힘이 어디서 나오나? 알에서 나온다. 마치 병아리가 계란에서 나오듯 생명의 힘은 씨앗에서 나온다. 알에서 삶이, 힘이, 행이 나온다는 것이 합리론의 근본원리이다. 알이 필요하다. 아는 것이 필요하다. 인식이 필요하다. 완전한 알, 완전한 인식이 필요하다.

스피노자에 있어서는 완전한 인식은 신의 인식이다. 신을 인식할 때, 자기의 입장을 깨달았을 때 인간은 한없이 강해진다. 자기의 신, 자기의 근거, 자기의 입장, 자기의 발디딜 터가 없으면 인간은 한없이 무력하다. 그는 물에 빠진 사람이나 마찬가지이다. 이런 사람이 감정에 빠진 사람이요, 지성의 인간은 아니다. 힘은 물에 있는 것이 아니라 땅에 있다. 힘은 감정에 있는 것이 아니라 지성에 있다. 싹이 터 나오는 것이 선이다. 좋아서 싹이 트는 것이 아니고 싹이 터서 좋은 것이다.

〈제3부 정리 9, 비고〉 "우리는 선하다고 믿기 때문에 노력하고 의욕하는 것이 아니고 요구하고 욕망하기 때문에 선이라고 부른다." 사람은 각각 싹이 터서 콩은 콩이 되고, 팥은 팥이 되듯 자기가 자기가 되는 것이 선이다. 인간에게 필요한 것은 자기완성이다. 사람에게 있어서 참으로 선한 것은 자기완성에 필요한 것이다. 사람에게 정말 필요한 것이 있다면 사람되는 것이다.

사람이란 설 수 있는 존재이다. 땅 위에 우뚝 설 수 있어야 한다. 사람에게 제일 필요한 것은 땅이요, 입장이요, 근거이다. 사람이 정말 자기를 보존하고 자기를 유지하기 위해서 제일 필요한 것이 무엇인가? 그것은 신이다. 인간의 근거는 신이기 때문이다. 사람은 이것을 모르[無知]고 감정에 빠져서 물에 빠진 사람처럼 부자가 되려고 하고, 강자가 되려고 하고, 명사가 되려고 하고, 서로 싸우고 죽이고 야단들이다.

사람은 짐승이 아니다. 벌벌 기는 것이 아니다. 사람은 서야 한다. 서기 위해서 사람은 근거를 찾아야 한다. 사람은 신을 찾아야 한다.

정말 사람이 사람되기 위해서는 신을 찾지 않을 수가 없다. 신 없이 인간은 설 수 없기 때문이다. 이리하여 철저한 자기주장은 결국 신을 찾지 않을 수 없기 때문에 결국 나를 버리고 신에 도달하지 않으면 안 된다. 인간의 씨가 땅에 떨어질 때 인간의 싹은 터 나올 수 있다. 그것이 인격이다. 인간은 무아無我가 될 때 대아大我가 될 수 있다.

〈제4부 정리 18, 비고〉"그렇기 때문에 인간에게 있어서 인간처럼 쓸모 있는 것은 없다. 내가 감히 말할 수 있는 것은 모든 사람이 정신과 신체가 하나가 되고, 한마음 한 몸이 되어서 모든 사람이 될 수 있는 한 그들의 생존을 유지하려고 노력하고 또 모든 사람이 특히 모든 사람에게 공통으로 유용한 것을 스스로 구하는 데 모든 사람이 모든 점에 있어서 일치하는 것만큼 그들의 생존의 유지에 가치가 있는 것을 구하는 것이 없다." 마치 카알라일(Thomas Carlyle, 1791~1881)이 하늘을 쳐다보는 사람은 다 친구가 될 수 있다고 하듯이 정말 인간이 되기 위하여 신을 찾는 사람들은 다같이 힘을 합해서 찾지 않을 수 없다.

진정한 의미의 이기주의는 사람이 사람되는 일이요, 또 사람이 되기 위해서 그의 근거인 신을 찾는 일이요, 이 일을 위해서 정말 자기라는 울타리를 허물어 버리고 모든 사람이 하나의 정신, 하나의 육체가 되어서 신을 찾는 것으로써 이처럼 중요한 것은 없다. 돌과 돌이 부딪쳐서 둥근 돌이 되듯이 인간은 자기완성을 위해서 친구가 필요하고 다른 인간이 필요해 진다.

자기를 버린다는 것은 하나님을 찾는 데도 필요하지만 친구를 찾는 데도 필요하다. 정말 자기는 자기를 버리는 곳에 나타난다. 여기에 국가와 사회의 필연적인 근거가 있다. 하여튼 스피노자가 말하는 인간, 힘있는 인간, 윤리적 인간이란 깬 인간, 자기 이성으로 사는 사람, 정말 이성이 밝은 사람, 모든 미혹을 벗어난 사람, 안개가 걷히듯이 밝고 맑은 사람, 명석판명한 사람이다. 다시 말해서 신에 근거한 사람이다. 그런 사람에게는 어두움과 슬픔이 없고 언제나 명랑하고 기쁨이 있을 뿐이다.

스피노자의 선은 기쁨으로 가득 찬 선이다. 하나님을 본 사람에게는 슬픔과 우울과 죽음이 없다. 인간에게 정말 행복이 있다면 그것은 하나님을 보는 것이다. 마치 태양을 보듯 그들은 인간의 본성을 본다. 인간의 본성이란 인간의 필연성이다. 봄이 오면 싹이 트듯 신을 보면 인간의 필연성이 싹이 터서 무서운 힘이 되고 커다란 인격의 나무가 된다. 나무에 꽃이 피고 잎이 돋고 열매가 열리듯 필연의 나무에 나타나는 감정의 꽃과 욕망의 잎과 자유의 열매는 번뇌와 죄악 속에서 물고 찢던 악마의 세계가 아니다.

일체가 신의 필연성에서 이해될 때 인간의 욕망과 정열은 승화되어 진정한 욕망과 정열로 되살아난다. 사람을 죽이는 욕망이 아니라 사람을 살리는 욕망으로, 사람을 재우는 정열이 아니라 사람을 깨우치는 정열로 되살아난다. 스피노자는 감정을 버리고 지성으로 가자는 것이 아니다. 지성을 통해서 고상한 감정을 다시 되살려낸다. 악한 감정이 아닌 선한 감정으로 되살려 받는다. 모든 것을 그의 필연의 연쇄에서 이해할 때 그는 부상한 것, 없어질 것을 위해서 다시는 마음을 쓰지 않게 된다.

사람은 정말 자기가 사랑하지 않는 것 때문에 슬퍼할 필요도 없고 진짜로 소유할 수 없는 것 때문에 질투나 적의를 가질 필요도 없다. 참다운 지식은 정말 내 것이 무엇인지 정말 영원한 것이 무엇인지를 가르쳐 준다. 내 것이 무엇인지를 정말 안 사람은 다시는 번뇌의 바람에 마음이 흔들리지 않는다.

인간은 거짓을 사랑하지 않을 수 있을 때만 참을 사랑할 수 있다. 사람이 정말 사랑할 수 있는 것은 하나님뿐이다. 하나님만이 참이요,

영원이요, 내 것이다. 일체를 필연에서 이해할 때 인간은 영원한 것이 된다.

스피노자가 말하는 직관이란 일체를 필연에서 이해하는 것이다. 인간은 우연에서 나온 것이 아니다. 나는 아버지도 어머니도 없이 갑자기 어디서 떨어진 것이 아니다. 아버지, 어머니의 필연의 줄을 잡고 나온 것이다. 스피노자는 일체를 필연으로 이해한다. 원인 없이 일어난 것이라고 아무 것도 없다. 필연은 합리적인 것이요, 합리적인 것은 완전히 영원하다.

스피노자는 모든 정열을 필연을 통해서 다시 긍정한다. 완전히 그것을 긍정할 때 자기의 정열을 벗어나서 영원한 정열을 가지게 된다. 이것이 지적인 사랑이요, 지적인 사랑은 세상을 도피하는 것이 아니다. 세상을 긍정하고 구원하게 된다. 정말 감정을 벗어나서 영원한 감정을 가진 사람은 삶을 생각하지 죽음을 생각하지 않는다. 이것이 스피노자의 생명철학이다.

지적애知的愛

스피노자의 『에티카』 제5부는 언제나 고귀한 것은 드물고 그것을 얻기란 참 어렵다고 결론을 맺는다. 여기서 고귀한 것이란 현명한 사람이다. 성숙한 사람이라고 해도 좋다. 생사를 초월한 자유인이요, 애증에 끌리지 않는 이성인이다.

현인이란 진리를 깨달은 사람이요, 도에 통한 사람이요, 생명을 얻은 사람이다. 진리를 깨달은 사람이기에 일체를 영원한 필연성에 의하여 인식하고, 도에 통하였기에 존재함을 그만둠이 없고, 생명을 얻었기에 참다운 만족을 가지고 있을 것이다. 현인이란 결국 인생과 세계와 우주를 하나로 꿰뚫은 사람이다. 우주와 세계와 인생을 하나로 꿰뚫기란 쉬운 일이 아니요, 내가 지금까지 보여준 것처럼 아주 험한 길이기는 하였지만 그것을 발견하고 현인이 되기란 불가능한 것은 아니다. 현인은 될 수 있다는 것이다. 스피노자는 현인의 가능이 있음을 알려 주었을 뿐만 아니라 자기가 현인이 되어 현인이 되는 길을 직접 우리에게 가르쳐 주었다. 그것이 그의 지적 사랑이다.

사랑 가운데 제일 큰 사랑을 법보시法布施라고 한다. 진리를 가르쳐 주는 것처럼 큰 사랑은 없다. 진리를 깨닫기 전에는 인간은 정말 성숙한 인간이 될 수 없기 때문이다. 성숙한 인간이란 힘을 가진 인간이다.

제5부 마지막 정리 42는 "지극한 복락은 덕의 보수가 아니고 덕 자체이다." 우리들은 쾌락을 억제할 수 있어서 지극한 복락은 즐기는 것이 아니라 그 반대로 지극한 복락을 즐길 수 있기 때문에 쾌락을 억제할 수가 있는 것이다. 별을 붙잡은 사람은 모래에는 이미 흥미가 없다. 참 삶을 맛본 사람에게는 그림자가 흥미가 없다. 스피노자는 참 삶을 얻어가졌다. 그것은 하나님과 하나가 된 삶이다. 신인합일神人合一의 신비경, 하나님 안에 내가 있고, 내 안에 하나님이 있는 참 삶이다.

스피노자는 하나님의 사랑을 능동적이고 이성적이라고 한다. 그것은 신이 전지전능이라는 유대의 전통을 이어 받았기 때문이다. 유대인의 전통을 지닌 스피노자는 신의 인간에 대한 사랑은 신의 신에 대한 사랑의 일부분이라고 한다. 마치 부모의 자식에 대한 사랑이 부모가 부모에게 대한 사랑이듯, 부모님 품안에 있는 자식은 아직 부모의 일부지 부모를 떠난 것이 아니다. 그렇기 때문에 자식이 부모를 사랑한다고 해도 부모의 일부인 자식이 부모를 사랑하는 것으로, 크게 보면 부모가 부모를 사랑하는 자애自愛에 불과하다. 자기에게서 나갔던 것이 자기에게로 돌아오는 것뿐이지 이질적인 것이 아니라고 본다. 신이 인간을 사랑하는 것이나, 인간이 신을 사랑하는 것이나, 이성적이고 지적이기는 마찬가지이다. 그것은 스피노자가 말하는 제3의 인식능력인 직관을 통해 사랑하는 것뿐이다. 신의 인간에 대한 직관이나 인간의 신에 대한 직관이나 마찬가지이다.

〈제5부 정리 33〉 "제3종의 인식으로 나오는 신에 대한 지적 애知的 愛는 영원하다."

〈정리 35〉 "신은 자기 자신을 무한한 지적 애로 사랑한다."

〈정리 36〉 "신에 대한 정신의 지적 애는 신이 자기 자신을 사랑하는 신애信愛이기도 하다."

〈정리 37〉 "자연 속에 이 지적 애를 없이 할 수 있는 것은 아무 것도 없다."

〈정리 38〉 "지적 애는 죽음의 공포를 없이 한다. 결국 지적 애는 영원한 사랑이요, 죽음에 의하여 파괴될 수 없는 사랑이다." 이러한 사랑에 정신적인 만족이 있고 한없는 기쁨이 따를 것은 말할 것도 없다."

〈정리 32〉 "이 기쁨은 신을 원인으로 하는 기쁨이라고 한다. 신적 기쁨, 법열法悅이요, 진리를 깨달은 기쁨이다. 정신은 신을 직관함으로 만물을 직관할 수 있다. 만물을 직관한다는 것은 만물을 영원한 필연성에 의하여, 영원한 빛에 의하여 영적인 눈빛으로 사물을 뚫어보는 것이요, 그것을 영원永遠한 상하相下에서 본다고 한다."

〈정리 30〉 "우리들의 정신은 자기 자신이나 자기 신체를 영원한 생사에서 인식하는 한 신을 필연적으로 인식하고 또 자기가 신 안에 있고 신에 의하여 생각되어지고 있다는 것을 알게 된다."

스피노자에 있어서 직관은 자기와 만물이 신 안에 있다는 것을 깨닫게 되고 신속에 있는 한, 생명 뿐이요, 죽음이 없다는 것을 아는 것이다. 마치 얼음이 녹아 물이 되고 물이 증발해 수증기가 되듯이 일체가 필연성에 의하여 변하는 것이지 우연적으로 있던 것이 없어지기도 하고 없던 것을 있게도 하는 그런 우연은 스피노자의 세계에는 있을 수가 없다.

스피노자의 세계에는 있는 것이 있을 뿐이지 없는 것은 없다. 그에게는 삶이 있을 뿐이지 죽음은 없다. 스피노자는 〈정리 23〉에서 "인간정신은 신체와 같이 절대적으로 파괴되지 않고 그 가운데서 영원한 것은 남는다."고 한다. 어디서건 영원한 것은 남을 수밖에 길이 없을 것이다. 직관의 세계는 영원한 세계요, 존재의 세계요, 필연의 세계요, 영적 세계이다. 인간정신 속에 직관할 수 있는 힘은 불멸한 것이다. 마치 나무가 자라 열매가 맺듯이 인간정신이 성숙하여 직관할 수 있게 되면 인간정신은 영원한 것을 가지게 된다. 바다 속에서 조개가 진주를 가지듯이 성숙한 정신은 마치 어린애를 가진 성숙한 여인처럼 자기 속에 불멸과 영원을 가지게 된다. 그것이 말씀이다. 스피노자는 죽었어도 스피노자 속에 맺힌 『에티카』는 아직도 살아있듯이 성숙하여 자기 속에 불멸을 남기게 된다.

〈정리 25〉 "정신의 최고의 노력은 직관할 수 있는 힘을 가지는 것이다. 직관할 수 있는 힘만이 영원을 생산할 수 있는 힘이요, 영원을 생산한 정신만이 〈정리 27〉에 기록되어 있는 만족할 수 있는 정신이다." 마치 육체의 질서에서 아버지가 아들을 얻고 육체의 불멸을 느끼듯이 정신은 말씀을 낸 후에야 정신의 불멸을 느끼고 무한한 만족을 얻을 수 있다. 스피노자에 있어서 가장 중요한 것은 직관력이다. 직관력만이 만물을 영원한 상하에서 인식하게 하고 구체적 사물 속에서 직접적으로 신의 필연성을 인식하게 하는 능력이다.

〈정리 24〉 "우리가 많은 사물을 인식함에 따라 그만큼 더 신을 인식한다."고 한다. 결국 정신의 직관력은 신의 계시나 마찬가지이다.

내가 보는 것이 그대로 신이 보는 것이기 때문이다. 병아리가 계란을 까는 것과 어미 닭이 계란을 쪼는 것은 같은 시간이다. 직관이란 병아리가 깨어 나오는 것이다. 깨어 나온 병아리는 닭의 아들이다. 깬 정신은 신의 아들이다. 신이 영원한 것처럼 신의 아들도 영원함에 틀림이 없다. 신이 계란을 사랑하는 것과 신이 병아리를 사랑하는 것은 다르다. 계란에 대한 사랑은 정적 사랑이요, 병아리에 대한 사랑은 동적 사랑이다. 스피노자가 말하는 지적 애知的 愛란 아버지는 아들을 보고, 아들은 아버지를 보는 동적인 사랑이다.

〈정리 34〉의 주해는 "이러한 영원은 현세의 시간적 지속과는 전혀 차원이 다르다."고 잘라 말한다. 지적 애의 영원성은 계란의 지속적인 시간이 아니라 계란에서 깨나온 시간을 초월한 병아리의 영원이다. 그렇기 때문에 〈정리 37〉은 "이 자연 속에서 이 영원한 지적 애를 반대할 수 있는 것은 아무 것도 없다."고 한다. 그것은 차원이 다르기 때문이다. 그것은 죽지 않는다든지, 죽어서 산다든지 하는 시간의 지속이 아니다. 그것은 생사를 초월하고 인간 최대의 공포인 죽음의 공포를 벗어난 깬 정신이다.

깬 정신은 〈정리 37〉처럼 모든 악한 감정으로부터 벗어난 만법개선 천하무적의 강한 정신이다. 이러한 정신은 〈정리 17〉의 "어떤 흔들림에도 흔들리지 않고, 어떠한 기쁨이나 슬픔에도 흔들림 없이 모든 사람에 대하여 곱다든지 밉다든지 하는 식의 일체의 애증愛憎이 없고 신을 미워할 수 없는 것은 말할 것도 없고," 〈정리 19〉의 "신께로부터 사랑을 돌려 받을 생각도 없고," 〈정리 18〉의 "신을 모든 만물의 원인으로 인식하고 신에 대한 사랑은 더욱 커진다."는 것이다. 이리하여 〈정리 15〉의 "자기와 자기의 감정을 똑똑히 인식함으로 감정에 의하여 흔들리는 일이 없게 된다." 〈정리 3〉, "피동적인 감정은 그것에 대하여 명석한 관념을 형성하자마자 피동적임을 그친다." 〈정리 6〉, "필연적 인식에 의하여 정신은 감정에 대하여 더 큰 힘을 발휘하고 더욱 피동을 벗어나게 된다." 수동적 감정을 제어하고 인간의 노예 상태로부터 벗어나는 길은 오로지 인식이며, 결국 신의 인식을 통해서만 인간은 완전히 해방된다는 것이 스피노자의 기본생각이다. 한마디로 인간은 진리를 깨달음으로만 자유를 얻을 수 있다는 것이 합리론의 결론이다.

　스피노자는 『에티카』의 마지막에 이상 감정에 대한 정신의 능력과 정신의 자유에 관하여 말하며 모든 것을 끝냈다. 이로써 현인이 얼마나 많은 일을 할 수 있으며 또 쾌락에 의해서만 움직이는 무지한 사람들보다 얼마나 우수한가가 밝혀졌다. 왜냐하면 무지한 사람들은 외적 원인에 의하여 여러 가지 방법으로 움직이게 되고 결코 마음의 참 만족에 도달할 수 없을 뿐더러 그 위에 자기 자신이나 신이나 그 외 다른 것에 대하여 거의 무지한 채 생활하고 있고 게다가 그런 영향을 받지 않게 되자 존재하는 것마저도 그치고 만다.

　여기에 반하여 현인은 현인으로서 보여지는 한, 거의 마음의 흔들림을 보지 못한다. 그것보다도 자기 자신이나 신, 그리고 그의 모든 것을 어떤 영원의 필연성을 가지고 의식하고 결코 존재하는 것에 그치지 않고 언제나 항상 마음의 참다운 만족에 도달하여 있다. 지금까지 내가 여기에 도달하기 위해서 보여준 길은 극히 험한 길인 것처럼 보이지만 그것을 발견하기가 불가능한 것은 아니다. 실지로 이처럼 드물게만 보여 지는 것은 그것을 얻기가 곤란함에 틀림이 없다. 하여튼 고귀한 것은 모두 희소하고 동시에 어려운 것이다.

　인생은 그저 쉽게 되는 것이 아니다. 밥 한 그릇이 되려면 숱한 땀과 사람들의 노력을 거쳐야 되는 것이다. 하물며 하나의 인간 되기가 그렇게 쉬울 리가 없다. 인간의 육체는 저절로 성장한다고 볼 수 있으나 인간의 정신은 저절로 성장하는 것이 아니다. 무고한 수고와 노력 끝에 하나의 정신으로 성숙해간다.

환경이 식[食]이란 말이 있다. 우주만물이 모두 밥이라는 것이다. 정신은 우주만물을 다시 관념으로 고쳐서 그것을 밥으로 먹는다. 우주를 관념화하고, 세계를 관념화하고, 인생을 관념화하여 일체를 입 없이 먹어버렸을 때 그것이 직관이요, 지적 애知의 愛요, 영원한 상하이다. 우주와 세계와 인생을 통째로 잡아먹은 삶만이 참 삶이요, 영원한 삶이요, 신적 삶이다.

스피노자는 삶을 말했지 죽음을 말하지 않는다. 그것은 생사를 초월한 삶이요, 애증을 초월한 사랑이다. 산다, 죽는다의 상대적 삶이 아니다. 산다, 죽는다를 초월한 삶이요, 밉다, 곱다의 사랑이 아니라 밉다, 곱다를 초월한 사랑이다. 그것을 절대자에 근거한 사랑이요, 신에 연결된 사랑이다. 스피노자의 내재는 초월적 내재요, 스피노자의 인간은 신적 인간이요, 스피노자의 사랑은 지적 사랑이다.

철학적 신앙哲學的 信仰

스피노자는 필연과 자유를 어떻게 생각했나?

1. 자유는 없다. 일체는 필연이다. 돌이 외적 원인에 의하여 어떤 운동을 계속하고 있듯이 사람도 외적 원인에 의하여 움직이고 있는 한, 자유는 없다. 사람들은 배가 고플 때 마음껏 먹고, 화가 났을 때 마음대로 두들겨 패고, 술에 취하여 밤거리를 헤매고, 열이 올라 군소리를 하면서 사람은 마음대로 한다고 하지만 그것은 자유가 아니다. 어떤 원인에 의하여 움직이고 있다는 것을 의식하지 못하는 것뿐이다. 실지로 세상에 자유는 없다.

2. 그런데 스피노자는 또 자유가 있다고 한다. 그것은 필연이 자기

원인일 때만 자유라고 한다. 엄격히 말해서 자유원인은 신만이 가능하다. 신만이 모든 운동의 원인이 될 수 있다. 신이 자유원인이란 말은 신만이 자기의 본성의 필연성으로부터 존재하고 그 필연성에 의해서만 행위하기 때문이다. 그렇기 때문에 신만이 자유원인이다. 사람은 실체가 아니고, 양태이기 때문에 신과는 다르다. 사람은 불완전한 관념으로 생각하고, 행동하고 밖으로부터의 자극에 의하여 양태의 상호연관성 속에 걸려 움직이는 동안에는 자유롭지 못하다. 그러나 인간이 자유로울 수 있는 것은 완전한 관념을 가지는 동안만이다. 이성에 의하여 자기 자신의 본질을 필연성으로 통찰했을 때 그때에만 자유이다.

　인간의 자유는 자각에서 오는 자유이다. 자각은 자유와 일치한다. 자각은 지의 끝이요, 행의 시작이다. 계란의 끝이요, 병아리의 시작이다. 자각한 인간은 인간이면서 인간이 아니다. 자각은 자유원인이지 자유의지가 아니다. 자유의지는 선택하는 자유이다. 그러나 자유원인은 무엇을 선택하는 것이 아니다. 그것은 선택이 아니고 되는 것뿐이다. 사람이 사람이 되는 것뿐이다. 그것은 필연적인 것이다. 강아지가 고양이를 선택하는 것이 아니다. 강아지가 강아지가 되는 것뿐이다.

　스피노자의 자유는 선택의 자유가 아니라 그저 사람이 사람되는 자유이다. 그런 자유는 필연과 다를 것이 하나도 없다. 스피노자의 자유는 그대로 필연이요, 자유라기보다는 하나의 자연이다. 완전한 인식은 자유의지와 일치하는 것이 아니라 자유원인과 일치한다. 그것은 신적 필연성에 의한 혼의 실현이다. 존재는 사랑이 영원히 현존할 때에는 언제나 현재적이다. 존재는 다른 데나 저승에 있는 것이 아니라 언제나 지금 여기에 있다. 지적 애는 언제나 현재적인 것이요, 행복은 덕의 결과가 아니라 덕 자체이다. 직관은 지적인 세계에만 관계하는 것이 아니라 행동의 세계윤리의 세계에도 적용된다.

직관은 그대로 덕이요, 행복이다. 노력한 결과 직관이 있고, 노력한 결과 행복이 있는 것이 아니다. 직관도 노력도 행복도 모두 현재적인 것이다. 그것들은 모두 무엇을 위해서 있는 것이 아니라 모두 그 자신이 목적이다. 그런 의미에서 무목적은 동시에 몰가치沒價値가 된다. 무엇을 위해서 움직이는 것이 아니고, 필연성에 의해서 움직이고, 인간의 최고의 행복은 신적 필연성과 일치할 때에 가장 행복하다. 신적 필연성은 스피노자에 있어서는 그대로 신의 존재요, 실체요, 자유원인이다. 마치 삼각형의 본질에서 그 내각의 합한 것이 2직각인 것으로 귀결되듯이 인간의 모든 운명은 신의 영원한 필연성에 의하여 결정되고 귀결된다. 인간은 운명에 대하여 태연하게 견뎌내고 인간의 운명을 요리해갈 때 최고의 행복은 신적 필연성과 일치하게 된다.

스피노자가 그리스도를 어떻게 이해했을까. 그는 그리스도가 다른 어떠한 사람보다도 완전성을 갖추고 있다고 생각했다. 그리스도에게는 하나님과 말한다던가, 서로 쳐다본다던가 함이 없이 신의 구원의 계획이 직접적으로 계시되었다. 그리스도 이외에 아무도 표상능력의 도움 없이, 즉 말이나 모양의 도움 없이 신의 계시를 받아들일 수는 없다. 그리스도는 자기의 경험을 말로, 그것도 민중이 이해할 수 있는 말로 번역했다. 그는 예언자가 아니고 그보다 하나님의 입 자체였다. 그는 계시된 것을 실지로 인식했다. 왜냐하면 사물은 말이나 형상 없이 정신에 의하여 순수하게 이해될 때 정말 인식될 수 있기 때문이다. 그리스도는 그렇기 때문에 계시된 것을 참으로 완전하게 이해했다. 그리고 그 위에 그는 의심할 것도 없이 사물을 영원의 진리로서 가르치고 법칙으로 표시하였다. "하나님에 대한 사랑 때문에 세계를 잊고 자기 자신과 똑같이 다른 이웃을 사랑하게끔 하나님이 한 사람에게 자기의 생각을 똑똑하게 새겨 주었는 지도 모른다."라고 스피노자가 썼을 때에 그는 확실히 그리스도에 대해서 생각하고 있었을 것이다.

그는 그리스도에게서 하나님에 대한 사랑과 인간에 대한 사랑을 확실히 인식할 수가 있었다. 인간은 하나님을 사랑하면 사랑할수록 그만큼 자유와 가장 많이 일치한다. 그렇기 때문에 신앙을 가지고 고요한 마음을 가질 것을 이성은 가르친다. 이러한 삶은 국가에 있어서만 가능하다.

스피노자의 철학의 특징은 첫째로 합리주의에 있다. 그러나 그가 제3종의 인식으로 직관을 제시한 이상, 스피노자는 합리주의를 초월했다고 볼 수도 있다. 그의 사유는 내적 행위요, 가장 근본적인 확실성에 의하여 그는 살고 사유했다. 그의 확실성이란 하나님의 현실성으로서 제3종의 인식은 직관을 통하여 무엇이고 현실화한다. 이 현실성을 통해서 스피노자는 형이상학적 인식과 인격적 존재와 국가적 질서를 확립해간다. 스피노자에 있어서 이성의 자명적 인식은 모두 하나의 생의 체험이었다. 그에게 있어서는 철학이 그대로 종교였다. 그에게는 교회를 통한 신앙이 필요 없었다. 철학을 통한 신앙으로 그는 능히 마음의 평안과 인격적인 독립을 얻을 수 있었다.

스피노자는 언제나 근본적인 사유를 가지고 있었다. 스피노자의 철학적 종교는 신의 현존과 확실에 대하여 기쁨과 평안을 가질 수가 있었다. "우리들은 신이 슬픔의 원인이라고 아는 순간, 기쁨을 가지게 된다."고 말한다. 마치 꽃병을 깨뜨린 것이 신일 경우 꽃병이 깨졌다는 슬픔은 그것이 신에 의해서 깨졌다는 신의 임재를 아는 순간, 기쁨으로 바뀐다는 것이다. 꽃병이 깨졌다는 것보다는 신의 임재가 더욱 중요하다. 잃었던 어린애가 돌아와서 꽃병을 깨뜨렸을 때 그것이 아무리 값진 꽃병이라고 해도 돌아온 아들과는 비교도 되지 않을 것이다. 세상에 아무리 큰 비극이 있어도 그것이 신에 의해서 일어난 것을 아는 순간, 신의 임재 때문에, 신에 대한 직관, 신에 대한 지적 애 때문에, 모든 슬픔은 문제가 안되고 신의 확실성에 대한, 신이 살아 계시다는 신앙의 기쁨만이 남게 된다는 것이다. 아들이 있는 한, 꽃병은 문제가 안 된다. 하나님이 계신 한, 꽃병이 깨지건, 우주가 깨지건, 몸이 깨지건, 재산이 깨지건, 그것은 문제가 안 된다. 하나님을 차지한 기쁨을 빼앗을 아무런 불행도 있을 수 없다.

우리는 하나님이 슬픔의 원인임을 통찰한 즉시 기쁨을 느낀다고 한다. 일체가 신에 의해서 일어난 이상 우리에게는 아무 것도 슬퍼할 것이 없을 것이다. 필연성의 의식 속에는 아무 것도 바라지 않는 마음의 평정함이 있다. 별을 붙잡은 사람은 사람에게는 모래 같은 것은 문제가 안 된다. 금강석을 붙잡은 사람에게는 흙 같은 것은 문제도 안 된다. 신에 대한 지적 애는 일체를 체념하게 한다. 그는 신의 존재만으로 족하지 그밖에 아무 것도 원하지 않는다. 존재만이면 족하지 그밖에 속성을 원하지 않는다.

스피노자에게는 내적인 투쟁이나 고민이 없다. 그의 마음은 한없이 투명하고, 고요하고, 그의 혼은 한없이 순수하고, 그에게는 아무런 의지나 목적이나 가치의식이 없다. 그의 이성은 아무 것에도 잡히지 않은 가장 자유로운 정신이다. 스피노자는 자기를 무시하지 않는다. 언제나 자기 속에 만족하고 있다. 그에게는 아무런 욕심이 없다. 그는 언제나 부지런히 자기의 본성에 따라 할 일을 한다. 그는 일체의 명성을 무시하고, 자기의 할 일만 했갔다. 그는 늘 혼자 있었지만 아무런 고독도 느끼지 않았다. 그는 신의 현존 속에서 언제나 완전하게 살 수가 있었다. 그의 사유는 언제나 보편적이요, 그의 신에 대한 지적 애는 언제나 충실한 하나의 국가를 이루고 있었다.

그에게는 단체나 민중은 따르지 않았으나 그에게는 언제나 친구가 있었다. 덕불고德不孤라고 하듯이 그의 깨끗한 인품에 도취된 친구들이 그를 버릴 리가 없다. 그는 우정을 통하여 운명의 공동체와 역사의 공동체 속에 연결되어 있었다.

스피노자는 사상적으로 볼 때에도 많은 친구들과 연결되어 있다. 그는 스토아철학으로부터 이성에 의한 체념을 배웠고, 성경을 통해서 유일한 사상을, 스콜라 철학으로부터 실체, 속성, 양태, 능산적 자연, 소산적 자연과 같은 개념을, 죠르다노 부르노(Giordano Bruno, 1548~1600)로부터 세계의 무한성을, 그리고 부르노와 레오네 에브레오(Leone Ebreo, 1460~1523)로부터 에로스(사랑)의 가르침을, 프란시스 베이컨(Francis Bacon, 1561~1626)으로부터 경험적 방법과 그의 우상으로부터 탈출을, 데카르트로부터 연장과 사유의 분리를, 그리고 수학의 존중을, 마키아벨리(Niccolo Machiavelli, 1469~1527)와 홉스(Thomas Hobbs, 1588~1679)로부터 국가론을 받아들였다. 그러나 이러한 모든 것은 다만 스피노자의 주체적이요, 독창적인 용광로 속에서 완전히 소화되고 이해되고 녹아버렸지, 그것들이 조금이라도 그에게 거리낌을 주지 못했다. 그것들은 스피노자의 밥에 불과했다. 그리고 스피노자가 말한 것은 하나도 모방이나 흉내가 아니라 무엇이나 독창적이고 근본적이었다. 그에게는 사유의 주체가 있었다. 그에게는 이 모든 것을 받아들이기 전에 더 근본적인 지식이 현존하였다. 그것은 신에 대한 지적 애요, 그의 직관이었다. 그에게는 무엇을 먹어도 소화시킬 수 있는 강한 사유의 힘이 있었다. 같은 말을 쓰는 것 같아도 그에게는 새로운 의미로 채워져 있었다. 더 풍성하고, 더 순수하고, 더 깨끗하게 정리되어 있었다.

스피노자는 근대과학에 막대한 영향을 끼쳤으나 그의 기반은 근대과학이 아니다. 스피노자는 자연과학의 연구자도 아니요, 모든 학문을 포용하는 학자도 아니었다. 스피노자는 수학적 방법을 자기의 철학의 서술에 사용하기는 했지만 자기의 철학을 수학 위에 근거시키지 않았다. 그는 많은 사상가와 철학에 관심을 가졌지만 그 어느 것에도 빠지지 않았다. 그는 그것들을 즐겼을 뿐이다. 그는 다만 그의 삶에 필요하리만큼 그것들을 마음대로 흡수한 것 뿐이다. 그의 철학은 언제나 독특하고 순수하여 그의 생활과 언제나 일치되어 있었다. 그의 모든 개념은 그의 직관과 일치하는 한에서 이용한 것뿐이다. 그는 산 철학자이지 죽은 철학자는 아니었다. 그에게는 모방이 없었다. 있었다면 독창이 있었을 뿐이었다.

칸트

Kant, Immanuel 1724-1804

순수이성비판
Kritik der Reinen Vernunft 1782

비판批判

　1770년 칸트가 46세 때 『감성계感性界와 이성계理性界의 원리와 형식』이라는 논문을 발표하였는데 이 논문에서 대체로 비판철학의 방향은 결정되었다. 그러나 그 후 12년의 악전 고투를 겪은 후 방대하고 난해한 『순수이성비판』이 처음으로 햇빛을 보게 된 후에야 비판철학이라는 획기적인 철학사상이 성립되는 것이다.

　비판철학, 혹은 선험적 관념론은 그 후 많은 철학의 풍부한 원천이 된다. 이 철학은 비판이란 말이 붙듯이 그 당시의 대표적인 두 사조, 대륙의 합리론철학과 영미의 경험론철학을 비판하여 새로운 철학의 길을 열어 주자는 것이다. 비판이란 비는 붙여준다는 말이고, 판은 깎아낸다는 말이다.

　지나치게 부풀어 오른 합리론은 깎아내고, 엉터리없이 모자라는 경험론에는 무엇을 붙여주자는 것이다. 합리론이란 중세기 신학의 계승으로 지나치게 인플레가 되어 공상과 망상의 독단이 된 형이상학을 말하고, 경험론이란 아직 현대화 되지 않은 과학의 소아마비적 불균형의 회의론적 근대과학을 말한다.

칸트는 독단의 합리론을 깎아버리고, 싹트는 과학에 학적 체계를 부여한다. 형이상학은 도덕의 세계로 몰아넣고, 자연미신은 학문의 세계로 끌어올린다. 종교는 깎고, 과학은 보태주어 고혈압의 종교도 구해내고, 소아마비의 과학도 살려내자는 것이 칸트의 전 생애를 바쳐 이룩한 『순수이성비판』이다.

더 쉽게 말하면 과학은 언제나 힘은 있는데, 눈이 먼 장님과 같아 목적과 방향을 잃기가 쉽고, 종교는 눈은 있는데, 힘이 없어서 잔소리만 하는 앉은뱅이처럼 무력해지기 쉽다. 칸트는 장님과 앉은뱅이를 결합시켜서 앉은뱅이를 업고 가는 장님을 만들어, 종교는 과학의 눈이 되고, 과학은 종교의 발이 되어 방향을 가진 과학과 봉사할 수 있는 종교로서 근대의 새로운 인간문화를 형성하자는 것이다.

칸트가 과학에 붙여준 것은 과학의 체계를 세워주는 통일원리로서의 형식이고, 종교에서 깎아낸 것은 종교를 환상으로 만들어주는 비현실적인 가상假象이다. 칸트는 가상이 나오게 되는 원인을 이성의 지나친 추리라고 진단하였다. 그리하여 칸트가 이룩하는 첫째 비판은 종교의 세계에 있어서 순수이성의 지나친 월권을 제한하자는 것이다.

순수이성이 감각을 통하여 경험적으로 주어진 것과는 아무 관계없이 저 혼자 추리推理하면 이것은 자발적이요, 필연적이긴 하지만 경험의 세계와 아무런 관계가 없기 때문에 꿈을 꾸게 되고 망상에 빠져 그것이 현실계를 지배하면 엉터리없는 월권에 빠지고 만다는 것이다. 그러므로 그러한 발언은 비판하고 제한하여 못하게 하자는 것이 첫째 목적이다. 왜냐하면 인간의 지식이 객관적인 진리가 되기 위해서는 인간의 사유思惟는 언제나 경험적으로 주어진 객관세계와 연결이 되어야 한다. 그런데 사유가 필연적으로 추리할 수 있는 힘을 가지고 제멋대로 추리한 결과를 진리라고 인정한 것이 칸트 이전의 합리주의 철학의 형이상학적 독단이었다. 그래서 칸트는 이성이 경험과 아무런 관계없이 자기 자신의 필연성에 따라 움직인다고 하는 것을 용납할 수가 없었다. 그 결과 칸트는 사유는 반드시 경험적으로 주어진 것과 결부되어야 한다는 것을 밝히게 되었다. 이것이 칸트가 종교의 세계에 독단을 허락하지 않은 이유이다.

칸트는 그 다음에 안개 속에서 방향을 못 찾는 사람처럼 회의에 빠져있는 근대초기의 과학에 대하여 가만히 있을 수가 없었다. 과학은 물론 경험을 넘을 수도 없고 감각의 세계에 결부되어 실험 관찰을 그 방법으로 하고 있는 것이지만 그것만 가지고는 학문이 될 수가 없다. 거기에는 반드시 보편적으로 타당한 어떤 원리가 주어져야 하고 경험적인 현상세계에 머무르면서 동시에 보편적이고 학문적인 체계가 구성되어야 한다. 이 보편적인 체계는 사람이 만들어내는 것이지 물질에서부터 나오는 것이 아니다.

"모든 인식이 경험과 같이 있지만 경험으로부터 나오는 것이 아니다." 즉 경험이 필요하지만 경험만으로는 안 된다. 경험을 넘어서 경험을 가능케 하는 무엇이 필요하다. 그것을 칸트는 '선험'이라고 한다. 선험은 경험을 가능하게 하는 것이다.

사람의 인식은 경험이 주어질 때에 경험과 같이 움직이는 어떤 선험적인 것이 있다. 밥이 입에 들어가면 입에 침이 있고 위에 들어가면 소화액이 있듯이 경험내용이 들어오면 감성에서는 직관이라는 형식이 주어지고 오성에서는 범주(카테고리)라고 하는 형식이 주어진다. 감성은 들어온 내용을 받는 기관이요, 오성은 주어진 내용을 만드는 기관이다. 감성을 입이라고 생각하고, 오성을 위라고 생각하면 된다. 자연이 우리의 지식이 되는 과정은 밥이 살이 되는 과정과 같다. 지식이 되려면 반드시 입의 직관과 위의 사유가 결부되어야 한다.

"직관 없는 사유는 공허하고, 사유 없는 직관은 맹목이다."

위에 음식물이 안 들어가고 위만 움직여도 빈속만 쓰리고, 반대로 위는 없는데 음식물을 먹어도 들어갈 데가 없으니 답답한 일이다. 그러므로 영국의 경험론이 말하듯이 주어진 경험이 그대로 의식에 반영하여 지식이 되는 것이 아니다. 쌀이 그대로 살이 되는 것이 아니다. 경험적으로 주어진 것이 사유 속에서 소화가 되어야 지식이 될 수 있다. 쌀을 소화시켜 살을 만들 듯이 경험을 소화시켜 지식을 만드는 것이 인식이다. 사람이 밥을 소화시키는 것이지 밥이 사람을 소화시키는 것이 아니다.

인식이 대상을 변화시키는 것이지 대상이 인식을 만드는 것이 아니다. 태양에 지구가 끌려 다니는 것이지 지구가 태양처럼 자연을 지배하는 것은 아니다. 이 같은 관계를 칸트는 '코페르니쿠스 Copernicus의 전환'이라고 부른다. 지금까지의 사고방식을 아주 바꾸어 놓았기 때문이다.

다시 말하면 칸트가 알 수 있다는 인식의 세계는 현상現象의 세계뿐이다. 현상세계란 감각적으로 경험된 내용이 우선 시간時間, 공간空間이라는 형식으로 직관되고, 그것이 사유의 관여로써 보편적이요, 필연적이라고 판단될 때 거기에 성립되는 경험의 세계다. 그러므로 시간, 공간을 초월한 세계는 인식의 대상이 될 수 없다. 이것을 칸트는 '물자체物自體'라고 하는데 물자체는 인식의 대상이 될 수 없다. 시간, 공간 안에서 주어진 경험을 할 수 있는 대상만이 인식의 대상이 될 수 있다. 그것을 넘어서면 사물자체는 도저히 인식될 수가 없다. 그런데 인간의 의식은 추리할 수 있는 힘을 가졌기 때문에 내적인 상상을 통해서 경험이상의 세계를 알아보려고 하는 욕망을 가지고 있다. 경험에 관계없이 이성이 혼자서 자기의 형식적인 필연성을 전개하여 물자체에 도달하려는 것이 종교적 망상이다. 이성을 제멋대로 내버려 두어 경험과 관계없이 독단 독주하게 한 것이 종래의 형이상학이다.

칸트 이전의 형이상학은 이런 망상을 눈치 채지 못하고 이성의 필연적 추리에 자기 자신을 맡겨버리고 말았다. 그 결과 이성은 이럴 수도 없고, 저럴 수도 없는 이율배반二律背反에 빠져버리고 만 것이다. 이율배반이란 동일한 물음에 정반대 되는 두 가지 답변이 나와 어느 것이 참인지 알 수 없는 것이다.

예를 들면 이 우주에 시작이 있을까 하는 물음에 대하여 시작이 있다고 할 수도 있고, 없다고 할 수도 있다. 만일 시작이 없다고 하면 시작이 없는 것이 어떻게 여기에 있게 되었을까가 문제가 되고, 시작이 있다고 하면 언제부터 있는가가 또 말썽이 된다. 그러므로 있다고 할 수도 없고, 없다고 할 수도 없다. 신에 대해서도 마찬가지이다. 있다면 어디 있느냐가 문제가 되고, 없다면 언제부터 없느냐가 문제가 된다. 본래부터 없다고 하면 본래부터 없는 것을 어떻게 아느냐 하면 말문이 막히고 만다. 그러므로 이런 문제는 있다고도 할 수 없고, 없다고도 할 수 없다. 우리들은 어느 것이 옳다고 할 권한을 가지지 못하였다.

왜 그런 결과가 나타나게 되는가 하면 이 우주의 시작이라고 하는 어마어마한 사실은 우리가 경험할 수 있는 것이 아니다. 마치 어린애들이 자기 어머니가 시집오는 것을 보았다는 것이나 마찬가지다. 그런 경험할 수 없는 것을 인식할 수 있는 대상인 것처럼 생각하여 이성적 추리로써 붙잡으려고 하니까 그런 엉터리없는 이율배반에 빠지게 되고 만다. 그렇기 때문에 이러한 결과를 일으키지 않게 하기 위해서는 경험할 수 없는 대상, 즉 현상세계를 넘는 대상에 대해서는 일체 생각이나 말을 금해야 한다. 칸트는 엄격하게 인식을 현상계 안에만 한정하고 그것을 넘는 세계에 대해서는 침묵을 지키기로 하였다. 이것은 신이 있느냐, 없느냐 하고 질문할 때 침묵을 지킨 석가의 태도와 흡사하다.

　인식에는 한계가 있다. 현상계라는 한계가 있다. 시간, 공간의 세계, 지금까지 말해 온 현상세계를 자연이라고 한다. 사람이 알 수 있는 것은 자연세계 뿐이다. 하나님의 세계를 인간은 모른다. 자연에 관한 보편적인, 필연적인 인식이 자연과학이다. 그러므로 자연과학은 현상계뿐이지, 물자체의 세계는 절대 알 수가 없다. 이렇게 생각할 때에 자연과학의 한계가 정해진다. 경험이란 사람이 감성을 통하여 시간, 공간으로 제한하고, 오성을 통해 빚어낸 범주로 제한한 것이다. 그런 의미에서 자연과학을 결정하는 가장 중요한 요소는 사람의 인식주관이다.

　인식주관이란 소화액을 내는 소화기처럼 시공時空과 범주範疇의 선천적 형식을 가진 선험주관이다. 주어진 자료에 보편성과 필연성을 주어 법칙을 만드는 선험적 주관이다. 이 말은 자연과학을 결정하는 것은 인간이지 물질이 아니라는 것이다. 이리하여 칸트는 인간만이 자연세계를 지배할 수 있고 자연세계를 넘어설 수 있는 위대한 존재라는 것을 증명한 셈이다.

　동시에 인간이상의 세계인 종교의 세계에 대해서는 인간은 겸손히 무릎을 꿇고 시키는 대로 실천할 뿐이지 감히 그것을 알고 지배하려는 교만을 가져서는 안 된다는 것이다.

　여기에서 칸트가 루터(Martin Luther, 1483~1546)의 제자로서 경건한 독일 사람답게 말씀에 복종하는 양심의 인물임을 알 수 있다. 칸트는 루터의 『노예 의지론』을 따라 형이상학적 월권을 경계하고 실천이성을 통해 신앙을 지킴으로써 또 하나의 인간의 존엄성을 보존하게 된다. 이것이 『실천이성비판』이다. 과학을 창조하는 인간의 존엄성과 신앙에 안심하는 인간의 존엄성을 아울러 차지하자는 것이 칸트의 비판철학이다.

인식론 認識論

『순수이성비판』은 칸트가 57세에 쓴 책이다. 이것은 8백여 페이지의 방대한 책이다. 양적으로 방대할 뿐만 아니라 질적으로도 굉장히 깊은 책이다. 또한 『순수이성비판』은 세상에서 제일 읽기 어려운 책으로 알려져 있다. 여기서는 이렇게 말하고 저기서는 저렇게 말하여 그 가운데 일어나는 모순을 도저히 연결하여 이해할 수가 없다.

이런 일이 있을 때마다 사람들은 칸트의 머리를 의심하게 된다. 칸트의 머리는 잘 정리된 머리가 아니다. 어떤 때는 이런 말을 했다가 어떤 때는 저런 말을 한다. 역시 칸트의 생각이 미숙했던 데가 있다든지 그렇지 않으면 칸트의 『순수이성비판』이 그대로 수십 년 동안에 써두었던 원고를 모아서 편찬한 것이기 때문인 지도 모른다. 수십 년 동안 그의 사상의 발전에 따라 처음 생각했던 것이 나중 생각한 것과 터무니없는 차이가 생겨 그것을 말년의 사상으로 정리했어야 하는데 그런 정리를 하지 않았기 때문에 이런 사상적인 모순이 그대로 나타나 있는 것인 지도 모른다.

그러나 칸트는 12년이나 생각하고 또 생각하고 얼마나 깊이 생각했는지 모른다. 마치 하나의 골짜기를 조각하는 조물주의 손길처럼 그는 다듬고 다듬어 더할 나위 없는 절경에까지 이루어 놓고 또 다른 골짜기로 조각도를 옮겨 놓았다.

칸트는 1770년 그가 쾨니스벨히 대학에 정교수로 취임할 때 「감성계 및 예지계의 형식과 원리에 관하여」라는 논문을 썼다. 그것은 20여세 때부터 끊임없이 써오던 그의 논문의 마지막이다. 이때부터 그의 논문은 끊어지고 말았다. 그 후 12년, 그는 한 줄의 글도 내어놓지 않았다. 칸트가 왜 이렇게 오랜 동안 침묵을 지켰을까? 그것은 아무도 모르는 수수께끼다. 그러나 그 다음해(1781년) 그는 그의 제자,

헤르츠에게 이런 편지를 쓰고 있다.

"나는 지금 이런 일을 시작했다. 감성 및 이성의 한계라고 해서 감각계에 대해서 정해진 근본개념 및 법칙의 관계와 취미로 형이상학, 도덕학의 본질을 구성하는 설계를 좀 더 상세히 말하고자 한다. 지금 그 재료를 수집하고 있으며 거의 체제가 섰기 때문에 얼마 있으면 곧 이 계획이 진행될 듯하다."

그 다음해에는 세밀한 계획과 자기의 연구에야말로 형이상학의 모든 비밀을 풀 수 있는 열쇠가 들어있다고 토로하기도 했다. 이 편지를 통해서 우리는 칸트가 무엇을 하려는 지를 알 수 있다. 칸트는 하나의 높고 깊은 어마어마하게 큰 산을 날카로운 이성의 칼로 조각을 하려고 하고 또 그렇게 하기도 하였다. 하나의 골짜기가 끝이 나면 또 다른 골짜기로 옮겨갔다. 그런데 이 골짜기의 흐르던 물은 저 골짜기에서는 전연 다른 방향으로 흐르기도 하고 이 골짜기와 저 골짜기와의 사이에는 전연 서로 전망이 불가능하리만큼 막혀 있기도 하다. 그렇기 때문에 사람들은 이 골짜기와 저 골짜기가 전혀 다른 것처럼 느끼기도 하고 이 골짜기와 저 골짜기는 다른 사람의 작품, 전혀 다른 작품처럼 느껴지기도 한다. 이 골짜기가 고전적인 향취가 있다면 저 골짜기는 현대적인 감각이 도사려 있기도 하고 이 골짜기가 관념적이라면 저 골짜기는 실존이기도 하다.

그렇기 때문에 칸트의 철학은 독일 관념론의 근원이 되기도 하고, 어떤 때는 인식론적 반형이상학의 신칸트학파를 형성시키기도 하고, 또 최근에 와서는 실존철학의 웅대한 원천이 되기도 하였다. 칸트는 그런 것에는 아랑곳없이 칼끝이 미치는 대로 신비한 손에 이끌려 12년에 걸쳐 조금씩 조금씩 파 들어간다.

그는 1783년 멘델스존에게 이런편지를 썼다.

"나는 적어도 12년 동안 생각한 결과를 거의 사오 개월 이내에 한꺼번에 써버렸습니다. 물론 내용에 대해서야 최대의 주의를 했고 다만 소홀히 한 것이 있다면 읽는 사람의 입장을 별로 생각하지 않았을 뿐입니다. 나는 이 점에 대해서는 별로 후회하지 않습니다. 만일 독자를 고려하여 쉽게 쓰려고 했으면 이 책은 너무 길어져서 거의 끝낼 수가 없었을 것입니다."

칸트는 이와 비슷한 말을 그 해 크리스챤 가르베에게도 쓰고 있다.

"나는 내 책이 곧 인기를 얻게 되리라고 생각하지는 않습니다. 물론 나는 12년 동안이나 치밀하게 생각한 결과를 써갑니다만 이 책은 일반 대중에게 이해하리 만큼 쉽게 쓰지지는 않았습니다. 그렇게 쓰려면 몇 해를 걸려서 써야겠지만 나는 그것을 사오 개월 이내에 써버리고 말았습니다. 만일 어물어물했다면 이것은 나에게 큰 짐이 되어 도저히 해낼 수 없었을 것입니다. 내 나이가 벌써 육십인데 아무리 일체의 체제가 내 머리 속에 정리되어 있다고 해도 이것을 끄는 날에는 도저히 해내지 못했을 것입니다."

칸트가 12년 생각하고 생각한 결과를 마치 호수에 모은 물을 한꺼번에 둑을 끊고 쏟아 버리듯이 한꺼번에 써버린 것은 사실이다. 그 동안 너무도 긴 책이어서 반복해서 읽으면서 수정할 시간도 없었으리라. 칸트는 처음에 서론을 써서 출판했는데 사람들이 너무 어렵다고 해서 두 번째 출판할 때는 조금 풀이된 서론을 다시 넣었는데 써놓고 보니 첫 번 서론과 둘째번 서론은 너무 달라서 또다시 말썽을 일으키고 말았다. 아마 세 번째 서론을 썼다면 또 다른 서론이 되고 말았을 것이다.

우리는 칸트같이 산 사람에게 똑같은 서론을 부탁할 수가 없다. 칸트는 죽은 기계가 아니라 산 생명이다. 벌레 하나도 막대기처럼 언제나 같은 방향으로 뻗어 있는 것이 아니다. 어떤 때는 구부러지고, 어떤 때는 펴고, 어떤 때는 웅크리고, 어떤 때는 뒹굴기도 한다.

칸트의 작품도 산 벌레와 같다. 형식 논리적인 독자의 머리로서는 도저히 이해하기 어려운 것이 얼마든지 있다. 칸트의 고백대로 그는 독자의 입장을 거의 생각하지 않고 폭포도 걸어놓고 험산준령도 만들어 놓았다. 가다가는 그 이상 더 오르지 못하게 끊어버리기도 하고 어떤 때는 몇 십리를 그대로 얻는 것 없이 걸어가게도 한다. 다만 우리가 칸트의 작품을 읽으면서 느끼는 것은 그것이 위대하다는 것이다.

나는 지리산에 올라간 적이 있었다. 돌과 흙을 높이 쌓아 올린 것뿐이다. 거기에는 설악산의 묘도 없고, 한라산의 멋도 없다. 그러나 경상남북도, 전라남북도의 네 도에 걸쳐서 넓고 우뚝 솟은 지리산은 어딘지 모르게 웅대한 데가 있다. 한 발자국 한 발자국 올라갈 때마다 무엇인가 크다는 것을 느끼게 한다. 산이 큰 만큼 험하고 물줄기도 깊다. 피아골도 깊지만 험하고 깊은 골짜기가 한 두 개가 아니다. 산이 크기 때문에 어떤 곳에는 전혀 사람의 발길이 닿지 않은 곳도 있다. 완전히 세상과 격리된 곳, 역시 산은 그런 데가 있어야 한다. 사람들이 산을 찾는 이유도 여러 가지겠지만 나는 역시 그런 데가 그리워서 산을 찾아간다. 아무도 가지 않은 데가 얼마든지 있는 그런 산에 사람은 매력을 느끼는 것이 아닐까.

얼마 전에도 대학원 학생들과 같이 『순수이성비판』을 읽었다. 이번에는 대학생들과 같이 또다시 『순수이성비판』을 읽어가려고 한다. 재미있어 읽는 것도 아니고 철학을 알기 위해 읽는 것도 아니다. 그저 읽는 것이다. 험하고 높은 산인 줄 알면서 무엇인가 끌리는 데가 있어서 올라가는 것뿐이다. 무엇에 끌려서 갈까. 억지로 말해보라면 큼에 끌려서 간다고나 할까. 험한데 끌려서 간다고나 할까.

작년에도 노고단으로 해서 천왕봉을 갔다. 높은 데서 높은 데까지 백 리의 거리가 되었고 그 동안에 수십 개의 적고 큰 봉우리를 오르

내려야 했다. 천왕봉을 정복하기 위해서 오르는 것이 아니다. 그저 오르는 것이다. 그러나 올라갈수록 좋다. 경상, 전라의 네 지역이 한 줌에 잡히는 것 같고, 속세를 떠난 지리산의 산 정기에 무엇인가 접하는 것 같다.

하여튼 칸트는 모를 데가 한없이 많다. 마치 사람들이 가보지 못한 데가 얼마든지 있듯이. 칸트의 『순수이성비판』도 그런 것이다. 그것이 있기 때문에 칸트지, 그것이 없고 마치 땅콩처럼 손으로 까서 한 줌에 입안으로 쑥 넣을 수 있다면 무엇이 칸트의 매력이겠는가. 모르는 데가 있기에 생각하게 되고, 생각하게 되기에 나 자신이 성숙하게 된다.

내가 『순수이성비판』을 알아서 읽는 것도 아니고, 알아서 여기에 쓰는 것도 아니다. 나는 『순수이성비판』을 연구해 본 일도 없고, 또 여러 번 읽어 본 일도 없다. 한 두 번 읽어본 것뿐이다. 물론 『순수이성비판』이 철학사에 있어서 중요한 책이라는 말은 여러 번 들었다. 어떤 사람은 이렇게 말하기도 한다.

"서양철학의 역사를 하나의 산맥에 비유한다면 소위 독일관념론의 철학은 플라톤, 아리스토텔레스를 정점으로 하는 희랍철학의 높은 봉우리에 비할 수 있다. 근세철학사상 중에 가장 높이 솟은 산줄기요, 특히 칸트의 철학은 무수히 많은 높은 봉우리를 압도하고도 한층 더 높이 솟은 영봉이라고 할 수 있다. 모든 영봉이 산악인을 끄는 것처럼 칸트의 철학은 누구나 철학을 배우는 사람들을 끌어 마지않으나 오르는 길은 험하고 멀다. 그러나 참을성 있게 올라가기만 하면 그 사람은 계속되는 봉우리 봉우리를 거쳐 현대까지 뻗쳐 있는 철학사상의 산줄기를 한눈으로 바라볼 수가 있고 아무리 복잡한 현대철학의 골짜기라도 그 근원을 찾아낼 수가 있다."

다른 사람이 좋다고 해서 나도 올라가야 하는 것은 아니다. 그러나 매력을 느끼는 사람은 안 오를 수가 없다. 제일 좋은 등산법은 처음에는 몇 명의 길 안내자가 필요하다. 우리도 구할 수 있는 것, 안내서를 몇 권 읽어야 하고 남의 말도 들어보아야 한다. 그러나 하여튼 올라가는 것만은 내 발로 올라가야 한다. 내가 읽어야 한다. 알건, 모르건 읽어 가는 것이다.

우리나라에서 『순수이성비판』은 두 권이 나와 있다. 최재희 번역과 윤성범 번역이다. 하나는 동아출판사에서 나오고, 다른 하나는 을유문화사에서 나왔다. 나는 최재희 번역을 읽었다. 그리고 가끔 나도 여기에 페이지 수를 쓸 때가 있을 지도 모르겠다. 그것은 원본의 페이지 수다. 최재희 번역도 원본의 페이지가 나와 있기 때문에 그것을 적어 두어야 외국말로 책을 읽으나 우리말로 읽으나 서로 공통점을 발견할 수 있을 것이다. 하여튼 아무런 선입감 없이 이 책을 읽어보자. 나도 모른다. 알 것은 알고, 모를 것은 모르고, 그대로 읽어간다.

우선 전체의 구조를 한번 살펴보면 『순수이성비판』은 하나의 인식론이요, 인식론은 하나의 옷 철학이다. 옷감이 있고, 옷본이 있고, 재단해서 재봉해 가지고 입어보아야 한다. 옷감은 재료고, 옷본은 개념이고, 재단은 판단이고, 재봉은 추리고, 입어보는 것은 체계화다. 이것이 모든 논리학의 구조다. 칸트의 『순수이성비판』도 이런 논리학의 형식을 갖추고 있다. 초월적 감성론이 옷감이요, 초월적 개념의 분석론이 옷본이요, 초월적 원칙의 분석론이 재단이요, 초월적 변증론이 재봉이요, 초월적 방법론이 입어보는 것이다. 카알라일이 『순수이성비판』을 읽고 『의복철학』을 쓴 것은 너무도 유명한 일이다.

형이상학形而上學의 역사歷史

우선 우리는 칸트의 과제가 무엇인지를 알아야 한다. 첫째는 "나는 무엇을 알 수 있는가?" 둘째는 "나는 무엇을 해야 하나?" 셋째 "나는 무엇을 바랄 수 있나?" 그리고 넷째로 "인간은 무엇인가?" 하는 것이다.

첫째는 과학, 둘째는 도덕, 셋째는 종교, 넷째는 철학이다. 물론 과학이나 도덕이나 종교는 모두 철학을 위해서 있다. 인간이 무엇인가를 알기 위해서 그 한계 내에서 그 당시의 과학과 도덕과 종교를 문제삼고 있는 것이다. 그런 의미에서 칸트는 과학자도 아니고, 도덕가도 아니고, 종교가도 아니다. 칸트는 철학자다. 칸트는 자기의 철학, 인간학을 위해서 과학도 종교도 쓴다. 어떤 때는 과학과 도덕과 종교를 깨뜨려 부술 때도 있다. 철학의 집을 짓기 위해 과학의 나무를 자르고, 도덕의 돌을 깨고, 종교의 흙을 파기도 한다.

칸트는 교회인들에게서 신을 죽였다고 하는 비난을 듣기도 하고, 국왕에게서 앞으로는 입을 막으라는 엄명을 받기도 하고, 과학자들에게서는 월권행위라고 공격을 받기도 하였다. 그러나 칸트는 그의 철학을 위해서 이런 비난을 참아야 했다. 그리고 동시에 칸트는 과학의 선구자로서, 종교의 흠모자로서 무척 고맙게 생각되기도 한다.

우리는 우리의 입장에서 또다시 칸트를 살펴가야 한다. 그것은 우리도 시대의 아들로서 아무리 칸트를 이해한다 해도 여전히 부족한 점이 있고, 또다시 영원의 아들로서 얼마나 많은 것을 칸트에게서 얻게 될 지도 모른다.

칸트는 단순히 『순수이성비판』만의 저자가 아니다. 『실천이성비판』을 썼고, 『판단력비판』을 썼고, 『이성의 한계 안에서의 종교』를 썼고, 『실용적 인간학』을 쓴 폭넓은 철학가이다.

지금 우리가 읽으려는 『순수이성비판』은 첫째 문제인 "나는 무엇을 알 수 있는가?"에 대한 그 시대의 사람으로서 철학적인 답변에 불과하다. 그 시대 사람들의 지식이란 그 시대의 수학과 자연과학과 형이상학이다. 칸트도 우선 이 세 가지 학문의 가능성을 묻고 있다.

칸트는 『순수이성비판』서문에 1. 순수 수학은 가능한가? 2. 순수 자연과학은 가능한가? 3. 형이상학은 가능한가? 이것이 『순수이성비판』의 내용이다. 칸트는 학문의 가능성을 선천종합판단의 가능성으로 보았다. 칸트에 있어서는 학문은 선천종합판단이라야 했다. 물론 현대의 학문에 대한 개념으로 생각하면 너무도 단조로운 이야기지만 그 때의 생각으로는 가장 그것이 과학적인 사고방식이다. 우리는 칸트가 그 시대의 아들인 것을 알기 위해서 그의 선생이 어떤 사람들이었나를 알아보아야 한다.

칸트에게 가장 많은 영향을 끼친 것은 라이프니츠(G. W. Leibniz, 1646~1716)와 볼프(Wolff, christian, 1679~1754)다. 라이프니츠는 『단자론』을 쓴 사람이다. 그는 원자의 배후에 단자를 생각하여 모든 힘의 근거를 단자에서 끌어내려고 했다. 그리하여 1. 우주의 합리성 2. 인간의 독립성 3. 만물의 조화성 4. 세계의 무한성 5. 기계관의 가능성을 설명하려고 하였다. 이러한 설명을 돕기 위해서 1. 원리의 법칙성 2. 개념의 명석성 3. 증명의 엄밀성을 강조한 사람이 볼프다.

칸트의 생각에는 라이프니츠의 영향이 얼마든지 있다.

1. 이 세계가 가장 좋은 세계라는 것 2. 개물의 불멸성 3. 신적 창조의 조화 4. 세계의 총체로서 무한한 전체 5. 직관형식으로서의 공간 가능성과 현실성의 동시존재 등은 칸트의 작품에 깊은 영향을 주었다. 마틴같은 사람은 칸트의 『순수이성비판』은 라이프니츠의 변명에 불과하다고 말하기도 한다.

그 다음에 칸트에게 영향을 끼친 사람은 뉴톤(Isaac Newton, 1642~1727)이다. 그를 통해서 칸트는 우주의 전체가 엄밀한 학문으로 파악될 수 있다고 내다볼 수 있게 되었다. 그의 기계관은 라이프니츠의 기계관과는 물론 같지 않다. 이 밖에도 의지의 자유를 강조한 크루지우스(August Crusius, 1715~1775), 감각론자 존 록크(John Locke, 1632~ 1704), 지각적 관념론자 데이비드 흄(David Hume, 1711~1776), 도덕철학의 샤흐츠베리(A. Shaftesbary), 관념적 자유주의자 장 쟈크 루소(Jean Jacques Rousseau, 1712~1778) 등이 있다. 이 가운데서도 칸트의 독단의 잠을 깨워준 이는 흄이었다. 흄은 그의 인성론에서 인과율을 연구하여 인과율의 법칙은 습관에서 나오는 개연적인 것이라고 했다.

칸트는 근대 과학이 무너지는 것 같은 위기를 느꼈다. 칸트는 우선 과학을 살려야겠다는 생각이 들었다. 이것이 칸트가 『순수이성비판』을 쓰게 된 동기라고 한다. 칸트는 과학을 살리기 위해서 과학의 척추인 인과율이 엉터리가 아니라 진짜라는 것을 증명하여야 했다. 마치 뉴톤이 사과가 나무에서 떨어지는 것이 우연히 떨어지는 것이 아니고 지구가 아래에서 잡아 당겨서 떨어진다고 설명하듯이 칸트도 해가 뜨는 것이 우연히 뜨는 것이 아니라 선천적인 필연성에 의하여 뜬다고 설명하여야 했다. 칸트는 해가 뜨는 것을 설명할 뿐만 아니라 인간의 양심이 있다는 것도, 인간의 영혼이 있다는 것도, 그리고 인간의 근거가 신이라는 것도 설명하려고 달려들었다.

그러나 그것이 얼마나 어려운 시도라는 것을 그는 곧 알 수가 있었다. 그것은 인간의 이성은 촛불과 같아서 그것을 가지고 바다를 비추기에는 너무도 희미하다. 인간의 이성에는 한계가 있고, 인간의 지식에도 한계가 있다. 칸트는 언제나 인간의 유한성을 알고 있었다. 뉴톤은 인간의 지식은 바닷가의 물 한잔이라고 했다지만 인간의 지식은 언제나 한계가 있고 엉터리이기 마련이다. 뉴톤만 엉터리가 아니다. 아인슈타인도 엉터리고 그보다 더 위대한 과학자가 나와도 또 엉터리다. 그것은 인간의 이성이 한계가 있고 엉터리이기 때문이다.

칸트의 좋은 점이 있다면 그런 점이 좋은 점이다. 사람은 자칫하면 자기가 신이 되려고 한다. 신이 되어보면 신이 아니고 악마다. 신이 되려는 인간은 누구나 악마다. 그것은 인간의 유한을 넘어섰기 때문이다. 인간은 하나님의 형상만이 아니다. 인간은 역시 흙으로 만들어진 존재다. 질그릇 속에 담긴 보화, 이것이 사람이다.

칸트가 말하고 싶은 것은 우선 인간의 한계요, 이성의 한계다. 사람은 신이 아니라는 것이다. 희랍사람들은 인간의 이성을 신적인 것으로 생각하여 인간은 이성을 통해서 신이 될 수 있다고 생각했다. 이것이 서양 사람들의 교만이요, 그들의 잔인성의 근거이다. 사람은 신이 되었다고 생각한 순간, 실은 악마가 된 것에 불과하다. 서양 사람들의 악마성은 그들의 교만에 있고, 교만의 근거는 희랍사람들의 이성의 무한성에서 유래한다고 생각된다. 그러나 칸트는 희랍철학자이기 전에 경건한 기독교도였다. 칸트는 인간이 절대 신이 될 수 없음을 알고 있었다.

그는 이성의 한계를 이해하고, 인간의 유한성을 알고 있었다. 인간 이성에는 한계가 있다는 것, 이것이 칸트가 우리에게 알려주고 싶었던 인간의 지혜요, 철학이다. 지혜는 다 아는 것이 지혜가 아니다. 자기가 아무 것도 모른다고 하는 것을 아는 것이 지혜다. 칸트는 인간의 겸손에서 지혜를 배웠다. 칸트는 자기의 신앙을 가지고 교만한 철학의 코를 꺾었다. 칸트를 프로테스탄트 철학자라고 하는 것도 무리가 아니다.

그 후 헤겔(G. W. F. Hegel, 1770~1831)은 다시 인간의 이성의 절대성을 주장하여 또 다시 희랍사상으로 돌아간다. 헤겔을 카톨릭의 철학자라고 하지만 카톨릭은 너무도 많이 희랍철학의 물이 들고 있었다. 서양 사람이 교만해질 때마다 그들은 희랍철학을 들고 나온다. 희랍적인 강한 이성과 무한의 전통을 깨뜨리고 인간의 유연성을 자각하여 유한한 인간의 이성을 인간의 참된 이성이라고 못 박는 것이 칸트철학의 핵심이라고 할 수가 있다.

칸트의 서론에서 형이상학의 역사를 간단히 훑어본다. 형이상학은 독단론으로 시작되어서 회의론으로 끝을 맺는다. 영국의 존 록크가 이 문제를 해결하는 듯하였는데 결국 실패하여 현재의 형이상학은 또다시 맨 처음의 유치한 독단론으로 되돌아가고 말았다. 그래서 사람들은 형이상학을 무시하게 되고, 형이상학에 대해서 권태와 무관심마저 일으키게 되었다. 그러나 칸트는 이러한 무관심이 이유 없는 무관심이 아니라 상당한 이유 있는 무관심이라는 것을 인정한다. 즉 현대의 무관심은 상당히 성숙한 지성으로서 당연한 무관심이라고 생각했다.

이 시대는 무엇이나 따져보고 꼬집어보고 씹어보는 시대지, 그저 무조건 받아들이는 시대는 아니다. 그렇기 때문에 모든 학문을 만들어 가고 있는 이성자신에 대해서도 그것을 무조건 인정할 것이 아니라 자유롭고 공정하게 따져보고 꼬집어보려는 것이 칸트의 의도다. 이성이 모든 경험을 넘어서 날아갈 수 있는 힘이 얼마나 될까. 정말 경험을 초월한 세계를 날아가는 형이상학이 성립될 수 있는 것일까. 있다면 어느 정도 성립될 수 있을까. 그 범위와 한계 그리고 그 근거는 어떤 것일까. 그래서 칸트는 이성에 관한 문제를 완전히 분류하고 이성이 만족할 수 있도록 충분히 해결하였다. 물론 그 결과는 가능하다고 대답한 것이 아니라 인간의 인식은 경험을 넘어서서는 불가능하다는 것을 겸손하게 고백하는 것이다. 이것을 위해서 그는 856면을 소비하면서도 할 말이 너무도 많아 예를 드는 것은 생략한다고 하였다.

이 책이 나온 이듬해 『게팅겐 학보』에 라이프치히 대학의 철학교수 갈베와 게팅겐 대학 철학교수 훼델이 서평을 썼다. 칸트는 그 서평을 읽고 이듬해 『프로레고메나』서문에 "세상 사람들은 『순수이성비판』을 정당하게 평가할 수가 없을 것이다. 왜냐하면 사람들은 그것을 이해하고 있지 않기 때문이다. 사람들은 그것을 이해할 수 없을 것이다. 그 이유는 사람들은 고작 책장을 넘길 뿐이지 그것을 생각해 볼 의욕이 없기 때문이다. 세상 사람들은 생각해 보는 수고를 하지 않으려고 한다. 그것은 이 책이 너무도 무미건조 한데다가 알기도 어렵고 세상에서 보통 쓰여지는 생각과는 정반대요, 그 위에 광범위하고 복잡하기 때문이다."라고 말하고 있다. 그 후 좀더 알기 쉽게 하느라고 제2판의 서문을 쓰고 서언을 두 절에서 일곱 절로 늘여 884면이 되고 말았는데, 더 쉬워지기는커녕 더 어려워지고 말았다.

하여튼 칸트가 제창한 이성비판의 의미는 당시로서는 도덕과 종교에 관한 형이상학의 근거를 제공하는 것이었다. 그는 논리학, 수학, 자연과학의 근거를 확고히 하고, 그러한 방법으로 형이상학도 그의 근거를 제공하려고 하였지만 결국 성공하지 못하고 말았다. 결국 그도 후세의 철인에게 이 어려운 일을 해주기를 기대하면서 이 어려운 작업에 서론을 쓰기 시작한 데 불과하다.

결국 그는 이성의 이론적 사용으로는 불가능하고, 실천적 사용으로만 가능할 것이라는 조언을 한 것뿐이지, 학문으로서의 형이상학은 쓰지 못하고 말았다. 그러나 칸트가 이성비판에서 시도한 엄밀한 비판적 방법은 철학정신의 진수로서 몇 번이고 철학하는 사람의 마음에 끊임없이 되살아나게 될 것이라고 생각된다.

선천적 형식先天的 形式

『순수이성비판』에는 두 가지 서문이 붙어 있다. 하나는 초판 서문이고, 또 하나는 재판 서문이다. 초판 서문은 형이상학의 역사가 독단론에서 회의주의를 거쳐서 무관심에 떨어졌지만 무관심은 또다시 계몽주의의 서곡이 될 수 있다고 말하고 있다. 계몽이란 이성을 옹호하고, 자유를 각성하는 자기인식의 요구이므로 순수이성을 비판함은 시기에 꼭 알맞는 일이라고 한다.

그러나 『순수이성비판』이 나오자 대중은 물론 철학자들까지도 전혀 이해하지 못했기 때문에 첫 번 서론에 다소 보충한다는 것이 또다시 새로운 서론을 쓰게 되고 말았다. 제2판의 서론을 코렌 같은 사람은 『파우스트』의 서곡에 비할 만큼 훌륭한 것으로 보았는데 나는 그 이상이라고 생각하고 싶다.

그의 서론에는 두 가지 문제가 취급되고 있다. 하나는 실천이성의 문제다. 이론이성이란 초월적인 이성, 또는 지적인 이성이라고 말할 수 있고, 실천이성이란 행적인 이성, 내재적인 이성이라고 말할 수 있다. 물론 이론이성과 실천이성은 둘이 아니다. 불이 횃불이 되어 만물을 비칠 수도 있고, 장작불이 되어 가마의 물을 끓일 수도 있다. 횃불이 되어 지식을 형성하기도 하고, 장작불이 되어 도덕을 완성하기도 한다.

우선 이론이성인 지식의 세계, 학문의 세계부터 말해보기로 한다. 칸트는 여기에서 새로운 형이상학의 기초를 모색하고 있다. 논리도 궤변술을 벗어나 논리학이 되고, 수학도 산술을 벗어나 수학이 되고, 과학도 연금술이나 마술을 벗어나 과학이 되었는데, 철학은 어째서 처세술을 벗어나 형이상학이 될 수 없을까?

학문이란 언제나 두 가지 조건을 구비해야 한다. 하나는 논리에 맞아야하고, 다른 하나는 현실문제가 취급되어야 한다. 논리에 맞는 것을 합리라고 하고, 현실문제가 다루어지는 것을 경험이라고 한다. 합리는 산골사람의 장기요, 경험은 바닷사람의 특징이다. 산사람은 산에 올라가서 사방을 보기 때문에 동서남북의 방향감각이 발달되어 길을 잃는다든지 회의주의에 빠지는 법이 없다.

그러나 바닷사람은 망망한 대해에 배를 띄우고 동서남북을 구별하기 어려울 뿐만 아니라, 정처 없이 밀려다니노라면, 이것저것 경험하여 견문이 넓어지고 자기 말만 옳다는 독선이나, 무조건 자기 의견만을 주장하는 독단에 쉽게 빠지지 않는다. 그러나 산골에 사는 사람은 우물 속의 개구리 같아서 세상이 어떻게 돌아가는지도 모르고, 자기의 의견이 제일인 줄 아는 독단에 빠지기 쉽다.

독일의 합리론은 경험이 부족해서 독단론에 빠졌고, 영국의 경험론은 생각이 부족해서 회의론에 빠져 절대적인 진리를 부인하게 되었다. 학문이 되려면 적어도 합리와 경험이 일치되어야 한다. 편지 한 장이 되려도 논리가 정연하여 앞뒤가 맞아야 하고, 편지내용에도 편지를 할만한 사건이 써져야 한다. 사건 없는 논리도 우습고, 논리에 맞지 않는 사건 해설도 말이 안 된다. 이 두 가지가 합쳐야 우선 학문이 될 수 있다.

칸트는 고대 논리학, 수학, 그리고 근대의 자연과학이 어떻게 학문이 될 수 있었는가를 되살펴본다. 그것은 논리를 가지고 사건을 싸는 데 있다. 다시 말하면 논리의 빛으로 사물의 세계를 비쳐야 한다. 우선 만물을 비치는 촛불이 필요하다. 그것이 천재요, 발명가요, 그리고 발견가다.

논리학은 아리스토텔레스의 천재로 이루어진다. 2천년 동안 한 획을 더할 것도 없고 덜할 것도 없을 만큼 완전한 논리학을 만들어내었다. 그것이 토대가 되어 수학이 또 일어난다. 이집트인은 수천 년 동안 산술을 가졌을 뿐, 수학을 못 가졌다. 동양 사람들은 논리학과 수학에 있어서 끝내 학을 가지지 못했다. 여기에는 사람의 머리에 위대한 혁명이 일어나야 한다. 정신의 불이 반짝하고 빛이 나야 한다.

맨 처음 수학의 세계에서 정신의 불이 반짝하고 빛난 사람이 있었다. 그는 탈레스라고 하지만 확실하지는 않다. 그러나 그는 이등변 삼각형 속에서 남이 볼 수 없는 것을 볼 수가 있었다. 그것은 마치 어두운 방안에 들어간 사람이 사물을 더듬는 것이 아니라 자기의 주머니에서 성냥을 꺼내서 불을 켜듯이, 자기의 이성 속에서 어떤 원칙을 꺼내어 그것을 그림 속에 집어넣으므로 말미암아 여기서 삼각형의 원리를 발견할 수가 있었다.

자연과학에 있어서는 베이컨이 귀납법을 만든 이후 많은 과학자에 의하여 갈릴레이, 도리체리, 슈탈 등 자기의 계획을 자연에 집어넣음으로써 자연을 실험함으로 자기계획에 합당한 자연법칙을 찾아낼 수가 있었다. 마치 미끼를 넣어 고기를 잡듯이, 혹은 검사가 죄인의 코에 물을 넣어 죄인으로 하여금 사실을 토로하게 하듯이, 인간은 자연으로 하여금 인간의 물음에 대답하게 하는 것이, 이것이 자연과학이 학문으로 성공하게 되는 원인이다.

칸트는 고대의 인간처럼 자연 앞에 무릎을 꿇고 자연의 가르침을 들으려는 학생의 태도가 아니라, 자연에다 인간의 계획을 집어넣어서 자연을 고문하여 자연으로 하여금 인간에게 복종하게 하는 것이 자연과학을 승리로 이끈 방법이라는 것이다. 마치 코페르니쿠스가 지구는 가만있고 태양이 돌아간다고 생각하고 별의 운동을 설명하려고 해도 되지 않아서 무척 고민하는데 드디어 그 마음속에 반짝하고 불이 켜지고 말았다. 그는 해가 지구를 도는 것이 아니라 지구가 해를 돈다고 생각하고 다시 별을 연구하여 합리적으로 별의 운동을 설명할 수 있게 되었다. 그와 같이 칸트는 자기 속에 있는 어떤 원리를 집어넣음으로 철학계에 혁명을 일으키고 철학을 학문으로 만들려고 하였다. 이것이 칸트의 인식론적 주관주의라는 것이다.

　인식론적 주관주의란 자연과학이 능동적으로 자연현상을 설명할 수 있는 이론과 법칙을 가정해 놓고, 이것을 현상세계에 집어넣어 실험해 봄으로써 그것이 진리인지 아닌지를 검증하여, 그것이 실험적으로 진리임이 증명되면 자연법칙이나 자연을 설명할 수 있는 원리가 되는 것처럼, 칸트는 대상을 우리들의 인식에 복종시켜 자연을 인간에게 복종시키는 길을 찾는 것이다. 그리하여 칸트는 주관 속에 있는 선천적인 인식형식을 빼내어 우리들에게 주어진 소재 속에 집어넣음으로 대상을 만들어 내고자 하였다.

　과학에서의 실험적 방법과 철학에 있어서의 인식론적 주관주의는 엄밀하게 생각하면 여러 가지 차이가 있을 수 있다. 예를 들면 과학은 가설을 집어넣는 것이지만, 철학에 집어넣는 선천적 주관 형식은 가설이 아니고 사실은 진리를 집어넣는 것이다. 과학은 가설이 진짜인지, 가짜인지 실험하는 것이지만 철학은 진짜, 가짜를 문제 삼는 것이 아니라 진리를 집어넣어 지식을 구성해 내는 것이다. 그밖에 여러 가지 문제점들이 있지만, 칸트는 무엇을 집어넣는다는 것이 마치 죄수의 코에 물을 집어넣듯이, 자연을 고문하여 자연으로 하여금 사실을 증거하게 하는 것처럼 생각한 모양이다.

　하여튼 칸트는 경험과 전혀 독립된 선천적 형식을 집어넣어서 지식이 형성된다고 함으로써 지식의 근거를 파헤치고 있는 것이다. 칸트는 경험과 독립해서라는 말을 쓰고 있지만 그것은 초월이란 말이요, 순수라고도 하는데 그것은 경험의 밑바닥에 깔려서 경험을 가능케 하는 것이다.

　자연과학에 있어서는 소위 가설이라는 것이 있는데 여러 가지 경험의 결과 어떤 빛을 얻어서 그것을 합리적으로 펼쳐 보아 넉넉히 자연현상을 전체적으로 설명할 수 있는 이론체제를 만들어 그것을 집어넣어 실험해본다. 그러나 인식론적 주관주의의 선천적이란 경험과는 전혀 관계없이 경험 밑에 깔려있는 것이다. 과학자의 머리에도 무엇이 반짝해서 얻어진 것이 가설이요, 칸트의 머리에도 무엇이 반짝해서 얻어진 것이 선천적 형식인 것이다.

  중요한 것은 가설이니, 선천적 형식이니 보다도 반짝하는 이성문제이다. 반짝하는 이성이 순수이성이요, 이 반짝하는 것 없이는 도저히 이성의 순수는 얻을 수 없다. 반짝이는 이성이란 태양 빛을 집중시키는 볼록렌즈 같아서 한번 햇빛이 비치기만 하면 무엇이든지 불살라 버릴 수가 있다. 통일된 정신, 이물관물以物觀物할 수 있는 정신, 존재를 존재로서 연구할 수 있는 정신, 봄을 볼 수 있는 봄이 순수이성이다. 한번 반짝한 순수이성은 그 자신을 착한 행실로 나타내게 된다. 인간은 착한 행실을 통해서만 인간의 존엄성을 가질 수 있기 때문이다. 순수이성을 통해서 그는 인간의 위대함을 알게 되었다.

  그러나 인간은 위대할 뿐만 아니라 존엄하기도 하다. 인간의 존엄은 이러한 실천이성을 통해서 실현된다. 실천이성은 인간의 존엄을 실현하기 위해서 많은 도움이 필요하다. 마치 힘쓰는 사람이 밥을 먹고 고기를 먹고서야 힘을 쓸 수 있는 것과 마찬가지로 칸트는 실천이성의 힘의 원천을 자기 밖에서 구할 수밖에 길이 없었다. 그것이 신이요, 영혼불멸이요, 자유다.

  그는 자기의 행을 통해서 그 밑에 깔려있는 또 하나의 선천적 형식을 본다. 실천이성의 선천적 형식이다. 그것은 이론이성의 선천적 형식처럼 내 속에 있는 것이 아니라 나 자신을 움직이고 나 자신을 지도하는, 나를 초월하는 선천적 형식이다. 이러한 선천적 형식은 도덕적인 실현을 통해서만 인식될 수 있다. 칸트가 자유는 도덕의 존재근거요, 도덕은 자유의 인식근거란 말을 사용한 이유는 자유를 얻고자 도덕이 있고, 도덕이 있을 때 자유를 느낄 수 있다는 것이다.

인식의 세계는 현실 없이는 안되고, 도덕의 세계는 현실을 극복하고 현실을 없이하는 데서 이루어진다. 그러나 모두 현실을 떠나서는 안 된다. 지식은 현실과 화해하는데 이루어지고, 도덕은 현실과 싸우는 데서 이루어진다. 사람은 지적으로는 현실과 타협하고, 행적으로는 현실과 싸울 수 있다. 마치 수영하는 사람이 입으로는 물을 마시고, 발로는 물을 차면서 헤엄칠 수 있는 것처럼, 지식과 도덕의 세계는 전혀 서로 모순됨 없이도 동시에 존재할 수 있는 것이다.

칸트는 순수이성과 실천이성비판을 통해서 지식의 안전과 도덕의 입장을 모두 살려낼 수가 있었다. 지식의 안전 위에 과학을 건설하고, 도덕의 입장 위에 종교를 건설했다. 마치 산의 봉우리와 물이 같이 있을 수 있는 것처럼, 칸트는 과학의 위대성과 종교의 존엄성을 동시에 보존할 수가 있었다.

인간의 위대성은 지식에 있고, 인간의 존엄성은 도덕에 있다. 영국의 경험론은 지식의 위대성을 확장하는데 공로가 있었고, 독일의 합리론은 도덕의 존엄성을 높이는데 공로가 있었다. 오랫동안 싸우고 갈라졌던 경험론과 합리론이 칸트에 와서 하나가 됐다. 이리하여 지식에 치우쳤던 시대정신을 제한하고 신앙에 자리를 남겨놓을 수가 있게 되었다. 이것이 칸트의 제2 서론의 내용이다. 나는 칸트의 광대한 지식과 인류애에 불타는 그의 인격의 존엄을 보는 동시에, 그를 반짝하게 깨워주신 절대자에게 진심으로 경의를 표해마지 않는다.

선천적 종합판단 先天的 綜合判斷

『순수이성비판』에는 머리말〔序文〕이 둘 있고 들어가는 말〔序論〕도

둘이 있다. 머리말은 둘 다 확실히 다른 두 가지로 형성되어 있기 때문에 두 가지 다 읽어야 하며 초판의 머리말은 형이상학의 역사, 재판의 머리말은 형이상학의 방법론으로서 두 가지가 다 독특하고 필요하며, 더우기 재판의 머리말은 『파우스트』의 머리말에 비하리만큼 역사적인 장엄한 문헌이다. 그러나 들어가는 말은 초판과 재판이 별로 그 내용에 있어서 차이가 없다. 물론 머리말에서 의도하는 칸트의 목적과 들어가는 말에서 의도하는 칸트의 목적이 같기 때문에 이 두 가지에서 같은 근거를 찾아 볼 수 있다.

이 들어가는 말의 핵심은 또 이 책 전체의 핵심이며 그것은 이미 칸트가 초판 맨 처음에 기록한 저 유명한 문구, 인간의 기이한 운명, 즉 그것이 인간의 본성에서 나왔기 때문에 거부할 수 없고, 또 그것이 인간의 능력을 넘어서 있기 때문에 대답할 수 없는 이러한 운명에 놓여 있다는 것이다. 그곳에 들어가는 말에는 이런 말로 다시 바꾸어 놓았다.

인간의 모든 인식은 경험과 함께 시작된다. 그러나 인간의 모든 인식은 경험에서 발생하는 것이 아니다. 다시 말하면 인식은 경험과 같이 있으나 경험에서 온 것이 아니라는 것이다. 마치 물이 땅에서 나기는 하지만〔始作〕땅에서 온 것〔發生〕은 아니라는 것과 같다. 물론 땅에서 나기는 하나 오기는 하늘에서 왔다. 하늘에서 오는 것은 비요, 땅에서 나는 것은 샘이다. 하늘에서 온 것, 이것이 형이상학이다. 그렇기 때문에 일체의 학문은 형이상학적 요소를 가지고 있다. 물은 땅에서 나지만 오기는 하늘에서 왔다. 물만 그런 것은 아니다. 나무도 마찬가지다. 나기는 땅에서 나지만 오기는 하늘에서 왔다.

바위를 뚫고 자라나는 나무는 바위를 넘어서는 데가 있다. 나무만 그런 것이 아니다. 사람도 마찬가지다. 인간은 인간이면서 인간 이상의 것이다. 칸트가 하고 싶은 말은 이 말이요, 이것을 증명하자는 것이 칸트의 순수이성비판이다. 그렇기 때문에 칸트의 작품은 내가 무엇인가의 물음이요, 동시에 나는 나 이상의 것이라는 것이 칸트의 답변이다. 나는 나 이상의 것이다. 내가 나 이상의 것이라는 것이 인간의 본성이다. 그렇기 때문에 인간은 자기 이상의 것을 찾지 않을 수가 없다. 그것이 인간의 본성이기 때문이다.

그런데 나는 나지 나 이상이 될 수가 없다. 여기서 인간의 이상과 현실이 싸우고 있다. 이상이 이기면 내가 없어지고, 현실이 이기면 나 이상이 없어진다. 그렇기 때문에 인간은 고민하고 있고 기구한 운명에 놓이게 되는 것이다. 그러나 이상과 현실이 언제까지나 싸우고만 있을 수 없다. 여기에 이상과 현실이 손을 맞잡고 마치 남자와 여자처럼 새로운 세계를 건설하여야 한다. 이것이 문화의 세계요, 학문의 세계다. 현실은 현실의 한계를 긋고, 이상은 이상의 한계를 그어서로 제한하면서, 동시에 이상도 해내지 못하였고, 현실도 해내지 못하였던 새로운 세계를 만들어 내야 한다. 이것이 칸트의 비판이라는 것이다.

비판이란 있는 것은 없애버리는 것이 아니다. 헌 집을 헐고 새 집을 짓듯이, 전통적인 형이상학을 헐어버리고 새로운 형이상학을 세우는 일이다. 인간은 인간이면서 인간이 아니다. 인간은 인간이면서 인간을 넘어선다. 나무는 바위 위에서 나서 바위를 넘어서고, 물은 땅에서 나서 땅을 뒤덮고, 사람은 동물을 지배한다.

인간은 내재자이면서 동시에 초재자이다. 인간은 이런 모순을 지니고 있기 때문에 인간은 끊임없이 싸우고 끊임없이 발전하고 있는 것이다. 인간에게는 정지란 있을 수 없다. 이 모순이 큰 배의 프로펠러처럼 돌아가서 인간을 발전시키고 향상시키는 원동력이 되는 것이다. 날개가 없으면서 나는 꿈을 꾸고, 하나님을 본 사람이 없으되 언제나 하나님을 그리고 있다. 이것이 인간의 본질이요, 동시에 형이상학의 본질이다.
　칸트는 소질로서의 형이상학은 어떻게 가능한가 하고 묻고 있다. 이것이 형이상학의 첫 번째 문제다. 그러나 소질로서의 형이상학이 가능하고 필연적인 것이라고 증명되었다 해도, 그것으로 학문으로서의 형이상학이 가능하다고 증명된 것은 아니다. 지금까지의 모든 형이상학이 학문으로서 성립된 예가 없다. 그것이 어째서 그럴까. 형이상학의 방법이 부족한 탓일까. 과거의 형이상학이 성립되지 않은 것은 이율배반이 보여준, 방법상의 불비라기보다도 형이상학의 방향이 잘못된 까닭일 것이다.
　만일 인간의 이성이 어쩔 수 없이 형이상학을 구하고 있으면서도 결국 형이상학에 실패하고 마는 운명이 불가피한 것이라면 그것은 인간자체의 모순이요, 인간이성의 결함이다. 만일 이것이 인간의 운명이라면 인간은 어떻게 해서든지 이 운명을 극복하여야 한다. 이것이 극복되지 않는 한, 인간은 영원히 모순과 불행 속에서 헤맬 수밖에 길이 없을 것이다. 이성은 이성의 권위를 유지하기 위하여 아무렇게 해서라도 학으로서의 형이상학을 건설하여야 한다. 마치 하늘을 오르려다 떨어져 죽는 벌레처럼 자기모순에 빠져 죽을 것이 아니라 비행기를 만들어 타는 인간처럼 학문으로서의 형이상학을 만들어 내야 한다.
　학문 또는 인식은 도대체 어떠한 구조를 가져야 할까? 인간의 인식이 한계가 있다면 그 한계 저 편에 차원이 다른 세계에 있는 것이 아닐까? 인식의 한계를 넘어서 예지의 세계, 실천의 세계가 있다면 그것이 형이상학의 세계가 아닐까?.
　만일 인간의 실천이 맹목적인 본능이 아니고 실천적 인식을 포함한다면 이론철학은 건설될 수 없어도 실천철학으로서의 형이상학은 가능한 것이 아닌가? 그렇다면 실천철학의 형이상학은 어떤 구조를 가졌을까?. 도대체 어떤 구조를 가져야 그것이 학문으로서의 조건을 충당할 수 있는 것일까? 결국 학문으로서의 형이상학은 어떻게 가능할 것인가? 학문의 이상은 무엇일까?

　데카르트나 라이프니츠는 수학적 확실성을 철학의 기초로 삼으려고 했는데 수학이 철학의 기초가 될 수 있을까? 그렇다면 우선 순수수학의 가능성을 한번 따져보아야 할 것이다. 순수수학은 어떻게 가능할 것인가? 결국 순수수학에서 형이상학이 배울 수 있는 것은 무엇일까? 그것은 다름 아닌 수학의 선천성, 즉 합리성에 있을 것이다. 그러나 합리성만 가지고는 인식이 되지 않는다. 역시 그 경험성이 있어야 한다. 수학이 가능한 존재의 선천적인 인식임에 비하여 형이상학은 실재의 선천적인 인식이어야 한다. 물리학은 실재는 아니지만 경험적인 것을 인식하는 학문이기 때문에 모든 인식의 일반구조를 알기 위해서 그 기초적인 구조를 엿볼 수 있을 것이다.

　물론 물리학과 수학은 밀접한 관계를 가지고 있다. 수학이 물리학의 양적 변화를 측정하는 하나의 방법이 될 수 있고, 물리학의 존재양식을 정하는 하나의 중요한 역할을 한다. 경험적 인식은 모든 인식을 알아보는 하나의 근본적 지반이다. 그런 의미에서 형이상학적 인식을 문제 삼는 사람에게 어떻게 해서 순수자연과학은 가능한가 하는 문제의 해답은 경험을 넘어가는 형이상학에 대해서도 그 길의 전반부를 비추는 작용은 할 수 있을 것이다.

　칸트는 형이상학에 대한 인간의 비극적 관계를 단서로 해서 네 가지 문제를 제시했다.

　　1. 소질로서의 형이상학이 어떻게 가능한가?
　　2. 학으로서의 형이상학이 어떻게 가능한가?
　　3. 순수 수학은 어떻게 가능한가?

4. 순수 자연과학은 어떻게 가능한가?

그리고 이 네 가지 가능성을 묻기 전의 모든 학문의 근거로서, 합리적인 것과 경험적인 것을 문제 삼는다. 학문이 되려면, 또는 글이 되고 말이 되려면 논리가 통해야 한다. 그리고 그것이 경험할 수 있는 것이라야 한다. 경험할 수 없는 것이라면 그것은 학문이 될 수 없을 것이다. 글도 말도 될 수 없다. 합리적인 것도 경험적인 것이 합치면 하나의 명제命題, 즉 판단의 형태를 가진다.

결국 순수수학이건, 순수자연과학이건, 형이상학의 가능성도 이 학문을 구성하는 최후의 요소가 어떠한 판단으로 구성되었느냐 하는데 그 생명이 달려 있다. 그 판단이 합리성과 경험성이 포함되어 있는 판단으로 구성되었으면 그것은 학문이 될 수가 있고, 그것이 되어 있지 않으면 학문이 될 수 없다.

칸트는 합리적인 판단과 경험적인 판단이 합쳐진 판단을 찾아보았다. 그것이 선천적 종합판단임을 알 수 있었다. 선천적이란 말은 경험에서 독립해 있다는 합리적이란 말이요, 종합이란 새로운 경험을 첨가했다는 경험적이란 말이다. 판단은 주어와 술어로 구성된다. 주어와 술어의 관계가 어긋난 논리적인 판단이 있다.

예를 들면 큰 것은 적은 것보다 크다. 이런 판단을 설명판단이요, 분석판단이요, 선천적 판단이라고 한다. 여기에 비하여 종합판단이란 경험적인 두 가지 표상이 같이 나타날 때 이루어진다. 산이 있고, 산에 나무가 났을 때에 산에 나무가 있다고 한다. 이런 판단은 종합판단이다. 산이라는 주어에 나무라는 술어가 붙어 있는데 나무는 산에 포함되어 있는 것이 아니다. 산에 덧붙여 있는 것이다. 그러나 그것이 우리의 경험이기 때문에 경험한 사람에게는 사실이지만 언제나 어디서나 사실이라고 하기는 어렵다. 그런고로 종합판단은 경험한 사람에게만 해당된다. 이렇게 경험 될 때만 가능한 것을 후천적 판단이라고 한다. 종합판단은 대개가 후천적이다.

칸트는 학문이 되기 위해서는 합리적이며 경험적이어야 한다고 했다. 그래서 이 두 가지가 겹치는 판단을 선천적 종합판단이라고 한다. 칸트는 수학의 원리가 어떻게 선천적 종합판단인가를 증명함으로 수학이 학문이라고 증명하고 자연과학이 선천적 종합판단이라고 증명함으로써 자연과학이 역시 학문이라고 증명한다. 그리고 마지막으로 형이상학이 선천적인 종합판단이라는 것을 증명하려고 한다. 이것이 순수이성비판의 내용이다. 이러한 내용을 미리 말하려고 하는 것이 서문이다.

이 네 가지 문제를 본문에서 취급한다. 우선 1. 수학 2. 자연 과학 3. 소질로서의 형이상학 4. 형이상학, 이런 순서로 1. 수학을 다루는 것이 감성론 2. 자연과학을 다루는 것이 오성론 3. 소질로서의 형이상학을 다루는 것이 순수이성론이요 4. 학으로서의 형이상학을 다루는 것이 실천이성이다. 1은 감성론, 2는 분석론, 3은 변증론, 4는 방법론, 이런 식으로 펼쳐진다.

감성론感性論

『순수이성비판』에는 서문(머리말)이 둘, 서론(들어가는 말)이 둘, 본론이 하나다. 서론 둘은 각각 특색이 있어 한번씩 설명을 했고, 서문은 둘 중 하나를 다른 하나가 좀 세밀하게 취급한 것뿐이니까 한꺼번에 생각하면 되고, 이제부터 본론에 들어가는데 본론은 하나지만 좀 세밀히 분석해 보아야 한다.

본론은 크게 두 부분으로 나뉘었다. 〈선험적 원리론〉과 〈선험적 방법론〉이다. 〈선험적 원리론〉이 약 450페이지, 〈선험적 방법론〉이 80페이지 정도다. 그러니까 〈선험적 원리론〉이 대부분이고, 〈선험적 방법론〉은 얼핏보면 부록처럼 보인다. 그러나 칸트에 있어서는 〈원리론〉보다도 〈방법론〉이 훨씬 중요하다. 〈방법론〉이야말로 칸트가 내놓는 새로운 형이상학의 방법인 것이다.

〈원리론〉을 칸트는 두 가지로 갈라놓았다. 〈선험적 감성론〉과 〈선험적 논리학〉이다. 〈원리론〉 450페이지 가운데서 〈감성론〉은 불과 20페이지고 나머지는 모두 〈논리학〉이다. 〈논리학〉을 또 둘로 갈라놓았다. 〈분석론〉과 〈변증론〉이다. 〈분석론〉이 일반 존재론이요, 〈변증론〉이 특수존재론이다. 〈분석론〉을 인정한 후 그것을 가지고 〈변증론〉을 부정하여 새로운 방법론을 모색하게 된다. 물론 그런 식으로 볼 때에는 〈감성론〉과 〈분석론〉을 일반 존재론 속에 넣어야 할 것이다. 하여튼 일반적인 원리로 특수한 사례를 부정적으로 평가하고 새로운 방법을 제시하는 것이다. 그런 의미에서 〈분석론〉은 존재론에 해당하고, 〈변증론〉은 특수존재론인 신학, 우주론, 심리학에 해당한다.

〈분석론〉과 〈변증론〉을 비교하면 〈분석론〉이 150페이지 〈변증론〉이 250페이지로 〈변증론〉이 훨씬 많다. 〈분석론〉은 또 두 가지로 갈린다. 〈개념론〉과 〈판단론〉이다. 〈개념론〉이 50페이지, 〈판단론〉이 100페이지로 결국 〈감성론〉이 제일 짧고, 〈개념론〉, 〈판단론〉, 〈변증론〉으로 갈수록 길어진다. 『순수이성비판』을 카알라일은 의복철학이라고 하였는데 그 이유는 〈감성론〉은 옷감이라고 할 수 있고, 〈개념론〉은 옷본이라고 할 수 있고, 〈판단론〉은 재단이라고 할 수 있고, 〈변증론〉은 재봉(바느질)이라고 할 수 있고, 〈방법론〉은 가봉하여 입어보는 것이라고 할 수 있기 때문이다. 이것은 모든 논리학이 다 마찬가지다. 개념은 옷본, 판단은 재단, 추리는 바느질, 이런 구조로 되어 있기 때문이다. 칸트의 『순수이성비판』도 일반논리학의 체계를 따랐다. 논리학은 학문이니, 논리학을 따를 수밖에 길이 없을 것이다.

그러면 먼저 옷감을 끊는 〈감성론〉의 이야기다. 옷감의 문제는 감이 좋아야 되고 무늬가 좋아야 한다. 감은 지방과 관계 있고, 무늬는 시대와 관계가 있다. 감은 무명이든 비단이든 나일론이든 그 지방에서 생산되는 것이고, 무늬는 현대식이든 고대식이든 그 시대와 관계가 있다. 그래서 감성론의 문제는 공간과 시간의 문제가 된다.

공간과 시간은 모든 학문에서 문제가 안될 수 없다. 과학에도 결국 시간의 단축인 속도가 늘 문제다. 비행기 타고 가느냐, 기차 타고 가느냐, 또는 태평양을 며칠 걸려 나르느냐, 몇 시간에 나르느냐 하는 것이 문제이며, 철학에서도 시간은 철이 드느냐, 안 드느냐, 봄철이냐 가을철이냐, 이것이 인간에 있어서 언제나 문제다.

철들면 사람이지만, 철이 안 들면 언제나 강아지나 마찬가지다. 신학이나 종교에서도 생사를 초월했다느니, 영원한 생명이니 하는 것은 모두 시간문제다. 물론 공간도 문제다. 하나님 나라니, 극락세계니 하는 것이 모두 종교적 문제요, 이상국가니, 목적의 왕국이니 하는 것은 철학의 문제다. 하여튼 감성론에서 말하는 시간, 공간은 무엇일까? 이것은 과학의 근거를 제공하기 위한 철학, 우리는 그것을 인식론이라고 하는데 감성론의 시간, 공간은 인식론적으로 본 시간, 공간이다.

철학이 종교와 연결이 될 때에는 형이상학이 문제가 되고, 과학과 연결될 때는 인식론이 문제가 된다. 지식은 아는 문제요, 종교는 실천문제다. 지식의 근거를 찾는 것이 인식론이고, 실천의 원리를 찾는 것이 형이상학이다. 이것을 칸트는 〈방법론〉에 가서 말하게 된다. 감성론의 시간, 공간은 지식의 근거로 과학의 집이다. 과학의 집은 시간, 공간 개념으로 구성된다. 여기서 칸트는 우선 과학의 필수조건인 시간, 공간을 문제 삼는다. 칸트는 여기서 공간을 먼저 말한다. 공간, 시간이라고 한 이유는 길이 있고 자동차가 있듯이, 과학적 인식에 있어서는 공간이 앞서고, 시간이 뒤따르기 때문이다. 사람이 무엇을 알기 위해서는 두 가지 단계가 필요하다. 하나는 전체적인 파악이요, 둘째는 구체적인 파악이다.

사람은 우선 얼핏보고, 그 다음 자세히 본다. 나는 지난여름에 설악산에 올라갔다. 대청봉 꼭대기에서 전체를 보았다. 하늘과 땅과 산과 바다 전체를 보았을 때 그렇게 상쾌할 수가 없었다. 이것을 칸트는 직관直觀이라고 한다. 산꼭대기에 올라서서 전체를 내려다보고 동서남북의 방향을 살펴 아는 것을 직관이라고 한다. 직관은 산꼭대기에서 이루어지는 것이다. 전체적으로 파악하기 위해서 가장 필요한 것은 공간이다. 아무 것도 막힌 것이 없는 산꼭대기에서 정말 통째로 볼 수 있어야 한다. 그것이 직관이다. 직관은 산꼭대기에서 보는 것이다. 그것이 전체적인 파악이다.

그 다음 세밀하게 구체적으로 파악하기 위해서는 안내인이, 즉 인간이 필요하다. 공간과 시간과 인간은 인식에 있어서 없어서는 안 될 것인데 직관은 전체적인 파악이요, 개념은 구체적인 파악이다. 개념은 선천적 논리학에서 취급하고, 직관은 선천적 감성론에서 취급한다.

그러면 우선 직관부터 알아보자. 직관이란 제일 첫인상을 말한다. 어떤 여자가 어떤 남자를 본다고 하자. 여자가 남자를 보는 시간은 극히 순간적이다. 그러나 그 순간에 그는 일생에서 가장 중요한 결정을 하게 된다. 그것은 그 남자의 전체를 한눈에 파악하여 일생을 살 것을 결정하는 것이다. 사람들은 이런 것을 만남이라고 한다.

한번 본 순간 그의 일생은 결정된다. 찰나 속에 영원이 있다고 하지만 찰나야말로 나의 인생이 달려있는 것이다. 서로 똑바로 보지도 못하고 어떤 때는 곁눈으로 얼핏보는 때도 있다. 그러나 그것이 일생을 지배하기도 한다. 어떤 이는 아무리 보아도 모르겠다고 어머니한테 보아달라는 사람도 있고, 어떤 사람은 자기 아버지께 일임시키는 사람도 있고, 부모보고 결정해 달라는 사람도 있다. 그러나 그것은 어리석은 사람이다. 부모하고 사는 것이 아니라 자기하고 살아야 한다. 자기하고 살 사람은 자기가 정해야 한다.

인간은 신비한 능력을 가지고 있다. 한 순간에 그 사람의 전체를, 그리고 그 사람의 속까지 들여다 볼 수 있는 능력을 가졌다. 무서운 일이다. 마치 형사들이 한번 보아 도적인 것을 알아내듯 이 사람은 얼핏보는 순간 그 사람의 본질을 직관할 수 있는 능력을 가지고 있다. 본질이 파악되면 그밖의 것은 그리 문제가 안 된다. 시작이 반이란 말이 있듯이 직관이 되면 절반은 된 것이나 마찬가지다.

직관은 종교적으로 말하면 신의 계시요, 예술적으로 말하면 하나의 영감이다. 이 영감이 없으면 전체는 파악될 수가 없다. 이것이 영감이기 때문에 선천적先天的이라고 해도 좋고, 초월적이라고 해도 좋고, 순수라고 해도 좋다. 일단 영감이 내렸다고 할까, 본질이 파악되었다고 할까. 직관이 되면 그때는 안심이 되고, 입명이 된다. 입명이란 얼마든지 주장할 수 있다는 것이다. 그것은 내 소리가 아니요, 신의 계시요, 진리이기 때문이다.

직관은 하나의 실이요, 말의 논리요, 글의 본질이다. 직관력처럼 신비한 것은 없다. 인간은 직관력을 가졌다는 것이 독특하다. 철학이란 직관력을 가지는 일이요, 깨달았다는 것도 직관할 수 있는 능력을 붙잡았다는 것에 불과하다. 직관은 각覺이요, 관이다. 시간과 직관은 이물관물以物觀物이요, 나를 보는 것이다. 나는 우주와 세계와 인생으로 되었고, 하늘과 땅과 사람으로 되었다. 하늘은 시간을 드러내고, 땅은 공간을 드러내고, 사람은 인간을 드러낸다.

간이란 결국 짬이요, 봄이요, 관이요, 각이요, 직관이다. 시간, 공간, 직관의 형식이란 결국 직관은 하늘땅을 보는 것이요, 개념은 사람을 보는 것이다. 직관과 개념은 시간, 공간, 인간을 보는 것이요, 그것은 나 자신을 보는 것이다. 내 배가 시간이요, 내 가슴이 공간이요, 내 머리가 인간이다. 시간, 공간, 인간이 우주관, 세계관, 인생관이요, 그것이 관 자체요, 그것이 나를 보는 일이다. 시간, 공간, 인간은 나의 정신의 형상이요, 나의 꼴이요, 경험과 독립한 선천적인 것이요, 순수한 것이요, 시간, 공간, 인간은 나의 그림자요, 나의 형상이다.

아리스토텔레스는 신을 형상의 형상이라고 하였다. 형상은 정신의 꼴이다. 동양 사람들은 정신은 코끼리로 나타내어 상象이라고 하고, 물질은 소로 나타내어 물物이라고 한다. 시간, 공간, 인간은 정신의 꼴이다. 고로 선천적인 것이다. 아리스토텔레스의 형상을 칸트는 선천적 형식이라고 한다. 선천적 형식이란 정신의 꼴이란 말이다. 칸트는 정신의 형상, 선천적 형식으로 우선 시간, 공간을 정하고 직관의 형식이라고 했다.

나는 어떤 때는 입이 공간이고, 입에서 위가 시간이고, 대장, 소장이 개념이어서 입과 위는 받아들이는 기관이고, 장들은 소화시키는 기관이어서 밥이 소화되어 살 되는 과정이 지식이 이루어지는 과정이라고 할 때도 있다. 하여튼 소화기관이 없으면 아무리 음식이 많아도 살은 안 된다는 것이다. 살이 찌기 위해서는 본래 있는 살에 다른 살이 덧붙어야 한다. 본래 있는 살이 선천적이라는 것이고, 덧붙은 것이 종합이라는 것이다. 학문은 선천적 종합판단이어야 한다. 살이 찌려면 본래 있는 살에 살이 덧붙는 것이지 나뭇가지에 살이 덧붙는 것이 아니다. 칸트는 본래 있는 것을 선천적이라고 한다. 그것이 주가 되고 덧붙여진 것이 경험적인 것이다. 그것은 밥을 먹어야 한다.

밥을 먹는 것은 직관, 소화시키는 것을 개념, 또는 밥맛을 감각, 소화되는 것을 사고라고 해도 좋다. 사람이 사는데 밥 먹고 소화시키는 것처럼 중요한 것은 없다.

"인간의 인식에는 두개의 줄기가 있고, 이 두 줄기는 하나의 공통적인 그러나 우리에게 알려지지 않은 뿌리에서 발생한다는 것이다. 감성과 오성이 바로 그것이다. 전자에 의해서 대상들이 우리에게 주어지되 후자에 의해서 대상들은 우리에게 사고된다."

본론 맨 처음 〈선험적 감성론〉에서는 "감성에 의해서 대상이 우리에게 주어지고 감성만이 직관을 우리에게 준다. 이에 반하여서 오성을 통해서 직관들은 다시 사고되고 오성에서 개념들이 발생한다."

이것은 나중에 나오는 말이지만 칸트의 말로서 너무도 유명한 말 가운데 "직관 없는 개념은 공허요, 개념 없는 직관은 맹목이다"라는 말이 있다. 먹어도 소화 못시키면 체하기도 하고, 소화력이 강해도 먹은 것이 없으면 배만 쓰리다는 말이다. 먹고 소화시키는 두 작용, 이것이 감성과 오성의 작용이다.

시공론時空論

〈감성론〉은 옷감을 만드는 것인데 옷감의 날과 씨는 시간과 공간이다. 옷감의 날을 감은 것이 도투마리고, 옷감의 씨를 감은 것이 북실패다. 도투마리를 베틀에 걸어 놓고 북을 그 사이로 수없이 많이 넣어 베를 짜 간다. 날이 공간이요, 씨가 시간이요, 베틀이 감성이다. 베틀은 날을 펴게 되었고, 씨를 넣게 되었다.

칸트는 날인 공간과 씨인 시간을 똑같이 생각한다. 모두 선천적인 직관이다. 다른 것이 있다면 공간은 외감外感에 속하고, 시간은 내감

內感에 속해 있다는 것이 다르고, 공간은 3차원의 세계고, 시간은 1차원의 세계인 점이 다르다고 할까. 칸트는 시간, 공간의 성격을 네 가지로 나타낸다.

1은 시간, 공간이 없다는 것이다. 마치 집터가 보이지 않듯이 시간, 공간은 볼 수가 없다. 경험할 수가 없다. 집이 집터 위에 서 있듯이 모든 경험은 시간, 공간 위에 서 있다고 보아야 한다. 집은 터 없이는 설 수 없기 때문이다. 우리는 어떤 사건이건 시간 속에 있고, 어떤 물체이건 공간 속에 있다고 생각할 수 있지만 사건 속에 시간이 있다든지, 물체 속에 공간이 있다고 생각할 수는 없다. 무슨 사건이고, 무슨 물체고, 시간, 공간 안에 있다. 사건이 있다고 생각하고, 물체가 있다고 생각하면 있는 것이 있기 위해서는 없는 것이 있어야 한다. 내가 어디 앉으려면 빈터가 있어야 하는 것처럼 빈 데 허무가 있어야 한다. 허무가 있어야 그 안에 무엇이 있을 수 있다. 그런 의미에서 무엇이 있기 위해서는 허무가 필요하다. 모든 만물과 사건이 시간, 공간 안에 있는 것이라면 시간, 공간은 적어도 허무여야 한다. 이 허무 속에만 사건과 물건을 집어넣을 수가 있다. 그런 의미에서 사건과 만물을 집어넣을 그릇이나 터는 비어야 하고, 이 빈터만이 모든 만물의 근거가 될 수 있다. 고로 칸트는 근거로서의 시간과 공간은 무라고 한다.

2는 시간, 공간은 무이기 때문에 이 무는 절대유가 된다. 절대유란 없이 할래야 할 수가 없다는 것이다. 칸트는 물체와 사건을 집어치울 수는 있어도 공간과 시간은 집어치울 수 없다고 한다. 물체와 사건 없는 시간, 공간을 생각할 수 있어도 시간과 공간이 없는 세계를 생각할 수가 없다고 한다. 시간, 공간이 없으면 현실이 아니다. 그것은 꿈일지도 모른다. 적어도 물체와 사건이 현실이 되려면 시간, 공간 속에 있어야 하고, 집은 헐 수 있으나 집터는 움직일 수 없는 것처럼 무로서의 시간과 공간은 없이 할래야 없이 할 수 없는, 절대적인 존재다.

옛날에 부처가 무엇이냐고 물었더니 조주는 "無"라고 대답했다. "무"가 무엇이냐고 물으니 "무무무無無無"라고 했다. 없이 할래야 없이 할 수 없는 것이 부처라는 것이다. 결국 유는 없이 할 수가 있는데 무는 없이 하려야 없이 할 수가 없으니 절대 무요, 존재다. 시간, 공간은 무이기 때문에 절대유라는 것이 칸트의 둘째 성격이다.

첫째는 0이요, 둘째는 1이다. 0과 1을 합치면 2가 된다. 나는 '없이 계신 분' 이라고 한다. 없이 계신 이는 무리의 입장이요, 터다. 나의 발 밑에 깔려서 보지 못하는 곳이 무요, 존재다. 보이지 않지만 그것 없이는 내가 없다. 내가 사는 것도 그것 때문에 산다. 없이 계신 분이 어머니요, 땅이요, 터요, 어머니를 의식하는 내가 주체主體라고 생각할 수 있다.

주체의 특징이 있다면 주체의식인데 데카르트가 "나는 생각한다. 고로 내가 있다."고 하는 것도 우리가 어떤 터에 섰기 때문에 있다고 할 수 있다. 마치 산꼭대기에 서서 천상천하의 유아독존을 부르짖는 것과 마찬가지다. 1번, 2번의 공간은 땅과 공간이다. 내 발 밑의 공간이요, 내 터가 되고, 근거가 되기에 내가 없이 여겨지다가도 없이 여길 수가 없는, 절대적인 땅이요, 터다.

그 다음 칸트는 3번에서 시간, 공간은 하나밖에 없다고 강조한다. 시간은 모두 하나의 시간이요, 공간도 역시 하나의 공간이다. 그런 의미에서 다 같은 시간이요, 같은 공간이지 다른 시간이나 두 가지 공간이 있을 수 없다. 하나의 공간, 이것이 있는 공간이요, 시간이다. 칸트는 하나의 공간과 시간은 개념이 될 수 없다고 한다. 개념이란 두 가지의 다른 성질을 비교해서 그 가운데서 공통적인 성질을 끌어낸 것이 개념인데 두 가지가 될 수 없는 시간과 공간은 개념이 될 수 없다는 것이다.

　4는 공간, 시간은 무한하다는 것이다. 그것은 질일 수 없고, 양의 세계다. 무한한 공간은 결국 없어지고 만다. 더욱이 질이 없고 둘이 없으니, 개념은 될 수가 없고 역시 직관이다. 양의 세계, 무한의 세계, 이것이 칸트의 직관의 마지막 성격이다. 3과 4는 한 마디로 있이 없다고 할 수 있다. 이 공간은 하늘같은 공간이다. 하늘 쳐다보고 직관해 보니, "하늘이 파래서 무엇이 있는 줄 알았는데 막상 가보니까 무한해서 아무 것도 없다." 하는 공간이다.

　나는 '있이 없다'라고 말해둔다. 이 공간은 전체적 공간이다. 전체는 언제나 하나요, 동시에 무한이다. 결국 전체적인 공간은 많은 사람을 실망시키고 있다. 기독교에서 하나님이 계시다 하고 계신 줄 알았더니 마치 소련 우주인이 하늘에 올라가 보니, 하나님이 없더라고 하는 식으로, 있다던 확신이 무한에 부딪쳐 그만 없어지고 만다. 이것을 초월적 하나님이라고 하는데 초월적인 신앙, 전체적인 신앙은 결국 회의에 빠지고 만다.

　칸트가 나중에 말하는 이론적 형이상학이란 결국 초월적 형이상학이다. 사람이 어렸을 때에 갖는 형이상학은 모두 초월적인 형이상학이다. 이상의 꿈을 꾸는 형이상이다. 그러나 이런 꿈은 언제나 깨지고 만다. 결국 초월적 신앙은 내재적 신앙으로 바꾸어야 한다. '있이 없는' 신앙이 '있이 있는' 신앙이 될 때 신앙은 반석 위에 선다. 그런 고로 1번, 2번이 3번, 4번보다 훨씬 중요하다. 근세의 특징은 1번, 2번에 있고 고대 중세는 3번, 4번에 있다고 할 수 있다. 주체적인 것이 근세의 특징이요, 전체적인 것은 중세의 특징이다.

　칸트의 제자, 헤겔은 다시 전체적인 것으로 돌아갔기 때문에 그 당시 같은 학교에 있던 쇼펜하우워(Arthur Schopenhauer, 1788~1860)가 굉장히 반대했다. 키에르케고오르(Soren Kierkegaard,

1813~1855)도 마찬가지다. 헤겔의 강의를 듣고 "주체적인 것을 말살하는 전체적인 적이며, 시대적인 반동이라"고 규정을 짓고 말았다. 요즘 새 공산진영의 전체주의는 역시 시대의 반동이라고 볼 수가 있다. 그러나 주체의 1번, 2번과 전체의 3번, 4번, 주체의 내재와 전체의 초재는 반드시 대립만 되는 것이 아니다. 이 모순을 통일한 것이 칸트요, 비판철학이다. 칸트는 선천적 직관이라고 한다. 선천적은 1번, 2번이고 직관은 3번, 4번이다. 선천적 직관이 라는 말은 주체적이며 전체적이란 말이다. '없이 있고, 있이 없다'라는 말이다.

주체적 전체는 어떻게 이루어질까? 그것은 산꼭대기에 올라서는 것이다. 산꼭대기에 선 것이 주체요, 내려다보는 것이 전체다. 산꼭대기에 올라선 자리를 동양 사람은 각覺이라고 한다. 칸트는 이상의 네 가지 논증을 시간, 공간의 형이상학적 규명이라고 한다.

칸트는 이밖에 선험적 규명이란 것을 또 한다. 그것은 기하와 대수인데 기하학은 공간을 전제로 하고 있고, 대수학은 시간을 전제로 하고 있다. 그런데 칸트는 공간을 전제한 기하학도 학문으로서의 선천적 종합판단이고, 시간을 전제한 대수학도 선천적 종합판단이니, 기하학이나, 대수학이나 모두 학문인 이상 합리적인 것을 가지고 있고, 경험적인 것을 가지고 있다고 생각했다. 합리적이고 경험적이 아니면 학문이라고 할 수 없으니 말이다. 그런데 합리적이란 보편타당하고 필연적이란 것인데 보편타당하고 필연적인 것은 인식주관이 객관에 집어넣은 선천적인 것일 때 가능하다.

그렇기 때문에 기하학에는 선천적인 것이 있고 이 기하학에 근거인 공간은 말할 것도 없이 선천적일 것이라는 것이다. 또 종합판단은 분석판단이 아니다. 개념은 분석판단의 세계다. 종합판단이 분석판단이 아니기 때문에 종합판단은 직관일 수밖에 길이 없으며 종합판단으로 이루어진 기하학도 종합판단일 뿐 아니라 그 전제인 공간도 직관일 수밖에 길이 없다는 것이 선험적 규명이요, 이것은 대수학에도 꼭 마찬가지로 논증된다는 것이다. 결국 형이상학적 논증과 선험적 논증을 통해서 칸트가 증명하려고 한 것은 시간, 공간에 선천적 직관이라는 것이요, 주체적 전체라는 것이요, 내재적 초재라는 것이다. 이런 말들은 과거에는 신에게 붙였던 속성들이다.

하나님은 초재이면서 내재요, 내재이면서 초재다. 마치 공기가 안에도 있고, 밖에도 있듯이 내재적 초재니, 초재적 내재니 하는 말은 숨쉰다는 말이요, 숨이 통한다는 말이요, 살았다는 말이다. 주체적이면서 전체, 이런 것은 인간에 있어서는 정신, 또는 말씀이라고 생각할 수 있다. 말씀은 밖에도 있고 안에도 있다. 내가 곧 말씀이라고 할 때에는 깬 정신을 의미한다. 시간, 공간이 자연에 있어서는 태양에 속해 있다고 볼 수 있다. 시간은 태양에 속해 24시간이요, 공간은 태양에 속해 태양계를 이루고 있다. 반짝하는 것은 시간이요, 환한 것이 공간이라고 할까. 시간과 공간은 둘이 아니라고 볼 수가 있다. 하여튼 시간과 공간은 해에 속해 있다고 볼 수도 있다. 해는 자연의 중심이요, 정신은 인생의 중심이요, 세계의 중심이다. 태양도 정신도 신도 모두 중심이요, 주체다. 시간, 공간은 마음과 주체에 속해 있다고 볼 수가 있다. 우리가 넓다고 느끼는 것도 우리 마음이 그 넓은 것을 포섭할 수 있기 때문이요, 우리가 세월이 빠르다거나 느리다는 것을 느끼는 것도 우리의 마음에 시간을 포섭할 수 있기 때문이다.

우리 마음에 공간이 없으면 자연의 공간은 알 도리가 없을 것이다. 마음의 길이가 있기에 자연의 깊이도 이해할 수 있을 것이다. 과학은 철학에 속해 있고 자연의 근거는 철학에 속해 있다. 자연과학의 경험이 가능한 것은 철학의 선험이 가능하기 때문이다. 보인다는 경험은 눈이 떴다는 선험이 있기 때문에 가능하다. 깬 사람만이 볼 수 있다. 자는 사람은 볼 수가 없다.

과학의 시간과 공간은 철학의 시간, 공간 없이는 성립될 수 없다. 과학에서는 시간과 공간을 물을 수 없다. 그것은 주체적인 것이요, 전체적인 것이기 때문이다. 주체적이요, 전체적인 것은 나다. 시간, 공간은 나다. 나의 꼴이다. 나의 꼴을 묻는 것은 철학뿐이다. 과학의 시간과 공간도 물을 수 있는 것은 철학의 세계다. 과학의 세계를 만세 반석 위에 세우자는 것이 칸트의 『순수이성비판』이다.

칸트는 과학의 근거인 시간, 공간을 선천적인 직관이라고 증명하므로 말미암아 학문의 기초를 튼튼한 반석 위에 세우게 된다. 이제 남은 일은 집을 짓는 것뿐이다. 그것은 개념이라는 제목을 가져야만 지어갈 수 있다. 감성론은 과학의 기초론이요, 오성론은 과학을 건축하는 것이다. 과학의 기초인 시간, 공간이 철학에 속해 있다는 말은 과학은 철학의 소속이요, 오성은 이성에 속해 있고, 감성은 오성에 속해 있다고 말할 수도 있다.

범주론範疇論

칸트는 〈감성론〉에서 시간, 공간을 문제 삼았고, 〈오성론〉에서 인간을 문제 삼는다. 경험이라고 하는 것은 시간, 공간으로 빚어지는 직관만으로 얻어지는 것이 아니라 인간으로 만들어지는 사유가 더해질 때 얻어진다. 내용 없는 사유는 공허하고, 개념 없는 직관은 맹목이기 때문이다. 칸트는 직관을 가능하게 하는 시간, 공간을 문제 삼는 〈감성론〉 다음으로 사유를 가능하게 하는 인간을 문제 삼는 〈오성론〉을 쓴다.

시간, 공간이 정해지지 않으면 아무도 직관할 수 없다. 만약에 몇 시에 어떤 다방에서라는 약속이 정해지지 않으면 아무도 만날 수가 없다. 제일 먼저 정해야 할 것이 시간, 공간이다. 감성론의 시간, 공간은 누구를 만나기 위해서 우선 정해 놓아야 할 문제를 생각해 본 것이고, 오성론의 인간론은 인간을 만나면 그 인간에 대해서 어떤 것을 알아보느냐 하는 것이다. 이것이 사유의 문제요, 오성의 문제다. 직관은 만나는 문제요, 사유는 만나서 말하는 문제라고 해도 좋다.

경제에 관해서 말하느냐〔數量〕, 정치에 관해서 말하느냐〔性質〕, 문화에 관해서 말하느냐〔關係〕, 사회에 관해서 말하느냐〔樣態〕, 하여튼 무엇에 관해서 말하든지 말할 화제가 미리 정해져야 한다.

칸트는 이런 화제를 범주範疇라고 하고, 그것을 사유의 형식, 또는 오성의 형식이라고 한다. 범주란 그것 없이는 생각할 수 없는 사유의 실마리라고 해도 좋다. 문제라고 하는 뜻이다. 우선 문제가 있어야 한다는 뜻이다. 우선 문제가 있어야 생각하지 문제가 없으면 생각할 수가 없다. 문제란 알고 싶은데 알지 못하는 것이다. 그런데 사람에게는 알고 싶은 문제가 언제나 네 가지가 있다. 그것은 인간에게는 문이 네 개가 있기 때문이다. 입과 코와 눈과 귀다. 이 네 문이 있기 때문에 인간은 네 가지를 찾지 않을 수 없다. 어떤 때는 그것을 생로병사라고 하기도 하고, 어떤 때는 그것을 경제, 정치, 문화, 사회라고도 하고, 어떤 때는 과학, 예술, 철학, 종교라고도 하고, 어떤 때는 수량, 성질, 관계, 양상이라고 한다. 무엇이라고 하든지 인간의 근본문제는 네 가지뿐이다. 그것을 칸트는 범주라고 한다. 이것이 사유의 내용이요, 오성의 형식이다.

범주範疇는 생각을 하게 하는 근거다. 생각된 것을 개념이라고 한다면, 범주는 생각의 생각, 혹은 개념의 개념이라고 할 수 있다. 한문에서 범주라고 하면 모범이라는 범範자와 밭이랑이라는 주疇자다. 사람들이 표준으로 삼고 모범으로 삼을 것이 범주요, 본래는 법이라는 뜻이다. 더 나아가서 이치라고 해도 좋고 진리라고 해도 좋다. 내가 이치고 진리이기에 진리니, 법이니, 범주니 하는 것은 나의 인간이라고 할 수도 있다.

그런데 칸트는 범주를 네 가지로 보았다. 수량數量과 성질性質과 관계關係와 양태樣態이다. 우리가 윤리적으로 율법이라 할 때 도적질하지 말라, 살인하지 말라, 간음하지 말라, 거짓말하지 말라 하고 정한다. 그것 없이는 내가 살 수 없기 때문이다. 논리적으로 내가 생각하려면 수량과 성질과 관계와 양태를 따져야 한다. 이런 것들을 따지지 않고는 내가 생각할 수가 없다. 생각하는 것이 정신적으로 사는 것이라면 범주 없이는 살 수도 없다. 범주는 생각하고 무엇을 아는데 없어서는 안될 것이다. 수량을 모르고 무엇을 알았다고 할 수 있을까. 성질을 모르고 과학이라고 할 수 있을까. 관계를 모르고, 양태를 모르고 우리는 지식이니, 학문이니 할 수가 없다. 그렇기 때문에 칸트는 학문이 되기 위해서는 오성의 형식인 범주 없이는 도저히 성립되지 않는다고 생각했다.

시간, 공간을 약속하고 몇 시 어느 다방에서 어떤 사람을 만난다고 하자. 우선 그의 나이가 몇 살인지, 그의 아량이 어느 정도인지, 그의 성격이 어떤지, 그가 악질인지, 선질인지, 그가 어떤 인생관을 가졌는지, 그가 어떤 곳에 관계하고 있는지, 그의 모습이 어떤지, 그의 태도가 어떤지, 적어도 수량과 성질과 관계와 양태는 알아봐야 그 인간을 알 수가 있다. 칸트는 이 범주를 판단의 형식에서 끌어냈다. 판단만이 지식의 근본이라고 생각했기 때문이다. 지식은 판단에서 이루어진다. 길바닥에 무엇이 있을 때에 그것이 뱀이라고 판단하든지, 새끼라고 판단하든지, 판단에서 알았는지, 몰랐는지의 판가름이 난다. 무엇이라고 판단이 되어야 알았다고도 몰랐다고도 할 수 있지, 아무 말 안하고 가만있으면 알았다고 할 수도 없고 몰랐다고 할 수도 없다.

그래서 칸트는 지식의 근본을 판단에 두었다. 형식논리학에서 판단의 형식이 4개가 있고 그것이 또 셋씩 나뉘어서 12개가 된다. 칸트는 범주 12개를 나열해놓고 이것이 범주의 완전한 체제라고 생각했다. 수량은 단일성單一性, 수다성數多性, 전체성全體性, 즉 하나, 몇 개,다수, 성질은 실재성實在性, 부정성否定性, 제한성制限性, 만일 빛깔이라면 까맣다, 하얗다, 회색이다. 관계는 실체성實體性, 의존성依存性, 상호성相互性, 다시 말하면 실체와 속성의 관계, 원인과 결과의 관계, 능동과 수동의 상호관계요, 양상은 가능성可能性, 현실성現實性, 필연성必然性, 즉 그럴 것 같은 지, 그런지, 꼭 그런지 하는 것이다. 이렇게 칸트는 12개의 범주를 끄집어냈다. 이것 없이는 생각이 이루어질 수 없다는 것이다. 그리고 이것 없이는 학문이 성립될 수 없다.

수량과 성질과 인과율과 필연성을 문제 삼지 않는 과학이 있을 수 없을 것이다. 그런 의미에서 칸트는 직관의 근거로서 시간, 공간을, 개념의 근거로서 범주를 내놓았다. 그리고 칸트는 개념과 범주를 모아 가지고 이 두 가지를 인식의 두 원천이라고 한다.

직관 없이도 학문은 안되고, 개념 없이도 학문은 안 된다. 칸트는 "직관 없는 개념은 공허하고, 개념 없는 직관은 맹목이다."라는 유명한 말을 했다. 아무 것도 먹지 않고 위만 움직이면 배만 쓰리고, 신라 역사를 모르고 경주를 가서 보면 장님이 가보는 것이나 마찬가지다. 칸트는 감성의 형식이니, 오성의 형식이니, 형식을 참 중요시한다. 칸트의 형식은 아리스토텔레스의 형상이나 마찬가지로 주관의 형식이요, 정신의 내용이다. 아리스토텔레스는 형상의 형상을 신神이라고 했다. 형식이나 형상을 강조하는 것은 주관이나 정신을 강조하는 것이다.

칸트는 형식이란 말을 순수하다고도 하고 아프리오리(a priori)라고 하는데 순수니, 아프리오리〔先天的〕니 하는 말이 모두 주관의 모습이요, 정신의 내용이다. 선천적인 것도 정신이요, 순수한 것도 정신이다. 정신도 오성은 깬 정신이요, 생각하는 정신이요, 높은 정신이다. 칸트는 학문이나 지식도 정신의 산물로 보았다. 마치 그림 그리는 사람이 자꾸 그림을 그려서 화백이 되고, 세계적인 작가가 되면 그 그림은 얼마나 값이 있는 지 모른다. 여기 어떤 사람의 사진과 어떤 유명한 화가가 그린 초상화를 비교해 보면 사진이 더 그 사람과 같다고 볼 수가 있다. 그런데 그림은 그 사람과는 한없이 다를 수도 있다. 어떤 때는 사진에는 눈이 둘인데 그림에는 눈이 하나일 수도 있다. 눈이 하나밖에 없어도 그것이 참이다. 사진은 있는 대로 복사했다고 해서 참이라고 하여 사진〔眞〕이라고 한다. 그러나 눈을 하나 그린 피카소의 그림 같은 것을 참이라고 할 수 있을까. 물론 그 사람과 같지는 않을 지도 모른다. 그러나 사진은 죽었고, 그림은 살았다. 사진은 죽음을 베껴〔寫〕냈고, 그림은 삶을 그려냈다. 죽음을 복사한 것이 그 사람이냐, 삶을 나타낸 것이 그 사람이냐? 칸트는 삶을 나타내는 그림이 더 참이라고 한다.

영어로는 리얼하단 말을 쓴다. 리얼은 실實자를 쓰는데 20세기 철학은 모두 실實자가 들어간다. 실존주의, 신 실재론, 실용주의. 현대는 리얼한 것을 찾고 있다. 그래서 그림에는 추상이 나오고, 음악에는 악곡이 나온다. 학문도 그저 사진 찍듯 하는 것이 아니다. 사진 찍듯 하는 것을 모사설이라고 한다. 학문은 모사가 아니라 하나의 창작이다. 현실을 깨뜨려 버리고 그것을 자기의 패턴에 의해서 재구성하는 것이다.

칸트는 자기의 철학을 구성론이라고 한다. 한번 깨뜨리고 재구성이 되어야 한다. 그것이 학문이요, 예술이다. 뉴톤은 뉴톤대로 지금까지의 과학을 깨뜨리고 자기의 만유인력의 법칙에 의하여 재구성해

놓은 것이 근대의 과학이요, 아인슈타인은 다시 뉴톤의 학설을 깨뜨리고 자기의 상대성원리로 다시 구성한 것이 현대의 과학이다.

언제나 옛것을 깨뜨리고 새로운 형식을 집어넣어 재구성하는 데 새로운 학문이 나오고, 새로운 예술이 나온다. 칸트는 자기의 철학은 집어넣는 철학이라고 했다. 옛것을 깨뜨리고 새 형식을 집어넣고, 새 원리를 집어넣고, 새 진리를 집어넣는 것이 오성이요, 깬 정신이다. 이것 없이는 새것도 없고, 발전도 없고, 문화도 없다. 렘브란트의 그림에는 렘브란트의 생명이 들어있고, 다빈치의 그림에는 다빈치의 생명이 들어있다. 그림이란 생명의 충만이요, 형상의 충만이다. 학문도 결국 형상의 충만이요, 형식의 충만이다. 선천적인 것의 충만, 정신적인 것의 충만, 새로운 아이디어의 충만, 그것이 직관의 형식이요, 개념의 형식이다. 다시 말하면 인간정신의 불이 켜지지 않으면 학문도 지식도 없다.

인간에게 다시 지어진〔構成〕자연만이 우리의 자연이다. 개발된 자연이 우리의 자연이지, 개발되지 않은 자연은 우리와 아무 상관이 없다. 사람이 자연 속에 있는 것이 아니다. 사람 속에 자연이 있다. 마치 종교에서 산 속에 있는 신이 신이 아니라는 것과 같다. 신속에 우주가 있다. 자연에 붙어있는 것이 인간이 아니다. 자연을 지배할 수 있는 인간이라야 인간이다.

칸트는 "자연을 지배할 수 있는 인간이 참 인간이요, 그런 인간의 형식이 범주인 것이다."라고 했다. 범주는 인간이 새로운 과학을 창조하는 형태다. 이것 없이는 과학이 나오지 않는다. 칸트에 있어서 인간은 한없이 소중하다. 시간, 공간, 인간은 본래 삼 형제 같은 것이다. 시간은 하늘이요, 공간은 땅이요, 인간은 사람이다. 칸트의 철학은 인간의 철학이요, 과학의 철학이다. 과학의 힘을 가지고 세계를 지배하기 위해서 나타난 시대가 근세이기 때문이다. 칸트의 범주론은 과학을 위해서 만들어진다. 수학을 위해서, 수학의 근거를 제공하기 위해서 수량과 성질을 연구하고, 과학의 근거를 제공하기 위하여 관계와 양태를 연구한다. 특히 인과관계는 과학의 건설에 가장 핵심되는 문제다.

칸트는 영국의 흄이 망쳐놓은 인과관계를 정상화하여 과학의 기초를 제공한다. 과학은 과학만으로서 설 수가 없다. 과학의 근거는 철학이요, 철학의 근거는 종교다. 하늘 밑에 사람이 있고, 사람 밑에 땅이 있다. 과학은 땅의 학문이요, 철학은 사람의 학문이요, 종교는 하늘의 학문이다. 행行의 세계 밑에 지知의 세계가 있고, 지의 세계 밑에 물物의 세계가 매달려 있다. 물의 세계를 지의 세계에 매달아 놓는 것이 칸트의 사업이요, 과학의 근거를 제공하는 철학이 칸트의 철학이요, 인식론이다.

판단론判斷論

칸트의 철학이 카알라일의 말과 같이 의복철학이라면, 〈오성론〉의 전반부, 〈개념론〉은 범주라는 옷본을 만들었고, 〈오성론〉의 후반부인 〈판단론〉은 옷감을 재단하는 일이 된다. 그러니까 우선 옷본을 옷감에 대고 도본을 그리는 〈도식론〉과 옷감을 자르는 〈원칙론〉이 나오게 된다. 〈도식론〉에서 판단의 본질이 무엇인가를 다루고, 〈원칙론〉에서 본질이 어떻게 이루어지느냐 하는 〈방법론〉을 다루고 있다.

판단이란 옷감 위에 옷본을 그리는 일이다. 옷본은 범주요, 옷감은 직관이다. 칸트는 범주와 직관을 연결짓는 것을 시간이라고 한다. 시간이란 본래 순수직관으로 순수는 순수개념과 통하고, 직관은 직관형식인 공간과 통한다. 공간이란 태극기의 원주 같은 것이고, 인간이란 중심 같은 것인데 원주와 중심사이를 채우는 것이 음양이라는 시간이다. 중심인 마음, 또는 인간에서 반지름인 시간을 통해 원주인 공간으로 간다. 중심을 나무의 씨라고 생각하고, 원주를 나무라고 생각하면 씨가 나무가 되는데 필요한 것이 계절이요, 시간이다. 그런고로 칸트는 직관의 형식인 공간과 개념의 형식인 인간 사이를 채우는 매개체로서 시간을 갖다 넣었다. 씨가 나무가 된다는 것은 개념의 직관화, 혹은 원칙의 구체화인데 이것을 칸트는 도식이란 말로 쓴다. 도식화란 시간화요, 구체화다. 청사진 같은 것이다.

 세상에 가장 귀한 것이 있다면 이질적인 것의 통일이다. 인간이 갈구하는 모든 지식은 모순의 통일에 있다고 볼 수 있다. 이것이 지식의 본질이요, 지식의 핵심인 판단의 본질이다. 이질적인 주어와 객어가 어떻게 하나의 문장이 되어 하나의 뜻을 드러내느냐 하는 것은 얼핏 보면 쉬운 듯하나 실지로 글 한 줄을 쓰고, 내가 진리를 깨닫고, 내가 신을 보려면 쉬운 일이 아니다.

 칸트는 『순수이성비판』을 쓰기 위해서 12년 동안 애를 썼다고 한다. 12년 동안 애쓰는 가운데서 가장 애를 쓴 부분이 〈도식론〉이다. 칸트가 12년을 걸려서 〈도식론〉을 썼다는 말은 칸트가 진리를 찾기 위해서 12년 동안이나 애를 썼다는 말이다. 그 〈개념론〉이 진리가 무엇이냐 하는 문제라면 〈도식론〉은 어떻게 진리의 단서를 붙잡느냐 하는 문제라고 해도 좋다.

 산에 오르기 위해서 낮은 언덕부터 오르고, 진리를 깨닫기 위해서 초등 학교 일 학년 책을 펴보듯이 자기에게 부딪칠 수 있는 구체화된 진리를 얻지 못하면 진리의 불은 영원히 일어나지 않는다. 오성의 도식화, 진리의 구체화는 가까운 데서 이루어져야 한다. 불사르기 쉬운 물건부터 불살라야 한다. 옷감 위에 그려진 그림, 도식이야말로 개념의 구체화요, 진리를 깨닫게 하는 매개체다. 이질적인 남성이 이질적인 여성을 그리워하는 것을 연애라고 볼 수 있다. 사랑이 성숙해지면 남녀가 서로 멀리 떨어져 양극을 이루어 하나는 음이 되고 하나는 양이 되어 무서운 힘으로 사랑의 통일현상을 이룬다. 그것은 성숙의 완성에서 이루어진다. 성숙이란 시간의 성숙이요, 오성의 감성화다.

칸트는 시간의 성숙을 시간의 계열, 시간내용, 시간순서, 시간총괄이라고 한다. 시간의 계열은 싹이 트고, 시간내용은 줄기가 자라고, 시간순서는 꽃이 피고, 시간총괄은 열매가 맺히는 것과 같다. 오성의 시간화는 계속 확대되어 오성의 감성화를 이루어간다.

칸트는 판단의 본질을 사랑으로 보았고, 사랑을 성숙에서 이루어진다고 보았기 때문에 시간의 성숙을 문제 삼아 양에서 질로, 질에서 관계로, 관계에서 양상으로 넘어간다. 그리하여 결국 연애는 결혼으로 발전해 간다. 그것이 둘째 문제의 객관의 실재성을 어떻게 찾아내느냐 하는 문제이다. 쉽게 말하면 어떻게 하나님을 보느냐. 주관이 어떻게 객관을 만나느냐. 다시 말하면 사랑은 성숙에서 온다고 하였는데 성숙한 상대를 어떻게 만나느냐. 자연과학의 근거를 어디서 구하느냐. 이 문제를 칸트는 원칙의 체계화라고 말한다.

원칙의 체계화에서 칸트가 가장 중요하게 생각한 것은 어떻게 선천적 종합판단이 가능하냐. 어떻게 사랑이 가능하냐. 어떻게 결혼이 가능하냐. 어떻게 신랑을 만나고 신부를 만나느냐. 어떻게 신을 만나느냐. 칸트의 대답은 간단하다. 내가 성숙하면 너도 성숙한다는 것이다. 나를 본 자는 하나님을 보았다는 말이다. 내가 성숙하면 하나님도 구현한다는 것이다. 결국 하나님의 존재는 하나님에게 있는 것이 아니라 나에게 있다는 것이다. 내가 존재함이 증명되면 하나님이 존재한 것이 증명된다는 것이다. 칸트의 유명한 말을 빌리면 경험의 대상의 가능이다. 주관의 가능이 객관의 가능이요, 석가가 부처가 되니 산천초목이 동시에 부처가 되었다는 말이다.

칸트의 자연과학의 근거는 철학의 초월성에 있다. 철학의 성숙은 과학의 성숙이요, 인간의 성숙은 시간의 성숙이요, 시간의 성숙은 공간의 성숙이다. 칸트는 자연과학의 법칙성을 선험철학의 인과율에 근거시킨다. 인과가 있을 때에 시간의 선후가 이루어지고, 시간의 선후가 필연적일 때 현상의 법칙이 성립된다. 시간이 범주를 낳는 것이 아니라 범주가 시간화 할 때 경험이 이루어진다. 실체라는 인간의 개념에는 언제나 같다라는 영원한 시간이 유추類推된다. 영원을 생각하면 변화하는 물체는 공간에 있어서 물질불변을 생각하게 마련이다. 비가 오면 땅이 젖는다는 인과율은 비가 오니 땅이 젖는구먼 하는 시간적 선후가 될 때 비가 정말 내리는 현실화가 이루어진다. 범주에 시간이 연결될 때 경험은 현실화한다. 선천적 범주인과가 시간적인 선후로 감성화할 때에 현실적인 경험이 성취된다. 그런고로 시간의 선후가 인과의 조건이 아니라 인과의 법칙이 시간의 선후를 끌어내어 경험을 현실화하여 종합판단을 이루어준다.

선천적 종합판단을 만들어주는 것은 시간의 감성화요, 시간의 성숙이다. 칸트는 시간의 성숙을 판단의 본질로 보아 주관의 성숙은 대상의 성숙을 초래하여 어린애 눈에는 장난감만 보이던 것이 성숙해지면 이성을 그리게 된다.

칸트는 성숙과 사랑을 일치시켜 성숙의 완성은 사랑의 완성이요, 사랑의 완성을 결혼으로 비교하여 순수오성의 원칙, 즉 결혼의 과정을 네 가지로 정한다.

1. 직관의 공리 2. 지각의 예료 3. 경험의 유추 4. 경험적 사고 일반의 요청이다. 직관의 공리는 모든 직관은 외연량外延量이다라는 것이다. 우리가 돈을 만 원, 이만 원을 세어갈 때에 우리의 머리에 구체적으로 짐작이 가는 양의 한도가 있다.

나는 일전에 우리 앞집이 천만 원에 팔렸다는 말을 듣고 "아! 천만

원이면 저런 집을 살 수 있구나." 하고 개념을 구체화할 수가 있었다. 그러나 몇 백 억이든지 몇 조가 되면 짐작이 가지 않는다. 우리가 구체적으로 생각할 수 있는 양에는 한계가 있다. 이것을 외연량이라고 한다. 이것은 하나에다 하나를 더하여 결국은 자기의 한계인 전체에까지 미치는 것이다. 마치 사랑하는 사람을 만나보고, 만나보고 하다가 어느새 제일 가까운 사람이 되고 마는 것이나 마찬가지이다. 어떤 사람은 두세 번 만나서 제일 가까운 사람이 될 수 있고, 어떤 사람은 수백 번 만나야 가까워질 수도 있다. 요는 부분에서 전체로 가는 것이다.

그 다음은 지각의 예료라는 것인데 모든 현상에서 감각작용의 대상인 실재적인 것은 내포량內包量, 즉 도度를 가진다. 이것은 첫 번째 외연량의 내용이라고 볼 수 있다. 어떤 사람이 제일 가까워졌다 할 때에는 다른 사람들과는 친하기가 점점 멀어가고 희박해진다. 지금까지 제일 가깝던 부모마저도 멀어지고 만다. 전체에서 무無에 이르기까지의 강도의 차이를 지각의 예료라고 한다. 햇빛에서 반딧불에 이르기까지 그 가운데 빛의 차도가 한없이 많은 것이다. 이것이 미분의 원리로 될 것이다. 외연량의 수와 내연량의 도는 칸트에 있어서 수학이 성립될 수 있는 원칙이기도 하다. 수와 도가 없으면 수학은 있을 수가 없다.

그 다음은 경험의 유추다. 경험은 지각들의 필연적 결합이라는 표상에 의해서만 가능하다. 비가 오면 땅이 젖어야 되는 것처럼 그 가운데는 필연적인 결합이 있어야 한다. 이 결합은 시간의 감성화로 이루어지고, 시간의 감성화는 오성의 범주로써 일어난다.

칸트는 첫째 유추로 실체의 지속의 원칙을 내세운다. 현상이 아무리 변화해도 실체는 지속하고, 실체의 양은 자연에 있어서 증감이 없다. 칸트는 여기에 실체를 인격의 주체로 해석하게 되지만 지금은 자연에 있어서의 물질불멸을 문제 삼고 있다. 실체의 지속은 시간의 영원성이 유발되고, 시간의 영원성만이 물질불멸의 현실성을 이루어간다.

둘째 유추는 인과성 법칙에 따른 시간적 계기의 법칙인데 모든 변화는 원인과 결과를 연결하는 법칙에 의해서 생긴다. 비가 오면 땅이 젖는다는 원인과 결과를 연결하는 오성의 선천적인 법칙이 시간의 선후라는 계기繼起의 법칙을 생기게 하여 자연의 경험을 가능케 한다.

셋째 유추는 상호작용, 혹은 상호성의 법칙에 따른 동시존재의 원칙인데 모든 실체는 공간에 있어서 동시적인 것으로 지각될 수 있는 한에서 일관된 상호작용을 하는 중에 있다. 다시 말하면 내가 어떤 물체를 왼편에서 바른편으로, 바른편에서 왼편으로 더듬어 볼 수 있을 때 왼편과 바른편은 동시존재라고 할 수 있을 것이다. 나는 가장 가까워진 외연량과 가장 친해진 내포량에다 서로 사랑을 맹세하는 영원한 사랑〔實體性〕, 부창부수夫唱婦隨의 인과율과 부부가 동거하는 상호성을 볼 수 있다.

그 다음이 마지막 범주의 양태로서 가능성, 현실성, 필연성의 문제인데 칸트는 이것을 경험적 사고 일반의 요청이라고 하여 1. 경험의 형식적 조건(즉 직관과 개념에 따라서)과 일치하는 것은 가능성이요 2. 경험의 재료적 조건(감각)과 관련하는 것이 현실적이요 3. 현실적인 것과의 관련이 경험의 일반적 조건에 의해서 규정되어 있는 것은 필연적이다. 다시 말하면 미래에 속하는 것이 가능성이요, 현재에 속하는 것이 현실성이요, 과거와 현재와 미래 전체에 속하는 것이 필연적이다. 부부가 사랑을 속삭여서 수태가 되면 가능성에서 살고, 어린애를 낳으면 현실성이고, 어린애를 기르면 부부의 사랑이 필연적이 되고, 구체적으로 하나가 되어 시간의 감성화가 완성이 된다.

칸트의 오성의 원칙은 판단의 본질인 사랑의 구체화라고 볼 수 있다. 첫 장에서 사랑의 본질이 성숙에서 기인함을 말하고, 둘째 장에서 성숙이 어떻게 이루어지는가를 보여주고 있다. 이것이 오성의 종합적 원칙, 전체의 체계적인 표시이다.

이성론理性論

칸트는 〈감성론〉에서 직관의 형식을 말하고, 〈오성론〉에서 사고의 형식을 말하고, 〈이성론〉에서 통제의 형식을 말하고, 〈실천이성론〉에서 실천의 형식을 말한다. 직관의 형식을 잡념이라고 한다면 사고의 형식은 개념이요, 통제의 형식은 이념이요, 실천의 형식은 신념이라고 말할 수 있다.

사람은 수많은 잡념〔表象〕을 가지고 있다. 감각의 내용은 모두 잡념이다. 이것이 학문이 되기 위해서는 오성의 통제가 필요하다. 오성으로 정리된 세계가 개념이다. 개념은 글이요, 말씀이요, 법칙의 세계다. 그러나 과학적으로는 도저히 설명할 수 없는 개념들이 얼마든지 있다.

추상명사들은 대부분 과학적인 세계를 넘어버린다. 아무리 생각해도 뜻 모를 말들이 있다. 그런데 그런 말들은 잊어버릴래야 잊어버릴 수가 없어 언제나 내 가슴에 걸려 있다. 이런 말들을 이념이라고 한다. 개념을 넘어선 개념이다. 이런 말들은 실험, 관찰로 알 수 있는 것이 아니다. 이런 말들은 결국 우리들이 진리를 깨달았다고 할 때에만 모두 풀리는 말이다.

사람은 진리를 깨달았다고 할 때에 모든 개념을 결국 세 가지로 정리하게 된다. 하늘과 땅과 사람이라고 해도 좋고, 우주관 세계관 인생관이라고 해도 좋고, 시간 공간 인간이라고 해도 좋고, 성부 성자 성신이라고 해도 좋고, 길이요 진리요 생명이요 라고해도 좋고, 하여튼 그 이상 더 풀 수 없는 말이 세 개가 있다. 칸트는 이것을 신과 자유와 영혼이라고 한다. 영혼은 '나〔自我〕'라는 말이요, 자유는 '너'라는 말이요, 신이란 '그'라는 말이다. 인간이 결국 알고 싶은 것은 '나'요, '너'요, '그' 밖에는 없다. 그런 의미에서 이념은 지식의 최종 목표라고 할 수 있다.

  동양 사람은 이 세 가지를 아는 것을 지혜라고 한다. 지혜란 결국 자기를 아는 것이요, 자기는 결국 하늘과 땅과 사람이 합친 것이요, 지와 정과 의가 합친 것이다. 자기를 안다는 것은 철학이라고 하고, 철학의 주체는 이성이요, 철학이 알고자 하는 것은 이념이다. 철학은 자기를 아는 것이므로 결국 이념은 개념이 아니다. 개념은 대상이 있지만, 이념은 대상이 없다. 오성의 세계에는 언제나 직관이 같이 하는 현실의 세계지만, 이성의 세계는 직관이 없는 관념의 세계다. 이성의 세계는 개념만이 생각의 내용이 되어야 한다. 그런데 이성의 세계에 직관이 섞이면 그것을 망상이라고 한다. 망상이란 이념 속에 잡념이 섞여서 그렇다.

  이성理性의 세계는 쉽게 말하면 선생님의 말씀만 생각하는 세계다. 그런데 우리 마음속에 직관의 표상이 자꾸 떠올라 이성異性의 얼굴이 자꾸 보이면 그것을 망상이라고 한다. 이성理性의 세계에만 살지 못하고 오성의 세계로 떨어질 때에 망상이 걸리게 된다. 칸트는 이념을 말하기 전에 이성의 세계의 위험성을 이렇게 경고한다.

  "우리는 이제 순수오성의 나라를 두루 돌아다녀 그 각 지방을 세심하게 시찰했을 뿐만이 아니라 그 국토를 측량하여 거기에 있는 온갖 사물의 위치를 정하기도 했다. 그러나 이 나라는 섬과도 같아서 자연 자신이 그것을 한정해서 불변의 경계를 지어 놓았다."

그것은 진리요, 나라요, 이 나라를 둘러싼 것은 광막하고도 파도치는 태양이다. 그리고 이 태양이야말로 참으로 가상이 있는 곳이다. 여기서는 많은 안개봉우리와 즉시 녹는 많은 빙산이 사람을 속여서 새로운 육지인 줄로 잘못 생각하도록 한다. 그것들은 발견에 열중해서 돌아다니는 선원들을 헛된 희망으로 부단히 속이면서도 선원을 모험하도록 한다. 오성의 나라, 과학의 나라에서 이성의 나라, 철학의 나라로 떠나는 모험이란 굉장히 위험하다. 그러나 사람은 과학에서만 갇혀 있을 수가 없다. 사람은 칸트의 말대로 자유가 그립고, 신이 그립고 인간의 불멸을 믿고 싶어서 견딜 수가 없다. 이래서 찾아가는 것이 자기 자신이다.

칸트는 자기 자신을 '물자체物自體(Ding an sich)'란 말로 표시한다. 칸트는 감성의 세계에서 직관을 가능하게 할 때 인간의 감성에 자극을 일으켜 인간으로 하여금 시간, 공간이란 직관의 형식을 가지고, 잡아 가진 세계를 현상계라고 한다. 칸트는 언제나 현상계의 배후에서 우리의 감성을 촉발하는 실재계를 '물자체'라고 불렀다. 그러나 사람이 인식할 수 있는 세계는 현상의 세계지, 물자체의 세계는 아니다. 학문의 세계는 직관 안에서만 가능하지 직관을 넘어서는 경험 저 편의 세계는 학문의 내용이 될 수 없다.

칸트 철학에 있어서 제일 큰 문제 거리의 하나가 물자체라는 개념이다. 현상배후에 있는 형이상학의 세계, 이것은 과학에서는 어떻게 손을 대지 못하는 세계다. 이 물자체의 세계가 없으면 이성의 세계는 없다. 그러나 물자체의 세계는 칸트의 철학을 공부하는 사람에게는 얼마나 두통거리인지 모른다. 유명한 독일의 철학자 야코비(Jakobi)는 물자체란 개념은 칸트철학에 있어서 가장 난해한 문제거리라고 하면서 그것 없이는 칸트철학에 들어갈 수 없고, 그것 가지고는 칸트철학에 머무를 수가 없다고 말한다. 그것은 마치 집 지을 때 쓰는 버팀대 같아서 버팀대 없이는 집을 지을 수가 없으나 버팀대를 두고는 집꼴이 되지 않는다. 그것은 있다가 때가 되면 없어져야 한다. 밥이 뱃속에 들어가면 그렇게 좋은 것이 없지만, 그것이 소화가 안되면 그것처럼 사람에게 해를 끼치는 것이 없다. 과학도 자연을 지배하는데 그렇게 필요한 것이 없지만, 과학이 인간의 생활까지도 지배하려고 하면 그렇게 큰 공해가 없다. 기계도 마찬가지고, 사상도 마찬가지고, 종교도 마찬가지다. 인간에게 도움이 될 때에는 한없이 필요하지만 인간에게 필요 없게 되면 곧 물러가야 한다. 곧 물러가지 않으면 망상이 되어 인간을 미치게 하고 만다.

  인간은 있어야 할 때는 있다가 없어야 할 때는 곧 없어져야 한다. 없어야 할 때에 없어지지 않으면 그것은 사회의 독이다. 살 때에는 힘있게 살다가 죽을 때 역시 힘있게 죽는 것처럼 중요한 것이 없다. 집 지을 때 쓰는 버팀대처럼 필요할 때는 힘껏 존재하다가 필요 없어지면 깨끗이 치워버려야 하고 집을 다 지으면 곧 물러가야 한다. 이것이 인간의 운명이다.

  나라고 하는 것처럼 중요한 것이 없다. 나의 고집, 나의 소망, 나의 욕구, 나 자체처럼 필요한 것이 없다. 그것이 있기에 남과 싸우고, 다투고, 성숙하여 가고, 어른 되어 간다. 그러나 일단 커져서 내가 너하고 만나게 되면, 마치 결혼한 사람들처럼 내가 있어서는 안 된다. 오성의 세계에는 내가 있어야 한다. 그러나 이성의 세계가 되면 내가 없어야 한다. 오성의 세계에서 대아가 된 나는 이성의 세계에는 무아가 되어야 한다. 마치 물이 100도로 끓으면 수증기가 되고 말듯이 탈바꿈을 하여야 한다. 그래서 야코비(Jakobi)는 물자체라는 개념 없이는 칸트의 철학에 들어갈 수 없고, 물자체의 개념을 가지고는 칸트의 철학에 머무를 수가 없다고 했다. 마치 대아가 되기 전에는 결혼할 수가 없고, 무아가 되기 전에는 결혼생활을 계속할 수가 없다. 이것이 인생의 비밀이다.

물자체는 칸트의 철학의 핵심을 이루고 있다. 『순수이성비판』, 『실천이성비판』, 『판단력비판』이 모두 물자체에 집중되어 있다. 과학의 세계에서 감성을 촉발시키기만 하고 현상배후에 숨어버렸던 물자체는 철학의 세계에서 무아가 되었다가 신학의 세계에 가서 초아가 된다. 마치 과학의 벌레가 철학의 고치가 되었다가 종교의 나비가 되는 것이나 마찬가지다. 오성의 세계에서 이성의 세계로 올라가고 결국은 영성의 세계까지 올라가게 된다.

칸트는 서론에서 신앙에 설 땅을 주기 위해서 나는 지식을 깎아야 한다고 했지만 칸트의 물자체는 이론의 대상이 아니라 실천의 주체로 나타날 때에만 완전히 자아가 될 수가 있다. 감성의 소아는 오성의 대아가 되었다가 이성의 무아가 되고 결국 실천이성의 초아가 된다. 결국 이론의 대상인 물자체는 발전하고, 전개되고, 성장하여 정신자체로 탈바꿈을 하게 된다.

칸트 철학에 있어서 물자체는 인간의 유한성의 대명사에 불과하다. 인간오성은 자기의 힘으로 대상을 창조할 수 있는 신적 오성이 아니다. 대상인 물자체가 주어질 때만 직관이 가능한 수동적인 감성의 매개를 필요로 한다. 그런고로 물자체는 감각의 근원으로서 인간의 감성을 촉발하기만 하지 감각의 세계로 들어오지 않는 대상 이전의 세계다. 물자체는 인간의 유한성을 나타내는 칸트의 상징이다. 대상 이전에 있어서 인간의 유한성을 가능하게 하는 것이 물자체의 원시상이다.

물자체는 대상 이전만이 아니라 대상 이상이기도 하다. 마치 태양이 빛의 근원이면서 힘의 근원도 되듯이, 물자체는 진리의 근원이면서 동시에 생명의 근원도 된다. 대상 이전으로서의 진리의 근원은 대상 이상으로서의 생명의 근원도 된다. 이것이 플라톤 이래 철학의 가장 깊은 문제로서의 이데아의 문제다. 이데아는 관념이면서 실재이기도 하다. 태양은 빛이면서 힘이기도 하다. 나는 물체이면서 정신이기도 하다. 대상 이전의 물자체는 이성의 세계에서 대상 이상의 정신이 되고 만다. 정신은 대상을 지배한다.

칸트는 대상 이상으로서의 물자체를 누메나(靈 noumena)라고 한다. 인간정신이 감성에서 오성으로, 오성에서 이성으로 넘어갈 때 대상이상의 물자체는 가상체可想體가 된다. 마치 흙덩어리에 불과한 달이 차차 지구를 멀리 떨어짐에 따라 광명의 천체가 되듯이 인간은 감성의 세계에서 오성의 세계를 벗어나 이성의 세계로 들어가면서, 인간은 인간이면서 신이 되고 만다. 그것을 우리는 그리스도라고 한다. 예수는 흙덩이로서 달이 된 그리스도다. 이것이 누메나로서 물자체다. 칸트는 이것을 '가상체'라고 한다. 우주요, 세계요, 인생은 하나의 가상체로서, 하나의 상징으로서 인간에 어떤 꼴을 보여준다. 그것은 감각적이라기보다는 의미적이요, 작용적이며, 주체적이다. 결국 사람이 이념을 파악했다던가, 진리를 깨달았다고 하는 것은 지의 세계에서, 행의 세계로 넘어가는 순간이다. 이론의 세계에서, 실천의 세계로 모세가 비스가 산꼭대기에 올라가서 가나안 땅을 바라보는 것이나 마찬가지다. 나폴레옹이 알프스를 넘어 이태리를 지배하듯이 무아의 세계를 넘어가야 비로소 초아의 세계가 전개된다. 초아의 세계야말로 주체적이요, 자유의 세계요, 실천의 세계다.

결국 이성의 세계란 오성의 세계에서 실천이성의 세계로 넘어가는 중간과정이다. 결국 인간의 경험은 직관을 가지고 판단을 거치고, 추리를 거쳐서 최고의 통일에 도달하고자 한다. 이성은 추리의 능력이다. 그것은 절대적 전체가 되려고 한다. 그리하여 자기의 근원을 자기 속에 간직하고자 한다. 고치 같은 것이다.

그것은 경험의 완결完結을 구하고 거기서 발견되는 것은 절대적 주체인 영혼과 절대적 객체인 세계와 주체 객체의 근원인 존재의 존재로서의 신까지 도달한다. 그것은 불사不死와 자유의 신이라고도 말한다. 이 세 가지를 이념이라고 한다. 이것이 플라톤 철학의 근본이기도 하다.

변증론辨證論

『순수이성비판』의 마지막 부분을 〈변증론〉이라고 한다. 칸트가 가장 애쓴 부분이다. 페이지 수로 보아도 전체의 절반 이상을 차지한다. 지금까지의 모든 노력은 이 부분을 설명하기 위한 전제라고 해도 좋다. 지금까지는 옷감을 마르고, 자르고 야단했지만 이번에야 정말 추리를 하고 재봉을 하는 것이다. 지금 이전이 칸트 당시의 철학개론의 일반론이요, 이제부터가 특수론이다. 특수론의 과제는 영혼과 우주와 신이라는 것이다. 우주 대신에 세계, 또는 자유라고 해도 좋다. 요는 0, 1, 2의 변론이다. 수 가운데서도 가장 기초적인 수요, 영혼(0)과 하나님(1)과 세계, 또는 우주(2)는 문제 가운데 문제요, 가장 근본적인 문제다. 칸트는 기독신자답게 성령(0)과 성부(1)와 성자(2)는 모두 인격이요, 주체라는 것이다. 그런 의미에서 순수비판은 칸트의 신앙 고백이요, 주체 철학이기도 하다. 여기 하나님 앞에서 성숙한 인간의 모습을 우리는 칸트의 〈변증론〉에서 다시 엿볼 수가 있다.

맨 처음의 문제가 실체로서의 영혼이 있느냐, 없느냐 하는 문제이다. 지금까지 우리는 인간의 모습을 나〔自我〕라는 개념으로 이해하여 왔다. '나' 그러면 노는 '나', 공부하는 '나', 생각하는 '나', 일하는 '나'가 있다. 노는 '나'가 감성, 공부하는 '나'가 오성, 생각하는

'나'가 이성, 일하는 '나'가 실천이성이다. 소아에서 대아로, 무아에서 초아로 성숙해 간다. 알이 벌레가 되고, 고치가 되고, 나비가 되는 것이나 마찬가지다. 소아는 잡념, 대아는 개념, 무아는 이념, 초아는 신념으로 살아간다.

칸트에 있어서 물자체도 '나'라는 것인데 내가 좀처럼 내가 되지 않기 때문에 나와 나의 거리가 언제나 무한대가 되어 물자체에 감촉되면서 물자체가 되지 못하는 안타까움이 인간의 유한성이라는 것이다. 그렇다고 해서 인간은 자기 자신을 버릴 수가 없다. 자기 자신이 되기까지 인간은 쓰러지고 매를 맞으면서도 계속 피를 흘리며 올라가지 않을 수 없다.

인간은 하나님 나라의 한 사람이 될 때에만 진정한 인간으로서의 참다운 기쁨을 맛보게 될 것이다. 그러나 이 기쁨은 실천이성의 세계에서만 가능하다. 실천이성의 세계에 이르기 전에 인간은 한동안 깊은 잠에서 지금까지 걸어온 험한 오성의 세계의 고난을 풀어야 한다. 그것이 이성의 세계다. 마치 성숙한 여인이 님의 품에 안기어 자기를 잊고 자는 세계가 순수이성의 세계다. 인간은 한번 깊은 사색의 세계를 거쳐야 한다. 이 사색의 세계는 현실의 세계도, 실재의 세계도 아니다. 사색의 세계는 이성의 세계다.

이 때에 이성은 꿈을 꾼다. 이 꿈을 이념이라고 한다. 칸트는 이 꿈을 세 가지로 종합한다. 그 당시의 철학개론의 순서에 따라서 영혼과 자유와 신이라고 한다. 칸트는 이 세 가지가 꿈이라는 것을 강조한다. 물론 개꿈은 아니다. 정몽正夢이다. 개꿈과 정몽의 차이가 무엇인가. 개꿈은 망상에 불과하나 정몽은 이상이라는 것이다. 망상과 이상의 차이는 힘에 있다. 이상에서는 힘이 나온다. 이상을 실천할 수 있는 힘, 이런 힘 없이는 실천이성의 세계로 넘어가서 초아도 될 수 없고, 자유도 누릴 수 없다.

사람은 한번 이 꿈을 꿔야 한다. 그 꿈이 우주관, 세계관, 인생관이다. 우주관, 세계관, 인생관은 꿈이지 현실은 아니다. 그러나 이 꿈 없이 실천의 세계에는 도달하지 못한다. 이 꿈은 수태하는 여인들이 꾼다고 하는 태몽과 같은 것이다. 이 태몽 없이 실천이성의 즐거운 가정은 이루어질 수 없는 것이다. 진리를 깨닫는다는 순수이성의 세계는 태몽을 꾸는 깊은 밤의 세계다. 이 밤이 지나가면 밝은 실천이성의 아침이 온다.

칸트의 『순수이성비판』은 이 밤의 아름다운 꿈으로 끝을 낸다. 그러나 세상에는 이 꿈을 꾸지도 못하고 무조건 신이 있다든지, 자유가 있다든지, 영혼이 있다든지 하는 사람들을 칸트는 경멸하였다. 신과 자유와 영혼이 있다면 그것은 실천이성의 세계에 있는 것이지, 감성의 세계나 오성의 세계에 있는 것이 아니다.

사람들은 신이 있다고 증명하려 들고, 영혼이 있다고 증명하려 들고, 자유가 있다고 증명하려든다. 마치 돌이나 나무가 있는 것처럼 신이 있고, 영혼이 있다고 증명하려고 든다. 그러나 증명할 수 있는 세계는 오성의 세계지, 실천이성의 세계가 아니다. 신이 있다든지, 자유나 영혼이 있다든지 하는 모든 증명은 다 거짓말이다. 거짓말이라기보다도 잘못된 생각이다. 잘못된 생각을 오류추리라고 한다. 영혼 불멸하면 영혼이 불멸이라고 어떻게 증명하나. 영혼이 있다고 어떻게 증명하나. 칸트 이전의 형이상학은 영혼을 생각의 세계로 끌어들여 생각의 근원을 영혼이라고 했다.

데카르트도 "나는 생각한다. 고로 나는 존재한다."고 했다. 생각하는 나의 불멸을 영혼의 불멸로 보았다. 생각이라는 샘이 하나 솟아오르니까 생각이 솟아오르는 밑에 '나'라고 하는 어떤 물구덩이가 있다고 생각했다. 꿈속에 꿈을 꾸듯이 생각 속에 또 생각한다. 마치 바위에서 샘이 터져 나오니까 바위 속에서 물탱크가 숨어있는 것처럼 생각한다. 이 물탱크를 실체라고 한다. 영원이 불멸하는 것을 옛날 사람은 실체實體라고 했다. 사람에게는 영혼이라는 실체가 있다. 이 실체는 육체가 죽어도 영원히 죽지 않고 살아있다는 이런 생각이 칸트 이전의 형이상학이요, 특히 형이상학적 심리학에서는 이것을 과학적으로 증명까지 하려고 하였다.

그들은 다음의 삼단논법을 써서 이렇게 증명하려고 하였다. 절대로 주어로 쓰여지고 다른 무엇의 술어述語로 쓰여지지 않는 것은 실체다〔大前提〕. 그런데 생각의 근원으로서의 나는 나의 모든 판단의 절대적인 주어다〔小前提〕. 그런고로 생각의 근원으로서의 나는 실체다〔靈魂〕. 이러한 삼단논법이 오류추리임은 말할 것도 없다.

대전제의 주어로 쓰여지고, 술어로 쓰여지지 않는 것이 실체라는 사상은 아리스토텔레스의 형이상학에서 나오는 말인데 칸트는 벌써 실체라는 개념을 그의 오성형식의 12범주 속에 집어넣고 거기서 그는 시간 안에서 불변하는 존재를 실체라고 하여 직관이 가능한 것을 실체라고 하였다. 그런고로 대전제의 실체는 직관이 가능한 실체요, 그 다음 소전제에 있어서 모든 생각〔表象〕에 생각하는 내가 없을 수 없지만, 그러나 이 때의 나는 초월적 통각超越的 統覺이지, 경험적으로 직관할 수 있는 경험적 통각은 아니다. 그런고로 대전제의 주어(경험적)와 소전제의 주어(초월적)는 말은 같지만 내용은 다른 것이다. 그런고로 그런 추리는 성립되지 않는다는 것이다.

칸트는 영혼이 불멸이라는 실체사상을 원시인들이 꿈에 날아다닌다는 생각과 같이 유치한 생각으로 보았다. 꿈에 날아다니는 것은 영혼이 육체를 떠나서 날아다니는 것이 아니라 우리의 의식세계에서 일어나는 것이다. 의식이 잠을 잘 때 무의식의 세계가 아직 잠을 자지 않고 깨어있는 것뿐이다. 사람이 생각할 때, 나라는 생각의 근원이 있어서 그 근원에서 생각이 나오는 것이 아니다. 바위에서 샘이 터져 나온다고 해서 바위 밑에 물탱크가 있는 것이 아니다. 바위 속에 물탱크는 없다. 있는 것은 바위뿐이다.

내 속에 생각하는 나는 없다. 있는 것은 생각뿐이요, 나는 있는 것이 아니다. 그렇기 때문에 무아라고 하는 것 뿐이다. 물은 있지만 물탱크는 없다. 칸트가 신이 없다고 하고, 자유가 없다고 하고, 영혼이 없다고 하는 것은 진짜 없다고 하는 것이 아니다. 감성이나 오성의 세계에는 없다는 것이요, 이성의 세계에서야 비로소 꿈을 꾸게 되고, 실천이성의 세계에서야 비로소 신도 영혼도 자유도 있게 된다는 것이다. 특히 순수이성의 세계는 무아無我의 세계지만 나를 깨닫는 것은 무아의 세계에서 뿐이다. 무아의 세계는 자각의 세계요, 각아覺我의 세계다.

그런 의미에서 이성의 세계는 영혼이 깨는 세계다. 영혼이 깬다고 하는 것은 실체實體의 세계에서 주체主體의 세계로 탈바꿈을 하는 세계다. 오성의 세계에서 실천이성의 세계로 비약하는 세계다. 이것이 순수이성의 세계요, 진리를 깨닫는 세계다. 실체의 세계에서 주체의 세계로의 비약은 "나는 생각한다. 고로 나는 존재한다" 하는 계몽주의의 철학에서 역사의 주인공으로 인간을 정위定位시키는 독일 관념철학으로서의 비약이요, 계몽주의 의식의 입장에서 관념철학의 정신의 입장으로 깊어지게 되는 계기를 이룩한다.

자아는 자연의 일부가 아니요, 자연을 지배하는 이론적 자아로서 자연에 법을 부여하는 오성의 입장도 굉장한 자아지만, 칸트는 다시 계몽주의를 넘어서서 인간이 인간을 지배하는 자유의 세계로 줄달음친다. 이 자유의 세계가 실천의 세계요, 실천의 자아는 형이상학적 사변의 객체로서의 실체가 아니다. 도덕적 실천의 주체로서 인간은 자각을 하게 되는 것이다. 실實체는 밥〔實〕이요, 객체지 주체는 아니다.

주체를 객체화하는데 망상과 오류가 생겨난다. 주체는 밥이 아니라 옷이다. 카알라일이 칸트의 철학을 의복철학이라 함은 칸트의 철학이 실체의 철학이 아니라 주체의 철학이라는 것이다. 인간은 벌거벗고 먹을 것만 찾는 어린애기가 아니다. 인간은 성숙해서 옷을 입고, 시집을 가고, 장가를 드는 성숙한 인간이 되었다는 것이다. 순수이성의 세계는 고치철학이요, 집 철학이요, 주인의 철학이다. 인간도 이제는 이 세상의 주인이 되어 자유를 누릴 수 있는 세계로 넘어가게 된다. 이것이 칸트가 영혼에 관한 형이상학을 때려부수고 새로운 영혼의 비판철학을 쓰게 되는 동기이기도 하다.

결국 칸트가 영혼이 실체가 아니라고 비판했기 때문에, 지금까지 영혼은 실체로서 비공간적이기 때문에 비물질성非物質性이요, 그 성질이 단순하기 때문에 불후성不朽性이요, 완전한 자기통일이기 때문에 인격성人格性이요, 이 세 가지 성격의 종합으로서 정신성精神性이기 때문에 육체와의 관계에서 불사성不死性이라고 한 모든 형이상학적 증명은 무너져버리고 이러한 소꿉장난은 감성세계의 잡념의 세계에나 존재하지, 오성의 세계에서는 불가능한 것이다. 그러나 이런 소꿉장난으로 그치는 것이 아니다.

실천이성의 세계에서 자기 자신의 존재는 입법적立法的이요, 자기의 존재를 자기가 제한하는 자유의 세대에서 자아는 하나의 자발성이요, 자유요, 도덕적 존재다. 그럼으로써 보다 높은 세계의 시민으로서 실천적인 실재성을 자기에게 부여하는 주체로서의 자아가 되어 실체의 논리적 속성으로서의 불사不死성, 불후不朽성, 정신精神성은 주체의 세계에서 다시 새로운 실천의 원동력으로서 살아나게 되는 것이다. 실체에서 죽고, 주체에서 사는 위대한 탈바꿈이 순수이성의 세계임을 다시 한번 기억하면서 칸트의 자유의 비판을 들어보기로 하자.

주체론 主體論

칸트는 그 당시의 철학개론이 순서에 따라서 일반형이상학과 특수형이상학을 갈라놓고 일반형이상학에서 자연과학의 근거를 설정하는 감성과 오성의 세계를 구성하고, 특수형이상학에서 그 당시 제일철학의 핵심문제인 영혼과 우주와 신의 문제를 비판하기 시작한다. 이것이 칸트의 이성의 세계요, 소위 그의 〈변증론〉의 내용이다. 이미 우리가 본 것처럼 오성의 세계에서 실천이성의 세계로 넘어가게 해주는 역할을 담당한 것이 이성의 책임이다. 이성의 세계는 철학의 세계요, 오성의 세계는 과학의 세계요, 실천이성의 세계는 종교, 도덕, 신학의 세계다. 과학에서 철학으로, 철학에서 신학으로 올라가는 학문체계가 칸트의 철학체계다. 땅보다 사람이 높다는 것이 근대인간의 자각이요, 사람보다 하늘이 더 높다는 것이 현대인간의 자각이기도 하다.

칸트는 이 두 가지를 다 자각했던 사람이다. 신앙에 자리를 내어주기 위해 학문을 제한하고, 과학에 자리를 내어주기 위해 신앙을 제한하였다. 신앙을 제한하여 신학적 독단을 깨부수고, 학문을 제한하기 위하여 과학적 회의를 깨부순다. 이리하여 칸트는 신학을 비판하고, 과학을 비판하여 정당한 자리에 앉혀놓는다. 과학의 자리를 제공하는 것이 〈감성론〉과 〈오성론〉이요, 종교의 자리를 제공하는 것이 〈이성론〉이요, 〈변증론〉이다.

종교문제란 0, 1, 2, 즉 영혼과 하나님과 세계교화의 문제다. 기독교식으로 말하면 성령, 성부, 성자의 문제다. 영혼의 문제는 영혼불멸의 전통적인 종교적 독단을 깨뜨리는 것이며 영혼의 각성을 통한 천국의 건설이 칸트의 비판이요, 해결방법이다. 영혼은 사후의 문제가 아니라 오늘의 문제요, 영혼은 시간의 연장이 아니라 시간의 초월이라는 것이다. 희랍종교가 기독교와 싸워서 지게 된 원인은 희랍사람들이 영생을 시간의 지속이라고 생각하여 죽은 후에도 영혼이 살아있다고 믿은 데 비하여 기독교는 영생을 시간의 초월이라고 생각하여 사후 생전을 문제 삼지 않고 당장 지금 영혼의 자각을 문제 삼았기 때문이다. 희랍사람들이 천당을 생각한 데 비하여 기독교는 천국을 생각하고 희랍사람들이 천당 갈 것을 생각한 데 대하여 기독교도들은 천국이 온다고 생각한 점이 바로 다르다.

칸트의 변증은 희랍사상에 대하여 기독교의 입장에 다시 한 번 천명했다고도 볼 수 있다. 칸트가 두 번째 말하는 우주 세계, 또는 자유의 문제도 희랍적인 생성과 존재의 2원론을 어떻게 기독교식으로 통일하느냐 하는 문제다. 생성은 과학적 태도요, 존재는 종교적 태도다. 이 두 문제를 얼싸안고 죽은 이가 소크라테스다. 소크라테스는 역시 영혼의 불멸을 믿고 죽었다. 그는 현실의 불만을 미래에는 충족시키기 위해 플라톤으로 하여금 『이상 국가』를 쓰게 하였다. 그러나 그리스도는 이상을 포기하고 현실 속에서 이상을 완수하여 십자가에서 그대로 죽어버린다. 여기에 시간을 초월하는 무덤이 열리고 현실 속에 천국을 이루어 가는 교회가 시작된다.

소크라테스는 사람처럼 죽었고, 그리스도는 신처럼 죽었다는 어떤 사람의 말처럼 칸트는 이 세계의 문제를 모순의 자기 통일에서 해결해 보려고 한다. 객체로서의 세계문제를 주체로서 해결해보자는 것이다. 실체로서의 영혼을 주체로서 해결하고, 객체로서의 세계 인과적인 세계 과정의 전체도 주체적으로 해결하여 마지막으로 모든 유한실체의 상호작용의 기초로서의 신도 주체적으로 해결하자는 것이 칸트의 속셈이다. 실체성과 인과성과 상호성이라는 오성의 범주를 무한한 이성의 세계에까지 넓히는 데 이성개념, 즉 이데아가 성립되고 동시에 이성개념에는 오성적인 것과 이성적인 것이 모순 갈등을 일으키게 된다.

　이 세상에서 제일 큰 문제가 싸움인데 싸움이라는 과학적 입장과 종교적 입장이 언제나 싸우고 있다. 하늘과 땅이 싸우고 있다. 그것은 그 가운데에 사람이 나타나지 않았기 때문이다. 사람만이 하늘을 하늘답게 하고 땅을 땅답게 한다. 어린애 없는 집에서 아빠와 엄마가 싸우듯이 아빠와 엄마의 싸움을 없이하는 것은 아들이요, 인간뿐이다. 인간의 특징은 인격이요, 인격의 본질은 주체이기에 칸트는 입이 마르도록 주체를 강조하게 된다.

　오성은 과학의 입장이고, 이성은 종교의 입장이다. 경험론은 과학의 입장이고, 합리론은 종교의 입장이며 현실은 과학의 입장이고, 이상은 종교의 입장이다. 세상은 언제나 현실파와 이상파가 싸우고, 선과 악이 싸우고 있다. 이것이 비단 칸트 시대만이 아니고 어느 시대에나 마찬가지다. 공산진영, 자유진영도 마찬가지다. 공산진영은 과학을 내세우고 자유진영은 이상을 내세운다. 현실과 이상의 갈등, 이것이 세상의 문제다. 이성의 세계는 오성에는 너무 크고, 오성의 세계는 이성에는 너무 작다. 오성과 이성의 투쟁, 과학과 종교의 투쟁, 현실과 이상의 투쟁, 자유와 자연의 투쟁, 예수와 그리스도의 투쟁, 이것이 이상이요, 골고다. 여기서 나오는 순수이성의 변증, 칸트의 이율배반이 문제가 된다.

　〈변증론〉의 두 번째는 이율배반二律背反이라는 것이다. 이것은 세계관에 관한 문제다. 세계라고 해도 좋고 어떤 때는 우주라고 하기도 하고, 자연이라고 하기도 하고, 자유라고 하기도 한다. 우주를 코스모스라고 하는데 코스모스는 하늘의 질서정연한 조화된 전체를 말하기도 하지만 하늘의 조화가 땅 위에서 이루어질 때의 세계를 코스모스라고 하기도 했다. 하늘이라고 생각할 때에 우주요, 땅이라고 생각하면 세계요, 인생에 대립하는 것으로 생각하면 자연이다. 인생과 화합하면 자유다. 하여튼 주관에 대립하는 객관이요, 개념이 아니고 이념이다.

칸트는 이 세상에 관해서 범주의 틀을 적용하여 네 가지 문제를 끌어낸다. 하나는 양에 있어서 세상은 시간, 공간적으로 유한하냐, 무한하냐 하는 문제다. 합리론에서는 유한하다고 하고, 경험론에서는 무한하다고 한다. 둘째는 질에 있어서 이 세계는 단일한 것으로 되었느냐, 복잡한 것으로 되었느냐 하는 것이다. 물론 합리론은 단일이요, 경험론에서는 복잡하다.

셋째는 관계에 관한 문제인데 이 세계는 자연이냐, 자유냐 하는 것이다. 합리론은 자유요, 경험론은 자연이다. 넷째는 이 세상의 필연적 존재인 신이 있을 것이냐, 없을 것이냐 하는 것인데 합리론에서는 신이 있다는 것이고, 경험론에서는 신이 없다는 것이다. 합리론은 종교적이고 경험론은 과학적이다.

우리가 정치적으로 생각해 보아도 이 세상은 둘로 갈라져서 싸우고 있다. 자유진영은 합리론편이고, 공산진영은 경험론편이다. 자유진영에서는 자유를 찾는데, 공산진영에서는 자연을 찾는다. 자연과학적 사회주의니, 유물사관이니, 하여튼 그들의 근거는 자연에 두고 있다. 자유진영은 유신론의 입장이고, 공산진영은 무신론의 입장이다. 이리하여 미국, 소련이 대립하고, 남북이 둘로 갈리어 밤낮 싸우고, 욕하고, 자유진영에서는 공산당을 죽일 놈이라고 하여 잡기만 하면 죽이고, 공산진영에서는 자유주의자를 미친놈이라고 하여 잡기만 하면 세뇌를 시킨다. 결국 죽일 놈하고 미친놈하고 밤낮 싸우고 있는 것이다.

양의 문제에 있어서도 이 세계는 유한하다고 한다. 시간적으로 시작이 있다고 한다. 이것이 종교의 주장이다. 하나님이 세계를 창조했다고 한다. 그러나 과학자는 하나님의 창조를 믿지 않는다. 종교에는 세계의 시작이 있기 때문에 끝이 있다. 언제나 종말론을 주장하고, 말세를 주장하고, 심판을 부르짖고, 타락을 강조한다. 그러나 과학에서는 진화를 말하고, 발전을 말하고, 미래를 말하고, 희망을 말하고, 무한을 말한다. 시작도 없고 끝도 없다. 낙관이요 희망적이다. 그러나 종교는 비관이요 절망적이다. 질에 관해서도 종교는 실체의 단순성을 인정하고 영혼의 불멸을 주장한다. 정치적으로는 군주주의를 찬양하고 주님의 재림을 손꼽아 기다린다. 그러나 경험론에서는 민주주의를 주장하고 다원의 세계를 내놓고 영혼 같은 것을 인정하지 않는다.

칸트는 합리론의 특징을 세 가지 든다. 현실적이고 사변적이고 통속적이란 것이다. 현실적이란 우리의 생활이 사회생활이기 때문에 의례 도덕이 필요하고 종교가 필요하다는 것이다. 그러기 위해서는 자유의지가 필요하고 신의 존재가 필요하다. 둘째로 사변적이라는 합리론자는 현실을 초월하기를 좋아하기 때문이다. 현실에 매어 있지 않고 마음대로 상상의 날개를 펼친다. 그리하여 어떤 때는 논리의 밧줄을 끊고 다른 차원으로 올라가기를 좋아한다. 동양 사람은 유有는 무無에서 나왔다고 생각한다. 유한 밖에는 의례 무한이 있을 것을 생각한다. 제약자 밖에 무제약자를 생각하고 개념 위에 이념을 설정하고 이념의 세계를 더 높게 평가하여 혼자서 사변의 날개를 편다. 셋째로 대중이란 사회적이요, 관습적이요, 도덕적이요, 종교적이다. 결혼식이든, 장례식이든, 의례 종교의식을 결부시키고 신의 존재와 세계의 창조를 조금도 의심하지 않는다. 거기에 비해 경험론자는 현실을 떠난 일체의 사변을 공상이라고 단정하고 직관의 세계에 자기의 지식을 국한하고 모든 현상에서 원인을 찾고 끝없이 원인을 찾아 헤매게 된다. 현실에 국한하기 때문에 지식은 확실하나 현실을 초월할 수 없기 때문에 목적을 상실하고 만다.

이리하여 과학자는 수단은 강하나 목적이 약하고, 종교가는 목적은 뚜렷하나 수단이 없다. 과학자는 장님이요, 종교가는 앉은뱅이다. 이 두 사람이 밤낮 싸우고 있는 것이 이 세상이란 것이다. 칸트는 이 두 사람은 싸울 것이 아니라 서로 협조해야 한다고 설명한다. 소경은 앉은뱅이를 업고 가야 한다고 주장한다. 이것이 선험철학先驗哲學이다.

칸트의 결론은 합리론의 견해와 경험론의 견해가 둘 다 참이라는 것이다. 신이 있다 하는 것도 진리요, 신이 없다 하는 것도 진리라는 것이다. 과학의 입장에 서면 일체가 자연법칙 밑에 있다. 법칙이 없는 세계는 있을 수 없다. 그 속에는 신이 있을 곳이 없다. 자유가 없기 때문이다. 그런고로 과학의 입장에 서면 신이 없다는 것이 진리다. 그러나 종교의 입장에 서면 신이 있다는 것이 진리다. 신 없이 우주와 인생이 창조될 수 없고 신 없이 인간의 자유는 보장될 수가 없다. 그렇기 때문에 종교의 입장에 서면 신이 있다는 것이 진리다.

칸트는 현대인은 이 두 가지 입장을 다 가질 수 있으리 만큼 성숙해야 한다고 주장한다. 이성이 현상에 관하여 인과성을 가질 때, 이성의 법칙이 자기의 내용을 한정할 때 이성은 시간, 공간, 인간을 초월하고 자기가 자기에게 명령하는 당위의 주체가 된다. 여기서 실천적인 주체가 되고 완전한 어른이 되어 자유와 자연적 근원이 된다.

행복론 幸福論

칸트의 마지막 문제는 신의 문제다. 영의 문제가 아들의 문제라면 자유의 문제는 어머니의 문제이고 신의 문제는 아버지의 문제다. 아버지와 어머니와 아들이 의좋게 사는 것이 칸트의 변증론이다. 아들의 문제와 어머니의 문제를 다시 포괄하는 아버지의 문제, 아버지의 문제가 인간최고의 문제요, 모든 형이상학의 근본문제다. 신은 모든 존재를 존재하게 하는 근본존재다. 그런 의미에 있어서 신은 존재의 존재라고 말할 수 있다. 존재의 존재의 존재라는 말은 개념의 개념의 개념이라고 말할 수도 있다. 개념의 개념이 이념이라면 이념의 개념은 신념이라고 해도 좋다. 신의 문제는 신념의 문제요, 칸트는 신을 이상이라고 한다. 사람의 개념은 사람 전체, 사람의 이념은 사람의 구체, 사람의 이상은 사람의 개체, 사람의 개념이 이성적 동물이라면 사람의 이념은 신성이요, 사람의 이상은 성자라고 할 수 있다.

칸트의 신은 사랑의 유일한 인격신이다. 칸트의 신앙은 도덕적이었다. 도덕적인 삶, 그것이 신의 뜻을 이루는 것이다. 칸트의 도덕이란 신의 뜻을 알고 신의 뜻을 실천하므로 신의 뜻을 완성하는 것이다.

천명을 깨닫는 것이 지知요, 사명을 다하는 것이 행行이요, 생명을 완수하는 것이 복福이다. 지행일치와 덕복일치, 이것이 칸트의 신앙이다. 천명, 사명, 생명은 아버지, 어머니, 아들과 같다. 생명의 완성이 영혼이요, 사명의 완수가 자유요, 천명의 근원이 신이다. 칸트의 신앙은 천명의 자각에서 이루어진다. 천명의 자각이 곧 신앙이다. 천명의 자각이란 곧 신앙이다. 천명의 자각이란 내가 해야 할 것을 아는 것이요, 이러한 자각은 힘의 근원이 되어 사명을 완수케 하고 사명의 완수는 생명의 약동을 일으켜 무한한 행복을 실현케 한다. 지와 행과 복이 하나가 된 나라가 하나님의 나라요, 이러한 나라는 보이지 않는 교회로서, 외적인 법적 조직과 특수한 예배형식과 여러 가지 교리와 성례전의 신앙을 요구하는 보이는 교회와는 아무 상관이 없다.

예수의 종교는 천명을 깨닫고 사명을 실천하고 생명을 완성하는 이성적인 도덕종교지 교권과 교파와 교직자들의 보이는 종교와는 아무 상관이 없다. 칸트에게 있어서 축복은 도덕적 생활의 결과이지 보이는 교회에서 얻어지는 것이 아니었다. 그는 보이는 교회와 보이지 않는 교회를 구별하고 보이는 교회는 언제나 이차적인 것으로 생각했다. 보이지 않는 교회가 하나님의 나라요, 도덕적 완수가 의의 실현이었다.

칸트에게 있어서는 하나님의 나라와 그 의義를 실현하는 것이 이성적 도덕종교의 전부였다. 예수의 생애는 하나님을 사랑하고 이웃을 사랑하는 것이 전부다. 칸트의 해석으로 말하면 신을 사랑한다는 것은 천명의 자각, 즉 신의 명령으로서의 도덕률을 마음속에 받아들이는 것이요, 둘째로 이웃을 사랑한다는 것은 하나님께로부터 받은 도덕률을 외적인 인간관계에서 실현하는 사명의 실천을 말하는 것이다. 이 두 가지가 이루어질 때 영원한 생명의 축복이 이루어지고 하나님의 나라가 완성되는 것이다.

중세기의 교회가 무너지고 신교, 구교가 피를 뿌리며 싸워 기독교가 거의 전멸의 위기에 놓였을 때 칸트는 이것이야말로 참다운 이성적 도덕종교가 나타나는 시대요, 교회사 전체를 통하여 지금처럼 좋은 시대가 없었다고 말했다. 그는 외적인 형식종교가 무너지고 내적인 이성종교가 나타난 것이 기독교에 다행이라고 생각했다.

칸트는 교회의 위기를 염려하는 사람들에게 다음과 같이 말했다.

"지금까지 알려진 교회사 전체를 통해서 어느 시대가 가장 좋은 시대인가 하고 묻는다면 나는 서슴지 않고 이렇게 대답할 수 있다. 그것은 지금 이 시대이다. 왜냐하면 지금 기독교적인 세계 가운데 소수의 사람들에 의해서이지만 누구의 눈에도 분명히 보이리 만큼 심어지고 있는 참다운 종교의 새싹이 자유롭게 무럭무럭 자라고 있고 보이지 않는 하나님의 나라가 땅위에서 온 인류를 하나로 연결하는 참된 교회에로 점점 접근하고 있는 모습을 여실히 볼 수 있기 때문이다."

그는 진정한 교회의 출현을 무척 기뻐하면서 모든 종교적 박해를 도외시하고 유유자적하면서 낙관할 수가 있었다. 칸트의 유명한 "너는 해야 하겠기〔當爲〕에 할 수 있다〔可能〕."라는 그의 도덕원리는 그리스도〔當爲〕가 우리를 자유롭게〔可能〕한다는 말과 같은 말이다.

칸트는 그리스도를 진리와 같이 보고 진리는 천명의 자각이요, 자유는 사명의 완수다. 그는 그리스도를 '인간의 도덕적 완전성의 이상'이라고 생각하고 그리스도를 받아들인다고 하는 것은 도덕법칙을 받아들이는 것이고 그리스도로 산다는 것은 도덕법칙 자체를 그 동기로 하는 것에 불과하다고 하였다. 칸트에 있어서는 도덕과 종교가 둘이 아니요, 철학과 도덕이 둘이 아니었다. 이성적인 것이 도덕적인 것이요, 도덕적인 것이 종교적인 것이었다. 진리와 길과 생명이 모두 하나였다. 그것이 이성적 도덕종교요, 이러한 세계에는 심정의 근본적인 혁명과 근본악에서부터 해탈하는 천명의 자각이 가장 중요하다.

칸트에 있어서 진리의 자각은 그대로 천명의 자각이었다. 천명의 자각이 칸트의 신앙의 전부요, 철학의 전부다. 그런 의미에서 칸트는 신앙적인 철학자였다. 칸트의 신앙은 신의 유무를 증명하는 논리의 유희가 아니었다. 칸트의 종교는 금욕적인 도덕의 실천이었다. 이 도덕은 타율적인 사회규율이 아니다. 신앙에 근거한 종교적인 천명의 자각이었다. 신앙에서 도덕이 나오고, 도덕에서 철학이 나온다.

칸트의 인간은 주체적 인간이요, 도덕적 인간이다. 도덕의 주체로서의 인간이 칸트의 인간이다. 그런 의미에서 칸트는 합리주의를 넘어서고 경험주의를 넘어선다. 합리주의와 실증주의를 넘어서서 직관적인 주체성에 근거하고 있다. 칸트의 신앙은 천명의 자각과 사명의 실천을 완수하는 생명의 완성이다. 칸트의 신앙은 생명적이지 교리의 해석이나 신의 증명 같은 합리론이나 실증주의가 아니다. 칸트의 문제는 인간자체요, 목적의 왕국을 건설하는데 있었다. 칸트에 있어서 하나님의 존재는 천명으로 나타나는 계시지 인간의 사변으로 증명할 수 있는 내용이 아니었다.

그런데 역사적으로 볼 때 신의 존재를 증명하는 유명한 증명이 셋이 있었다. 소위 본체론적인 증명과 우주론적인 증명과 자연신학적인 증명이다. 본체론적 증명이란 모든 존재의 존재는 가장 실재적인 존재요, 모든 실재성 가운데는 현존도 포함되어 있다. 그런고로 실재성을 가진다는 것은 현존한다는 논리다. 그러나 본체론적 증명은 논리와 사실을 구별하지 못하는 오류에서 일어난다. 있다〔存在〕는 것은 논리적 술어가 아니라 실재적 술어다. 실재의 술어는 종합판단의 술어지 분석판단의 술어는 아니다. 단순한 개념내용으로는 실재의 백 원이나 상상의 백 원이나 마찬가지다. 그러나 실물은 논리적으로 정해지는 것이 아니다.

실재적인 존재는 현존을 포함할 것이라는 분석판단은 논리적인 규정은 될지언정 사실이라고 할 수는 없다. 꿈에 날아보았다고 사실 나는 것은 아니다. 신이 있다는 개념을 아무리 나열해 놓았다고 해서 신이 있어지는 것이 아니다. 신의 존재도 종합판단으로 이루어지는 것이지 분석판단으로 성립되지 않는다. 신의 증명이 논리적 논증으로는 불가능한 것을 인식한 사람은 신의 증명을 현실과 연결시키려 시도하는데 그것이 우주론적인 증명이다.

우주론적 증명이란 우리가 현실적으로 볼 수 있는 모든 우주만물은 스스로 존재하는 것이 아니고 어떤 원인에 기인된 우발적 존재다. 그런데 모든 우발적 존재는 그 궁극에 있어서 최고 원인으로서의 필연적 존재를 요청한다. 그런데 스스로 존재하는 필연적 존재는 신뿐이다. 그런고로 우연적 존재가 있는 것을 보아 그 원인되는 필연적 존재가 있다고 할 수밖에 없다.

칸트는 우주론적 증명에도 두 가지 오류가 있다고 한다. 첫째는 원인 결과의 범주는 감성적 세계에만 적용할 수 있는 개념이지 예지적 존재, 즉 신에 적용하는 것은 월권이다. 둘째로 필연적인 존재가 있어야 한다는 것은 요청이지 사실은 아니다. 이것도 역시 논리와 사실의 혼동에서 일어나기는 본체론적 증명의 오류와 다를 것이 없다. 우연적인 임의의 존재일반에서 신의 존재를 증명한다는 것은 말도 안 된다. 그래서 다음 번에 특정한 합목적적인 존재로부터 그 근거로서의 신을 증명하겠다는 제3의 시도가 자연신학적인 증명이다. 그것은 우주의 장엄하고 아름다운 현명한 구성으로부터 우주의 구성자를 추리하는 것인데 그것도 하나의 추리에 불과하지 창조주의 실재를 증명할 수는 없다.

이리하여 칸트에 있어서 신의 존재의 증명은 모두 거부된다. 이러한 오류를 인간이 범하게 되는 것은 모든 것을 포섭하려고 하는 이성의 통제적 원리를 현실을 구성하는 구성적 원리로 쓰고 싶어하는 월권이 신학적 이념의 가상을 만들어 냈기 때문이다. 그것은 사람의 정신은 이지적인 것만이 아니요, 정서적인 것도 있고 의지적인 것도 있는데 정서와 의지의 문제까지 전부 이성이 맡아보겠다는 데에서 그러한 망령을 일으키고 가상을 낳게 되는 것이다.

체계적 통일이라는 이성의 이상은 판단력 비판의 아름다움과 생명의 원리인 정서적 통일을 내포하고 있으며, 또 신의 이념도 실천이성의 목적의 왕국의 주체로서 의지적 통일도 내포하고 있다. 인간이성이 단순히 이론이성으로서 여러 가지 망상을 일으키고 가상假象을 만들게 되는 것은 인간이성이 단순히 이론이성으로 그치는 것이 아니라 실천이성도 되고 미적 합목적적 이상이 되기도 하는 까닭이다. 이와 같은 인간의 꿈〔超越的 假象〕은 도리어 인간이성을 제한하면서 우리들을 보다 높은 세계로 끌어올리는 계기가 된다고도 할 수 있다. 결국 순수이성은 실천이성으로 높아지고, 실천이성은 판단력 비판으로 문을 열어주게 된 것이다. 진은 선으로 높아지고 선은 미로 높아져서 진의 줄기에 선의 잎이 트고 선의 잎 사이로 미의 꽃이 피어 결국 성으로 열매를 맺게 되는 것이 칸트의 비판철학이다. 칸트는 인간은 무엇을 알 수 있으며, 무엇을 할 수 있으며, 인간은 무엇을 바랄 수 있는지를 묻는 것으로 그의 철학의 목적을 삼았다.

칸트의 형이상학은 제1의 이론적으로는 해결되지 않는다. 그것이 그의 모든 신의 논증의 파괴이기도 하다. 그러나 칸트는 이러한 형이상학의 문제에서 제2의 실천적 답변을 전제로 하는 제3의 답변은 가능한 것으로 보았다. 결국 신과 내세에 관한 신앙은 실천에 근거한 미래의 희망이요, 도덕적 완성이다. 도덕적 명령은 현실세계에 있어서 누구나 다 지키는 것은 아니지만 그러나 도덕명령 자신은 천명을 자각한 사람에게는 필연성을 가지게 되고 또 이러한 명령을 실천하는 주체들이 모인 도덕적 세계는 하나의 목적의 왕국으로 기대할 수 있었다.

실천이성비판 實踐理性批判

『순수이성비판』이 나온 지 7년만에 『실천이성비판』이 나온다. 그래서 이 책을 보통 제2 비판이라고 한다. 이 책에서는 『순수이성비판』에서 해결되지 않은 자유와 영생[不死]과 신의 문제를 해결한다. 이 세 가지는 객관적 인식[知]으로는 해결될 수 없고 오직 주체적 실천[行]으로만 해결될 수 있기 때문이다. 이 세 가지 가운데서도 칸트는 자유라고 하는 것을 제일 먼저 문제 삼는다. 그것은 실천이성의 본질이 자유이기 때문이다.

실천이성이란 어른과 같은 것이다. 어른의 본질이란 자유함에 있다. 어른의 본질은 아들을 가지는 것이다. 아들을 가졌다는 것은 자유子有라고 한다. 자유子有없이 자유自由없고, 자유自由없이 자유子有없다. 자유自由란 말로 하면 힘을 가졌다는 것이요, 힘 가운데 가장 근본적인 힘을 생명의 힘이라 할 때 아들을 가졌다는 것은 가장 근본적인 생명의 힘을 가졌다는 것이다. 그런고로 인간의 근본적인 자유自由는 자유子有에서 이루어진다고도 할 수 있다.

그러면 자유가 어떻게 생명과 신의 문제를 해결할 수 있나? 인간은 아들을 가질 때〔子有〕 유한한 생명이 무한해져 자기의 생명이 불멸不滅함을 느끼게 될 것이다. 자유의 문제가 해결될 때 어떻게 신의 문제가 해결이 될까? 자유, 즉 아들을 가졌다는 말은 아버지가 되었다는 말이요, 아버지가 된 후에야 비로소 자기 생명의 근원인 아버지의 뜻이 무엇인지를 알 수가 있게 된다. 아버지가 되기 전에는 아버지의 사랑도 아버지의 뜻도 알 수가 없다. 자기가 아버지가 되어 아들을 사랑해 본 후에야 내 아버지가 나를 얼마나 사랑했던 지를 알 수 있게 되고 자기가 자기 아들을 길러 본 후에야 자기의 아버지가 나에게 어떤 뜻을 가지고 있었던가를 알 수가 있다. 아버지의 뜻이 무엇인지를 알고 그것을 이루어 갈 때 비로소 인간은 자기와 신과의 하나됨을 알 수 있게 되는 것이다. 아들을 통해서 영원을 알게 되고(영생), 아버지가 되어봄으로 무한한 아버지의 사랑을 알게 된다〔神〕. 이리하여 신과 영생과 자유는 실천이성의 세계에서만 해결이 된다.

칸트는 실천이성의 본질을 자유라고 하여 신과 영생의 문제를 해결하고 실천이성의 형식을 도덕이라고 하여 인간과 사회와의 문제를 해결하려고 한다.

그러면 칸트가 말하는 도덕이란 무엇인가? 도덕이란 바로 산다는 것이다. 사는 것이 문제가 아니다. 바로 산다는 것이 문제다. 나도 바로 살고 남들도 바로 살면 사회는 바른 사회가 되어 하나로 통일된다.

칸트의 도덕의 근본법칙을 "네 의지의 격율格律이 곧 보편적 입법 普遍的 立法의 원리가 될 수 있도록 행하라"라고 하는 것은 한마디로 바로 살라는 말이요, 나와 남이 모두 잘 살도록 행동하라는 것이다. 그런데 나와 남이 다 잘사는 길은 결국 모든 사람이 다 바로 사는 것 밖에 길이 없다. 요는 바로 사는 것, 이것이 도덕의 근본 원칙이다.

칸트는 자유와 도덕의 관계를 이렇게 표현한다. "자유는 도덕의 존재근거요, 도덕은 자유의 인식근거다"라고. 만일 자유를 '힘'이라고 하고 도덕을 '바로'라고 한다면 기둥을 '바로' 세우는 것은 기둥으로 하여금 '힘'을 쓰게 하기 위해서요, 이 기둥이 다른 기둥보다 더 '힘'이 있다는 것은 이 기둥이 '바로' 섰다는 것을 보아서 알 수가 있다.

칸트는 자유는 사실이지 개념화할 수는 없다고 한다. 그 말은 힘은 내가 소유하고 있는 것 뿐이지 그것을 볼 수는 없다는 뜻이다. 힘이 있는지 없는지 아는 길은 그가 바로 사는지 바로 못사는지를 보아서 알 수 있는 것 뿐이다. 그런고로 칸트는 『실천이성비판』에서 자유를 분석하려고 하지 않는다. 다만 도덕률을 분석해봄으로 자유를 헤아리는 척도로 삼는다.

칸트는 맨 처음 실천이성의 법칙을 정의定義하는 데서부터 시작한다. 칸트는 실천이성법칙이 되기 위하여 구비할 네 가지 조건을 정리 定理라고 하여 1. 보편적 2. 필연적 3. 형식적 4. 자율적이라 한다.

보편적이란 말은 도덕은 누구나 좇아야 한다는 말이다. 칸트는 사람들 뿐만 아니라 천사와 같은 모든 이성적 존재도 도덕률에 제한을 받아야 한다고 생각하였다. 필연적이란 말은 도덕에는 강제성이 있어야 한다는 것이다. 물론 다들 힘에 의한 강제가 아니고 자기가 자기를 지배하는 강제다. 실천이성에는 자기가 자기를 지배할 수 있는 힘이 있다. 해야 한다는 것을 알면 곧 해낼 수 있는 힘을 가지고 있다. 거짓말을 하라고 강요당할 때 인간은 죽으면 죽었지 거짓말을 못하는 본능을 가지고 있다. 그것은 거짓말이 참이 아니라고 하는 것을 알고 있기 때문이다. 본지본능本知本能이라고 해도 좋다.

　형식적이란 말은 차라리 형상이라는 말이 더 적합할 지 모른다. 형상形相이라는 말은 아리스토텔레스 이래로 질료質料와 대립하는 말로서 아리스토텔레스에 의하면 신神은 형상의 형상이라고 한다. 칸트는 인간의 도덕성의 근거를 신에 두었다. 칸트는 『천계의 일반 자연사와 그 이론』이라는 책 속에 "모든 피조물 속에 장엄하게 나타나 있는 신성이 생각하는 인간 속에도 깃들이고 있다. 인간은 정열의 폭풍 속에서도 흔들리지 않는 바다처럼 고요한 신성을 간직하고 있다"고 말한다.

　자율적이란 말은 행위의 모든 동기가 밖에 있는 것이 아니고 안에 있다는 것이다. 도덕적 행위는 언제나 타자他者에 의하여 강요됨 없이 인간의 고요한 자유의지에 의하여 결정된다. 그것은 도덕적 행위의 주체는 언제나 책임을 지는 주체이기 때문에 자발적인 행위가 아니면 절대로 책임을 물을 수가 없기 때문이다.

　보편적, 필연적, 형식적, 자율적은 모두 자유의 형태이기도 하다. 실로 도덕과 자유는 하나의 두 면으로서 나누려야 나눌 수 없는 것이다. 사람은 자기 의지의 계율이 언제나 그대로 그것이 보편적 입법의 원리가 되도록 행동할 때 가장 행복하다. 바로 사는 것만이 건강한 삶이요, 인간은 건강할 때 가장 행복할 수 있다. 칸트는 언제나 자유를 방종과 엄격히 구별하였다.

　자유는 자기가 자기를 지배할 때 나타나는 왕자王者의 품격이요, 방종은 자기가 욕정에 끌려 다닐 때에 일어나는 노예奴隷의 모습이다. 그런고로 자유란 우리들이 감각적 여건을 이기고 도덕률에 의하여 자기 자신을 지배할 때 이루어지는 것이다. 감각적 여건을 쫓아 향락을 구하는 것은 도덕적이 아니다. 괴테도 향락을 천한 것이라고 했지만 칸트는 향락을 인간의 고귀성과는 상관없는 것으로 생각했다.
   칸트 당시의 철학자 엘할트는 "내 생애에 있어서 붙잡을 수 있었던 모든 향락도 칸트의 실천이성비판의 몇 줄에서 받은 영향 때문에 내 심정은 전율을 일으키고 모든 향락은 그 빛을 잃어버리고 말았다."고 술회述懷하였다. 그래서 칸트는 언제나 행복을 도덕이 완성되어 인간이 인간다운 고귀성을 지닌 후에야 이루어지는 것으로 생각했다. 이것이 덕복일치의 사상이다. 덕이란 바로 사는 일이요, 바로 산다는 것은 어떤 의미로는 이 세상에 대하여 죽는 일이다. 덕복일치란 한번 죽었다가 다시 사는 경지다. 죽음을 넘어서서 사는 경지이기 때문에 칸트는 이러한 세계의 주인을 신이라고 부르고 이러한 세계를 최고선最高善이라고 하였다. 그리고 이러한 세계에 사는 백성들은 무한히 행복한 영원한 존재이기 때문에 칸트는 불멸을 전제하지 않을 수 없었다.
   칸트가 신과 영생과 자유를 최고선을 실현하기 위한 요청이라 한 것은 칸트에게는 어려서부터 받은 부모님의 경건한 기독교의 믿음이 그의 사상을 일관하고 있기 때문이다. 칸트의 윤리적 가치관은 이밖에도 프로이센 군국의 엄격한 의무 관념으로 구성되어 있다. 칸트는 모든 사람에게는 양심의 소리로서 누구나 선천적으로 도덕률을 가지고 있다고 생각하였다. 모든 도덕적 행위는 이 도덕률에 대한 존경으로부터 나오게 되고 도덕률에 대한 끝없는 존경의 감정이 의무 관념이다.
   "의무여, 너 숭고한 그리고 위대한 이름이여, 너는 사람의 마음을 끌고 기쁘게 하는 아무 것도 가진 것이 없으면서 무조건으로 복종을 요구한다. 물론 사람을 위협한다던가 공포를 일으켜 사람의 마음을 움직이는 것이 아니라 다만 하나의 법칙을 세워 그들을 따르게 한다. 이 법칙은 사람의 욕망을 거슬려 말할 수 없는 존경을 받게 하고 모든 죄악의 경향은 도덕률에 반항하면서도 그 앞에 입을 봉하고 무릎을 꿇게 한다."

칸트는 이와 같이 존경을 받는 도덕률의 주체를 인격이라고 했다. 전 우주 속에서 사람들이 구하고 또 지배할 수 있는 모든 것은 그저 수단으로 삼아도 좋다. 그러나 사람만은 그리고 모든 이성적 피조물만은 목적 자체인 것이다. 칸트는 우리들에게 인격의 한없이 숭고함을 보여준다.

"생각하면 할수록 언제나 새롭고 북받쳐 오르는 감탄과 숭경崇敬으로 내 마음을 꽉 채우는 것이 두 가지가 있다. 하나는 머리 위에 무수히 빛나는 별하늘이요, 또 하나는 내 마음속에서 언제나 움직이는 도덕률이다. 이 둘은 암흑 속이나 공상 속에 있는 것으로 생각하여 시야視野밖에서 찾든지 마음속에서 억측臆測할 필요는 없다. 나는 이 두 가지를 내 앞에 보고 직접 내 삶과 연결되어 있음을 인식한다. 첫째 것은 밖으로 감성계에 있어서 내가 자리 잡은 이 땅으로부터 시작하여 내가 사는 세계와 이 세계를 넘어서서 멀리 저편으로 확대되는 세계의 체계와 그 체계를 넘어서 헤아릴 수 없는 우주의 전체로 내 생각을 더듬게 한다. 그리고 이 세계와 모든 체계의 주기적인 운동과 무한히 계속하는 시간으로 내 생각을 몰아간다.

그 다음은 나로서는 볼 수 없는 자아, 나의 인격성으로부터 시작하여 참다운 무한성을 가지고 오직 이성으로만 알 수 있는 또 하나의 세계 속에 나를 인도한다. 그리고 나는 이 세계에 대하여는 밖의 세계에 대하듯 우연적이 아니요, 진정으로 보편적이요, 필연적으로 자기와 연결되어 있다고 인식한다. 밖에 있는 무수한 세계군은 하나의 동물적인 피조물에 불과한 나를 무시해 버리고 마는 것 같다. 왜냐하면 동물적 피조물로서의 나는 내가 필요한 물질을 잠시 동안 살기 위해서 빌려쓰다가 내가 갈 때에는 다시 이 우주의 한 점밖에 안 되는 이 유성 위에 돌리지 않으면 안 된다.

  그러나 이와는 반대로 예지체叡智體로서의 나의 가치는 나의 인격성으로 말미암아 한없이 높아진다. 이 인격성은 도덕법칙에 의하여 동물계나 감성계로부터 완전히 독립한 하나의 높은 생명을 나에게 보여준다. 이 생명만이 나로 하여금 도덕적 법칙을 통하여 내 삶을 목적으로 인도하고 이 목적은 현세의 생활조건이나 한계로부터 제한됨 없이 무한히 진행하는 새 생명으로 나를 이끌어 가고 있는 것이다."

판단력비판判斷力批判

  칸트는 『순수이성비판』에서 참〔眞〕과 자연自然과 법칙을 찾고 『실천이성비판』에서 선善과 자유自由와 목적을 찾았지만 칸트는 또 다시 『판단력비판』에서 아름다움〔美〕와 자족自足과 생명을 찾게 된다. 이리하여 칸트는 비판의 체계를 완성하게 된다. 위의 세 비판 가운데서 후세에 가장 큰 영향을 끼친 것은 제1 비판이나 제2 비판보다도 제3 비판이라고 한다.

  피히테(J. G. Fichte, 1762~1814)도 『판단력비판』의 발췌를 만들고, 괴테도 자기의 생애에서 가장 아름다운 시기를 가지게 된 것은 『판단력비판』의 덕택이라고 하여 이렇게 말했다.

  "어느 날 『판단력비판』이 내 손에 들어왔다. 이 책 때문에 나는 나의 가장 큰 즐거운 생애의 한때를 가지게 된다. 지금까지 갈갈이 찢어졌던 나의 작품이 하나로 통일되는 것을 발견하게 되었다. 이 책에서는 예술의 산물과 자연의 산물이 꼭 같이 취급되어 있다. 예술과 자연의 깊은 생명이 내적으로 이 책에서 연결되어 있다."

괴테에 끼친 칸트의 영향은 목적 없는 합목적성合目的性이다. 이것이 생명의 본질이다.

학문을 가능케 하는 것은 깨달음이요, 예술을 가능케 하는 것은 영감이요, 도덕을 가능케 하는 것은 사명감이다. 칸트에게 있어서 이것은 선천적인 것이요 아프리오리요, 초월적인 것이다. 깨달음은 이치와 법칙을 찾고, 사명감은 의무와 도덕을 찾고, 영감은 생명과 기쁨을 찾는다.

자연을 소재로 하여 자유가 표현될 때 인간은 한없는 기쁨과 생명의 충만함을 느낀다. 여기에 하나의 연극이 있다고 하자. 연극을 쓰는 사람은 작품 속에서 하나의 세계를 창작한다. 그런 의미에서 그는 하나의 신이다. 연출을 맡은 사람은 무대 위에서 세상을 섭리한다. 그런 의미에서 또 하나의 신이다. 연극을 구경하는 사람은 연극을 심판한다는 의미에서 다른 하나의 신이다. 실지로 연극을 하는 사람은 때로는 왕이 되고 어떤 때는 거지가 되고 어떤 때는 여자가 되어 자기 마음대로 자기를 나타낼 수 있는 물자체로서의 신이다.

인간은 예술을 통하여 신이 되어 본다. 신은 아니지만 신이 되어 보는 것이 예술의 비밀이다. 목적 없는 합목적성의 목적이 신이라는 것은 아리스토텔레스 이래로 서양 철학의 전통이다. 칸트는 이 목적을 라이프니츠를 통하여 그의 스승 크눗젠에 의하여 심어진다.

사람은 『순수이성비판』에서 칸트의 총명을 발견하고, 『실천이성비판』에서 칸트의 경건을 발견하고 『판단력비판』에서 칸트의 신비를 발견한다. 별로 우수한 예술작품에 접해본 일도 없고 희랍의 비극이나 영국의 셰익스피어나 괴테나 쉴러도 잘 모르면서 미와 숭고의 본질을 추구하고 자연과 자유를 통합하고 미와 생명을 결합하여 아리스토텔레스의 시론詩論과 헤겔의 미학 강의 못지 않은 미학의 근원적인 고전을 남겼다고 하는 것은 더욱 이상한 일이다. 학자와 도덕가로서의 칸트는 누구나 다 아는 바이지만 미학자의 비밀은 어디서 나온 것일까. 그것은 그가 예술가로서의 미를 창작할 수도 없었고 미를 감상할 줄도 몰랐지만 그는 형이상학자로서 미의 본질과 그 근원에 도달할 수가 있었다. 그는 미의 이데아를 볼 수 있었기 때문이다.

칸트가 취미판단이라고 말하는 미美에 대한 관조觀照는 우리의 혼이 감동을 받은 하나의 상태로서 자기의 깊이나 높이를 느끼게 하는 일종의 기쁨(快感)을 안겨준다. 취미판단은 논리판단과 비교하면 언제나 개별적인 판단으로 보편적인 판단은 아니다. 그 술어는 하나의 개념이 아니라 쾌, 불쾌의 감정이다. 이 감정은 논리화할 수는 없고 다만 감정 자체를 맛볼 뿐이다. 만일 한 줄의 시, 한 폭의 그림이 왜 아름다우냐고 묻는다면 대답할 사람은 아무도 없을 것이다. 자기가 느끼는 미를 타당한 것으로 경험은 하지만 그러나 이 경험이 하나의 실례實例가 될 수 있을 것 같은 보편적인 규칙을 내놓을 수는 없다. 그러나 그 실례는 법칙은 아니지만 법칙에 맞는 어떤 느낌을 주는 것은 사실이다. 미의 대상은, 목적의 표상은 가지지 않아도 목적에 맞는 그런 느낌을 준다. 미에는 언제나 하나의 명백한 진리가 눈앞에 있기는 하지만 그러나 전혀 아무런 대상인식도 주지 않는다. 다만 바다 위에서 뛰노는 물고기처럼 생명의 약동을 느끼는 동시에 모든 인식능력의 자유로운 유희遊戲를 가지게 할 뿐이다. 상상의 날개는 무한을 나르면서도 특정한 개념의 법칙을 무시하지 않기 때문에 아무런 공기의 저항도 느끼지 않는다.

자유와 법칙은 그대로 하나가 된다. 마음대로 해도 법칙을 벗어나지 않는 숙달의 세계가 자유와 자연이 하나가 된 숙달된 자족의 세계일 것이다. 동양 사람들은 유희삼매라고 하지만 사색의 자유와 도덕의 자유보다도 훨씬 넓고 완전한 자유일 것이다. 어떤 의미로 말하면 미적 유희의 자유는 나 자신의 근원의 폭로라고도 할 수 있을 것이다. 퍼내도 퍼내도 다 함이 없는 길의 존재의 밑둥이가 구체적 대상으로 표현되는 세계다. 이 세계는 인류전체가 근원적으로 공감되는 보편적인 세계다. 사람은 이러한 공감을 통해서 초감성적인 것을 헤아리게 된다. 칸트는 이것을 미적 이념이라고 한다.

미의 세계에 있어서는 대상의 존재에 대하여는 어떠한 관심도 있어서도 안 된다. 미는 감각적 욕망의 대상도 아니고 도덕적 비판의 대상도 아니다. 감각적 욕망의 대상은 쾌감을 불러일으키고 쾌감이란 감관의 만족을 주는 것이다. 그것은 인간의 경향성(욕망)을 자극하여 그 대상의 존재를 자기 것으로 만들고자 하는 집착이 생긴다. 또 도덕적 의지도 선한 대상의 실현을 의도하여 그 존재를 요구하게 된다. 본래 예지적인 인간을 감각의 노예로 삼는 것은 경향성이고 이성의 대상에 대한 존경 때문에 율법의 노예를 만드는 것은 도덕이다. 경향성에 속박됨도 아니고, 존경에 의해 명령됨도 없이 자유와 자연이 그대로 조화된 유희삼매遊戱三昧의 경지는 동물의 세계도 아니요, 예지의 세계도 아니요, 그 중간에 있는 인간에게만 가능한 세계다.

인간은 아름다움을 볼 수 있기 때문에 동물도 아니고 단순한 이성인 신도 아니다. 인간이 미를 볼 수 있는 것은 아무 관심도 없이 대상의 존재가 아니라 그 표상에 만족할 수 있기 때문이다. 관심이란 대상의 존재에 관한 관심으로 그것은 감성적인 것과 이성적인 것이 있지만 미는 두 가지를 다 초월한 대상에 대한 무관심의 만족이다. 쾌감은 경향에 근거하고, 선의 만족은 존경에 근거하고, 미의 만족은 은총에 근거한다. 유희삼매의 경지는 기독교적으로 표시할 때에는 은총의 감격이라고 할 수밖에 길이 없을 것이다.

칸트는 미에 대하여 처음에는 자연과 예술을 구별하지 않았다. 그러나 나중에 그는 큰 차이점을 발견하게 된다. 미의 관조는 대상에 대한 자유로운 유희이나, 예술은 이 유희로부터 창조적인 미를 생산해 내는 것이다. 예술은 천재天才를 통하여 이루어진다. 천재란 자연의 총아寵兒다. 목적 없는 합목적성이 인간으로 구현될 때 천재가 된다. 천재는 자연이 만든 최고의 예술품이라고 할 수 있다. 그런 의미에서 자연과 예술의 비밀은 천재만이 알 수 있다고도 할 수 있다.

 천재는 미를 창조한다. 자연미의 근거에는 신이 있었다. 예술미의 근거에는 천재가 있다. 인간은 천재를 통하여 신에 접근할 수 있다. 천재는 예지적 본체의 나타남이다. 그런고로 천재의 근거와 본질은 자연이다. 천재는 자기의 본성을 의식하지 못한다. 무의식 속에 자연과 자유의 근원적인 일치가 성립된다.

 천재의 특성은 그 독창성이다. 천재는 자연의 모방도 아니요, 천재의 추종도 아니다. 학문의 세계에 있어서는 모방과 추종으로 학자와 상인常人의 양적 차가 생기지만 예술의 세계에 있어서는 천재와 평인은 모방과 추종을 허락하지 않는 질적 차이를 가지고 있다. 그런 의미에서 학문은 일정한 법칙을 가지고 있으나 예술은 일정하지 않은 법칙을 가지고 있다. 다시 말하면 학문은 한정된 보편이지만 예술은 한정되지 않은 보편이다. 그런 의미에서 천재의 작품은 두 번 나올 수는 없다. 그러나 무한히 감상될 수는 있다. 천재의 작품은 아무리 감상해도 싫증이 나지 않는다.

 마치 푸른 나무와 새소리는 아무리 보고 들어도 염증을 느끼지 않는 것이나 마찬가지다. 그런 의미에서 상상은 자유로운 유희다. 천재는 사람이 흉내 낼 수는 없지만 그 작품은 언제나 예술 평가의 기준이 되고 준칙이 될 수는 있다. 예술적인 창작력은 규칙으로서의 한정된 보편은 아니지만 우수 작품을 산출하는데 모범 형태로서의 무한정의 보편은 될 수 있다.

 스승은 제자를 만들 수는 있지만 스승 없이는 제자가 될 수가 없다. 천재는 자기의 창작의 비밀을 남에게 전해줄 수도 없고 또한 자기 마음대로 창작해 내는 것도 아니다. 다만 하늘의 손이요, 신의 계시로 이루어지는 자연의 작용이라고 할 수 있다. 그런고로 천재에 있어서 가장 본질적인 것은 그 정신이다. 이 정신은 미적 이념을 상징적으로 표현할 수 있는 직관력을 가지고 있다. 이 힘은 마음을 즐겁게 해주고 자기를 유지하고 언제나 여유 만만한 유희의 심정을 가지게 한다. 천재란 미적 이념을 가질 수 있는 능력이요, 예술은 미를 전달 가능케 하는 기술이다. 천재는 작품을 통하여 창조하고 전달할 수 있는 사람이다.

천재의 개념은 칸트에 있어서는 창조하는 인간에 제한된다. 천재는 한 순간의 직관에 의하여 상상력의 무한한 유희를 가능케 하고 어떤 개념도 줄 수 없는 만족을 생산한다. 천재는 자연의 선물이요, 자연은 천재를 통하여 한정할 수 없고 모방할 수도 없고 반복할 수도 없는 깊이를 나타낸다. 천재는 이성 안의 자연이다. 그것은 현상의 완성을 유희 속에 미리 구현하기 때문이다.

천재는 독창적獨創的이요, 범례적範例的이다. 범례적이란 말은 보통 사람들은 천재의 작품을 받아 예술의 세계로 들어갈 수 있는 것을 말한다. 천재의 본성은 창작에 있어서 심성의 모든 능력의 통일이요, 미적 이념의 서술의 능력이다. 이 본성은 초감성적 기반 자체요, 그것과의 관계에 모든 인식능력을 일치하게 하는 것이다. 칸트는 유고遺稿속에 이렇게 적어 놓았다.

"우리들은 천재들이라고 불러서는 안 된다. 그것은 세계영혼의 통일이다."

그러나 천재가 아무리 근원적이요, 독특한 권리를 가지고 형식을 창조하지만 천재도 하나의 재질로서 닦기우고 갈려지지 않으면 안 된다. 천재는 초감성적인 기체基體라는 뿌리에서 기준을 만들어 내지만 한편 그의 작품은 취미에 의하여 연마되고 통합되어야 한다. 천재는 초감성적 입장에서 모든 심성의 능력(構想力, 悟性, 精神, 趣味)의 통일로서의 자연이나 그러나 천재도 단련의 형식을 필요로 하는 재료이다. 천재는 규칙을 벗어나 모방할 수 없는 작품을 내놓는 특권이 주어져 있으나 천재도 역시 훈육이 필요하고, 명석과 질서가 이념을 진실 견고하게 한다.

　예술과 시에 있어서의 관조는 자유로운 유희로써 인간 자체가 근원적으로 나타나는 것을 의미한다. 유희의 자유란 사물에 대한 관심에 비하면 아무런 구속이 없는 세계다. 유희는 실로 무한한 해방이다. 모든 사람을 특수한 현실에 얽매는 향락이나 도덕이나 논리적으로 제한된 인식으로부터 해방되어 인간은 이 유희에서 넓은 자유성을 얻게 된다. 그러나 칸트는 자유의 본질을 도덕에 두기 때문에 예술의 자유로운 유희도 도덕과 관련된 것을 간과하지 않는다. 칸트가 말하는 도덕은 우리의 현실적인 도덕과는 다르다. 그것은 누메나(신성)의 노출로서의 도덕이다. 자각적 도덕이다.

　칸트는 표면적으로는 취미와 현실적 도덕의 무관계無關係를 주장하는 것 같다. 그리고 태반의 취미 생활한다는 사람들이 어리석고 우둔하게 파멸적인 열정에 빠져있기 쉽다. 그러나 실지로 취미를 근거시키는 참다운 준비는 윤리적 이념의 발달과 도덕적 감정의 순화와 연결되어야 한다. 왜냐하면 초감성적인 근거에 있어서는 미적 이념과 도덕성의 근원은 일체이기 때문이다. 미의 도덕적 의의는 칸트의 통찰의 절정이다. 예술미의 관심이 도덕적 선에 호의를 가지게 한다고 입증할 수는 없지만 그러나 자연미의 직접관심은 언제나 선량한 마음의 표적이다.

　하여튼 예술에서 최후의 미란 것은 도덕성의 상징이라고 하는 데까지 올라가게 마련이다. 예술은 하나의 문화 형태로서 천재의 범례적範例的인 창조는 바꿀 수 없이 존귀한 것이고 예술을 통하여 사유 방식의 자유성이 발생하고 미적 형식에 전달가능성을 통하여 사회 교육이 행해지기도 하지만, 그러나 도덕적 이념의 자각 없이는 이 모든 것이 인간에게 아무런 가치도 주지 못한다. 여기에 칸트의 역사적 합목적성이 문제가 된다.

칸트는 판단력을 크게 나누어 미적 판단력과 목적론적 판단력으로 나눈다. 그리고 목적론적 판단력의 분석으로 자연의 생명체인 유기적 합목적성과 인간의 문화적인 역사적 합목적성을 취급한다. 역사적 합목적성을 말하기 전에 유기적 합목적성을 더듬어보자. 유기체란 자기 속의 원인과 결과를 다 가지고 있는 자연적 합목적성이라고 볼 수 있다. 유기체는 하나의 산물이지만 그러나 자연목적이라고 생각된다. 자연목적이란 자기가 원인이 되고 자기가 결과가 되는 것이 자연목적이다.

첫째 여기 하나의 나무가 있다고 하자. 나무는 나무에서 생산된다. 엄마도 나무요, 아들도 나무다. 자기가 자기의 원인이요, 자기가 자기의 결과다. 나무는 생산을 통해서 언제까지든 자기를 유지해간다. 이것은 나무가 하나의 종족으로서 유지되어 가는 과정이다.

둘째로 나무는 개체로서 자기 자신을 생산한다. 나무는 밖의 물질을 기계적으로 섭취하는 것이 아니고 생명의 신비를 통해서 그것을 변화시켜서 동화하여 자기를 만들어 간다. 그것은 자기가 자기를 생산해 간다고 말할 수도 있다.

셋째로 나무의 각 부분은 나무의 전체를 유지해 간다. 나뭇잎은 나무에서 나왔지만 나무를 위해서 바쳐진다.

넷째로 나무의 부분은 다른 부분을 위하여 바쳐지기도 한다. 일찍 피었던 꽃이 너무 많이 지면 잎들이 꽃이 되기도 하고 꽃이 잎이 되기도 한다. 이것은 동물의 세계에도 인간의 세계에서도 이루어진다.

눈이 어두워지면 손끝이 예리하여 눈의 역할을 한다. 각 부분을 생산한다고 생각할 수도 있다. 유기체는 유기화 되기도 하고 유기화 하기도 하는 존재로서 자연 목적이라고 한다. 유기체, 즉 내면적 합목적의 원리는 이렇게 말할 수 있다. 자연의 유기적인 산물은 거기서는 하나 하나가 목적이며 동시에 수단이라는 것이다. 하나도 뜻이 없거나 목적이 없는 것은 없다. 하나도 우연히 생기는 것은 없다. 이것이 생물학의 원칙일 것이다. 자연목적은 자연의 물질자신의 내면적 합목적성으로서 어떤 이성적 존재자의 의도적인 산물이라고 할 수는 없다. 그런 의미에서 목적 없는 합목적성이라고 할 수 있다. 그러나 이렇게 말할 수도 있다. 유기체는 자연의 기계적 법칙의 산물로서도 너무도 우연이라고 밖에 할 수 없기 때문에 자연의 배후에는 어떤 목적이나 근거가 있다고 생각하는 것이 자연을 이해하는데 도움이 된다. 그런 의미에서 합목적성은 우연한 것의 필연성 또는 법칙성이라고 할 수 있다. 자연물이 자연 목적이라고 생각되기 위하여는 자연물의 배후에 이념이라는 것이 있다고 생각하여야 한다. 이 이념의 능력이 자연물의 모든 부분에 남김없이 퍼져 있다고 생각되어야 한다. 자연물 밑에 이 이념이 있다고 생각되는 이유는 직관적 오성直觀的 悟性이라는 것을 인정할 수밖에 길이 없기 때문이다.

   직관적 오성이란 인간오성으로서는 도저히 도달할 수 없는 원형적 지성이다. 원형적 지성原型的 知性에는 전체와 부분이 분열되어 있지 않다. 벌은 홍수가 나는 해에는 집을 높은 곳에 짓는다고 한다. 벌이 삼십 리 밖에 가서 꿀을 따 가지고 돌아오다가 비를 만나면 한 주일 나뭇잎에 붙어 있다가 해가 나면 자기 집으로 돌아오는데 꼭 같은 벌통을 몇 만개 놓아도 조금도 틀림없이 자기 집을 향해서 쏜살처럼 들어간다. 들어가서 자기 친구에게 촉각을 한번 움직이면 옆의 벌은 방향과 거리에 아무런 착오 없이 산을 넘고 물을 건너 쏜살처럼 자기 친구가 찾아갔던 꽃으로 꿀을 찾아 직행한다. 호리의 차이도 없이 마치 산과 벽을 꿰뚫고 보기나 하는 것 같다. 이것이 직관적 오성이다. 시간도 공간도 초월하여 볼 수 있는 능력, 이것이 원형적 지성이다. 원형적 지성에 있어서는 전체가 그대로 부분을 한정하고 부분이 그대로 전체를 한정하는 전체와 부분이 본질적으로 통일된 세계임에 대하여 인간의 모형적 지성模型的 知性에 있어서는 전체의 이념이 부분의 존재방식을 결정한다고 생각하게 되고 전체의 이념이 부분을 가능케 하는 것이 목적원인目的原因이기 때문에 모형적 지성은 목적의 이념으로써 부분과 전체의 우연성을 극복하려고 한다.

그런고로 인간에 있어서 우연을 필연으로 만드는 것이 지성이 아니라 의지요 목적이다. 인간에게 주어진 것은 모두 우연이지만 인간은 실천 이성을 통하여 우연을 필연으로 바꾸어 놓을 수가 있다. 이것이 사명감이요, 목적의 능력이요, 뜻의 원천이다.

자연의 밑바닥에 어떤 뜻이, 어떤 목적이, 어떤 자유가 발견될 때 거기에 합목적성이 성립된다. 물론 그것은 깊은 반성에 의하여 성립되는 것이다. 만일 자유가 자연을 직접 한정하면 그것은 실천이성의 영역이지만 자연의 밑바닥에 자유가 있다고 반성될 때는 그것은 반성적 판단력의 세계다. 자연이 곧 신의 작품이라는 것이 아니라, 자연은 신의 작품이 아니라고 할 수 없다고 느껴지고 반성될 때 그것은 자연의 존재인식이 아니고 자연의 존재의 가치판단, 혹은 의미평가가 되는 것이다.

자연의 반성적 판단의 대상이 되므로 말미암아 그것이 마치 자유의 산물인 것처럼 판단된다. 여기에 자연의 신비가 있고 생명이 있다. 생명이란 객관 속에 주관을 볼 수 있는 것이다. 주관이 주관인 이상 그것은 결코 대상이 될 수는 없지만 그것이 반성을 통하여 평가가 되는 것이다.

칸트의 판단력 비판의 최후를 장식하는 것은 자각적 합목적성, 혹은 역사적 합목적성이다. 유기체적 합목적성은 유기체에 있어서는 어떤 부분도 뜻 없는 것이 없다고 생각했듯이 이 세상에 모든 물건은 무엇을 위해서 소용되는 것이고 이 세상에 있어서 어떤 것이든 뜻 없는 것은 없다고 생각된다. 그러나 전 자연이 하나의 온전한 목적의 체계가 되기 위해서는 전 자연이 하나의 최종 목적을 향하여 통일되지 않으면 안 된다. 이리하여 자연은 비로소 단순한 상대성을 벗어나 절대성을 띠게 된다.

그런데 자연의 최종목적을 가능케 하는 것은 실로 자연의 절대목적이다. 자연의 목적체계를 하나의 목적체계가 되게 하는 최종목적은 문화요, 문화를 자연의 최종목적이 되게 하는 것은 절대목적인 도덕이다. 자연의 목적이 생각되기 위해서는 자연의 절대목적을 인식해야 한다. 자연의 절대목적은 초감성적인 것이 필요하다. 자연 그 자체의 존재의 목적은 자연을 넘어선 저쪽에 구해지지 않으면 안 된다. 절대목적은 다른 아무 것의 제한도 받지 않는 목적이다. 그것은 어떤 것에도 수단이 될 수 없는 것이다. 절대목적은 감성적 상대적인 자연 자체의 힘으로는 실현될 수가 없다. 그것은 자기가 목적이 될 수 있는, 스스로 자기를 실현할 수 있는 도덕적 존재로서의 인간만이 실현할 수 있다. 절대목적은 누메나(정신)로서의 인간이다. 인간의 존재는 최고의 목적을 자기 속에 간직하고 있다. 그는 그 목적에 대해서 온 자연을 예속시킬 수가 있다. 인간만이 조화의 절대목적이다. 자연의 절대목적은 도덕의 주체로서의 인간이다. 감성적 세계는 예지적 세계의 관련으로써 보편적 합목적성을 보여 주게 된다. 이것이 문화와 역사의 합목적성이다. 이것이 자연의 최종목적이다. 그러나 이 최종목적을 가능케 하는 것이 도덕이다.

칸트의 철학은 문화의 철학이 아니고 도덕의 철학이다. 문화와 역사를 초월하는 도덕을 생각하는 칸트의 정신은 한없이 깊은 데가 있다. 인간의 목적이 문화가 아니라 문화의 목적이 인간이다.

칸트에 의하여 예지적 세계는 도덕적 실천을 통하여 주체적으로 파악된다. 실체實體의 철학이 아닌 주체主體의 철학이 시작된다. 감성적 세계는 예지적 세계에 대하여 수단이 되지 않으면 안 된다. 자연은 인간에 대하여 합목적이 되어야 한다. 그것은 인간이 도덕의 주체요, 누메나(實在界)이기 때문이다.

도덕의 실현을 준비하는 문화는 어느 정도 자연의 의도에 맡겨진다. 이러한 자연의 의도의 실현이 칸트에 있어서는 역사의 발전이라고 생각된다. 역사는 자유의 소산이지만 역사적 발전을 가진다는 뜻에서 외적 자유요, 시간에 있어서의 진보는 자연의 의도요, 그 최종목적은 문화다. 자연은 인간 문화를 어떻게 발전시킬 것인가. 그것은 인간 사이의 불평등에서 빚어지는 경쟁을 통하여 인간 문화를 발전하고 전쟁과 같은 비극을 통해서마저 인간의 소질을 극도로 세련되게 한다. 그리고 사치하게까지 하는 인간 문화가 여러 가지 해독을 끼치는 것이 있다고 하더라도 인간을 도덕적으로 보다 낫게 할 수는 없지만 인간으로 하여금 우아하게 할 수는 있다. 그러나 자연이 할 수 있는 것은 문화의 경지를 벗어날 수는 없다. 문화를 뜻있게 할 수 있는 절대목적은 인간 자신의 자각에 의해서만 실현된다. 이 자각적인 생명이 역사적 합목적성이다.

인간학人間學

칸트의 마지막 작품은 『인간학』이다. 더 자세히는 실용적 인간이다. 그것을 칸트는 74세에 썼다. 80평생을 통하여 인생고를 다 맛본 칸트는 이제야말로 자기 경험을 돌아보면서 어린 손자를 무릎에 앉히고 옛날이야기를 하듯이 가장 평범하게 세상을 살아가는 지혜를 가르쳐 주는 것이다.

진리는 평범한 데 있다고 하지만 70을 넘어선 칸트야말로 모든 파란이 지나간 후의 고요한 평범을 즐기게 된다. 칸트의 입장이 본래 건전한 상식을 가지고 만사를 처리하고 만물을 알아보자는 것이었지만 22세 때 품었던 이 이상은 70이 넘어서야 완전한 모습으로 그 평범성을 드러내게 된다.

사람에게 있어서 무엇보다도 건강이 제일인 것처럼 지식에 있어서도 역시 무엇보다도 상식이 제일 중요하다. 칸트는 세계에서 가장 어려운 책을 세 권이나 썼지만 그 책의 입장은 어디까지나 상식이라는 점에 칸트를 가까이 할 수 있는 친근미가 있다. 칸트가 순수니 선천이니 진리니 도덕이니 하는 것도 모두 상식이다. 우리는 보통普通이라면 천대하고 상식常識이라면 무시하지만, 한문자로 보통은 넓게 통했단 말이요, 상식이라면 영원한 지식이라는 말이다. 그런데 인간은 누구나 한번쯤 평범平凡을 떠나 비범非凡을 꿈꾸다가 철이 들어서야 평범에 깨게 된다.

칸트는 30년 동안 여름학기에는 지리학地理學을, 겨울학기에는 인간학을 강의했다. 학자로서의 칸트라기보다는 인간으로서의 칸트가 눈앞에 보이는 것 같다.

칸트는 언제나 철학의 내용이 무엇인가고 물었을 때에는 철학이란 1. 인간은 무엇을 알 수 있나? 2. 인간은 무엇을 해야 하나? 3. 인간은 무엇을 바랄 수 있나? 4. 그리고 인간이란 무엇인가? 라고 말했다. 결국 앞의 세 가지는 마지막 인간이란 무엇인가의 준비에 불과하다.

칸트의 철학은 인간학이다. 인간은 무엇인가. 나는 무엇인가. 이것이 근대의 소크라테스라고 하는 칸트의 본래적인 모습이다. 칸트를 인간으로 끌어준 사람, 그분은 칸트의 서재를 장식한 유일의 초상화의 주인공인 루소였다. 칸트가 고백하는 것처럼 그는 본래 학자였다. 그는 지식에 대한 강한 의욕을 가지고 있었고 동시에 지식에 대한 한없는 교만을 품고 있었다. 지식만이 인간을 인간답게 하는 찬란한 빛이라고 하여 무식한 사람들은 인간이 아니라고 생각하였다. 그러나 루소를 통하여 인간에게는 지식 이상의 능력이 있음을 알게 되었다. 인간 속의 지식 이상의 것을 발견했을 때 그는 처음으로 인간을 존경할 수 있게 되었다. 그가 늘 학생들에게 말한 것처럼 뉴톤을 알기 전에는 무질서와 쓰레기처럼 쌓여진 잡다 이외에 아무 것도 몰랐다. 그러나 뉴톤을 안 후부터는 처음으로 질서와 법칙의 정연한 우주임을 알게 되었다. 그 후는 혜성彗星마저도 기하학적인 제도 위를 달리고 있다는 것을 믿게 되었다.

이와 꼭 같은 영향을 루소는 인간적인 면에서 줄 수 있었다. 거짓과 교만에 쌓인 잡다한 인간 형태 속에 깊이 감추인 인간의 본성과 숨은 법칙을 알게 되었다. 이러한 법칙을 좇고 그것을 실천할 때에만 인간은 인간의 존엄을 드러낸다. 뉴톤과 루소는 그의 눈을 뜨게 하여 주었으며 그를 하나님께로 인도해 주신 위대한 두 스승이다. 어떤 의미로는 뉴톤보다도 루소의 영향이 더 컸다고 할 수 있다.

그는 언제나 문화보다도 도덕을, 학문보다도 인격을 중요시하게 되었다. 한마디로 칸트의 철학은 인간의 철학이요, 인간학이다. 비판철학이라고도 하지만 그것은 칸트철학의 방법론일 것이고 어디까지나 철학의 대상은 인간이다. 칸트가 비판의 대상으로 삼은 것은 예지적 존재도 신도 아니요, 감성적 존재인 동물도 아니다. 다만 예지적이요 감성적인 인간만이 그의 비판의 대상이다. 그러므로 칸트의 비판은 인간의 비판이요, 칸트의 철학은 인간의 철학이다.

물론 장년기의 그의 인간비판인 제3 비판은 평범한 인간은 아니다. 문화와 역사를 통하여 이루어진 비범한 인간, 초월적인 인간이다. 그러나 칸트가 30년을 겨울마다 강의했고 말년의 작품으로 내놓았다는 『인간학』은 평범한 인간학, 인정에 통하여 세상에 통하는 실용적 인간학이다. 실용적이란 말은 의무를 다하는 도덕도 아니요, 자연을 지배하는 기술도 아니다. 이 세상에 수없이 많은 이웃사람들과 어떻게 하면 거리낌없이 살아가느냐 하는 내용이다.

사람이 한 세상을 살아가는데 첫째로 제일 큰 문제는 이기주의 에고이즘이라는 병통이다. 인간은 자기를 자각하는 점에 있어서 동물을 면할 수가 있다. 그러나 자기를 자각한다는 인간의 가장 소중한 뿌리에는 언제나 이기주의의 병균이 동시에 자라게 마련이다.

칸트는 이기주의를 세 가지로 갈라본다. 자기 생각만을 옳다고 주장하는 논리적 이기주의, 자기의 취미에 도취한 미적 이기주의, 자기의 쾌락을 유일의 목표로 삼는 실천적 이기주의다. 이런 병통은 인간은 세계 안에 살고 하나의 세계 시민으로 많은 사람과 같이 살면서도 세계 전체를 자기 안에 포섭하려는 자아의 횡포에서 일어나는 것이라고 하였다. 자기 밖에 다른 인격도 고려하는 다원론多元論에 서야 자기의 모습을 알 수 있는데도 불고하는 단원론單元論에 서서 자기만을 생각하기 때문에 이기주의는 성립된다.

인간은 인간과 더불어 인간이 되는 법이다. 생각이라고 하는 것은 인간을 내면적으로 깨우쳐 주는데 가장 큰 역할을 하지만 자칫하면 자기라는 껍질 속에 가두어서 자기만을 제일이라고 하는 무서운 교만 속에 빠지게 하는 큰 위험성이 있다. 이것이 학문하는 사람이 공통적으로 걸리기 쉬운 병이리라. 이것은 인격의 병이요, 인간오성의 병이다.

칸트는 우선 인간의 가장 근본적인 병이 무엇인가를 진단하였다.

그리고 이 병을 고치는 약으로 사교와 유행을 제시한다. 칸트는 학자로서 서재에만 파묻힌 사람이 아니요, 도학자로 유행을 백안시白眼視만 한 사람이 아니다. 물론 칸트처럼 날카로운 사람이 사교 뒤에 숨은 거짓과 위선을 모를 리가 없다. 그는 언젠가 "문명이 진보함에 따라 사람들은 차차 배우처럼 되어 간다. 사람은 다른 사람에 대한 존경마저도 거짓으로 변해간다"고 한탄하기도 하였다. 그러나 칸트는 사교를 가볍게 생각하지 않았다. 자기도 사교계에 출입하였고 비록 가정된 덕이라 하여도 진실한 덕으로 이끌어 갈 수 있는 수단이 될 지도 모른다고 생각하였다. 하여튼 아무리 가면을 쓰고 있다고 해도 사교는 인간을 고립으로부터 시민적인 사회로 끌어갈 수 있는 구제책이 될 수 있는 것만은 사실이다.

술은 입은 가볍게 하여 탈이기도 하지만, 그러나 술은 사람의 마음을 열어 주는 도덕적인 성질을 가지기도 한다. 말이 유창하게 흘러나오기 위해서는 적어도 세 사람 이상의 여신女神들이 필요하며 아홉 사람 이하의 시신詩神들이 필요하다고 말하기도 한다.

혼자서 식사한다는 것은 철학자에게는 있을 수 없는 일이다. 식후의 오락, 담소, 해학, 음악, 무도, 그리고 그 날의 모든 것을 깨끗이 잊고 또 다시 새로운 다음 날을 맞이한다는 것이 인간에 있어서 얼마나 필요하고 더욱이 이기적인 인간을 사회적 동물로 환원하는 데 얼마나 필요한지 모른다. 그는 사교의 가치를 넉넉히 평가할 수 있는 아량을 가지고 있었다.

그 다음 칸트는 유행에 대해서도 사교에 못지 않은 아량을 보여 주었다. 그는 학생들에게도 유행을 거슬리는 기인奇人이 되기보다는 유행을 좇는 바보愚人가 되라고 당부한 때도 있다. 물론 속에 허영이 깃들이고 있는 것을 못 보는 바는 아니지만 그러나 유행은 사회일반이 가지고 있는 취미에 맞추려고 하는 사회성을 지니고 있기 때문이다. 자기를 꾸민다고 하는 것은 남을 전제하기 때문이요, 사람이 취미를 사랑하는 것도 나의 감정이 다른 사람들과 같이 통하는 데가 있기 때문이다.

칸트는 취미를 현상 속에 나타난 자유로 보고 미적 판단을 취미에서 끌어내기도 하지만 자기라는 껍질을 깨뜨리고 사회에 투신함으로 자기를 세계와 더불어 사는 다원적인 인간이 되게 하기 위하여 사교와 취미는 빼놓을 수 없는 약방문이 될 것이다.

그 다음 사람이 걸리기 쉬운 또 하나의 병은 망상이다. 이것은 인간의 감성에 생기는 병으로 감성에는 외감外感과 내감內感이 있는데 망상은 내감에 속한 병이다. 망상이란 자기 속에서 상상한 것을 곧 객관적 실제라고 생각하는 데서 일어난다. 이것이 세상 사람들이 흔히 가지는 허깨비의 내용이다. 신자들 가운데는 가끔 자기의 상상을 신의 계시로 착각하는 때도 있다.

칸트는 그 당시 스웨덴벅을 비판하여 『시령자의 꿈』이란 책을 쓰기도 하였다. 이리하여 사람은 자기망상에 붙잡혀 인격분열을 일으켜 미치게 되는 수도 있다. 파스칼처럼 자기를 반성하여 일기를 쓰는 것은 좋지만 외감으로부터 유리된 내감, 공간으로부터 추상된 시간은 흐르는 시냇물처럼 인간에게 일정한 경험을 말하게 하는 것이 아니라 쓸데없는 망상으로 인간의 정신을 혼란케 하여 인간으로 하여금 착각에 빠지게 한다. 인간이 망상을 가지게 되는 원인은 인간은 안으로 한없이 후퇴할 수 있기 때문이다. 망상의 근원은 밑 없는 내감의 깊이에 있다. 이 깊이는 도저히 인간 앞에 내놓을 수는 없고 다만 도덕법 앞에 자기를 들어내어 자기를 구속하는 길 밖에 없다.

그 다음 외감이 가지는 병통은 고통에 대한 기피다. 만일 인간에게 완전히 고통이 제거되었다면 그것은 인간의 정지停止를 의미한다. 연애의 괴로움이 끝난 때는 연애도 끝난 때이다. 고통은 생각 없이 만족과 안일을 구하는 인간을 자극하여 전진과 활동으로 몰아간다. 인간에게 있어 생명의 기쁨은 무위無爲의 만족이 아니라 활동의 만족이다. 권태처럼 인간을 괴롭히는 것은 없을 것이다. 사람은 모든 쾌락에서 새 맛을 잃었을 때 사람은 자기 생명을 끊음으로써 새 맛을 찾고자 한다. 지루하고 심심하여 아무 것도 할 것 없는 인생은 장기나 바둑을 통해서나마 다소 권태로부터 벗어날 수 있지만 결국 이성적 존재로서의 인간은 사색과 지혜를 통해서만 자기의 방향을 찾고 생의 약동을 느낄 수 있을 것이다.

 사람은 언제나 자기의 할 일을 새로 창조해 가야 한다. 고통이 섞인 만족에서만 인간에게는 참된 기쁨이 있다. 타성은 인간의 사고를 멈추게 하고 습관은 마음의 자유를 막아 버린다.

 인간은 결국 다른 인간과 더불어 한 사회에 살면서 예술과 학문을 통하여 자기를 가르치고 기르고 깨우치고 도덕화한다. 세상 사람들이 행복이라고 부르는 안일과 환락의 유혹에 자기 자신을 맡겨 버리고 싶은 동물적인 경향이 아무리 강하다고 해도 인간은 하나의 이성적 존재로서 활동하여 자기 내면에 있는 자연성과 싸우면서 자기를 다른 사람과 같이 살 수 있게 하는 인도人道로 걸어갈 때 진정으로 행복한 인간이 되는 것이 아닐까.

니 체
Nietzsche, Friedrich Wilhelm 1844-1900

차라투스트라는 이렇게 말했다.
Also Sprach Zarathustra 1883-1885

초인超人

니체는 산을 좋아했다. 스위스의 알프스 산에서 하늘을 찌르는 듯한 마터혼을 바라보면서 니체는 차라투스트라의 영감을 받는다. 그것은 초인超人의 사상이었다. 누구나 가까이 할 수 없는 숭고한 초인, 일체의 때가 묻지 않은 영원한 초인, 하늘을 뚫고 올라가는 알프스의 영봉靈峰이야말로 그대로 선악을 초월한 초인의 상징이요, 땅의 알짬이요, 땅의 의미다.

하늘에 대한 신앙으로 갈 수 없던 니체는 땅에 대한 도덕으로 그의 발을 옮겼다. 그리고 옳은 것을 찾아 올라가기 시작했다. 높은 곳을 향하여 오르고 또 오른 것이 알프스였다. 거기에는 인간의 모든 미추美醜를 초월하였을 뿐 아니라 인간의 생사마저 초월하고 인간의 선악마저 초월한 오직 깨끗하고 숭엄한 만고의 흰 눈과 찬 얼음에 덮힌 알프스의 영봉, 그것이 땅의 의미요, 초인이다.

모든 가치는 논리적으로 결정되는 것이 아니라 비논리적인 곳에 더 많은 선善이 나타난다. 참된 인간은 비논리에 뿌리를 박고 있다. 강건한 생은 위대한 정열에 뿌리를 박고 있다. 생은 비합리적인 것이다. 생의 인식은 비합리적인 인식이요, 여기에 고행과 실천이 필요하다. 생의 현실을 긍정하기 위한 위대한 지혜는 고행과 실천의 높은 봉우리를 올라가지 않고는 도저히 체득할 수가 없다. 이 가혹한 싸움을 이겨내는 사람이야말로 사내다운 씩씩한 사나이다. 니체는 이러한 수련을 '가혹한 인식'이라고 했다. 인간은 이러한 가혹한 인식을 통하여 스스로 자기 목적을 설정할 수가 있고, 새로운 인간을 부각할 수 있고, 스스로 가치를 창조하고, 새로운 인생의 방향을 지시할 수가 있다.

　니체는 도덕적인 인간성을 현명한 인간성으로 바꾸려고 한다. 새로운 인간과 새로운 가치의 창조, 이것이 근원적 인간根源의 人間의 구상이요, 초인의 시작이기도 하다. 니체는 생의 비합리성에 용감하게 이길 수 있는 힘찬 지혜와 극단적으로 자극된 위대한 격정과 생의 심연에 도전함으로써 근원적인 인간, 대지에 뿌리박은 인간이 되고자 한다. 거기에는 다시 화산이 터져 나오듯이 생의 무한한 가능성이 용솟음치고 거기에 초인의 가능성이 엿보이기 때문이다.

　"아직까지 걸어본 일이 없는 천의 길이 있다. 생의 천의 건강과 숨은 구원이 있다. 인간과 인간대지는 아직도 다 퍼내지도 못하고 발견되지도 않았다. 그대 고독한 사람들아, 눈을 뜨고 고개를 들어라. 미래로부터 날개 치며 바람이 불어온다. 그것은 밝은 귀에 좋은 소식을 전해줄 것이다. 모든 신들은 죽었다. 이제 바야흐로 초인이 탄생되려고 한다."

　여기서 초인은 인류 미래의 희망이다. 그것은 생의 절대적 내재에서만 가능하다. 고행으로 진리를 체험하는 생의 내재에서 근원적 인간은 시작된다. 니체는 초인이 인류의 미래에 나타날 것을 바라보면서 동시에 현재 이 순간 순간에 인간은 초인을 창조할 것을 강조한다.

　초인의 창조에 인생의 의미가 있다. 초인은 그런 의미에서 땅의 의미다. 창조하는데 생의 고통은 떠나가고, 생은 홀가분하여질 수가 있기 때문이다. 초인을 낳는 수고 속에서 땅에 사는 보람을 느낀다. 초인은 일체의 고난을 이겨야 한다. 그리하여 생의 절대 긍정이어야 한다. 그것이 병이건, 늙음이건, 죽음이건 일체를 긍정할 수 있는 초월자超越者여야 한다. 그것이 비록 추한 상이건, 먼지의 먼지건 무한히 되돌아오는 생을 이겨내는 생이어야 한다. 이것이 영원회귀永遠回歸, 이겨내는 생의 내재적 초월內在的 超越이다.

초인은 단순히 인류의 미래를 지시할 뿐만 아니라 생의 내재적 초월이며, 과거를 부정하면서 과거를 구제하고 인류의 고뇌를 풀고 인류를 해방하는 역사적 실존이며, 이것이 땅의 의미일 것이다. 초인은 땅의 의미다. 그것은 자기를 자연화 시킴으로써 인간을 초월하는 생의 내재적 초월이다.

니체는 어려서부터 음악을 좋아했다. 니체의 자연의 밑바닥에 음악이 있듯이 니체의 초인의 밑바닥에는 신神이 있었다. 그것은 자연의 신이지 계시의 신은 아니었다. 니체는 『차라투스트라는 이렇게 말했다』에서 신의 죽음을 선포한다. 그것은 과거의 모든 이상이 그 가치를 상실했다는 것이다. 중세기적인 가치, 기독교적인 가치가 무너질 때 그것은 신의 죽음을 뜻하는 것이었다. 유럽의 니힐리즘은 역사적으로 신이 죽어가고 있고, 모든 가치가 퇴락되어 가고 있다는 것이다.

니체는 신 없는 세계의 고통을 이겨내야 한다고 주장한다. 그것이 신이 죽었다는 첫째 의미일 것이다. 그러면 니체는 완전한 무신론자인가? 그것은 아니다. 니체는 13세 때 신은 악을 창조하는 악의 아버지라고도 생각했다. 그것이 그의 철학이 시작이었다고 할 만큼 그는 벌써 다른 신관神觀을 품고 있었다. 그는 신의 거부는 사실 도덕적 신의 거부라고 말하기도 했다. 그는 도덕적 신을 거부함으로써 악까지도 창조한, 창조와 파괴의 신, 즉 디오니소스의 자연신을 인정하려고 한다. 기독교의 신이 죽고, 희랍의 자연신이 살아남으로 말미암아 생의 신비와 고뇌는 불가사의로 가득 차고 더 풍부해지고 더 위대해진다는 것이다. 그는 생을 바다로 비유하여 일찍이 사람들은 먼 바다를 신이라고 불렀다고 했다. 무한의 가능성을 내포한 생의 약동, 이것이 기독교적인 신이 죽고, 자연신이 살아 있다는 또 하나의 의미다.

교회의 허식 밑에 기독교적인 생이 빠져나갈 때 니체는 그것을 희랍적인 자연종교로 채우려고 하였다. 더욱이 모든 것을 지배하는 신이 있는 한 인간에게는 창조의 여지가 없을 것이라고 생각했다. 인간이 참다운 창조자요, 생을 긍정하기 위해서는 신은 죽었다가 아니라 죽어야 한다고 생각했다. 그것은 신 없는 세계에서만 생은 절대적으로 긍정된다고 생각했기 때문이다. 이러한 디오니소스의 신관 위에 그는 초인을 창조할 수가 있었다.

니체가 희랍의 자연종교에 흥미를 가진 것은 그가 고전어 학자였다는데 원인이 있다. 그가 『비극의 탄생』을 쓴 것은 27세 때의 일이다. 희랍의 원시시대에는 미다스왕의 전설이 전해 주듯이 "너에게 있어서 가장 좋은 것은 너로서는 어떻게도 할 수 없는 일이다. 즉 나지 않았으면 제일 좋았을 것이고, 존재하지 않는 것, 무가 되는 것이다. 그리고 그 다음으로 좋은 것은 얼마 있으면 죽는다는 것이다."라는 염세주의가 그들의 생각 밑에 깔려 있었다.

그러나 이러한 염세주의는 희랍의 아폴로적인 것으로 미화되고 정화되어 희랍사람들은 아폴로적인 예술에 그 당연성을 찾게 된다. 그러나 디오니소스 숭배의 미친 짓은 또 다시 희랍이전의 원시성을 깨워줌과 동시에 그것으로 아폴로적인 것과 디오니소스적인 것이 종합되어 희랍의 비극이 탄생한다. 그러나 유리피데스에서 인정되는 합리화의 방향은 소크라테스에 의하여 두드러지게 되고 지성에 의한 생의 퇴락이 시작되어 강건한 희랍정신은 멸망하게 된다.

이때의 니체는 예술적인 세계관에 잡혀 있었다. 예술의 세계는 창작의 세계요, 거기는 도덕에 얽매임 없이 세계를 창조하고 파괴하는 하나의 예술적 유희가 있을 뿐이다. 예술인들에게 있어서 도덕은 생을 멸시하고, 냉소하고, 생을 부정하는 최대의 위험물이다. 니체는 『비극의 탄생』에서 예술만이 인생과 세계를 영원히 의롭게 하는 것이라고 하였다. 그는 이런 의미에서 희랍정신을 죽인 소크라테스와 싸우고, 서양정신을 죽인 기독교와 싸우지 않을 수가 없었다. 그는 예술적 세계 해석과 낭만주의적인 세계 구원을 기도하고 있었다.

니체는 아폴로적인 것을 디오니소스적인 것에 봉사하고 디오니소스의 지혜를 구상화하는 수단으로 밖에 보지 않았다. 디오니소스의 축제, 노래와 춤과 도취의 축제, 거기에 인간과 인간, 남자와 여자, 인간과 자연, 인간과 신의 생명적인 통합, 즉 대자연의 근원적인 하나를 보았다. 여기에 인간은 시간, 공간의 개별화의 원리를 넘어서서 우주의 형이상학적인 근원에 돌아간다고 생각했다.

비극의 주인공의 몰락은 개별자의 몰락이요, 그것은 동시에 고뇌를 통한 근원적 생명으로의 복귀이기도 하다. 마치 열매가 떨어져 대지의 품에 안기듯이 비극의 몰락은 그대로 전체적인 기쁨의 축제가 아닐 수 없다. 우주의 근원을 향한 몰락에는 개체로서의 비극이 있지만 그러나 밀알 한 알이 땅에 떨어지기 전에는 천 배의 번식을 기대할 수가 없다. 천 배의 부활을 각오하고 십자가를 지는 생의 충실이 영웅의 죽음이요, 비극의 종말이기도 하다. 디오니소스는 생명의 과잉 때문에 세계를 창조하고, 세계를 파괴할 수도 있다.

생멸生滅은 제우스의 유희에 불과하다. 이것이 인식을 통한 고난의 극복이요, 고난의 동참이기도 하다. 도덕을 초월한 필연의 지혜, 이것이 생의 근원인 디오니소스의 지혜요, 강자의 염세주의라는 것이다. 이것이 희랍비극의 근원이요, 이것이 디오니소스의 신이다.

끝으로 니체는 친구를 떠나지 못하는 사람이었다. 이것이 니체의 운명애運命愛의 근원이다. 니체는 자연에 있어서, 그리고 디오니소스에 있어서 생의 충만을 보았다. 생의 충만은 그대로 힘의 충만이요, 생의 의지는 그대로 권력의 의지였다. 힘의 증대와 지속과 축제, 이것이 인간의 본능이요, 이것이 초인이다. 초인은 영겁회귀永劫回歸의 생을 집어삼킴으로 그 자체가 커지는 절대의 세계다.

초인은 모든 고통을 집어삼킴으로써 스스로 커지는 비극의 주인공이다. 그는 모든 고통을 이겨낼 뿐만 아니라 그것을 기쁘게 긍정하는 영웅이기도 하다. 그는 이제 모든 운명에 이길 수 있는 힘을 가졌고 모든 운명에 견딜 수 있는 지혜도 가졌다. 그는 운명을 사랑함으로써 운명을 즐길 수가 있었다. 마치 디오니소스가 쓴잔을 마심으로써 술에 도취하듯 초인은 인생고人生苦를 꿀꺽 삼킴으로써 생을 즐길 수 있는 디오니소스의 아들이다.

운명애는 인생고와의 투쟁이 아니다. 인생고를 사랑하는 어른의 세계다. 중세기는 서양문명의 유아기였기 때문에 도덕의 안에서 자라야만 했다. 그러나 근세에 와서 서양 문명은 성숙해지기 시작했다. 이제는 도덕을 버리고 종교의 세계를 시작하여야 한다. 선악의 피안에 서서 영원을 살 수 있는 초인이 운명애의 주인공이다.

그는 반기독자로 자처하면서도 자기 자신을 십자가에 달린 자라고도 했다. 그는 자기가 스스로 십자가에 달릴 수 있는 성숙함을 가졌다고 생각했는지 모른다.

고난을 사랑할 수 있는 사람, 운명을 사랑할 수 있는 사람이라야 인간의 해방자라고 할 수 있다. 위대한 고통만이 정신의 최대한 해방자이다. 친구와 같이 고생하는 우정이야말로 친구와 같이 즐길 수 있는 우정이기도 하다. 운명애, 이것이 초인의 운명이다.

차라투수트라

차라투스트라는 옛날 페르시아사람으로 배화교拜火敎를 시작한 사람이다. 차라투스트라를 희랍사람들은 조로아스터Zoroaster라고 불렀다. 삼천 년 전 울미 호반에서 태어나 30세에 고향을 떠나 아리아 주로 들어가 혼자 10년 동안 산에 묵으면서 아후라 마즈다의 계시를 받아 아베스타경전을 얻어 가지고 세상에 내려온다.

조로아스터는 이 세상을 밝고 착한 아후라 마즈다와 어둡고 악한 앙라 마이뉴의 싸움으로 보고 아후라 마즈다의 상징으로 불을 숭배하여 배화교의 교주가 된다. 배화교도들은 조로아스터가 아베스타 경전과 같이 흰빛의 뜨거운 불덩어리를 손바닥 위에 놓고 산을 내려와 궁전을 찾아가 왕을 만나 자기가 신의 예언자임을 보여 주고 개혁을 시작하였다고 전하기도 한다.

불같은 성격의 프리드리히 니체는 자기가 조로아스터의 재생인 것처럼 『차라투스트라는 이렇게 말했다』라는 긴 철학시哲學詩를 쓴다.

30세에 집을 떠나 산에 들어간 차라투스트라는 십 년간 산에서 도를 닦다가 40세에 도를 통하여 세상에 내려온다. 차라투스트라는 세상에 내려와서 우선 신의 죽음과 초인의 탄생을 알려준다. 그리고 얼룩소라는 거리에서 여러 가지 설법說法을 함으로써 1편이 끝난다.

2편은 산 위로 돌아왔던 차라투스트라는 세상에서 자기 설법이 잘못 전해지는 것을 알고 또 산에서 내려온다. 친구들과 원수들을 만날 각오로 이번에는 행복의 섬에서 활약한다. 여러 가지 모습으로 초인의 적대자들을 공격한다. 그리고 밤 노래를 위시하여 서정적인 시를 읊으며 말할 수 없는 사상이 점점 무르익어 간다.

옛날 모세더러 '가라'고 명한 신처럼 차라투스트라에게도 참말을 하고 죽으라는 계시가 들려온다. 그러나 차라투스트라는 아직 때가 아니라고 거절한다. 자기의 힘이 부족함을 통탄하며 행복의 섬을 떠나 산으로 돌아온다.

3편은 산으로 돌아오는 이야기로 절반이 쓰여지고 후반은 산 위의 이야기다. '영원히 돌아간다' 는 사상이 무르익어 자기 자신의 말이 나오기 시작한다. 생에 대한 절대긍정을 노래한다.

4편은 희곡적인 구성으로 사람들과 만나게 된다. 우선 7인의 존자 尊者와 만난다. 초인이 지닌 그들의 고민을 차라투스트라가 동정한다. 그만큼 차라투스트라의 마음이 약해진다. 그러나 최후의 시련을 이기고 참다운 강자가 되어, 강자를 상대하기 위하여 마지막 하산을 결심한다. 그리고 가져갈 영원회귀의 가르침을 취가酔歌에서 될수록 깊이 노래 부른다. 그러나 이제부터 할 일은 노래가 아니고 사업이라고 하면서 이 시는 끝을 맺는다.

이 시는 암암리에 복음서에 기록된 예수의 생애를 모방한 것이 분명하다. 1편은 산상수훈과 비슷하고, 2편은 전도여행, 3편은 산상변화, 4편은 예루살렘이라고 하면 대개 짐작이 갈 것이다.

니체는 나이 삼십에 반시대적 고찰을 쓰기 시작하여 알프스의 높은 엔가덴 협곡에서 10년동안 정신적으로 세상을 등지고 생각할 대로 생각하여 영원회귀의 사상을 얻어 가지고 산을 내려오는 모습이 차라투스트라와 너무도 비슷한 데가 있다.

니체는 태양을 향하여 차라투스트라의 입을 빌려 이렇게 노래 부른다. "아, 그대 커다란 별이여, 만일 그대가 비쳐줄 물건이 없었다면 그대에게 무슨 행복이 있었으랴. 그대는 10년 동안 내가 사는 동굴 위를 비쳐주었다. 그러나 만일 나와 내 사랑하는 매와 뱀이 없었더라면 그대는 그대의 빛과 길에 염증을 느꼈을 것이다. 그러나 우리들은 매일 아침 너를 기다렸고 넘쳐흐르는 너의 빛을 네게서 빼앗아서 그것으로 너를 축복하였다. 보라, 나도 나의 지혜에 넘치게 되었다. 마치 너무도 많이 모아들인 꿀벌처럼 나는 손을 들어 찾는 자를 구하고 있노라. 나는 그들을 도와주고 그들에게 나누어주려고 한다. 사람 가운데 가장 현명한 사람들도 자기의 어리석음을 알게 되겠고 가난한 자들도 그들의 넉넉함을 기뻐하게 되기까지 그렇게 하기 위해서 나는 낮은 데로 내려가야 한다. 그대 넘치는 별이여, 마치 밤이 되면 바다 저쪽 지하에로 빛을 갖다 주듯이 나도 그대처럼 떨어져 내려가야 한다. 내가 가서 만나는 사람들이 나를 떨어졌다고 부르기까지." 그는 이렇게 읊어간다.

세상 사람들을 위하여 떨어지는 일, 이것이 예수의 수육이요, 니체의 운명애요, 석가의 보살행원인 지도 모른다. 차라투스트라는 드디어 산을 내려간다.

'차라투스트라' 라는 말은 새벽 샛별이란 말이요, 요새말로는 금성이요, 비너스다. 차라투스트라가 10년 동안에 산에서 얻은 것은 디오니소스적인 자연생의 근원적인 힘이다. 이 힘을 가지고 어떻게 살아야 한다는 것을 구체적인 생활방식으로 사람들에게 보여주자는 것이 허무까지도 사랑하는 영원회귀와 운명애의 실천자, 초인의 삶이다. 손바닥에 불덩어리를 놓고 산을 내려가는 조로아스터처럼 그는 태양 같은 지혜를 안고 세상으로 내려간다.

십자가에 달린 자 대對 디오니소스를 꿈꾸면서 니체가 자기의 분신으로 차라투스트라를 택한 이유는 니체의 사상과 조로아스터의 사상 사이에는 피할 수 없는 두 개의 강한 유사점이 있기 때문이다. 하나는 아후라 마즈다와 앙라 마이뉴라는 선악의 날카로운 대립을 세계의 운명으로 보고 선악의 극복을 승리로 보는 생철학의 입장이 그대로 니체의 입장이다. 또 하나의 특징은 조로아스터의 예언자적인 역사적 실존, 즉 실존 철학적 입장이 또 하나의 그의 입장이다.

역사에는 시대적 구분이 있고 시대마다 그 시대를 지배하는 예언자가 있다는 생각, 그리고 이 예언자야말로 밝아오는 천년왕국의 샛별이라는 것, 플라톤식의 공간적인 이상국가의 철인정치가 아니라 이사야식의 시간적인 천년왕국의 신인정치의 사상, 이것이 그의 역사철학이다. 이러한 사상의 선구자로서 그는 생과 역사적 실존인 조로아스터를 택하였다. 그리고 그의 사상을 통하여 인류의 역사와 미래에 대한 전체적인 전망을 내다보는 것이 생과 실존으로서 니체의 특이한 점이다.

니체는 그의 단편에서 이렇게 적었다. "결국 나는 한 사람의 페르시아 사람을 존경하지 않을 수 없게 되었다. 페르시아 사람들만이 처음으로 역사를 하나의 통일된 전체로서 바라보게 되었다. 역사란 계속해서 발전하는 하나의 과정이지만 각 과정마다 그것을 주장하는 예언자가 있다. 각 예언자는 그들이 주장하는 천년의 시대와 천년의 왕국을 소유하고 있다."

니체의 사명도 천년 앞날의 예언자적인 샛별이었는 지도 모른다. 니체가 그의 여동생에게 보낸 편지를 보면 니체는 어려서부터 조로아스터를 꿈속에서 보았다는 것이다. 불덩어리 같은 기질을 타고 난 니체는 자기 자신을 조로아스터의 재생이라고 생각한 것 같다.

고대희랍의 디오니소스를 파고 올라간 니체가 그것을 넘어서 희랍보다도 더 앞섰던 페르시아 문명에 자기의 정신적인 근거를 두었다는 것은 역시 "빛은 동방에서"라는 구호와 더불어 우리에게 무엇을 암시해 주는 것이 있는 듯하다.

니체의 자서전이라고 할 수 있는 『이 사람을 보라』라는 책에서 그는 『차라투스트라는 이렇게 말했다』를 쓰게 되는 동기를 이렇게 말하고 있다.

"나는 이제부터 『차라투스트라는 이렇게 말했다』의 성립과정을 말해볼까 한다. 이 책의 근본사상은 영원회귀의 사상이다. 이것은 도달될 수 있는 모든 긍정의 최고 형식이다. 이 사상이 내게 나타난 것은 1881년 8월이다. 나는 그때 이 사상을 종이에다 적어 놓고 인간과 시대의 저편 6천 피트라고 적어 놓았다. 그날 나는 숲을 거쳐 실바프라나 호반을 걷고 있었다. 스르라이에서 멀지 않은 곳에 피라미드처럼 우뚝 솟은 커다란 바위가 있다. 내가 그 앞에서 잠깐 걸음을 멈췄을 때, 그때 내게 하나의 영감이 떠올랐다. 그리고 나는 가만히 지나간 일을 회상하며 더듬어 보았더니 벌써 여러 번 어떤 전조 같은 것이 있었다는 것을 발견하게 되었다. 그것은 내가 좋아하는 음악에 관해서 인데 갑자기 어떤 결정적인 변화가 내 마음 가장 깊은 곳에서 일어났다. 그해 봄 내가 높은 산골짜기, 작은 레고아루 온천에서 세월을 보내고 있을 때 나의 친구요, 피아니스트인 피터 가스트와 나는 음악의 불사조가 갑자기 우리들의 옆으로 날아가는 것을 보았다. 그처럼 음악의 불사조가 가볍게 날개 치며 날아가기란 일찍이 없었던 일이었다. 아마도 사람들은 차라투스트라를 음악의 화신이라고 생각해도 좋을 지 모른다. 그리고 2년 후 갑자기 뜻하지도 않았던 환경에서 『차라투스트라는 이렇게 말했다』를 낳게 되었다.

내가 『차라투스트라는 이렇게 말했다』제1권 마지막 장을 완성한 날은 1883년 2월 13일인데 내 스승 바그너가 죽은 신성한 날이었다. 돌이켜보건댄 차라투스트라가 내 뱃속에 있는 것이 18개월이다. 불교도는 아니지만 18개월의 수태란 거룩한 코끼리의 기간이나 마찬가지다. 그 동안 『즐거운 학문』이란 책도 썼지만 그 가운데는 무엇인가 다가오는 듯한 예감이 백 번 이상이나 번쩍이고 있었다. 『즐거운 학문』은 결국 차라투스트라의 시작이요, 이 책 제4권은 차라투스트라의 근본사상을 드러내고 있다."

여기 영원회귀는 운명애와 차라투스트라의 떨어짐이 그려진다. 영원회귀란 동양식으로 말하면 '가온찍기'다. 생의 절정에 도달한 것이다. 진리를 깨달았다고 해도 좋고, 빛을 얻었다고 해도 좋다. 조로아스터와 더불어 태양을 바라보고 손에 불덩어리를 붙잡는 1881년 8월, 인간과 시간의 저편 6천 피트 위에 있었던 시간, 공간, 인간을 초월한, 한 순간을 가져 보는 것이다.

그 다음 운명애는 자기의 운명을 그대로 받아들이는 순종의 시대다. 자기 속에 새 생명이 자라는 때요, 니체가 거룩한 18개월이라고 하는 신성한 시대다. 사물의 필연을 아름다운 것으로 바라볼 수 있을 뿐만 아니라 모든 사물을 아름답게 만드는 사람이 되는 것이 운명애다. 자기의 생명을 파먹는 원수까지도 사랑할 수 있는 절대 긍정의 인간, 이것이 운명애다. 동양식으로 생을 실천하는 행의 시대다.

마지막으로 차라투스트라의 떨어짐이란 지행일치가 완성된 후 온 세상을 구원하기 위하여 하늘에서 내려오고, 산에서 내려오고, 이상에서 내려오는 현실구원의 시대다. 제1편 서론에는 이 세 가지가 하나의 가극으로 되풀이된다. 진리의 깨달음은 신의 죽음이라는 말로 표현된다. 그리고 생명의 체득은 거리로 내려와서 자기를 창조하고 대지에 충실하는 초인으로 보여준다. 이것이 운명애다.

도의 실천은 대중과 교양 있는 속물에 실망하고 자기와 같이 창조해 갈 수 있는 적은 무리를 찾아 뱀과 같이 지혜롭고 매처럼 경쾌하게 도道를 전해간다. 이것이 차라투스트라의 떨어짐이다. 영원회귀의 진리와 운명애의 생명과 떨어짐의 도가 신의 죽음과 초인의 이상과 태양의 몰락으로 상징되어 있다.

얼룩소

니체의 『차라투스트라는 이렇게 말했다』는 괴테의 『파우스트』와 더불어 심오한 철학시로 알려져 있다. 만인을 위한 그리고 누구를 위한 것도 아닌 이 책의 제1편은 얼룩소라는 거리에서 행해진 22개의 설교로 되어 있다. 이것은 예수의 산상설교를 연상케 한다. 얼룩소라는 이름을 택하게 된 것은 이 글을 쓴 거리가 유난히도 여러 가지 빛깔로 채색된 지붕으로 가득 차 있었다는 것과 옛날 디오니소스 신전에 제물로 바쳐질 황소를 덮어씌운 보자기가 여러 가지 색깔로 엮은 조각보였다는 것과 『차라투스트라는 이렇게 말했다』를 쓰는 자기의 마음이 여러 가지 색다른 생각으로 넘쳐흐름을 암시하고자 한 것 같다.

차라투스트라가 10년이나 세월을 보냈다는 동굴도 이 글을 쓴 곳에서 얼마 멀지 않은 몬테피노의 동굴에서 영감을 얻었을 것이다. 몬테피노의 동굴에서는 멀리 바다가 보인다.

이 글을 쓴 거리는 지중해 연안 제노바 항구 가까이에 있는 라파로다. 서론은 차라투스트라가 30세에 고향을 떠나 산에서 10년 고독을 즐기면서 꿀벌처럼 모아 놓은 넘치는 지혜를 나누어주고자 저물어가는 태양처럼 산을 내려오는 데서 시작된다.

서론에는 세 가지 이야기가 있다. 처음에 사람을 너무 사랑하다가 염증을 느껴 산에 들어와 신만을 섬기는 은자隱者를 만난다. 그 은자는 인간을 사랑하기 위해서 생명의 불을 들고 어린애처럼 순진하게 걸어내려 가는 차라투스트라를 막으려고 한다. 그러나 차라투스트라는 늙은 은자에게 신을 찬양하는 무의미함을 "신이 죽었다"고 표현하고 그와 헤어진다. 이것이 첫째 이야기다.

산에서 내려오니 마을 장터에 많은 사람들이 모여 광대의 줄타기를 기다리고 있었다. 그는 대중에게 땅에 충실할 것을 역설하여 초인은 땅의 의미라고 가르친다. 그러나 사람들은 그를 조롱한다. 줄타기가 시작되어 작은 광대가 큰 광대에 밀려 떨어져 죽는다. 마치 폭군에게 시달리는 대중처럼, 이것이 둘째 이야기다.

차라투스트라는 죽은 광대를 업고 밤새도록 숲을 헤매다가 이른 아침에 시체를 묻고 대중은 역시 자기의 상대가 아님을 깨닫고 소수의 동지를 찾아 얼룩소로 가게 된다. 얼룩소에서 약간의 신자와 제자를 얻어 설교가 시작된다.

맨 처음에 가르친 것이 역사의 삼 단계요, 정신의 삼 단계인 낙타와 사자와 어린애의 〈삼 변신〉(1절)을 설명한다.

낡은 가치를 대표하는 낙타에 대하여 새로운 가치를 대표하는 사자의 무자비한 공격이 계속된다. 일체가 파괴된 후 어린애처럼 새로운 시대의 창조자, 초인의 도덕이 역설된다. 초인은 인류의 공동목표다. 하나의 목표를 가지지 못하고 저마다 자기의 목표와 이상을 향하여 줄달음치는 수많은 민족과 국가에 대하여 니체는 깊은 한숨을 쉰다.

"이제까지 천의 목적이 존재하였다. 왜냐하면 천의 민족이 존재하였기 때문이다. 천 개의 목에 굴레가 없었다. 하나의 목적이 없었기 때문이다. 인류는 아직 목적을 가지지 못했다. 인류에게 아직 하나의 목적이 없다면 인류는 아직 없는 것이 아닌가."

천의 괴물이 울부짖는 세계, 그것이 공리주의와 제국주의로 물어뜯는 오늘의 세계다. 인류의 목적으로 초인을 내놓은 〈천의 목표와 하나의 목표〉(15절)는 제1편의 핵심이다. 어린아이와 같지 않으면 천국에 갈 수 없다는 예수의 말이 연상된다.

니체가 생각하는 초인은 창조력을 가진 고귀한 인종이다. 그때 다윈의 원숭이가 진화하여 사람이 되었다는 말을 듣고 니체는 인간이 진화하면 초인이 될 것이라고 생각하였다.

"인간은 하나의 밧줄이다. 동물과 초인 사이에 매어진 밧줄이다. 건너가기도 위험하고 멎어 있기도 위험하고 돌아가기도 위험하다."

"나는 너희들에게 초인을 말한다. 초인이란 인간이라는 검은 구름을 쪼개고 나타나는 번개같은 것이다"

니체는 "내게 가장 가까운 이웃을 사랑하라"는 기독교의 계율에 반대한다(16절). 초인은 인간에게 있어서 가장 먼 존재이기 때문이다.

"미래와 가장 먼 것으로 하여금 그대에게는 그대의 오늘의 원인이 되게 하여라. 그대의 벗에 있어서 그대는 그대의 원인으로서의 초인을 사랑하여야 한다. 나의 형제들이여, 이웃간의 사랑을 나는 너희들에게 권하지 않노라. 나는 너희들에게 가장 먼 사람들 간의 사랑을 권하노라."

인간에 대한 사랑보다 더 높은 초인에 대한 사랑으로 올라가는 길은 한없이 험한 길이요, 그것은 자기 자신을 넘어가는 창조의 길이다. 그는 눈물을 흘리며 고독한 길을 걸어가라고 권유한다. 그리고 자기 자신을 넘어서 창조하라고 외친다. 마치 불사조처럼 자기를 불사루어 재를 만들고 잿더미 속에서 다시 새 삶을 얻으라고 한다.

"그대는 그대의 자신의 불꽃 속에서 그대를 불태우려고 하지 않을 수 없으리라. 그대는 먼저 재가 되지 않고 어떻게 그대는 새롭게 되기를 바랄 수 있을까. 고독한 자여, 그대는 창조자의 길을 가노라. 그대는 그대의 일곱 개의 악마에서 하나의 신을 창조하려고 하는도다 그대의 사랑을 가지고, 그대의 창조를 가지고 그대의 고독으로 가라. 나의 형제여, 그리하여 정의는 훨씬 위에서 그대의 뒤를 따르리라."

제1편에서 가장 중요한 설교는 〈천 개의 목표와 하나의 목표〉(15절), 〈이웃사랑〉(16절), 〈창조자의 길〉(17절)이다. 그 다음에 나오는 〈늙은 여자와 젊은 여자〉(18절), 〈어린애와 결혼〉(19절)은 모두 어

떻게 초인이 나올 것인가 하는 니체의 생각들이다.
"너희들은 언젠가는 너희들 자신을 넘어서 사랑해야 한다. 그리하여 먼저 사랑하는 것을 배워야 한다. 그리하여 그 때문에 그대는 너희들의 사랑의 쓴 술잔을 마셔야만 하느니라. 최상의 사랑의 술잔 속에도 역시 쓴맛이 있느니라. 그리하여 사랑은 초인에 대한 동경을 일으키느니라."

전반부에 나오는 12개의 설교는 낙타의 전통적인 낡은 가치에 대하여 사자의 혁명적인 새로운 가치의 도전이라고 할 수 있다.

인간은 이제 최후의 인간이 되느냐, 초인이 되느냐 하는 중대한 기로에 서게 된다. 지나간 지도력은 아무런 쓸데가 없게 되었다. 현세와 유리된 교회는 생명을 잃었고 현대에 뒤떨어진 도덕은 굳어지고 편협하게 되었다. 공리주의 국가는 이기적인 정치가에 의해 짐승이 되었고, 과학은 교만에 빠져 생을 도외시하고, 철학은 추상적 체계에 사로 잡혀 인간의 생명을 메마르게 한다. 인류는 이리하여 멸망의 구렁텅이로 달리고 있다. 이것이 차라투스트라의 안타까움이다.

사자의 날카로운 발톱은 여지없이 우둔한 낙타의 등허리를 물어뜯는다. 초인의 길을 막는 무사주의無事主義, 대지를 망각한 도피주의, 삶의 근거를 무시하는 형이상학, 정열을 천시하는 낡은 가치관, 개척자를 무시하는 어리석음, 삶을 싫어하는 염세주의, 천민도덕의 우상인 국가, 병든 자를 사랑하는 약자의 도덕, 그밖에 모든 과거의 가치를 물어뜯는다. 그리고 풍부하고 억센 초인의 도덕이 역설된다.

우선 현실의 세계 배후의 관념적인 세계를 공상하여 거기에 구제를 구하는 종교인 형이상학자를 공격하는 배후의 세계(3절), 영혼을 강조하고 육체를 멸시하는 신비주의자들에게 대한 반박(4절), 진정한 도덕은 개성적이어야 하며, 거기에 정열이 첨가될 때 비로소 강렬한 기쁨이 터져 나온다고 하는 〈희열과 정념〉(5절), 본능의 입장에서 범죄를 악으로 보지 않고 인생의 병으로 보는 〈창백한 범죄자〉(6절), 독서에 대한 니체의 열정(7절).

 "모든 쓰여진 것 중에서 나는 다만 피로써 쓰여진 것만을 사랑하노라. 피로써 쓰라. 그러면 그대는 정신임을 알리라."

 높은 산 위에 나무처럼 우뚝 솟은 고귀한 인격(8절), "나무는 이처럼 쓸쓸하게 산 위에 서 있노라. 이것은 사람과 동물을 넘어서 높게 성장하였노라."

 생을 경시하고, 죽음을 강조하는 죽음의 설교자에 대한 비난(9절), 적과 싸우는 것이 적을 사랑하는 것이라고 말하면서 초인의 탄생을 위하여 끊임없는 싸움을 주장하는 〈전쟁과 병사〉(10절), 초인의 길과 창조적 생을 방해하는 허위와 공리주의로 가득 찬 근대국가를 저주하는 〈새로운 우상〉(11절), 창조의 길을 외면한 군중에 대한 멸시를 역설하는 〈시장의 파리〉(12절), 음탕은 미워하면서도 금욕을 권하지 않고 관능의 정화를 기도하여 성의 순결을 호소하는 〈순결〉(13절), 친구 속에서 원수를 발견하여 그 원수를 존경할 수 있을 때에만 진정한 우정은 이루어진다는 유명한 우정론, "사람은 그의 벗에 있어서 그의 최대의 적을 가져야 한다. 그대는 그대가 그에게 반항할 때에 마음으로써 그에게 가장 가까워지느니라." 라는 〈친구〉(14절), 이상 12개의 설교는 2절 〈덕의 강단〉에서 말하는 것처럼 공리주의적 세속도덕에 대하여 그 각성을 촉구하는 창조정신의 반발이요, 초인도덕의 주장이다.

 악을 선으로 갚으라는 기독교의 노예도덕에 대하여 남에게서 받은 악을 자기 자신의 선으로 바꾸어 놓은 〈독사의 상처〉(19절), 나무 가지에 매달려 삼 년을 하늘거리는 쭈그러진 밤처럼 죽음을 무서워하는 껍데기가 아니라 자기의 인생을 완성한 무르익은 열매가 땅에 떨어져 다시 날 새 생명을 위해서 자유롭게 죽어 가는 참 죽음을 칭찬

하는 〈자유의 죽음〉(21절), 남에게 얻어먹는 것이 아니라 대지에 우뚝 솟은 과일 나무처럼 대지에 충실하여 커다란 대낮을 실현하는 남에게 주는 도덕, 그것은 하늘에서 저절로 내려온 것이 아닌 땅에서 솟아 나온 도덕이야말로 참으로 〈나눠주는 도덕〉(22절)임을 강조하여 너희들의 사랑과 인식이 지상에서 떠나 영원한 하늘로 날아가지 않도록 부탁하는 「차라투스트라」의 제1편 마지막은 이런 말로 끝을 맺는다.

"위대한 대낮이란 인간이 짐승과 초인 사이에 걸쳐진 길 위에 서서 이제부터 저녁으로 향하는 인간의 길을 자기의 최고의 희망으로 축하할 때다. 이 길이 최고의 희망이 될 수 있는 것은 새로운 아침을 향한 길이기 때문이다. 이 때에 저물어 가는 태양은 내가 저편으로 건너가는 나그네임을 깨닫고 나를 축복하여 줄 것이다. 그리고 저 인식의 태양은 그 머리 위에 대낮의 태양으로 떠오르게 될 것이다. 모든 신들은 죽었다. 이제 우리들은 초인들이 번성하기를 바란다. 이것이 위대한 대낮에 우리들이 바라는 궁극의 의지리라."

이렇게 차라투스트라는 말하고 얼룩소라는 거리를 떠나간다. 그 이유는 이 고을의 젊은이 가운데는 차라투스트라를 따르는 제자도 있고 신자도 생겼지만 차라투스트라가 바라는 것은 제자도 아니요, 신자도 아니었다. 그것은 같이 창조해 갈 수 있는 친구였다. 신자는 자기를 찾는 자가 아니고, 남을 찾는 자다. 그런 의미에서 그것은 같이 창조할 수 있는 친구는 아니다. 그리고 차라투스트라도 초인을 말하고 있지만 그 자신은 아직도 초인이 아니다. 그는 좀더 수련을 쌓아야 한다. 생을 절대 긍정하는 초인을 말하기 전에 생을 절대 부정하는 영원회귀의 사상을 말해야 한다. 그러기 위해서는 그 자신이 중력의 정을 극복하여야 한다. 그는 얼룩소를 떠나서 다시 산으로 들어간다.

행복한 섬

　제2편은 행복의 섬에서 행해진 22개의 설교다. 행복의 섬은 시칠리아 섬을 가슴에 두고 그리는 것 같다. 이 섬에는 그를 따르는 사람도 있고 그를 반대하는 사람도 있다. 여기에서도 천상적天上的인, 관념적 사상을 찍은 듯이 부정하고 이 세상에 있어 현실적인 초인의 창조적인 진리를 역설한다.

　제1편 끝에 얼룩소라는 거리를 떠나서 산으로 들어간 차라투스트라는 동굴 속에서 오랜 세월을 보낸다. 마치 씨를 뿌린 농부가 싹이 트기를 기다리는 것처럼. 그런데 하루 아침은 이상한 꿈(1절)에 스스로 놀라 잠을 깬다. 그것은 꿈속에 거울을 가진 어린애가 나타나 차라투스트라에게 거울을 보여주는 것이다. 거울을 들여다보니 거울에서 차라투스트라의 얼굴은 비치지 않고 그를 비웃는 악마의 얼굴이 비쳐 있었다. 깜짝 놀란 그는 잠에서 깨어나서 그 꿈을 해석하였다. 자기가 뿌린 씨가 위기에 처한 것 같다. 어쩌면 잡초가 곡식을 농락하는 지도 모른다. 아마 가야할 때가 왔나 보다. 그리고 이번에는 친구들과 원수들이 사는 〈행복의 섬〉(2절)으로 달려간다.

　"진실로 내 안에는 하나의 호수가 있도다. 그것은 숨어 있는 자족自足의 호수로다. 그러나 나의 사랑의 흐름은 이 호수와 함께 흘러내려 가는도다. 바다로 향해서 새로운 길을 나는 가노라."

　제2편의 핵심은 행복의 섬을 둘러싸고 있는 생명의 바다다. 여기 니체의 생生의 철학이 그 모습을 드러낸다. 니체는 생명의 근원을 창조와 생성으로 술렁거리는 걷잡을 수 없는 바다로 상징한다. 모든 것이 거기서 나와서 그리로 돌아가는 생명의 근원은 한없이 풍부한 창조적 혼돈이다. 그것은 언제나 움직이고 있으며, 어떠한 직관도 합리성도 허락하지 않는 주체적인 근원이다. 이것은 물론 영적인 생을 상

징한 것이다.

이 글을 쓸 때에도 그는 넘치는 영감에 떨고 있었다. 무엇이라 형언하기 어려울 만큼 명료하고 미묘한 가운데 문득 어떤 모습이 보이고 어떤 말이 들리는 것이었다. 그것은 구하지 아니하는 데도 주어지고, 주는 이를 알지 못하면서 받는 영감이다. 생각이 번갯불처럼 번득이는데 그러면서도 그것은 필연의 빛을 띠고 있으며 선택의 여유를 주지 않는다.

니체는 이 바다를 이렇게 그려본다. 이 세계는 시작도 끝도 없는 거대한 힘, 더함도 덜함도 다함도 남음도 없다. 통째로 변함없고 청동처럼 견고하다. 남음도 모자람도 없고, 축적도 낭비도 없이 빈틈없이 가득 찬, 무한한 힘이다. 힘찬 바다다. 힘찬 물결이 하나면서 억만이요, 억 만이면서 하나로 희롱한다. 여기에 부풀면 저기에 패어지고 이쪽으로 흐르면 저쪽으로 넘치는 힘의 큰 바다, 영원히 움직이고 영원히 고요한, 둥그런 바다, 해달과 같이 밀려오고 밀려가는 밀물과 썰물, 가장 단순한 형태로부터 가장 복잡한 형태에까지, 가장 고요하고 굳고 차가운 것으로부터 가장 뜨겁고 거칠고 부드러운 것으로 변해가며, 충만으로부터 단순으로 돌아가고, 모순의 유희로부터 조화의 연락으로 춤추게 하는 이러한 궤도, 해달과 같이 영원히 돌아가며 피로도 모르고 권태도 모르는 영원한 창조, 영원한 파괴, 영원한 축복, 영원한 저주, 이러한 이중의 비밀을 가진 목표도 없고 의지도 없는 선악을 넘어선, 둥그런 세계, 이런 것이 니체의 영적인 생명의 바다다.

이러한 세계를 혼돈이라고 표시해도 좋지만 이 혼돈은 질서와 통일의 혼이 없는 혼란을 의미하는 것이 아니라 창조적 생명에 넘쳐 있기 때문에 어떤 형태에 맞출 수가 없는 힘의 움직임이다. 이 힘은 니체와 같이 주체적으로 체험해 가는 수밖에 다른 길은 없다. 니체는 무진장이다. 니체의 이해는 가장 깊은 존재의 이해다. 가장 긴 사다리이고 가장 깊이 내려갈 수 있는 영혼, 그는 아득한 끝까지 자기 속에 뛰어 들어 미혹하고 방황하는 한없이 너그러운 영혼이다. 가장 깊이 자기를 사랑하면서 자기 속에 바른말과 거슬리는 말, 밀물과 썰물을 다 담을 수 있는 영혼이다.

  니체의 생명은 한 마디로 창조적 혼돈이라고 할 수 있다. 그러기에 그를 대지라고 부르기도 하고 육체라고 부르기도 한다. 존재 자체의 근원으로서의 자연이다. 이 자연은 어디서나 주인이 되지 않고는 견디지 못하는 생명의 힘이다. 이 힘을 니체는 권력의지權力意志라는 말을 쓰지만 이 힘은 단순히 맹목적인 움직임만이 아니다. 그 속에는 의식을 넘어선 예지叡智가 있다. 니체는 이것을 육체의 예지라고 하여 정신적인 예지보다 훨씬 높은 차원이라고 한다.

  예지는 한없이 깊은 것과 큰 것을 볼 수 있는 행위적 직관行爲的直觀이라고 할 수가 있다. 자기를 넘어서서 자기를 볼 수 있는 행행에서 오는 생명의 빛이다. 이 힘은 언제나 선악을 넘어서 창조하는 힘이다. 이 힘은 자기를 창조한다. 창조하는 자도 자기요, 창조되는 자도 자기다. 창조자는 자기를 창조해 간다. 산모의 진통과 태아의 곤고困苦가 동시에 성립한다. 자기를 넘어서 자기에 도달하는 변증적 발전이 낙타와 사자와 어린애의 비유다.

  자기를 넘어서 창조해 가는 이 어려운 길을 그는 행복이라고 한다. 이러한 행복을 맛보기 위하여 그는 바다를 건너 행복의 섬으로 달려간다. 그는 행복의 섬에서 이렇게 말을 시작한다.

  "무화과가 나무에서 떨어지는도다. 그것이 떨어질 때 빨간 껍질은 터지는도다. 나는 무르익은 무화과에 부는 북풍이로다. 나의 벗들이여, 그러한 무화과처럼 나의 말은 너희에게 떨어지노라. 자, 그 시원한 과즙과 달콤한 과육을 들여 마셔라. 때는 가을이요, 맑은 하늘과 늦은 오후로다. 보라, 우리를 둘러싼 풍성한 열매, 그리하여 넘치는 듯한 무르익음 속에서 멀리 아득한 바다를 바라보는 즐거움이여, 일찍이 사람들은 먼바다를 바라보았을 때 신이라 말하였노라. 그러나 나는 이제 그들에게 초인을 말하노라."

니체는 인간의 힘으로 할 수 있는 것, 인간의 힘으로 창조해 낼 수 있는 최대의 것, 즉 초인에 대해서만 말하려고 한다. 신에 대하여 이렇고 저렇고 하게 되면 그것은 모두 억측 밖에 되지 않는다. 이러한 억측은 '동정자同情者', '승려', '학자', '시인' 들에 관한 노래에서 모조리 분쇄해 버린다. 그리고 니체가 주장하는 것은 초인의 내용인 창조만이 인간을 고뇌로부터 해방할 수 있는 오직 하나의 길임을 알려주기 위하여, 그리고 약자를 동정하는 〈동정자〉(3절)에 대하여 화살을 던진다. 동정을 가지고는 인간을 고귀하게 할 수 없다는 것이다. 역시 사랑은 상대방을 스스로 깨닫게 하는 높은 사랑이라야 한다.

인간은 착해지는 것이 아니고 위대해지는 것이다. 사람을 지옥에 넣어서라도 인간을 위대하게 만들어야 한다. 신은 죽었다. 인간을 동정했기 때문에 죽은 것이다. 무슨 사랑이건 동정을 넘어설 수 있는 사랑만이 위대한 사랑이다. 사랑은 그것을 가만두는 것이 아니라 그것을 창조하는 일이다. 〈승려들〉(4절)도 사람을 구제하는 것 같으나 그것은 현실을 떠난 구제이므로 생명이 없다. 구제란 자유로운 인간으로 초인이 되게끔 하는 것이 참 구제이다.

최대의 인간이란 너무도 인간적인 인간이다. 세상에 보통 〈덕 있는 자〉(5절)들이라고 해도 그들의 덕은 너무도 비천하다. 참다운 덕은 인간이 가지고 있는 본래적인 것을 사랑하는 데 있다. 세상 사람들은 나를 텅 비게 하는 것이 덕이라고 하지만 어린애가 어머니의 뱃속에서 자라듯이 자기로써 가득 채우는 것이 덕이리라.

사람들은 보잘 것 없는 〈천민〉(6절)이 되었다. 구역이 날 정도로 시장의 파리떼처럼 그들은 천해지고 말았다. 그러나 우리들은 그들을 삶의 기쁨으로 끌어올려야 한다. 기쁨의 샘터는 언제나 넘쳐흐른다. 거기는 한 사람의 천민도 가까이 가서 입을 댈 수 없을 만큼 생명의 샘이 솟아오르고 있다. 시원한 여름이 가까워 온다. 조용한 행복이 우리를 기다리고 있다.

우리의 고향은 높은 곳이라 불순한 자와 목마른 자가 가까이 오기에는 너무도 높은 곳이다. 미래라는 나무에 우리는 보금자리를 마련하자. 그리고 〈독거미〉(7절) 같은 평등주의자들의 말에 귀를 기울여서는 안 된다. 그들은 인간의 고귀함을 끌어내려 세상을 정복하려고 한다. 인간은 평등한 것이 아니다. 인간은 평등할 수도 없다. 인간은 미래로 올라가야 한다. 수많은 다리를 건너서 나아가야 한다. 삶은 올라가는 것뿐이다. 한 계단 한 계단을 걸어 올라가서 나중에는 자기 자신도 넘어서 올라가야 한다. 친구들이여, 서로 올라가기 위해서 싸움을 멈춰서는 안 된다. 우리는 신처럼 용감하게 위로 올라가야만 한다.

요즘 소위 〈이름 높은 현인〉(8절)들도 정신의 진수를 모르고 있다. 정신이란 자기의 삶 속에 파고드는 삶이다. 그것은 자기의 고통을 통해서만 자기의 지식을 누릴 수 있다.

차라투스트라는 이제 〈밤노래〉(9절)를 부른다. 빛과 힘으로 충만하여 주는 것만 알고 받는 것을 모르는 태양빛처럼 차라투스트라의 영혼은 밤의 샘물처럼 넘쳐흐른다.

지혜는 삶으로 인도하지만 생의 만족을 주지 못한다. 생의 인식을 넘어서서 생을 춤추는 〈무도의 노래〉(10절)가 들려온다. 청춘의 모든 이상은 적들의 악의로 죽어버리지만 그러나 강렬한 생의 의욕은 무덤을 뚫고 다시 살아 나온다(11절). 모든 인식과 가치판단을 넘어서서 자기마저도 짓밟고 넘어가는 〈자기 초극〉(12절) 속에 참다운 의지만 힘으로 나타난다. 여기서는 최고의 악도 선의 일부이며 최고의 선이란 창조하는 의지뿐이다. 아무리 강한 사람이 애쓰고 싸우며 올라간다 해도 그저 올라가는 것만으로는 〈숭고한 사람〉(13절)이라고 할 수가 없다.

　사람은 모든 긴장을 넘어서서 넉넉함과 아름다움과 유희의 경지에까지 도달해야 한다. 마치 어린애같이 순진한 세계만이 참다운 창조를 해낼 수 있다.

　과거로부터 쌓아 내려오는 〈교양〉(14절)에만 의지해서 살 것이 아니라 미래의 창조를 발돋움하자. 주관적인 의도를 떠나고 순수한 인식이나 관조의 속임수를 벗어나서 참다운 아름다움은 생기가 가득 찬 〈때묻지 않은〉(15절) 창조적 행위에만 깃들임을 알아두자. 〈학자〉(16절)들의 속임수에 희롱되지 말고 〈시인〉(17절)들의 거짓에도 끌리지 말고 새로운 혁명의 〈위대한 사건〉(18절)이 깊은 고요 속에서 터져 나오기를 기다려보자.

　대지의 심장은 금으로 되어 있다. 모든 설교자의 말을 저버리고 새로운 예감에 가슴을 부풀리는 〈예언자〉(19절)가 되자. 참다운 〈구제〉(20절)는 인간의 불구를 고쳐주는 것이 아니라 과거의 우연을 그대로 받아들여 의지의 필연으로 창조해 나가는 일이다. 인간이 밉기는 하지만 인간을 떠나서 사람의 할 일은 아무 것도 없다. 〈인간을 참을 수 있는 지혜〉(21절)가 필요하다.

　차라투스트라에게는 〈가장 고요한 최후의 시각〉(22절)이 왔다. 옛날 모세에게 가라고 명령하던 그런 명령이 차라투스트라에게 임하게 된다. 영원회귀의 진리를 가서 전하라고. 그러나 자기의 미숙을 아는 그는 한없는 고독으로 빠져들어 간다. 그는 다시 동굴로 향한다. 이리하여 제2편이 끝이 난다.

감람산

『차라투스트라는 이렇게 말했다』제2편의 핵심은 바다요, 생의 철학이다. 생은 걷잡을 수 없는 바다요, 힘이었다. 그런데 제3편의 핵심은 산이다. 산을 타고 올라가는 길은 험하고 힘드는 길이요, 외롭고 쓸쓸한 길이다. 그러나 그것이 내 길이요, 내 비탈이기에 가지 않을 수가 없는 길이요, 숨이 차더라도 가는 것뿐이다.

숨이 찬 것을 운명이라 하고, 가지 않을 수 없는 것을 필연이라고 한다. 자기의 필연적인 운명을 기쁨으로 받아들임을 운명애라고 한다면 운명을 사랑하는 인간은 무엇인가 끝없이 여유가 있는 것 같다. 그것이 비록 죽음이라 할지라도 자기의 운명이기에 그것을 사랑할 수 있다면 얼마나 너그러운 삶일 수 있을까? 그러나 이러한 생의 긍정은 생의 부정을 넘어서지 않고서는 도달할 수가 없다. 깊은 생의 부정으로부터 높은 생의 긍정으로 올라가는 길, 이것이 니체의 실존이요, 감람산이다.

내 뜻대로 마옵시고 아버지 뜻대로 해 달라는, 영원한 부정에서 영원한 긍정이 제3편의 핵심이다. 연약한 허무주의를 극복하면서 영원회귀의 사상, 즉 진리를 깨닫기 위하여 싸우고 고민하는 차라투스트라의 실존적인 모습을 우리는 여기서 볼 수가 있다.

형식적인 기독교, 짐승 떼처럼 몰리는 대중, 작아져 가는 인간, 퇴폐를 거듭하는 사회, 이러한 것에 부딪힌 니체는 인생과 세계의 전체적인 의미와 목적을 끝까지 추구하며 회의에 빠짐없이 날카로운 비판력을 가지고 적극적인 진리를 탐구하는 데 무한한 정열을 쏟는다. 이러한 문제에 대한 해답을 찾아서 니체는 고민해간다.

우리는 그의 태도를 통해서 진리에 대한 정열을 배우고 내 속에서 나의 대답을 찾아내야 한다. 여기에 실존으로서의 니체와 또 하나의 실존으로서의 내가 대결하게 되는 것이다. 니체는 자기를 닮은 인생에 대하여 커다란 실망을 느꼈다. 그러나 니체는 사람은 누구나 자기의 본질 속에 우주의 생명과 하나가 되어 자유로운 개성을 펼 수 있는 권력의지를 가지고 있다고 생각한다. 누구나 각각 자기의 독특한 자아의 깊이를 자각하고 이 깊이 속에서 무한히 자유로운 개인으로 살 때 생은 독립불기의 참다운 실존이 된다.

행복의 섬에서 얼룩소를 거쳐 동굴로 돌아온 그는 엄습해 오는 중압의 영에 대하여 있는 힘을 다하여 싸우지 않으면 안 되었다. 몇 번이고 그는 행복과 불행이 서로 얽혀 있는 심연의 사상에 견딜 수가 없어 정신을 잃고 나가 넘어지기도 한다. 그러나 이 시련을 이기고 마침내 차라투스트라는 영원회귀를 긍정하는 찬가를 노래하기에까지 이른다.

"세계의 고통은 깊도다. 쾌락은 마음의 슬픔보다도 깊도다. 고통은 말하도다. 사라지라고. 그러나 모든 쾌락은 영원을 바라보노라. 깊고 깊은 영원을 바라보노라."

사실 존재는 괴로움일 지도 모른다. 그러나 인생의 기쁨은 그 고뇌를 받아들여 그 고뇌마저도 기쁨으로 바꿀 수 있는 영원한 힘을 가지고 있다. 이것이 니체의 실존철학이다.

맨 처음 〈방랑자〉(1절)에서 그는 이렇게 읊는다. "나는 방랑자이며, 등산가로다. 이제부터 어떠한 운명과 경험이 닥쳐올지라도 그 속에는 방랑과 등산이 있을 것이로다. 우연한 것이 나에게 부딪혀 일어나던 시대란 지나가 버렸도다. 나의 고유한 것이 아닌 어떤 것도 지금 나에게 닥쳐올 수 있을까. 나는 지금 나의 최후의 정상頂上앞에 서 있노라. 아아, 나의 가장 준엄한 길을 나는 올라가야 하노라. 아아, 나의 가장 고독한 방랑은 시작되었노라." 그러나 높이 올라가기 위해서는 차라투스트라는 먼저 깊이 내려가지 않으면 안 되었다.

"나의 발아래 있는 이 어둡고 슬픔을 띤 바다, 지금 나는 너희들 곁에 내려가지 않으면 안 되노라. 나는 나의 가장 높은 산 앞에 그리고 가장 깊은 바다 앞에 섰노라. 내가 일찍이 내려갔던 것보다도 훨씬 더 깊게 고통 속으로 가장 깊은 바닷물 속까지도 내려가지 않으면 안 되노라. 이제 비로소 나는 나의 위대한 길을 걸어가리. 거기에는 꼭대기와 깊은 밑이 하나로 이어지리라."

차라투스트라는 깊은 바다 밑을 지나서 높은 산꼭대기로 올라간다. 생의 철학에서 실존철학으로, 이것이 제3편의 내용이다.

배에 오른 차라투스트라는 〈환상과 수수께끼〉(2절)에서 영원회귀의 예감을 얻어 염세와 허무에 사로잡혀 신음하는 인생을 이렇게 묘사한다.

"거기에 한 사람의 인간이 누워 있노라. 그리고 저쪽에는 개가 깡충깡충 뛰며 머리털을 곤두세우고 콧소리를 내고 있노라. 이제 개는 내가 접근하는 것을 보았도다. 그러자 개는 다시 짖었다. 개는 외쳤노라. 나는 개가 이렇게 살려 달라고 울부짖는 것을 들은 적이 있었던가. 그리고 진실로 내가 본 광경은 일찍이 본 일이 없는 것이었노라. 얼굴을 찌푸리고 그 입에서는 검은, 무서운 뱀이 늘어지고 뒹굴고 있는, 숨을 헐떡이며 떨고 있는 젊은 목자를 나는 보았던 것이로다. 나는 일찍이 한 얼굴에 그처럼 많은 구토와 창백한 공포를 본 일이 있었던가. 무서운 뱀이 그의 목구멍에 기어들어 심하게 물어뜯었노라. 나의 손은 뱀을 떼어놓고 또 떼어놓았어도 다 소용 없었도다. 나의 손은 뱀을 목덜미에서 떼어놓을 수 없었노라."

이것이 중압의 영에 묶인 인생이다. 그때 차라투스트라는 이렇게 외쳤다. "그때 나에게서 외치는 것이 있었도다. 물어라, 물어. 그 머리를 물어 끊어라. 물어라."

니체가 제시하는 세상을 이기는 길은 오직 용기뿐이다. 뱀을 물어

끊을 수 있는 용기와 결단이 니체가 제시하는 실존의 본질이다.

"인간은 가장 용감한 동물이로다. 그러므로 인간은 용기로써 모든 동물을 극복하였도다. 승리의 울림으로써 모든 동물을 극복하였도다. 승리의 울림으로써 그는 모든 괴로움을 극복하였도다. 공격하는 용기는 가장 좋은 살인자로다. 그것은 죽음까지도 죽이는 도살자로다. 왜냐하면 용기는 이것 자체가 삶이기에. 자, 그렇다면 다시 한번이라고 말하기 때문이로다."

"빈사瀕死에 처한 목자는 있는 힘을 다하여 힘있게 물어 끊었다. 그는 뱀의 머리를 멀리 토해 버렸다. 그리하여 벌떡 일어났다. 그는 이제 목자가 아니다. 하나의 인간이 되었다. 그는 변했고, 빛으로 싸였고 그는 웃었다. 그가 웃었던 것처럼 웃은 인간은 일찍이 대지 위에 없었다." 이것이 2절에서 제시한 〈환상과 수수께끼〉의 내용이다.

16절로 되어 있는 전편은 영겁회귀의 진리란 결국 모든 무거운 영들의 힘을 끊어버리고 높이 웃을 수 있는 삶으로 끌어올리는 수수께끼이기도 하다. 그리고 인생을 끌어올리는 싸움은 행복보다도 불행이 나을 지도 모른다. 그런데 〈바라지 않는 행복〉(3절)이 인생을 좀먹는다. 차라투스트라는 아직도 운명을 견디어 내고, 고통을 이겨낼 수 있는 힘이 없는 것 같다. 달콤한 행복의 유혹이 생의 바다를 수놓고 있다.

또 다시 날이 새어 〈해 뜨기 전〉(4절)이 된다. 하늘의 푸름과 바다의 푸름이 하나로 맺어진다. "아아, 머리 위에 하늘, 그대 맑은 하늘이여, 깊은 하늘이여, 그대 빛의 깊음이여, 그대를 대할 때에 나의 몸은 신비한 욕망으로 치가 떨린다. 네 높음 속으로 내 몸을 던지고 싶다. 그것이 나의 길이기도 하다. 너의 깨끗한 속에 내 몸을 숨기는 것, 그것이 나의 순결이기도 하다."

합리성의 세계를 부정하고 배는 드디어 육지에 닿는다. 동굴에 돌아가기 전에 다시 한번 〈인간을 작고 천하게〉(5절) 만드는 것이 무엇인지를 가르치므로 민중에 대한 사랑을 보여준다. 이웃을 네 몸같이 사랑하기 전에 자기 자신을 사랑하는 이가 되라고 권한다.

그리고 〈감람산〉(6절)에서 깊은 명상에 잠긴다. 겨울 하늘처럼 맑은 그의 심경과 얼음장처럼 차가운 그의 인식으로 존재의 근원을 파고든다. 오랜 침묵이 계속된다. 그 후 그는 감람산을 떠나 원숭이처럼 흉내만 내는 근대 도시를 비판할 것도 없이 〈그대로 지나가기로〉(7절) 결심한다. 원숭이에게까지 지혜를 나눠주기에는 지혜는 너무도 고귀한 것이기 때문이다. 얼룩소에 들러보니 많은 제자들이 또다시 기독교로 돌아갔다. 그는 그들을 〈배신자들〉(8절)이라고 몹시 공격한다. 적의 반격도 얕볼 수 없었다. 그러나 동굴까지 이틀 길이 남은 것을 생각하니 기쁨이 넘쳐 오른다. 또다시 동굴로 돌아왔다. 그는 이것을 〈귀향〉(9절)이라고 한다. 그것은 그가 사랑하는 고독으로 돌아왔기 때문이다. 아슬아슬한 위험을 거쳐 오랜 여행 끝에 자기 고향으로 돌아왔다. 그는 마음대로 꿈을 꿀 수 있게 되었다. 그의 마음이 가장 비었을 때 그는 세상을 있는 대로 볼 수가 있었다. 거기에는 육욕과 지배욕과 야욕이 들끓고 있었다. 그러나 〈이 세 가지 악〉(10절)은 단순히 부정될 것이 아니라 초인이 되는 방향으로 다시 이용되어야 한다.

큰 대낮이 가까워 오고 있다. 그 때에 모든 악은 합하여 유익함이 될 것이다. 밝은 대낮을 가리우는 검은 그림자가 있다. 그것이 〈중력의 영〉(11절)이다. 그것은 자기로 하여금 자기가 되지 못하게 하는 천박한 타율적인 가치관이다. 이것이야말로 니체가 가장 미워하는 불구대천의 원수다.

가치는 긍정되어야 할 것도 있고 부정되어야 할 것도 있다. 〈낡은 것과 새 것의 표〉(12절)를 만들자. 낡은 것을 버리고, 새 것을 창조하

자. 모든 고귀한 자는 무엇이나 그저 얻으려고 하지 않는다. 자기 자신에게 명령할 수 없는 자는 복종하지 않으면 안 된다. 생은 창조와 사랑과 기쁨을 약속한다. 그러나 그것은 기다릴 것이 아니라 우리의 힘으로 실현해 가야 한다. 인간이 자기를 찾아갈 때 인간의 비소함은 조금씩 〈회복된다〉(13절).

영원회귀의 사상이 무르익어 간다. 모든 것은 가고, 모든 것은 되돌아온다. 존재의 수레바퀴는 영원히 굴러간다. 모든 것이 죽고 모든 것은 또 다시 꽃을 피운다. 존재의 나이는 영원히 달린다. 모든 순간에 있어서 존재는 시작된다. 존재의 중심은 도처에 있다. 영원한 길이란 둥그런 길이다.

차라투스트라는 작은 인간도 되돌아온다는 데 구역질을 느낀다. 그러나 차라투스트라는 결국 이겨낸다. 그리고 그는 영원회귀의 스승이 된다. 그는 영원회귀의 인과와 하나가 된다. 그는 다시 태양과 지구와 독수리와 뱀과 더불어 다시금 모든 사물에게 영원회귀를 가르치기 위하여 돌아오기를 바란다.

이리하여 차라투스트라는 한없이 커간다(14절). 그의 사상과 의지는 넘쳐흐른다. 혼의 힘은 그를 실천의 세계로 이끌어간다. 실천만이 괴로움과 죽음까지도 극복할 수 있기 때문이다.

이리하여 차라투스트라는 일체를 긍정하여 생은 영원한 찬가로 〈춤을 춘다〉(15절). 지금까지 체험한 모든 것을 위대한 생의 절대긍정으로 몰아넣고 그것을 영원한 사랑으로 이끌어간다. 〈일곱 가지 봉인〉(16절)이 하나씩 열려진다. 하나의 봉인이 열릴 때마다 "나는 너를 사랑한다. 오오, 영원이여." 라고 노래 부른다.

가장 깊은 설움에서부터 가장 높은 기쁨으로 뒤바뀌는 비밀이 제3편에 펼쳐져 있다. 물론 그것은 자기를 극복하고 초인을 실현하는 산길에서 이루어진다.

천년왕국

제3편에서 절대부정을 지나 절대긍정에 도달한 차라투스트라는 이제부터 지知의 세계를 떠나서 행行의 세계로 들어가려고 한다. 행이란 위대한 인간왕국, 차라투스트라의 천년왕국을 세우겠다는 일이다.

제4편의 주인공, 차라투스트라는 젊은 차라투스트라가 아니라 백발이 나부끼는, 늙은 차라투스트라다. 오랜 명상 끝에 동굴 앞에 나와 멀리 바다를 바라보는 차라투스트라에게 그를 따라 다니는 매와 뱀이 그에게 이렇게 묻는다. "그대 차라투스트라여, 당신은 당신의 행복을 기다리는 것이냐?" 그때에 차라투스트라는 이렇게 대답한다. "행복에 무슨 의의가 있으랴. 나는 이미 행복을 찾지 않는다. 찾는 것은 나의 사업이다."

그의 사업이란 별 것이 아니다. 가르치고 기르는 일이다.

그는 때를 기다리면서 사람들이 자기에게 올라오길 바랬다. 그것이 맨 처음에 〈꿀의 제물〉(1절)이라는 것이다. 꿀이란 물론 지혜를 말하는 것이고 그는 산꼭대기에서 인간을 낚는 어부가 되려고 한다. 인간이라는 바다에는 게도 있고, 생선도 있고, 여러 가지 물고기가 살고 있다. 나는 그것들을 낚아 올리려고 한다. 그런데 그는 처음부터 생각지도 않던 유혹에 걸려 의외로 실망을 맛보게 된다. 동굴 앞에 예언자가 나타나 어둡고 깊은 바다에서 들려오는 비명을 들어보라고 한다. 그것은 비범한 인간들이 차라투스트라의 구원의 손길을 비는 〈위급한 절규〉(2절)이었다.

차라투스트라의 원수는 동정이다. 그에 있어서는 동정이야말로 신도 죽게 하는, 지독한 독소이다. 차라투스트라가 제일 경계하는 이 동정과 예언자의 가라는 권유에 못 이겨 산을 내려오게 된다. 이것이야말로 차라투스트라가 당하는 마지막 유혹이다. 구원을 기다리는 높은 사람들에 끌려 그는 동굴을 나와 골짜기로 내려가 여러 종류의 사람을 만난다.

처음에 만나는 것이 권력 계급이다. 한 마리 나귀에 짐을 실은 두 사람의 왕이 나타난다. 나귀는 물론 인민을 상징한 것이고, 두 왕이란 보수적인 왕과 진보적인 왕을 뜻한다. 두 사람 모두 왕자의 덕을 가지지도 못한 채 왕이 된 것을 부끄럽게 생각하고 높은 사람을 찾아 올라가는 왕들이다. 차라투스트라는 그들을 동굴에서 기다리게 하고는 자기는 앞으로 걸어간다. 두 왕은 동굴에서 기다리면서 행하여지는 〈대화〉(3절)를 통해서 스스로 권력 계급을 비판하게 된다.

그 다음에 만나는 사람은 늪에 빠져 〈거머리〉(4절)에게 피를 빨리고 있는 사람이다. 여기서 거머리가 상징하는 것은 양심이다. 양심이 너무도 날카로워 자기를 괴롭히고 육체를 깎아내는 사람들이다. 양심은 학적 양심을 의미하는 것인데 너무 정직해서 아무 것도 생산 못하는 정신적 불구자로서의 일부 학자들을 비꼬는 내용이다.

그 다음에 만나는 이는 〈마술사〉(5절)다. 알지 못하는 신의 노래를 부르며 무엇인가 위대한 것을 찾고는 있지만 예술적 허영에 불과한 사이비한 예술가에 대한 비판이다. 이것은 맨 처음에 니체가 도취했던 바그너를 비꼰 것이라고 한다.

그 다음에 만나는 것이 자리를 〈물러앉은 법왕〉(6절)이다. 옛 신을 섬기던 최후의 법왕과의 대화는 옛 신에 대한 비평이며 동시에 차라투스트라의 차원 높은 경건성을 암시하고자 한다.

그 다음에 만난 이는 〈가장 추한 인간〉(7절)이다. 니체는 인간의 가장 추한 모습을 인간의 자립근거로 삼는다. 신은 그의 추함을 동정함으로써 인간은 자기들의 추함을 증거하는 증인이 있는 것이 견딜 수 없어 신을 죽이고 만다. 신은 인간을 동정하다 죽고 만 것이다. 그러나 니체는 신의 죽음을 인간 자립의 근거로 삼는다. 신의 죽음이 니체의 입장이기도 하다.

그 다음에 만나는 것이 〈거지〉(8절)다. 거지란 마음이 가난하다는 그리스도인을 상징한 것이다. 그들은 썩은 사회를 미워하며 사랑과 천국을 찾는 자이지만 차라투스트라는 주는 것을 덕으로 삼기 때문에 마음은 순수하지만 창조의 용기를 잃은 그리스도인을 거지라고 천대한다.

마지막으로 만나는 것이 그의 〈그림자〉(9절)다. 그림자로 표현되는 군상은 마치 뿌리 없는 풀처럼 떠돌아다니는 현대의 교양인을 비판하는 것이다. 흘러가는 사상에 뒤따르며 자기 자신의 입장이나 근거가 없는 뿌리 없는 사람들이다. 다만 그들이 높은 사람으로 취급되는 것은 그들의 자유정신 때문이다. 창조자로서의 근원적인 의지가 없이, 생의 목표와 돌아갈 집도 없이 세상을 헤매는 방랑자, 영원이 어디든지 있으면서, 어디도 없는 영원의 헛수고를 거듭하는 그림자를 만나보고 그들을 모두 자기 동굴로 보내고 자기는 그대로 걸어간다.

높은 사람들은 결국 아무 것도 못하는 절망에 빠진 사람들이다. 그들과 작별하고 계속해서 걸어가니, 때는 이미 〈대낮〉(10절)이다. 포도나무가 엉킨 큰 나무 그늘에서 누워 쉬면서 아름다운 꿈을 꾼다. 아름다운 꿈이란 세계 완성의 꿈이다. 끊임없이 창조해 가고 건설해 가려는 차라투스트라에게 이것도 또 하나의 유혹이었는지 모른다. 이상 10절이 제4편의 절반이다.

대낮에 달콤한 꿈에서 깨어난 차라투스트라는 어디선지 들려오는 구원의 호소를 따라 더 걸어간다. 소리를 따라가 보니 이번에는 그 소리가 뜻밖에도 산에 있는 동굴에서 들려오는 소리였다.

차라투스트라는 자기가 살던 동굴로 돌아가 기다리고 있던 일곱 종류의 높은 사람들에게 〈인사〉(11절)를 한다. 결국 웃음으로 시작된 인사는 준엄한 초인대망의 열변으로 끝을 맺는다. 그리고 예수의 최후의 만찬처럼 〈만찬〉(12절)이 시작된다. 슬픈 만찬이 아니라 즐거운 만찬으로 웃음이 계속 터져 나오고 금욕에 반대하는 연설이 이루어진다. 그리하여 〈높은 사람들의 사명〉(13절)이 무엇인지를 설명한다.

그런데 만찬회 도중 차라투스트라가 잠깐 자리를 떠난 사이에 마술사가 진리의 의지를 야유하는 〈우울한 노래〉(14절)를 부른다. 거기에 대하여 거머리에게 피를 빨리는 양심적인 〈학자〉(15절)가 반기를 든다. 그리고 그림자가 〈사막〉(16절)과 대륙을 바라보며 유럽이 좋아지기를 바란다.

차라투스트라는 밖에서 높은 사람들의 환성을 듣고 그들의 〈각성〉(17절)을 기뻐한다. 그러나 얼마 있다 〈당나귀 축제〉(18절)가 시작된다. 당나귀란 결국 인민대중이며 높은 사람으로 표시되는 근래의 사상이 발전되어 가는 도중에 희생되는 것은 백성들뿐이라는 니체의 현대비판이기도 하다.

역시 높은 사람들의 시대적인 사상가는 니체의 친구가 아니었다. 니체의 친구는 같이 창조하여야 하는 것인데 역시 높은 사람들, 권위자들에 대한 동정은 차라투스트라가 빠졌던 또 하나의 유혹이었다. 차라투스트라는 이제야 마지막 고비에 도달한다. 그는 〈술에 취하여 노래〉(19절)를 부른다. 이러한 것이 인생이었던가. 그렇다면 좋다. 또 다시 한번 살아보자는 운명애의 노래요, 절대긍정의 경지다. 높은 사람들도 그에게 동조한다. 밤은 차차 깊어가 야반의 종소리가 들려온다. 이 때 차라투스트라는 영겁회귀의 심오한 사상을 가르친다. 이것이 이 책의 최고의 정점이다.

차라투스트라는 이제 다시 생의 용기를 새롭게 한다. 아침이 왔다.

해가 떠올라 온다. 힘과 사랑이 가득찬 〈징조〉(20절)다. 그는 태양처럼 힘과 사랑에 활활 타오르면서 태양을 향하여 이렇게 노래 부른다. "나의 고뇌와 나의 동정, 그것이 내게 무슨 상관이냐. 내가 찾는 것은 행복이냐? 아니다. 나는 할 일을 찾고 있다. 자, 가자. 사자는 왔다. 내 아들들은 멀지 않다. 차라투스트라는 성숙해졌다. 내 때는 온 것이다. 지금이 바로 아침이다. 나의 하루는 시작된다. 떠올라 오너라. 떠오르라. 그대 커다란 대낮이여."

차라투스트라는 자격 없는 자들에 대한 동정의 유혹을 극복하고 가장 엄격한 태도로 사업에 출발한다. 이리하여 차라투스트라는 동굴을 떠나 그의 참다운 하강下降을 시작한다.

니체의 인생관의 가장 특유한 것은 약한 자에 대한 동정을 절대 금하고 있는 것이다. 그는 기독교의 사랑이 약한 자를 동정하는 노예도덕이라고 하여 극구 비난하고 사랑의 신의 죽음을 선포한다. 신도 인간에 대한 동정 때문에 죽었다고 한다. 그는 신 대신에 초인을 내세우고 동정 대신에 권력의지를 내세운다.

그는 유럽정신이 당면한 허무주의와 염세주의를 초인의 특유한 권력의지로 뒤집어엎으려고 하였다. 그러기 위해서는 비인간적인 무정과 오해받기 쉬운 비정非情을 필요로 한다. 만일 약한 자에게 동정하기 시작하면 존재의 고뇌에 압도되어 또 다시 허무와 염세에 전락할 수밖에 없을 것이기 때문이다.

차라투스트라가 당하는 유혹은 약자에 대한 동정이다. 이 유혹을 어떻게 극복해 가는가. 이것이 초인의 고민이다. 이것을 극복한 자만이 천년왕국에 들어갈 수 있다. 그는 그의 위대한 사업을 시작하기 위하여 산을 내려간다. 그의 사업이 무엇인지는 구체적으로 기록되지 않은 채 미완성 교향악처럼 영원한 여음을 남기고 『차라투스트라는 이렇게 말했다』는 끝을 맺는다.

1881년 영감을 받아 시작한 『차라투스트라는 이렇게 말했다』는 1885년에 끝난다. 그 후 1886년에도 니체는 『차라투스트라는 이렇게 말했다』를 완성시키기 위하여 여러 가지로 궁리하고 있었다. 1884년 11월 제4편을 쓰고 있을 때, 그는 자기 누이에게 이런 편지를 썼다.

"제5편, 6편을 써야겠다. 하여튼 나는 내 아들 차라투스트라로 하여금 그의 아름다운 죽음을 가지게 하기 전에는 그는 나를 쉬게 하지 않을 것이다."

니체가 남긴 초안을 미루어 볼 때 제5편은 위대한 대낮이고 제6편은 차라투스트라의 죽음이었을 것이라고 추측된다. 위대한 대낮이란 기독교의 최후의 심판 같은 것인데 거기에는 비소한 인간들은 부정되고 차라투스트라와 같은 권력의지를 가진 초인만이 대지를 지배하고 천년왕국을 세울 것이라는 것이다. 제6편의 차라투스트라의 죽음은 자유로운 죽음이어야 한다는 것이다.

차라투스트라는 위대한 대낮을 맞아 대지를 정복하고 그의 천년왕국을 건설하기 시작했기 때문에 그는 올바른 계승자에게 목표를 제시하고 너무도 행복해서 죽게 될 것이라는 것이다. 그의 관은 불을 내뿜는 높은 화산 분화구에 놓여진다. 그는 군중에게 그대들은 이 세상을 다시 한번 살기를 원하느냐고 묻고 그들이 영겁회귀의 사상을 긍정하는 소리를 들으면서 맑고 깊은 하늘 밑 산꼭대기에서 죽어 가는 것이 니체가 차라투스트라의 마지막 죽음에 대한 생각이었는지도 모른다.

하여튼 니체는 4편을 끝내면서 이제는 노래 부를 때가 아니고 실천할 때라고 붓을 던졌으니, 5편, 6편을 생각하는 것이 쓸데없는 사족 蛇足인지도 모른다.

결국 제5편, 제6편은 나타나지 않았다. 앙드레 지드는 『대지의 자양』이라는 작품으로 제 5편을 채워보려고 하였고, 헤르만 헤세는 『차라투스트라의 재래』라는 작품으로 제6편을 채워보려고 했지만 말이다.

하이데거

Heidegger, Martin 1889-1976

존재와 시간
Seit und Zeit 1927

사차원四次元

　20세기에 들어서서 공간과 시간은 과학적으로 아인슈타인에 의하여 하나로 통일된다. 이와 똑같은 작업이 철학적으로 이루어진 것이 하이데거의 『존재와 시간』인 것 같다. 하이데거에 의하여 밝혀진 내용은 인간의 세계와 인간의 역사다. 존재를 통해서 세계를, 시간을 통해서 역사를 밝히려는 것이 『존재와 시간』이다.
　하이데거가 기원하는 것은 평화스런 세계와 새로운 역사를 실현코자 한다. 그러기 위해서 존재와 시간이 다시 발견되어야 하며, 그것이 인간 속에서 새롭게 통일되어야 한다는 것이 그의 주장인 것 같다. 하이데거는 세계가 이처럼 불안하고 또 시대가 이처럼 소란한 것은 인간을 이성으로 보는 형이상학과 인간을 주관으로 보는 인식론이 그 주요한 원인이라고 한다. 플라톤의 형이상학과 칸트의 인식론은 결국 존재로서의 존재를 묻지 못하고, 존재자로서의 존재를 묻는 실체의 철학이 되고 말았다. 그것은 결국 유물론적 철학의 근거가 되고, 기계론적 사상의 배경을 이룬다. 2000년의 서양문명은 존재자로서의 유有의 철학이요, 기계론으로서의 기술문명이다. 그런 의미에서 서양철학은 유물론적 기계관이다. 이 무서운 괴물이 지나갈 때마다 세계는 황폐해지고 시대는 소란해지고 인간은 소외된다. 이것이 하이데거의 서양문명에 대한 진단이다.

그러면 어떻게 하여 인간은 이성[形而上學]과 주관[認識論]의 기술문명技術文明을 넘어설 수 있을 것인가? 길은 두 가지 밖에 없다. 하나는 플라톤 이전으로 올라가는 길이요, 하나는 동양으로부터 빛을 받는 길이다.

하이데거는 소크라테스 이전의 철학자를 좋아한 것도 사실이고, 노자나 동양의 철인을 좋아한 것도 사실이다. 그런 면에서 하이데거는 우리와 퍽 가까운 점이 있다. 이성과 주관, 혹은 유물론과 기계론을 어떻게 넘어서느냐? 이것이 하이데거의『존재와 시간』이라는 것이다. 유물론을 넘어선 것이 존재요, 기계론을 넘어선 것이 시간이다. 유물론적 기계관을 돌아가는 흙덩이[地球]라고 한다면, 존재와 시간은 푸른 하늘에 빛나는 태양이라고 할 수 있다. 그런 면에서 하이데거의 철학은 유심론적 목적론이라고 할 수 있다. 푸른 하늘, 깊은 마음을 존재라고 하고, 빛나는 태양과 튼튼한 몸을 시간이라고 하자. 허공은 모든 흩어진 존재자의 근원으로서의 존재요, 태양은 시간의 통일자로서의 시간자체다.

성리학에서는 존재를 기氣라고 하고, 시간은 이理라고 한다. 율곡의 이기일원론은 하이데거의 철학과 통하는 데가 있을 것이다. 주렴계(周濂溪, 1017~1073)는 무극이태극無極而太極이라고 한다. 그것도 존재와 시간이란 말이다. 존재와 시간을 알기 위해서 1924년에 행한 하이데거의 연설 가운데서 존재에 관한 것과 시간에 관한 것을 한마디씩 생각하여 보자. 이 연설이 1927년에 나온『존재와 시간』의 핵심을 이루었기 때문이다.

우선 존재에 관해서 그는 이렇게 말한다.

"지나감〔死〕과 앞당김〔先驅〕에 예있음〔現存在〕. 즉 인간존재가 그의 가장 자기적인 가능성에 돌진하고 충돌하는 것이다. 그것이 진지하게 이루어지면 그것은 나 자신이 아직 예있다는 것 안으로 되던져지는 것이다. 지나감의 불가회피성不可回避性의 안으로의 앞서 달림은 예있음이 아직 그것인 바에 그의 일상성日常性 안으로 돌아오는 것이다." '지나감〔死〕에 앞당김' 이라는 말은 물 속에 머리를 집어넣는다고 해도 좋다. 결국 죽고자 한다는 뜻이다.

이 세상에 사는 동물 가운데 물에 빠져죽는 동물은 없다. 모두 숨쉬고 그 속에 공기를 가졌으니 물에 빠질 이치가 없다. 그런 의미에서 그들은 그 속에 존재를 가진 존재자다. 그런데 이상하게도 가장 똑똑하다〔理性的〕는 사람이 물에 빠져 죽는다. 그 이유는 어디 있을까? 인간이 본능을 잃어서 그렇다. 동물들은 어머니 품속에서 노는 어린이처럼 자연에 대한 거리감이나 공포가 없다. 그들은 존재 안에서 사는 존재자다.

그런데 사람은 자연을 떠났다. 자연을 잊었다. 그리고 자연이라는 어머니를 무서워하게 되었다. 자연이 그 부드러운 손으로 떠받쳐 주려고〔浮力〕 해도 사람은 자연을 떠밀고 야단이다. 자연과 사람 사이에는 사람의 밀어 제침 때문에 거리가 생기고 진공이 생기어 사방에 있는 물이 이 진공을 채우기 위하여 막 밀고 들어온다. 자기가 만든 진공 속으로 사람은 물에 밀려 끌려 들어간다. 이것이 물에 빠진다는 것이다. 사람은 물을 먹고, 정신을 잃고, 사지의 활동이 정지되면 그 때는 자연의 힘으로 떠오르게 된다.

떠오른 사람이 찬바람에 부딪혀 정신을 회복하면 이번에는 배전의 힘으로 빠지지 않겠다고 또 물을 밀고 야단이다. 야단치는 만큼 인간은 물로 빠져 들어간다. 결국 몇 번이고 이것을 반복하다가 인간은 의식을 잃고 저항 없이 물 밖으로 떠올라 온다. 만일 사람이 진정으로 자연의 자비[浮力]를 이해하여 떠올라 왔을 때 의식적으로 자기중심을 잡아 뜬 부분에 자기의 코를 돌려대면 모든 사람은 살 수 있을 것이다. 그러나 때는 이미 늦었다. 벌써 정신은 떠났기 때문이다. 물 속에서 물을 먹으면서 팔다리를 움직이는 것, 이것이 유물론적 기계론이다. 물보다 가벼운 사람이 어떻게 물에 빠지나? 그것은 다름이 아니다. 사람은 물보다 가볍기는 하지만 머리를 전부 내놓을 수 있을 만큼 그렇게 가볍지는 못하다. 머리를 물 속에 넣지 않겠다는 것이 이성주의요, 주관주의다. 유물론적 기계론, 즉 기술문명의 원인은 이성적 주관주의에 그 원인이 있다. 하이데거는 여기에 '지나감[死]에 앞당김'이라고 한다. 쉬운 말로 머리를 죽음이라는 물 속에 쳐 박으라는 말이다. 머리를 존재 속에 처박고 겸손하게 가만있으면 몸은 저절로 떠오른다. 이것이 무의 개시다. 그리고 몸의 중심을 잡아 뜬 부분에 코를 돌려다 대면 이것이 생생의 사실적 경험이다. 이것이 실존이요, 이것이 현존재다. 그리고 이것이 또한 세계-내-존재世界內存在다. 밖에 있는 공기와 안에 있는 공기가 통하게 되는 것이다. 이것이 진리를 깨달았다고도 하고 도에 통했다고도 한다.

 사람은 이성 이상의 초월적 능력, 창조적 능력을 가지고 있다. 이성보다 더 높은 능력, 이성을 생산하는 능력, 그것이 존재다. 사람은 누구나 다 이것을 가지고 있다. 다만 그것이 망각되어 이성을 자기의 최고 능력으로 오인하여 인간은 이성적 동물이라고 한다. 인간은 이성을 초월할 줄 알아야 한다. 사람은 이 가능성에 돌진하고 충돌함으로써 나 자신의 본래적인 존재로 되돌아간다. 이성은 이성 이상의 근원 앞에 머리를 숙이고 물 속에 머리를 처박고 대자연의 부력에 자기를 맡기고 다시금 자기 코로 존재의 공기를 호흡하여야 한다. 존재의 회복, 무의 회복, 이것이 존재다. 한마디로 물위에 떠올라 오는 것이다.

둘째로 시간에 관한 그의 말을 인용한다. "여기 앞당김이라는 것은 예있음의 있음의 본래적이요, 비길 데 없는 장래성이다. 그때 예있음은 그의 장래이다. 그러나 이 장래로 있다는 것으로서 예있음은 그의 과거와 현재로 되돌아온다. 이 가능성 안에서 파악된 예있음이 시간 자체다. 예있음은 단지 시간 안에 있는 것뿐만 아니라 시간적으로 있다." 이 말을 또다시 물에 뜬 사람으로 비유하면 이번에는 헤엄쳐 간다는 것이다. 존재가 떠올라오는 것이라면 시간은 헤엄쳐 간다는 것이다.

하이데거는 "시간은 미래로부터 무르익는다〔時熟〕."라고 한다. 이 말은 헤엄치는 데 제일 중요한 것이 앞을 바라보고 목적을 정하고 눈을 뜨고 손으로 물을 끌어 들여야 한다는 것이다. 이것을 장래將來라고 한다. 장래는 가져온다는 뜻이다. 그리고 이 장래將來를 돕기 위하여 장래는 과거로 연결되어야 한다. 그것이 발이다. 발은 힘있게 과거를 박차고 물을 안으로 끌어들여야 한다. 이것을 귀래歸來라고 한다.

"믿음은 바라는 것의 실상이요, 보지 못하는 것의 증거"라고 한다. 바라는 것의 실상이 장래요, 보지 못하는 물 속의 활동이 귀래歸來라는 것이다. 장래와 귀래가 부딪혀 가온찌기〔點心〕를 이룰 때 가슴은 떠오르고 물은 안으로 들어와 중심은 잡혀 공기〔存在〕는 코로 들어가 생생의 근원적 경험이 이루어진다. 이것이 현재다. 현재는 미래와 과거가 통일된 점이요, 존재의 망각에서 깨어 나오는 현성現成이다. 이것을 여래如來라고 한다. 장래, 귀래, 여래가 하나로 통일되어 손으로 물을 당기고〔將來〕, 발로 물을 밀어〔歸來〕, 물이 안으로 들어와 가슴으로 떠오르면서〔如來〕 힘있게 전진할 때 여기 미래와 과거와 현재의 근원적 시간이 통일되어 오래 정체됐던 시대가 깨어지고 새로운 역사가 전진한다.

장래, 귀래, 여래를 도래到來, 기재既在; 현전現前이라고 표현되기도 한다. 이것은 통속적인, 과학적인 시간이 아니다. 통속적인 시간은 내 시간이 아니다. 그것은 나와는 관계없이 흘러가는 시간이요, 찢겨진 시간이요, 무한한 시간이요, 뜻이 없는 시간이다. 그러나 근원적인 시간은 유한한 시간이요, 뜻이 있는 시간이다. 그것은 인간적인 노력에 의지하여 시숙時熟하는 시간이요, 노력이 없으면 끊어지는〔前後斷切〕시간이다.

봄과 여름, 가을과 겨울은 끊어져 있다. 삶도 한때요, 죽음도 한때다. 삶과 죽음은 끊어져 있다. 삶과 죽음이 계속되는 시간은 인간적 시간이 아니다. 그것은 자연적 시간이다. 인간적 시간은 근원적 시간이요, 미래로부터 무르익은 시간이지 과거로부터 흘러가는 시간이 아니다. 인간의 봄은 흘러가는 봄이 아니다. 인간의 노력에 의하여 미래로부터 무르익는 봄이다. 한번 봄이 오면 사시장춘四時長春이다. "춘풍취태고春風吹太古 불조산하무구탄실佛祖山河無口呑悉"이라고 한다. 불조이건 산하이건 다 잡아먹고 터지리 만큼 봄바람에 무르익었다. 이것이 실존實存이다.

무르익으면 바람이 스쳐도 터져 나간다. 하이데거는 이것을 탈자성脫自性이라고 한다. 무르익은 시간에는 자기가 없다. 자기가 없을 뿐만 아니라 자기를 위하는 마음이 없다. 있다면 남을 위하는 마음이 있을 뿐이다. 미래도 남을 위해서 쓰여지고, 과거도 남을 위해서 쓰여지고, 현재도 남을 위해서 쓰여진다. 남을 위해서 쓰여지는 시간은 흘러가면서 흘러가지 않는다. 흘러가는 시간은 찢겨진 시간이요, 분열된 시간이요, 전생도 없고, 내생도 없는, 고립한 현생이다. 그러나 흘러가지 않는 시간은 과거와 현재와 미래가 다 살아나는 시간이다. 봄이 되면 일체가 봄이다. 산도 봄이요, 물도 봄이요, 일체가 봄이다. 이것이 존재와 시간이다. 존재와 시간은 무르익음으로써 하나로 통일된다.

존재存在

『존재와 시간』은 1927년 하이데거가 38세 때 쓴 책인데 굉장히 어렵다고 소문난 책이지만 한없이 쉬운 책이다. 이 책이 어렵다는 것은 만인이 다 인정하고 있다. 현대에 있어서 최고의 철학자가 쓴 책이니 어렵다는 것이 당연하지만 쉽다는 것은 그가 현대인이요, 현대인이라면 누구나 다 생각하고 느끼는 것을 썼기 때문이다. 학문적으로 생각하면 도저히 이해할 수 없이 어려운 책이지만 신앙적으로는 누구나 다 들어갈 수 있는 가장 쉬운 책이다. 이론적으로는 일체가 문 없는 절벽이지만 실천적으로는 일체가 뚫린 허공에 지나지 않는다. 절벽을 뚫으려면 한없이 어렵고, 허공을 날려면 한없이 쉽다.

존재의 세계는 무문관無門關과 같아서 이성에 대해서는 절벽이지만 신앙에 대해서는 허공이다. 그런고로 삼차원의 사유의 세계가 아니요, 사차원의 은혜의 세계이며, 좌절의 세계가 아니라 초월의 세계요, 체계의 세계가 아니라 실천의 세계요, 논리의 세계가 아니라 직관의 세계요, 자연의 세계가 아니라 자유의 세계요, 법칙의 세계가 아니라 복음의 세계며, 구속의 세계가 아니라 구원의 세계다.

이 책을 읽는 동안 인간 이성이 좌절되고 인간 영성이 출현하여 유희삼매를 경험하면 그것으로 족한 것이다. 알려고 하지 말고 모르려고 하고, 남의 소리라고 생각하지 말고 내 소리라고 생각하여 겸허한 마음으로 받아들이면 일체는 내 것이 되는 것이다.

존재란 일체 존재자를 존재케 하는 것이다. 나를 나되게 보살펴 주시는 것이 존재다. 독수리처럼 하늘을 날게 하고, 물고기처럼 바다를 뛰게 하는 것이 존재다. 힘과 빛이 하나가 된 세계, 선정禪定과 지혜智慧가 하나가 된 세계, 존재存在와 사유思惟가 하나가 된 희랍초기의 파르메니데스의 존재, 즉 사유의 세계다.

현대인은 움직이는 사람들이다. 움직이다가 깨닫는 사람들이다. 도에 통하는 사람들이다. 누구나 다 도를 닦고 있는 것이 현대인이다. 도를 닦는 사람들이 현존재다. 존재는 도道라고 생각하는 것이 좋다. 도는 통해야 한다. 깨쳐야 한다. 그것이 시간성이라는 것이다. 진리를 깨치는 순간이 시간성이다.

『존재와 시간』은 하나의 책이라기보다도 거울이라고 하는 것이 좋다. 거울에서 배우는 것이 아니라 거울 속에서 자기의 모습을 보는 것뿐이다. 이지적인 이해가 아니라 자각적인 요해了解라는 말을 쓴다. 해석학자 딜타이는 요해란 나를 네 속에서 발견하는 것이라고 했다. 돌을 갈아서 거울을 만들고 그 속에서 자기의 얼굴을 보는 것이다. 도를 닦는다든가, 전공한다라는 것은 무엇을 안다기보다 자기를 보는 것이다. 존재자의 지식보다도 존재자의 존재, 돌에 비춰진 자기의 모습, 얼굴을 보는 것이다. 도를 닦는다는 것은 거울을 닦아서 자기의 모습, 존재의 모습을 나타나게 하는 현존재現存在의 활동이다.

이 책은 지식을 얻겠다는 사람에게는 처음부터 거리가 멀다. 이 책을 요해할려는 사람은, 이 책에 통하려는 사람은 허심탄회하게 이 책에 귀를 기울이고 존재의 소리에 순종해 가는 것이다. 이것은 도를 닦는 것이기 때문에 현실적으로 체득體得을 계속해 가는 것이다. 현존재現存在의 독일 말의 뜻은 '여기', '이제', '이 찰나' 라는 말인데, '이 찰나'에 존재를 영원한 빛으로 스스로 열어 보여주는[開示] 것이다. 자기조명, 자기를 갈고 닦음으로 나타나는 자기의 모습을 자각해 가는 것이 현존재다. 자기가 깨달은 것을 자기가 실험해 보고 더욱 깨달으면 더욱 표현해 보는 체험과 자각[了解]과 표현이 진지하게 계속되어야 한다. 하나의 수도자로서 현존재로서 익히고 깨닫고 말하고 글을 씀으로서 자기의 현존재를 수증修增해 가는 것이다.

이 책 처음에 있는 말 '있'[在]은 희랍말로 '온' 이라는 말인데 그 말이 무슨 뜻인지 우리들은 옛날부터 알고 있다. 그렇다면 우리는 '있다'[道]를 정말 알고 있는 것일까? 천만에 전혀 모르고 있다. 그러니까 존재의 의미가 무엇인지 물어보아야 한다. 그러면 우리는 그것을 모른다[不通]고 한탄만 할 것인가? 천만에 절대 그럴 수가 없다. 우리는 어떻게 해서든지 도에 통해야 한다. 존재의 의미가 무엇인지를 구체적으로 수련해 가는 것이 이 책의 표적이다. 그러기 위해서 시간을 '존재요해성일반存在了解性一般을 가능케 하는 지평地平'이라고 해석하는 것이 이 책의 목표다.

이것이 서문이고 서론은 존재란 무엇인가[存在意味如何]인데 서론은 제1장 존재문제의 필연성 구조 우위, 제2장은 존재문제를 완성할 때 이중과제 근본적 탐구의 방법과 구도라는 것이다.

이 책은 제1장, 제2장 관계없이 절은 계속 일련번호로 이어진다. 제1장은 1, 2, 3, 4절, 제2장은 5, 6, 7, 8절, 본론은 제1부, 제2부로 되어 있는데 제2부는 영원히 나타나지 않았다. 그것은 하이데거의 180도 전회轉廻라고 하는 생각의 차원이 후에 달라졌기 때문이다. 하이데거는 『존재와 시간』을 쓴 후 오랫동안 침묵을 지키다가 제2부는 쓸 수 없다고 선언하였다. 그 후에 『형이상학 입문』, 『근거율』, 『칸트와 형이상학의 문제』등이 나왔지만 이것들은 『존재와 시간』의 계속이 아니라 새로운 그의 작품이다.

제1부는 1편과 2편이 있는데 1편은 9절에서 44절까지, 2편은 45절에서 83절까지다.

서론으로 들어가기 전에 하이데거의 간략한 생애를 적어본다.

그는 1889년 독일서 태어나 1976년까지 만 87세를 살았다. 70권이 넘는 그의 책이 현대의 최고의 철학자임을 알려준다.

그는 독일 서남쪽 프랑스와 스위스 국경지대에 가까운 산간벽지 바덴주 매스킬히라는 산골에서 태어났다. 아버지는 마틴 성당의 종치기였다. 18세에 브렌타노(F. Brentano, 1838~1917)의 『아리스토텔레스의 존재자의 여러 가지 의미』라는 책을 읽고 존재문제에 흥미를 가졌다. 20세 때 독일 남쪽 프라이부르크대학 신학부에 입학, 22세에 전공을 철학으로 바꾸어 3년 후인 25세에 박사학위를 따고, 27세에 교수자격시험(논문으로 「둔스 스코투스의 범주론과 의미론」, 교수자격시험 강연으로 「역사학의 시간관념」)에 통과하여 그는 모교의 전임강사가 되었다. 그 후 11년, 끈질긴 노력이 침묵 속에서 계속되어 38세에 『존재와 시간』을 내놓게 되었다.

하이데거의 선생은 신칸트학파의 거장 리케르트로 그 밑에서 인식론과 논리학을 극복하고 니체, 키에르케고르, 도스토예프스키, 헤겔, 쉘링, 릴케, 트라클, 휠더린, 딜타이 등의 자극으로 형이상학의 길을 가게 된다. 그가 박사가 되는 해 제1차 대전이 일어나고 교수가 되었을 때는 전쟁이 한창이었다. 그가 강의를 시작하는 1916년에 그에게 최대의 사건이 일어났다. 그것은 브렌타노의 제자 유대인, 후설(E. Husserl, 1859~1938)이 프라이부르크 대학에 오게 되었다는 것이다. 그는 후설의 조수가 되어 현상학을 극복하게 된다. 만 11년 노력 끝에 자기 독자의 경지를 개척하여 『존재와 시간』을 스승에게 바치고 스승의 기관지에 실리게 되었다. 그는 스승의 『사상事象 그 자체로』라는 현상학적 정신을 계승하고 '세계-내-존재'라는 인간의 진면목을 날카롭게 해석하여 『존재와 시간』이라는 세기적 작품을 내놓게 되는 것이다.

하이데거는 플라톤, 아리스토텔레스, 데카르트, 칸트, 헤겔, 딜타이, 후설 등 서양철학의 전통을 완전히 극복하고 그것을 독특한 말씀으로 정밀하게 표현하고 그는 시대를 통찰하는 날카로운 새 눈을 가지고 스승의 사상事象 자체를 꿰뚫어 보고 그 속에서 주옥같은 사상의 원천을 길어내어 만인을 매료魅了하는 힘에 넘치는 『존재와 시간』

을 쓰게 되는 것이다.

이 책은 철학계만 아니라 신학, 심리학, 인간학, 해석학, 정신의학, 미학, 문예학, 실천론, 이론물리학, 철학사에 많은 영향을 끼치게 되고『존재와 시간』은 고전의 하나가 되어 누구나 읽어야 할 현대 제일의 철학 책이 되었다.

하이데거는 서론에 이 책은 '존재의 의미의 물음'이라고 제시하고 존재를 이해하는 지평地平으로 시간을 내놓는다. 그래서『존재와 시간』이란 이름이 붙게 된다. '존재의 의미의 물음'을 존재 문제라고 하는데 동양식으로는 도를 닦는 것이다. 동양성현은 생명을 걸고 도를 닦았고 고대 희랍 철인도 목숨을 내놓고 존재를 물었는데, 요새 사람은 '도'란 말조차도 모르게 됨을 한탄한다. 그것은 '존재'란 진리와 같이 가장 보편적인 개념이기에 정의를 내릴 수도 없고, 그것은 너무도 자명自明하기에 그것을 묻는 사람이 도리어 바보 취급을 당하기 쉬워 세상은 결국 존재망각의 시대로 변하고 말았다고 볼 수 있고 존재무시의 시대가 되었다고 생각할 수도 있다. 이것이 현대의 허무주의의 발생이요, 전쟁의 곤고를 치르게 되는 이유다.

우선 존재를 희랍말로 온On, 독일어로 자인Sein, 영어로 비잉Being 이라는 말은 '있다'와 '이다'의 실재판단實在判斷과 속성屬性 판단을 포함한다. 존재와 사유의 일치다. '나무가 있다'와 '나무이다'를 표시하는 말이다. 하이데거는 이 말에 존속存續과 개시라는 뜻도 포함시킨다. 도통道通이란 뜻이다. 표면적으로는 사실적 존재와 상태적 존재를 나타내는 말이다.

서론 제1장에서는 〈존재문제의 필요구조 우위優位〉를 말한다. 제1장 1절이 〈존재에 대한 물음을 표면화하여 반복하는 필연성〉, 2절이 〈존재에 대한 물음의 형식적 구조〉, 3절이 〈존재문제의 존재론적 우위〉, 4절이 〈존재문제의 존재적 우위〉다. 1절에서 하이데거는 '있다'

라는 말은 '무엇이 있다', '무엇이다' 하는 '무엇'의 존재와 '무엇'의 상태를 말하는 말로서 '있다'나 '이다'는 '무엇'이라고 할 수가 없다는 것이다. 존재는 '존재자'는 아니다. 존재는 존재자인 무엇을 있게 해주는 터, 근거이다. 그것은 마치 집터 같아서 볼 수는 없다. 보이는 것은 집이지 집터가 아니다. 그러나 집터는 집보다 얼마나 비싸고 중요한 지 모른다. 그래서 존재는 다시 몇 번이고 물을 필요가 있다는 것이다.

내가 '있다'와 '이다'는 내가 어떻게 있게 되었으며 내가 어떻게 사람이 되었나 할 때에 그 속에는 한없는 신비와 경탄을 금할 수가 없다. '있다'는 것처럼 신비한 것이 없고, '이다'처럼 이상한 것이 없다. 내가 어떻게 돌도 아니고 나무도 아니고 사람이냐 할 때에 깊은 경탄과 더불어 되풀이 되풀이 다시 물을 필요가 있다.

인도 사람은 사람으로 태어나는 것처럼 어려운 일이 없다고 한다. 만물의 영장으로 태어나기란 대통령 되기보다 더 어려울 것이다. 인도 사람은 선생을 만나는 것이 그 다음에 어렵다고 한다. 선생을 만나야 사람이 되기 때문이다. 사람이 있다. 사람으로 태어나기도 어렵지만 사람이 되어 사람으로 거듭나기란 얼마나 더 어려운 지 모른다. 그것은 선생 없이는 안되기 때문이다.

선생이 시간성이란 문제다. 내가 있다는 것이 신비요, 나라는 것이 경탄이다. 태어나기도 어렵고 사람되기도 어렵다. 사람이 되어 '나다' 하기라 여간 어렵지 않다. '나다'가 존재요, '내가 있다'가 존재다. 내가 어떻게 있으며 내가 어떻게 되느냐? '있다', '이다', '나다' 와 '되다'의 문제, 이것처럼 중요한 문제는 없다. 백 번이고 천 번이고 내가 있기까지 내가 나이기까지 계속 물어야 할 필요성을 느끼는 문제가 존재문제라는 것이다.

현존재現存在

하이데거가 『존재와 시간』을 쓸 때는 실존을 통해서 존재에 도달하려고 하였다. 후에 그는 이렇게 말한다.

"사색은 길을 가는 것인데 그 길을 가서 결국은 존재자체를 진리를 통해서 봐야 한다. 이 목적을 향한 길은 『존재와 시간』에서 시도한 사색으로서는 끝없는 달림뿐이다. 길 위에 있을 뿐이다."

이 말은 실존에서 존재의 길은 어느 정도 접근은 가능하지만 종점에 도달할 수 없다는 것이다. 실존으로서는 존재가 될 수 없기 때문이다. 살아서는 신이 될 수 없고 죽으면 이미 사람은 아니다. 결국 인간 중심적 태도로서는 도저히 존재에 도달할 수는 없다는 것을 알게 되었다. 결국 내가 하늘에 올라 갈 수 없고, 하늘이 나에게 내려올 수는 있다. 아니 벌써 와 있다. 여기가 곧 하늘이다. 하늘만이 하늘이 아니다. 땅 위 한 치도 하늘이다. 천국만이 천국이 아니다. 땅 위에도 천국이 있다.

하이데거는 실존이 존재를 찾아 갈 것이 아니라 존재가 실존으로 와 있는 것을 깨닫자는 것이다. 하늘에 갈 것이 아니라 여기가 하늘이라는 것을 깨닫는 것이다. 이것이 존재의 빛 속에서는 실존이다. 이것이 '존재에서 실존으로'라는 하이데거의 전회라는 것이다. '존재와 시간'이 아니라 '시간과 존재'라는 180도의 방향 바꿈이 이루어진다. 『존재와 시간』을 쓸 때에 하이데거는 세계-내-존재로서 세계라는 존재자에 가려 존재일반을 볼 수가 없었다. 후에 세계라는 시야를 떠났을 때에 그때 비로소 신비하고 광활한, 붙잡을 수 없지만 한없이 아름다운 존재라는 고향이 나타나는 것이다. 그를 위하여 현실을 떠나 검은 숲, 깊은 산골짜기에 파묻혀 비로소 자기의 시도가 어리석었다는 것을 알고 현존재를 본래의 온전한 모습으로 풀어주고 존재자체로부터 보내져오는 소리를 듣게 된다.

이것이 존재의 소리를 듣고 사는 현존재의 자유롭고 너그러운 삶이다. 그러나 하이데거는 처음부터 그렇게 생각한 것은 아니다. 처음에는 존재를 찾기 위해서 존재를 나타내는 존재자를 찾아보았다. 그리하여 찾은 것이 '현존재現存在'라는 것이다. 현존재는 존재를 나타낸다는 뜻이다. 존재를 천국이나 신이라고 한다면 신을 나타내는 존재, 마치 빛을 나타내는 존재가 별인 것처럼 현존재인 별을 찾은 것이다.

많은 사람 가운데도 특히 신을 나타내는 사람이 있다. 그러나 정신을 가진 사람이라면 누구나 다 신을 나타낸다. 그런 의미에서 하이데거는 사람을 현존재라고 한다. 존재문제는 언제나 천명天命과 관계 있으며 천명은 언제나 사명使命과 관계가 있다. 존재와 시간은 천명과 사명이라고 하여도 좋다.

근세에 들어와서 모든 문제는 인식론이 핵심이었다. 인식이란 지식의 문제요, 과학의 문제요, 도구의 문제요, 무기의 문제요, 전쟁의 문제요, 살인의 문제다. 여기에 대한 반발이 종교문제다. 사람을 죽여서 되느냐, 사람은 죽일 수는 없는 것이 아닌가, 인간은 수단이 아니지 않느냐, 인간은 목적이 아니냐, 고귀한 것이 아니냐, 존재가 아니냐. 인간은 존재다 하고 깨달은 것이 하이데거다.

인간은 부처다. 인간은 신이다. 인간은 영이다. 인간은 영장이다. 인간은 만물이 아니다. 만물의 영장이다. 최고 존재다. 이런 왕을 노예처럼 짐승처럼 죽일 수 있는 것인가? 아니다. 인간에게는 최고의 존엄성이 있다는 사실을 발견하고 인간에게 엎드려 절하는 것이 하이데거의 철학이다. 인간이 이와 같은 고귀한 생명을 갖기 위해서는 존재를 가진 존재자라야 한다.

하이데거가 희랍적 신관을 가졌다고 보면, 그것은 '자연, 즉 신'이라는 범신론이다. 만물은 다 신을 내포하고 있다. 그래서 그는 만물을 존재자라고 한다. 나무도 신이고 개도 신이다. 일체가 신비다. 있는 것이 그대로 신비다. 하늘도 땅도 신비 아닌 것이 없다.

철학은 경탄에서 시작된다. 자연을 보고 신비를 느끼는 심성에게는 자연, 즉 신이다. 그런데 현대인은 신비를 상실하였다. '존재망각'이다. 생의 기쁨을 상실했다. 과학자는 우주의 신비에 감탄한다. 그러나 우주의 설명만 듣는 대중들에게는 우주는 하나의 기계에 불과하다. 사실에 부딪힌 과학자와 설명을 듣는 대중들과는 천지의 차이다. 사람은 다시 기계를 버리고 자연을 찾게 되었다. 신비를 찾게 되었다. 기쁨을 찾게 되었다. 사상자체로 이것이 후설의 지시였다.

기계에 불만을 품고 다시 신비를 찾는 이가 현존재다. 현존재란 그 존재에 있어서 그 존재자체가 문제가 되는 존재자다. 그 사는 데 있어서 그 사는 것 자체가 신비가 되는 사람, 기계문명에 불만을 품고 신비를 찾고, 기쁨을 찾고, 삶의 보람을 찾는 사람이 현존재다. 현존재는 존재하면서 무엇인가 존재라는 것에 대해서 어떤 신비를 가지고 있는 것처럼 존재한다. 현존재는 무엇인가 신비라는 것을 느끼면서 살아간다. 현존재는 존재에 요해了解를 가진다는 점에서 다른 존재자보다 존재적으로 우월하다. 존재요해가 현존재의 존재 규정성이다. 현존재는 신비를 느낀다는 점에서 인간의 특성을 가진다. 신비를 찾고 신비를 느끼는 것, 존재를 묻고 존재요해를 가졌다는 것이 인간 현존재의 특성이다.

하이데거는 인간 현존재의 신비한 존재를 실존 영혼이라고 부르고, 그 구조의 본질적인 모습을 실존주영성이라고 하고, 존재의 물음을 실존주분석實存疇分析에 기초를 두었다. 이것이 기초적 존재론基礎的 存在論이다. 그는 실존분석에 해석학과 현상학을 쓴다. 해석학적 현상학解釋學的 現象學이다. 견성성불見性成佛이다. 직관과 완성이다. 그렇기 때문에 존재와 시간에 있어서 철학은 현존재의 해석학으로 출발하여 보편적 현상학적 존재론으로 끝난다. 결국 현존재의 의미는 시간성이고 시간성에 근거한 시간이 존재를 찾는 문이라고 할 수 있다. 견성성불이요, 천명을 알아서 사명을 다하는 것이 인간이다. 존재의미는 천명이다. 하늘의 뜻을 이루어 가는 것이 현존재다.

하이데거가 이 책을 쓴 것은 대자연 속에서였다. 높은 알프스 산골짜기가 그의 터였다. 슈봐르츠 바르트(검은 숲) 외로운 산장에서 이루어졌다. 이 산장은 검은 숲에서도 가장 높은 산악지대의 깊은 계곡에 임한 넓은 언덕이다. 오도나우 베르그에서 얼마 멀지 않은 차고 높은 산에 둘러싸여 언제나 안개가 끼는 전나무 숲 속이다. 여기 전나무 하나에 벼락이 쳐서 아직도 줄기에 검은 재가 남아있다. 하늘과 땅이 부딪친 곳이다. 이 나무 바로 뒤에 간소한 초막이 서 있다. 여기서 그는 자기 속을 찾아 들어 그 시대를 극복하고 전통을 넘어서는 새로운 생각을 발견한 것이다.

이 책이 출판되었을 때는 굉장한 흥분을 일으키고 번개처럼 인기를 얻게 되었다. 여기 묻는 것은 인간의 근본 운명이다. 1. 존재의, 2. 의미의, 3. 물음이다.

첫째 하이데거의 철학은 세상이 말하는 실존철학이 아니다. 그의 철학은 서양전통의 존재론이다. 존재일반을 묻는 것이다. 특히 『존재와 시간』에서는 존재자의 존재, 더 나아가서는 현존재의 존재, 즉 인간이 느끼는 신비를 찾고 있는 것이다.

둘째 하이데거의 철학은 존재의 의미를 찾고 있다. 그것은 신비를 느끼는[存在了解] 일이다. 느끼기 위해서는 느끼기 위한 노력[了解的 企投]이 필요하다. 가만있어서 느껴질 성질의 것이 아니다. 그런 의미에서 인간적 노력이 문제가 되고 인간에서 존재라는 방향이 설정된다. 행함으로 구원을 얻으려고 한다. 그러나 후에는 이 방향이 틀린 것을 알고 신에게서 인간으로라는 신앙으로 구원을 얻고자 한다. 이것이 전향이요, 회심이다.

셋째로 하이데거에게는 존재의 의미의 물음이 중요하다. 물음이란 찾는 것이다. 마치 우물을 파는 사람처럼 어디서 물이 나올 것인지 물 나올 듯한 곳을 찾아보는 것이다. 존재일반의 의미를 해명할 수 있기 위해 지평地平을 개척하는 것이다. 금을 캐기 위해서는 깊이 땅을 뚫어야 하고, 그 속에서 돌과 섞인 금광석을 캐내야 하고, 그것을 용광로에 녹여야 한다. 존재〔金鑛〕의 의미〔純金〕에의 물음〔鑛山〕은 쉬운 일이 아니다. 광산은 현존재고, 금광은 존재고, 순금은 존재의 의미다. 기독교식으로는 현존재는 성자고, 존재는 성부고, 존재의 의미는 성령이다.

물음에는 언제나 세 가지 계기가 있다. 물음의 대상은 존재요, 물음의 내용은 존재의 의미요, 물음에 응하는 이는 현존재다. 현존재는 존재를 지니고 있고 존재를 알아야 한다. 존재를 아는 자는 존재를 묻는 자다. 모든 존재자〔萬物〕가운데서 존재를 묻는 것은 사람뿐이다. 사람은 언제나 불만을 가지고 있기 때문이다. 사람은 언제나 자기의 존재가 문제가 된다. 자기의 이상과 자기의 현실이 맞지 않기 때문이다. 이렇게 되어야 할 터인데 그렇게 되지를 못해서 언제나 불평이다. 왕은 왕궁에 있어야 하는데 거지촌에 있으면 언제나 불안할 것이다. 사람은 적재적소에 있어야 하는데 그것이 되지 않으면 언제나 문제다. 사람은 하나님의 아들인데, 하늘에 있어야 하는데 이것이 땅에 떨어졌으니 언제나 자리가 문제가 되고 있음이 문제가 된다.

그래서 하이데거는 현존재라고 한다. 여기있음〔現存在〕이 문제가 된다는 것이다. 현존재는 자기 자신이 언제나 문제가 되는 존재자다. 자기 자신의 자리가 언제나 문제가 되는 존재자, 자기 자신의 있음이 언제나 문제가 되는 존재자, 그것이 현존재다. 그러니까 존재의 물음을 밝히기 위해서는 언제나 존재의 있음이 문제가 되는 현존재의 존재구조를 밝히는 것이 무엇보다도 빠른 길이다. 그래서 존재의 의미의 물음에는 우선 현존재가 길 안내로 선택이 된 것이다.

현존재란 사람을 말한다. 그런데 왜 현존재는 존재가 문제가 될까? 그것은 현존재의 존재와 찾고 있는 존재 사이에는 밀접한 관계가 있기 때문이다. 현존재는 정신이요, 존재는 신이다. 정신과 신의 관계다. 정신은 신의 구현자다. 아들과 아버지의 관계다. 아들은 아버지의 얼굴을 드러내고 있다. 아들은 어머니를 찾는다. 그것은 아들의 존재구조가 어머니의 젖을 먹어야 살 수 있기 때문이다. 배고픔, 보고픔, 어머니에의 그리움, 이것을 존재요해存在了解라고 한다. 어린이는 배우지 않고도 어머니의 젖을 먹을 줄 안다. 타고난 존재요해가 어린이의 특징이요, 현존재의 특징이다. 그것은 본능적이요, 애매모호하지만 그래도 젖 먹는데는 조금도 지장이 없다.

정신은 신의 소리를 들을 수 있는 양심을 가지고 있다. 희미하지만 바로 사는 데는 아무 지장이 없다. 현존재는 언제나 존재를 찾고 있고, 존재를 그리워하고, 존재를 그리고 있다. 그리고 존재의 소리를 들을 수 있다. 어린이는 어머니의 소리를 들을 수 있다. 어린이는 존재요해를 가지고 있다. 현존재는 존재의 신비를 느끼고 있다. 생의 신비를 느끼고 있다.

사람인 현존재는 언제나 '있다', '이다' 와 같은 존재라는 말을 사용하고 있으며 그것을 어렴풋이나마 요해了解하고, 느끼고 있다. '있다', '이다' 는 자기가 '있고' 자기가 '이다' 라는 것을 느끼기 때문에 밖에 무엇이 '있다', '이다' 도 느끼는 것이다. 자기의 존재를 느끼기 때문에 남의 존재도 느끼게 되고 남성이 여성을 느끼듯이 남과 나 사이에 같은 존재를 느끼는 것은 같은 존재를 공유하고 있기 때문이다.

일상성 日常性

『존재와 시간』 제2장은 이 책의 목적인 주제와 계획 그리고 이 책의 수단인 방법과 태도를 말한다. 물론 『존재와 시간』의 주제는 존재요, 방법은 시간임에 틀림이 없다. 그런데 이 주제인 존재에 어떻게 도달하느냐? 그것은 제1장의 결론이 지시하는 대로 현존재를 통해서 들어가는 수밖에 없다. 현존재란 존재를 드러내는 것이기 때문이다. 그런데 현존재는 누군가? 그것은 사람이다. 사람만이 신의 영광을 드러낸다는 것이다. 그것은 사람이 정신이기 때문이다. 만물은 존재자지 현존재는 아니다. 사람만이 자기를 자각하는 정신이다. 사람은 물질적으로 가장 가까운 존재자다. 그렇기 때문에 사람은 어느 정도 자기에 대해서 어렴풋이 알고 있고 아는 것 같다. 그러나 사람은 정신적으로는 가장 먼 존재다. 세상에 자기처럼 알기 어려운 것은 없다. 그것은 내가 정신이기 때문에 정신은 정신을 객관화할 수 없기 때문이다. 자기가 자기를 본다는 것은 정말 어려운 일이다. 결국 동양식으로는 깨닫지 않으면 안 된다. 깨닫는다는 것이 서양식으로는 해석학이라는 것이다. 해석학의 특징은 파괴력이다. 자기긍정을 뒤집어 자기부정을 만드는 것이다.

　사람은 생의 본능 때문에 본능적으로 계속 자기를 긍정하려고 한다. 자기를 긍정하기 위해서 집을 짓고 담장을 쌓고 자기 보호에 힘을 다한다. 보초를 세우고 성곽을 쌓고 그것으로 될 것 같은 망상에 사로잡히게 된다. 곡간에 금은보화가 가득하니 이것으로 족한 줄 안다. 그러나 하나님께서 오늘 네 영혼을 빼앗아 가면 어떻게 하느냐? 사람은 자기가 영혼이 아니고 육체인 줄 망상하고 있다. 도구와 사물이라는 존재자의 편에서 자기의 존재를 이해하려는 끈질긴 경향이 있다. 이것을 사물존재성 事物存在性이라고 하는데 자기를 육체로 보는 것이다. 먹기 위해서 살고, 살기 위해서 살고, 무엇을 위해서 사는 끈질긴 경향이 있다. 해석학이란 이러한 망상을 깨치는 것이다. 이것을 파괴라고 한다.

사람들은 인간이해를 심리학, 인간학, 윤리학, 정치학, 문학, 전기, 역사 등으로 깨달을 수 있지 않느냐고 말한다. 그러나 하이데거는 역시 그것도 사람이 자기 긍정을 위한 해석이지 자기 부정을 위한 해석은 아니라는 것이다.

여기서 우리는 후설의 순수현상학과 하이데거의 해석학적 현상학의 차이를 알고 지나가야 한다. 하이데거와 후설의 차이는 신학과 수학과의 차이다. 하이데거는 본래 신학자였고, 후설은 본래 수학자였다. 신학은 인간을 죄인으로 보고, 수학은 인간을 이성적 동물이라고 본다. 죄인은 신과 단절되어 있고, 이성은 영원히 연속되어 있다. 신학은 기독교적 인간관이고, 수학은 희랍인의 인생관이다. 하이데거와 후설의 차이는 유대와 희랍의 차이다. 인간을 부정하느냐, 인간을 긍정하느냐? 인간을 죽음에서 보느냐, 인간을 삶에서 보느냐? 인간을 신의 입장에서 보느냐, 인간을 자연의 입장에서 보느냐? 인간을 불안으로 보느냐, 인간을 확실한 것으로 보느냐? 인간을 부정하느냐, 인간을 긍정하느냐? 이것은 르네상스의 종교개혁과 문예부흥의 차이다.

후설의 철학은 순수한 희랍적이다. 반면 하이데거의 철학은 순수한 기독교적이다. 희랍철학에 대한 기독교적 반항, 후설의 로고스에 대한 하이데거의 말씀으로의 파괴, 후설의 순수를 깨뜨리는 해석학이 하이데거의 존재론이다. 희랍철학의 가장 근본적 개념은 로고스이다. 로고스는 이중적 의미를 가지고 있다. 하나는 에이도스(形相)라는 사물의 영원한 본질과 또 하나는 누스라는 에이도스를 볼 수 있는 순수하고 근원적인 인간의 직관력이다. 후설의 순수현상학은 본질직관이다. 사물의 에이도스, 사물자체, 사물의 이데아, 노에마를 누스, 이성, 순수의식, 노에시스로 통일하고 직관하는 노에마 노에시스의 순수 내재론이다.

희랍철학은 인간을 로고스, 즉 이성을 소유한 존재로 본다. 인간은 그의 속에 신성한, 영원한, 절대적인, 확실한, 근원적인 요소를 가지고 있다. 그것은 너무도 확실하고 자명해서 아무도 그것을 문제시하지도 않는다. 인간은 신이다. 인간은 영혼불멸이다. 이것이 희랍사람의 근본관념이다. 여기에 대해 하이데거는 인간의 이성을 거부한다. 하이데거의 철학은 이성 없는 현상학이다. 그것은 후설의 순수현상학이 아니다. 하이데거의 철학은 후설의 순수를 깨뜨려 버리는 해석학적 현상학이다.

인간은 이성적 동물이 아니다. 인간은 자기 확실성이 없다. 인간은 자기존재에 대해서 자신이 없다. 인간은 언제나 불안하다. 허무하다. 인간의 근원적 태도는 자기 존재에 대한 끊임없는 물음이다.

하이데거는 후설처럼 인간의 본질은 묻지 않는다. 하이데거가 묻는 것은 현실이요, 인간의 사실을 묻고 있다. 후설은 사상事象자체를 묻고 있지만 하이데거는 현실상황을 분석한다. 인간이 보여주고 있는 현실 상태가 얼마나 비참한 지를 말하고 있다. 하이데거의 존재론은 현실적 존재의 인간상태를 서술하는 것이다. 현실적 존재의 자기 개시自己開示의 과정을 기술하고 있다. 인간을 움직이고 있는 것은 생의 확실성에 대한 관심이다. 이것은 불확실성에 대한 충격이기도 하다.

하이데거는 인간을 움직이고 있는 것을 '관심'이라고 한다. 모든 것은 관심에 의하여 현실적인 것이 되고 관심에 의하여 밝게 드러난다. 관심 가운데서 가장 근원적인 관심은 죽음에 대한 관심이다. 죽음에 부딪혀 인간은 비로소 그 존재성을 드러내게 된다. 인간이 살기 위해서 가장 필요한 것이 시간성이다. 하이데거는 관심의 구조에서 시간성을 해명해간다. 시간성의 가장 근본적인 것은 미래다. 죽음의 근원성 때문에 인간의 근본상태는 불안하고 인간의 생의 자기개시의 과정은 생의 자기 도피의 과정으로 나타나게 된다.

하이데거의 존재론은 종말론적이다. 죽음에서 삶을 해석해 간다. 말세적 인간의 죄악상을 분석하는 기독교적 입장이 하이데거의 입장이다. 희랍적인 사상에서 기독교적 사상으로 돌아가는 것이, 후설의 현상학에서 하이데거의 존재론으로 전향하는 것이다. 19세기 이성적 철학에 대한 반동, 이것이 키에르케고르를 잇는 하이데거의 실존주의다. 하이데거의 현상학은 순수현상학이 아니라 해석학적 현상학이다. 결국 나를 찾아내기 위해서 현존재의 분석이 진행되는데 하이데거는 어떤 이념이나 어떤 특수한 존재를 대상으로 하는 것이 아니라 가장 평범하고 가장 상식적인 평균적 일상성平均的 日常性에서부터 출발한다. 누구에게나 타당하고 누구에게나 통하는 현존재의 본질적 존재구조를 해명하여 현존재의 본질을 관심이라고 한다.

이와 같은 전개가 제1편 9절에서 44절까지다. 이것이 〈현존재의 존재의 분석〉이다. 하이데거는 다시 현존재의 존재의 분석에 이어 이번에는 현존재의 존재의 의미를 분석하여 그것을 시간성時間性이라고 한다. 이것이 제2편 〈현존재와 시간성〉으로써 45절에서 83절까지의 『존재와 시간』은 끝난다. 하이데거는 시간성을 통해서 현존재를 해석하고 이어서 시간을 통해서 존재일반을 해석코자 제3편 〈시간과 존재〉라고 정해놓고 쓸 예정이었으나 끝내 3편은 나오지 못하고 말았다.

하이데거는 1편, 2편, 3편을 합쳐서 제1부라고 하고 4편, 5편, 6편을 합쳐서 제2부라고 하여 4편은 칸트의 시간론, 5편은 데카르트의 시간론, 6편은 아리스토텔레스의 시간론을 통해서 존재론의 역사를 통하여 구체적으로 존재의 의미를 제시하려고 하였으나 그것도 실현되지 못했다.

1927년 나온 『존재와 시간』은 1편, 2편을 실은 것이 제1부이고 3, 4, 5, 6편을 실은 것이 제2부로 나올 예정이었으나 1953년 제1부, 7판에서 제2부의 목록을 삭제하고 제2부의 출판은 단념한다고 선언하였다. 그것은 유명한 하이데거의 회심 때문이다. 그 후에 사색을 존재의 사색이라고 하는데 그것은 현존재에서 존재를 찾는 것이 아니라 존재에서 현존재를 찾는 것이다. 내가 신을 찾는 것이 아니라 신이 나를 찾는 것이다.

지금까지 주제와 계획을 말했으니 방법과 태도를 말해보면, 방법은 이미 언급한 대로 해석학적 현상학이다. 파사현정破邪顯正이다. 현상학은 후설의 철학인데 하이데거는 『존재와 시간』에서 현상학을 방법으로 쓴다. 즉 현존재를 통해서 존재를 찾는다는 것이다. 그러니까 현상학을 통해서 찾을 수 있는 것은 현존재의 존재의 의미뿐이다. 만일 하이데거가 3편에 기도한대로 존재일반의 의미를 찾을 때에는 현상학을 쓸 수 없이 된다. 그것은 현존재라는 통로로서는 도저히 드러낼 수 없기 때문이다. 그래서 하이데거는 전향 이후에는 현상학을 집어치우고 존재의 진리, 존재의 빛, 존재의 소리를 직접 듣는다. 그러나 전향 이전에는 존재를 나타낼 수 있는 것은 현존재뿐이다. 현존재를 통한 존재를 우리는 볼 수 있는 것뿐이다.

현상학이란 현존재에 즉卽해서 존재를 드러낸다는 것이다. 현상학은 현존재에서만 적용될 수 있다. 현존재에 즉하여 존재를 찾는 것이 현상학이다. 신을 직접 찾는 것이 아니고 사람에게 나타난 신을 찾는 것이 현상학이다. 현상학은 기독교 같은 것이다. 직접 신을 찾는 것이 아니라 예수에게 나타난 신을 찾는 것이다. 태양열을 그대로 쓰는 것이 아니라 나무를 불살라 열을 쓰는 것이 현상학이다.

『존재와 시간』은 현존재의 존재의 의미를 찾는 것뿐이다. 나무의 열을 쓰는 것뿐이다. 현상학은 현존재의 존재를 찾는 것이다. 이것은 현존재에 즉即한 존재지 존재자체는 아니다. 존재자체는 진리로서 현존재의 존재는 진리가 아니라 의미뿐이다. 현존재의 존재의 의미를 찾는 것이 현상학이다.

현상이란 희랍말로 훼노메나Phenomena란 말인데 자기를 나타낼 수 없는 무엇[神]이 자기를 나타내는 자[豫言者]를 통하여 자기를 나타낼 때 그것이 존재의 의미, 하나님의 뜻이 되는 것이다. 현상학이라는 학도 희랍 말은 로고스란 말인데 아리스토텔레스는 아포파이네스타이라고 해석한다. 아포는 그 자신으로부터 파이네스타이는 보이도록 하다, 자백한다는 뜻이다. 이 말은 아레테이아와 같은 말로서 아레테이아, 즉 진리는 감추어졌던 것이 드러난다는 뜻이다. 나무 속에 감추어졌던 열이 나타나는 것이 현상학이다. 존재의 노출, 그것이 존재의 의미다. 현상이나 학이나 같은 말이고, 따라서 현상학은 제한된 존재론이다. 자기 쪽에서 자발적으로 자기를 보여주는데 직접 보여줄 수는 없고 반드시 현존재를 통해서 자기를 보여주는 것이 현상학이요, 존재론이다. 결국 철학적 존재론이란 현상학이다.

해석 解釋

하이데거에 의하면 현존재의 현상학이란 말의 어원을 따져보면 해석학이라고 한다. 해석학의 어원인 훼르메노이엔이란 말은 '있는 대로 드러낸다'는 뜻이다. 있는 대로 드러내려는 것이 현상학이기 때문에 있는 대로 드러내려는 해석학도 이 현상학의 방법이라고도 할 수 있다. 해석학적 이해를 요해了解라고 하는데 외적으로 표시된 기호를 내적으로 파악하는 것이다. 연꽃 한 포기를 꺾어 들은 것을 보고 활짝 웃었다는 것이 요해다. 사람의 몸짓, 태도, 언어, 경전, 행동, 제도, 조직, 무엇이나 인간의 정신적인 어떤 의미를 상징할 때 그 상징을 풀어내는 것이 요해다.

특히 딜타이(W. Dilthey, 1833~1911)는 그것이 지속적으로 고정된 정신적 상징일 때 그것을 기술적으로 풀어내는 것이 해석이라고 한다. 딜타이의 해석학은 생을 하나라고 본다. 한 생명이기에 서로 통할 수가 있다. 요해란 통하는 것이다. 그것은 생을 전체적으로 이해하는 것이다. 전체적으로 이해하기 위해서는 전체적인 경험을 해야 한다. 전체적 경험을 체험이라고 한다. 체험은 그들과 같이 살아보는 것이다. 교섭해 보고 아는 존재, 이것이 역사적 삶이다. 딜타이는 이런 관계를 습득이라고 한다.

인생은 계속 발전해 간다. 생명이기 때문이다. 생은 발전이기 때문에 나도 발전될 때만 발전을 이해할 수가 있다. 내가 발전된다는 말은 내가 순간 순간 깨닫는 것이다. 생은 불꽃처럼 폭발하고 있다. 내가 폭발할 때 생은 이해된다. 이해는 아는 것이 아니다. 발전하는 것이다. 생은 하나의 구조를 형성하고 있다. 손이 있고 다리가 있듯이 생은 유기체를 이루고 있다. 손이 아프면 손만이 아픈 것이 아니다. 온몸이 아프다.

딜타이는 생을 '습득연관', '발전연관', '구조연관'이라고 보고 그것을 알기 위해서는 체험과 표현과 요해하는 변증법적 방법이 필요하다고 한다. 체험은 표현되고, 표현은 요해된다. 체험은 창작으로 표현되고, 표현은 해석으로 더 깊이 요해된다. 이것이 인간의 생이요, 역사적 발전이다.

하이데거가 딜타이의 해석학을 자기의 방법으로 쓰게 되는 것은 인간을 역사적인 생으로 보기 때문이요, 인간을 현실적인 존재로 보기 때문이다. 현실적인 존재는 역시 체험과 표현과 요해를 통해서 해석될 수밖에 길이 없기 때문이다. 그러나 하이데거는 현실적 존재의 분석만을 기도하는 것이 아니라 현실적 존재를 통해서 존재를 밝히려고 한다. 여기에 그의 현상학이 필요하다.

후설은 이데아의 세계에 오르기 위하여 환원이라는 방법을 취한다. 현상학적 환원과 형상학적 환원이다. 전자를 통해서 순수의식에 도달하고, 후자를 통해서 본질을 드러내어 본질 직관을 가능케 한다. 하이데거도 환원을 통해서 시간을 드러낸다. 시간이 존재에 도달하는 문이기 때문이다. 그런 면에서 후설과 하이데거는 다같이 현상학적 방법을 쓴다. 그러나 하이데거는 생을 역사적 생으로 보기 때문에 딜타이의 해석학적 방법을 첨가하여 해석학적 현상학이 하이데거의 방법이 된다.

해석학적 현상학의 기초개념은 무엇일까? 사물은 아무 관심을 가지지 않고 보면 '거저 있다'〔存在〕는 정도로 나타나며〔現象〕그 이상이 아니다. 그러나 관심을 가지고 보면 차차 뚜렷〔存在性〕해진다. 지나가는 사람들이 보는 길가의 돌과 연구하러 온 학자들이 보는 돌은 얼마나 다른지 모른다. 그러나 학자보다 더 높은 각자覺者가 그 돌을 볼 때에는 그것은 한없이 깊은 뜻을 상징〔實存性〕한다.

현상학에서 제일 중요한 것은 빛이라는 것이다. 현상이란 말의 희랍 말 어원은 빛과 관련된 말로서 빛 속에 드러난다는 말이다. 모든 것은 빛 속에 있다. 빛 속은 움직이는 것이 아니다. 그것은 만물이 있는 공간이요, 세계다. 만물은 세계 안에 있다. 만물이 있기 위해서 만물을 담은 그릇이 빛 속이다. 만물이 있기 위해서는 그릇이 먼저 있어야 한다. 만물이 있는 것이라면 그릇도 있는 것이다. 있는 것 속에 있는 것을 따지기 때문에 이것을 존재론이라고 한다. 존재론에서는 실체實體와 현상現象이라든지, 주관主觀과 객관客觀이라든지 그런 것을 따지지 않는다. 실체인 이데아의 그림자가 현상이라고 하든지, 물자체物自體가 주관에 의지하여 구성된 것이 현상이라든가 그렇게 생각하지 않고, 나도, 만물도, 빛도 다 있는 것이라는 존재론적 입장에서 생각해 가는 것이다.

현상이란 거기 있는〔存在〕것이다. 거기 보이는 것이다. 그것은 빛 속에 있다〔存在性〕. 그것은 있는 대로 보여지기를 바란다〔實存性〕. 그것이 그것의 유일한 희망이다. 현상학의 기초개념은 현실 존재存在다. 학문 이전에 무엇이 있다는 것이 더 근원적인 것이다. 이 사실을 부정하면 학문은 있을 수가 없다. 현상학의 제일 기초개념은 현실 존재라는 것이다. 이것은 이론 이전의 사실이다. 사물은 '거저 있다'라는 사실에서부터 그 다음에는 '어떻게 있느냐'에 관심을 가지게 된다. 이 때의 존재는 무한정의 존재가 아니고 한정된 존재가 된다. 독특한 존재가 된다. 독특한 존재가 될수록 그 존재성存在性은 더욱 독특하게 된다. '거저 있다'가 '무엇이다'가 될 때 그것을 존재성이라고 한다. 이것이 제2의 기초개념이다. '어떻게 있느냐'의 '어떻게'가 존재성存在性이다. 현상학의 제3의 기초개념은 실존이다. 실존은 '어떻게 있는 것'이 아니라 '왜 있나'가 문제이다.

실존이란 개념적 존재다. 실존은 자각을 통해서 현상을 벗어나 자유를 누리고자 한다. 실존의 핵심은 자유요, 그것을 가능케 하는 것이 로고스다. 로고스의 표현은 말이다. 사람은 말을 통해서 사회성을 이루게 되고, 현상은 말을 통해서 공공성公共性을 지니게 된다. 거기 있었던 현실존재는 공공적이 될 때 완전히 자유로워진다. 존재는 공공적이 될 때 이해할 수 있게 된다. 이것이 이해성이다.

이성적 존재는 통일하는 능력을 가지고 있다. 로고스는 통일을 통해서 현상을 고정하고 현상을 구원한다. 거저 있는 현존재는 존재성을 통해서 독특한 존재가 되고 독특한 존재는 개념성을 통해서 유일한 존재가 된다. 친구도 거저 친구가 친한 친구가 되고 나중에는 둘도 없는 친구가 된다. 현존재는 존재성을 거쳐서 실존성에까지 도달할 때 그의 존재는 잘 드러난다. 사물은 '거저 있다'가 '뚜렷하게 있다'가 뚫리게 있는 것이다. 이것이 현존재, 존재성, 실존성이다. 실존성은 개념적 존재概念的 存在다.

사람은 로고스를 가진 존재다. 말하는 존재, 말을 통해서 사물은 세계적이 되고, 사회적이 되고, 공공한 소유가 된다. 존재는 공공적이 될 때 이해성理解性이 성립된다. 로고스는 사물을 통일적으로 드러낸다. 사물을 꿰뚫어 보는 것도 로고스다. 순수 이성과 순수 이념은 모두 로고스다. 그런 의미에서 로고스는 가장 근원적인 것이다.

존재니, 존재성이니, 개념성이니 하는 말은 현상학적 개념이다. 그런데 하이데거는 이런 말을 현실을 통해서 다시 해석한다. 그것은 존재에는 현실적으로 소멸성이 붙어 다닌다. 낮은 밤이 되고 산 것은 죽어버린다. 둘째는 존재성에게는 상황성狀況性이 따라다닌다. 그것은 어떤 상황으로 있지, 순수 존재하는 것이 아니다. 나는 아들과 만나면 아버지가 되고, 아내를 만나면 남편이 되고, 어머니를 만나면 아들이 된다. 하나의 상황이 드러날 때는 다른 상황은 숨어 버린다. 상황은 존재성의 한 면만을 드러낸다. 셋째로 개념성에는 허위성이 뒤따른다. 로고스가 사물을 밝힐 때 사물은 로고스 때문에 가려지고 달라지기도 한다. 해 때문에 별이 가려지고, 불 빛 때문에 착각을 일으킬 수도 있다. 말 때문에 사물이 공공하게 되면서 말 때문에 그 본성이 가려지고 말 때문에 다른 사람에게 착각을 일으키게 할 수도 있다.

사람은 알았다고 생각하기에 모를 수가 있다. 언제나 말이 있는 곳에는 거짓말이 뒤따른다. 말과 사물이 일치하지 않기 때문이다. 소멸성, 상황성, 허위성은 현실적인 존재의 개념이다. 인생이 사는 데는 거짓이 있고, 병이 있고, 죽음이 있다. 허위성과 상황성과 소멸성 때문에 인간은 언제나 불안하다. 불안은 인간의 근원적인 존재방식이다. 이런 불안에 처할 때 인간은 평안을 갈구한다. 확실성에 대한 관심, 이것 역시 인간의 가장 근원적인 존재양식이다. 확실성에 대한 관심이 존재를 드러내는 역할을 한다.

밤에 사람은 불안을 느낀다. 사람은 빛을 밝힌다. 그 때의 모든 존재는 드러난다. 사람은 만난다. 불안하다. 말을 건다. 그 때 두 사람의 존재는 드러나고 사람들은 안심하게 된다. 빛을 밝히고 말을 하는 로고스의 활동은 불안한 현실을 극복하기 위한 확실성에 대한 인간의 관심이다. 모든 사물은 관심에 의하여 보이게 되고 해석되어 의미 있는 것이 된다. 관심에의하여 사물이 해석되고 드러나는 것을 해석학적 현상학이라고 한다. 인간이 관심을 가지고 사물을 소유하게 될 때 그것은 대상이 아니라 같이 사는 존재가 된다. 관심에 의하여 교섭된 존재다. 관심을 가지고 소유된 사물은 언제나 돌보게 된다. 그것은 하나의 영역을 이루고 그 속에는 많은 사물들이 드러나게 된다.

관심은 자기가 소유한 사물을 돌볼 뿐만이 아니라 그것을 표현하려고 한다. 그것이 표현될 때 공공권에 속하게 되고, 그때 비로소 그것은 사람들에게 이해되고 불멸성과 안정성을 가지게 된다. 결국 불안에서 오는 관심 때문에 무엇을 가지려하고, 돌보려고 하고, 표현하려고 한다. 가지고 돌보고 표현하게 하는 이 관심은 어디서부터 오는가 하면 불안인데 이 불안은 어디서 오는가 하면 시간에서 온다. 이 시대, 이 역사가 이 사회를 불안으로 몰아넣어 사람은 관심 없이는 살 수 없게 만든다. 이 관심 때문에 사람은 로고스를 찾게 된다. 시간에서 관심이라는 공간이 나오고, 공간에서 로고스라는 인간이 나온다.

하이데거는 후설의 순수현상학을 깨쳐 버리고 해석학적 현상학을 내놓는다. 그것은 시대적인 불안에서 오는 현실적인 관심을 가지고 인간의 문제를 해결해 보자는 것이다. 인간은 가장 기초적인 경험을 가지고 해석되어야 한다. 누구나 가질 수 있는 인간의 체험을 통해서 해석되어야 한다. 인간의 체험은 근원적으로 한정되어 있다. 근원적으로 한정된 관점을 통해서 현실은 해석되어야 한다. 현실은 언제나 구원되기를 바라고 있다. 이것을 구원하기 위해 한정된 기초체험은 공공하게 해석되어야 한다.

해석학은 체험과 표현과 요해를 통해서 인간의 근본문제를 해결하려고 한다. 관심은 자기의 불안을 로고스를 통해서 극복해 간다. 관심은 로고스를 통해서 존재에 접근하게 되는데 존재에 접근하게 하는 활력은 역사적 의식이다. 해석학적 현상학은 언제나 역사적 의식에서부터 출발한다.

현상現象

현대는 과학기술의 시대다. 인간은 거대한 기계문명을 만들어냈다. 그 결과 인간은 집단의 일원이 되고, 인간의 개성은 상실되고, 인간은 하나의 상품이 되고, 하나의 노동력이 되고, 얼마든지 바꾸어 끼울 수 있는 기계의 부속품이 되고 말았다. 이제 인간은 거대한 기계 속에 살게 되었다.

인간은 복잡한 기계문명 속에 길을 잃고, 집을 잃고, 고향을 잃고, 지반을 잃게 되었다. 현대 과학의 기술은 현대문명의 고층건물을 계속 올리고 있다. 그러나 과학문명의 기초인 철학적 지반은 계속 흔들리고 있다. 인간은 이제 철학적 지반을 찾기 시작했다. 헤겔도 마르크스도 이 문제를 심각하게 문제 삼기 시작했다. 인간이 소외되고 있다. 철학이 소외되고 있다. 기계에 인간이 깔려 죽어가고 있다. 과학에 철학이 깔려 죽어가고 있다. 헤겔과 마르크스는 철학과 인간을 변증법적으로 살려내려고 하였다. 정반합의 길이다.

하이데거는 이러한 방법에 대해 반기를 든다. 그것은 변증법을 가지고는 그 철학의 기반인 존재를 찾아낼 수가 없다는 것이다. 존재는 가장 단순한 것이다. 그런데 변증법은 분리와 종합으로 더욱 복잡하게 만들지 인간을 단순하게 만들 수는 없다는 것이다. 하이데거는 헤겔뿐만 아니라 플라톤 이후의 모든 형이상학의 역사는 존재를 복잡하게 만든 존재를 은폐하고 존재를 망각한 역사라는 것이다. 그렇기 때문에 이런 전통을 제거하자는 것이 하이데거의 해석학적 방법이다.

해석학적 방법은 종합이전의 분열로 돌아가서 인간소외의 뼈저린 경험을 체험하고 인간적 자아를 벗어나는 탈자적 사유脫自的 思惟를 통해서 존재에 도달하자는 것이다. 그렇기 때문에 하이데거의 해석학은 헤겔의 변증법을 거꾸로 가서 합에서 반을 거쳐 정으로 돌아가자는 것이다. 시간적으로는 과거에서 미래를 거쳐 현재에 도달하는 변증법적 시간 방향이 아니라 미래에서 과거를 거쳐 현재에 도달하는 실존적인 시간방향을 가지는 것이다. 그리하여 현존재의 현존적 근원의 가장 단순한 원천으로 돌아가자는 것이 현상학적 파괴의 해석학의 길이다. 그리하여 과거의 존재망각의 역사를 제거하고 미래의 존재도래의 근원적인 역사를 계시하는 것이다. 그것은 헤겔의 지양止揚의 길이 아니라 하이데거의 무화無化의 길이며 가장 단순한 근원적 존재로 돌아가는 존재망각에서의 존재발견을 의미한다.

현존재의 존재를 드러낸다고 하는 것은 현존재가 존재를 망각하여 그것 때문에 가려지고 일상적인 속인으로 떨어진 것을 다시 존재 가까이 살게 하자는 것이다. 복잡하고 어려워진 인생을 가장 간단하고 쉽게 살아가자는 것이다.

해석학적 파괴란 이성에서 영성으로, 율법에서 복음으로, 행함에서 믿음으로, 지적인 것에서 생명적인 것으로, 삼차원에서 사차원으로, 관념에서 무념으로, 피상적인 것에서 근원적인 것으로 끌어올리는 것이다. 집으로 말하자면 건축물에서 집터를 점검하는 것이다. 헤겔은 절대정신이라는 터에 큰 사상체계를 건설하였다. 마르크스는 이 터를 절대물질로 바꾸어 놓았다. 하이데거는 정신과 물질이라는 두 입장을 현상학적으로 파괴하고 그보다 더 절대적인 기반을 발견했다. 그것이 존재다. 사람들은 본래 이 터 위에 살고 있었다. 그것은 영원한 것이요, 실존적인 것이다. 그것은 과거, 현재, 미래를 통하여 영원하며, 그것과의 관계가 실존적인 관계다. 인간은 이 본래의 집터를 알고 이 집터 위에 세운 집 위에서 사는 것이 실존이다. 이 집터 위에 선 집이 말씀이라는 것이다.

하이데거는 말씀은 존재의 집이라고 한다. 어떤 때는 인간은 존재의 이웃이라고도 한다. 헤겔의 사상체계나 마르크스의 사상체계 같은 변증법적 사변이 아니라 해석학적 체험을 통하여 가장 단순한 존재로 돌아가자는 것이다. 이 때 사람은 직관력을 가지고 사물을 정견하게 되고 존재의 말씀인 진리 속에서 살아가게 된다. 그것은 한없이 단순한 생활이다. 그 속에 기쁨이 있고 감격이 있다. 그것이 말씀 속에서 사는 것이다. 해석학적 현상학에서 말하는 사상자체事象自體는 의식과 그 대상이 아니라 존재자의 존재다.

본래 진리란 존재가 나타나는 것이다. 그렇다면 현상학이라고 할 때 현상도 존재가 나타나는 것이고, 학도 존재가 나타나는 것이다. 그렇다면 현상학과 철학은 마찬가지다. 현상학의 현상은 존재가 자기를 보여 주는 것이다. 그런 의미에서 그것은 물자체가 나타난 환상도 아니고, 병이 나타난 증상도 아니고, 파란 전등 때문에 병자처럼 보이는 가상과도 다르다. 그것은 존재자가 제한되어 나타난다든가 잘못 나타난 것이지 존재는 아니다.

　현상학의 현상은 존재의 현상이다. 그런 의미에서 현상학은 존재론이다. 현상은 누구나 다 알고 있으며 친숙해 있지만 그것이 그것인지는 모르고 있으며 나중에 알고 나서야 그렇구나 하고 알게 되는 공연한 비밀을 말한다. 존재자의 존재, 존재자는 누구나 아는 공연한 것이요, 비밀은 아무도 모르는 것이다. 그것이 존재다. 그러면 존재자와 존재는 떨어져 있는가 하면 그런 것은 아니다. 보이는 눈에게는 존재자가 곧 존재다. 그러나 이것을 알기 위해서는 현존재의 존재부터 알아야 한다. 현존재의 존재를 통하지 않고는 존재자의 존재는 알 수가 없다. 그래서 현존재의 존재를 아는 것을 기초적 존재론이라고 한다. 기초적 존재론이 성립되어야 일반 존재론이 성립될 수 있기 때문이다. 그런데 존재는 현존재의 요해가능성 안으로 들어와야 존재 자신이 물어진다. 존재는 현존재의 요해작용에 기초를 두기 때문에 그것은 해석학이 된다.

　진리는 존재가 나타나기 때문에 존재론이 되고, 존재론은 존재의 현상이기 때문에 현상학이 되고, 현상학은 존재요해 때문에 해석학이 된다. 그래서 하이데거의 철학은 해석학적 현상학이 된다. 결국 하이데거가 내놓은 것은 현존재를 실존으로 파악하는 것이다. 그 말은 현존재는 자기 존재의 존재요해를 가지고 있지만, 희미하게 가지고 있다. 결국 현존재란 그 존재에 있어서 그 존재가 언제나 문제가 되는 존재다. 그래서 이런 현실을 고려하여 현존재를 실존론적으로 파헤쳐서 왜 그런지 그 이유를 밝혀내는 것이 실존 범주를 끄집어내는 것이다. 이것이 『존재와 시간』에 나타난 실존의 해석학적 현상학이다. 이것은 쉽게 말하면 이렇게 말할 수 있을 것이다. 존재자의 존재란 자연의 신비라고 할 수 있다. 자연은 참 신비하다. 그런데 자연은 보이지만 신비는 안 보인다. 이것을 공연한 비밀이라고 한다. 불교 식으로 말하면 일체만물은 부처라는 것이다. 일체성불성一切聲佛聲이다.

옛날 중국의 유명한 시인 소동파(蘇東坡, 1036~1101)가 조각照覺 선사에 바친 시에 이런 것이 있다.

계성편시광장설溪聲便是廣長舌 산색기비청정신山色豈非淸淨身
야래팔만사천게夜來八萬四千偈 타일여하거사인他日如何擧似人

산골짜기에 우렁차게 흐르는 시냇물 소리는 부처님의 사자후보다 더 우렁차고 하늘을 찌를 듯 솟은 푸른 뫼 뿌리는 깨끗한 부처님의 법신인들 이 이상 더 깨끗하랴. 어제 밤새도록 흐르는 시냇물은 불타의 팔만 사천 설법에 앞서니, 이와 같은 진실을 후일 누구에게 전할까. 일체가 불佛이니 전할 필요도 없다. 같이 기뻐하고 같이 즐기면 그만이다. 계성광장설溪聲廣長舌 산색청정신山色淸淨身이다. 팔만사천게八萬四千偈 여하거사인如何擧似人이다. 산이 그대로 부처요, 물이 그대로 부처다. 이것이 '존재자는 존재'라는 존재의 의미다. 그러나 사람의 눈에는 산이 산으로 보이지 부처로 보이지 않는다. 이것을 하이데거는 통속적 현상개념通俗的 現象槪念이라고 한다.

산이 그대로 부처로 보이면 이것은 현상학적 현상개념現象學的 現象槪念이라고 한다. 존재자가 존재자로 보이는 것이 과학이요, 존재자가 존재로 보이는 것이 종교다. 존재자의 존재는 결국 종교의 세계요, 희랍의 원초적인 형이상학의 세계다. 존재자가 존재로 보이는 것이 현상인데 그러기 위해서는 존재자를 존재로 보는 눈이 있어야 한다. 이 눈이 존재요해存在了解라는 것이다.

하이데거의 말을 빌리자면 "존재가 현존재의 요해 가능성 안으로 들어오는 한에서 존재 자신을 묻는다."라고 말한다. 눈이 문제가 된다는 것이다. 눈이 문제가 된다는 것이 해석학이고 존재자의 존재가 보인다는 것이 현상학이다. 그래서 하이데거의 존재론은 해석학적 현상학이 된다.

하이데거의 진리는 아레테이아라는 말인데 이 말은 보자기를 벗긴다는 뜻이다. 제막식에서 동상이 드러나듯이 은폐물을 제거하는 것이다. 그리하여 보이지 않던 것이 보이게 되는 것이다. 보이지 않던 존재가 보이게 되는 것이 아레테이아요, 진리다. 그런데 진리를 찾는 것이 철학이니까 철학이나, 존재론이나, 현상학이나, 해석학이나 다 같은 말이다. 요는 존재를 드러내는 것이다. 그런데 존재자의 존재는 자연, 즉 신이다. 그것은 조금도 문제가 없다. 문제는 사람이다. 사람도 존재자인데 사람이 곧 신인가? 이것이 문제다. 그래서 하이데거는 사람을 현존재라고 하는데 현존재야말로 존재에 있어서 그 존재가 문제가 된다는 것이다. 문제가 된다는 말은 인간이 한없이 존엄하다고 할 수도 있고, 인간이 한없이 시시하다고 할 수도 있다. 인간이야말로 무와 무한 사이에 걸쳐진 밧줄이라고 할 수 있다. 하여튼 인간이 부처라고 하는 것이 문제다. 인간이 부처인 것이 사실인데 그것이 보이지 않는 것이다. 그러니까 여기에 눈이 필요하다. 이것이 해석학이다. 하는 수 없이 인간을 확대해서 보여주는 것이다. 그것이 실존이다. 확대된 인간을 성인聖人이라고 한다. 석가가 부처다. 이것을 알게 되면 인간이 부처라는 것도 알게 된다. 그러니까 실존을 끄집어내어 그 속의 존재를 보게 하는 것이다.

석가가 부처가 되니 산천초목이 다 부처라〔釋迦成佛山川草木同時成佛〕는 말이 있다. 존재자를 태우기 위해서 현존재를 태우고, 현존재를 태우기 위해 실존을 태운다. 구공탄을 태우기 위해 장작을 태우고, 장작을 태우기 위해 성냥을 그어대는 것이다.

존재란 불佛이다. 일체가 불이다. 나무도, 바위도, 사람도, 하늘도, 일체가 불이다. 그것이 존재란 말이다. 원시화, 이것이 희랍초기의 사상이다. 이것이 성냥이 되고, 장작이 되고, 구공탄이 되고, 바위가 되고, 이 우주가 되고, 자연이 된 것이다. 자연 즉 신이다. 이 신을 보는 것이 존재의 의미다. 왜 그것을 보아야 하느냐? 그것을 보아야 전쟁이 없어진다. 그것을 못 보면 존재자가 되고 만다. 아주 존재망각이 되고 만다. 망각으로 인간은 짐승이 되고, 돌멩이가 되고, 흙이 되고 만다. 이것이 인간의 수 천년 역사다. 하이데거는 플라톤 이후 니체까지의 역사라고 한다. 그런 역사를 집어치우고 새 역사를 시작해 보자는 것이 하이데거의『존재와 시간』이다.

천명天命

키에르케고르는 안에서 잃은 것을 밖에서 얻으려는 것이 현대의 특징이라고 한다. 그러나 아무리 밖에서 얻어졌다고 할지라도 안에의 공허는 채울 수가 없을 것이다. 그래서 사람들은 내적 공허를 메꿀 수 있는 무엇을 찾고 있다. 그것을 하이데거는 관심이라고 한다.

영원한 것, 무한한 것, 절대적인 것, 우리는 그것을 간단히 진리라고 한다. 진리에 대한 갈구는 현대인에게도 여전히 심각하다. 진리를 찾는 관심, 진리를 깨닫는 시간성, 그리고 진리를 사는 실존성, 이 세 가지는 현대인에게도 없어서는 안 되는 것이다. 인간 내부의 공허, 인간의 내적 공간을 무엇으로 채울 것인가? 이런 시대의 근원에 육박하는 물음의 간절함과 고전을 살려내는 해석의 신비는 하이데거의 해석학적 현상학을 한없이 매력 있게 한다.

현상학은 '사상자체〔眞如〕에로' 라는 한마디로 표현할 수 있다. 현상의 어원은 빛이란 말이고, 학의 어원은 말이란 말이다. 어두운 길을 비치는 빛과 끊어졌던 관계를 이어 주는 말은 모두 사랑의 세계를 회복시킨다. 사랑의 주체가 존재요, 현상학은 존재의 현상이다. 현상의 기술적 방법이 학인데 이 학은 현존재를 통로로 하기 때문에 현존재의 해석학이 방법이 된다. 그런데 현존재의 해석은 실존의 분석으로 이루어진다. 그러니까 문제의 시작과 문제의 끝은 실존에 있다. 실존에서 현존재로, 현존재에서 존재로, 이것이 하이데거의 해석학적 현상학이다. 존재자의 존재에 관한 고대인의 해석은 시간으로부터 존재의 이해를 얻고 있었다.

하이데거는 존재요해를 현존재에서 찾고 현존재의 입구를 실존현상에서 찾는다. 그리고 실존현상을 가능하게 하는 것이 시간성이다. 이 시간성 속에 근원적 시간현상이 나타난다. 현존재의 존재가 시간성에 근거하기 때문에 존재요해는 시간에 있다. 근본물음은 존재이고, 존재의 물음은 시간이다.

생이나 실존이나 현존재는 시간과 존재가 전개되는 장소다. 존재와 시간이라는 관계는 존재란 서양철학의 전통으로 현존재와 연결되고, 현존재는 현재와 연결되기 때문에 존재는 언제나 시간과 연결되게 된다. 존재는 사물이 아니기 때문에 사물처럼 시간적인 것이 아니지만 그러나 현존재성으로서 시간과 관계된다. 흔히 시간은 지나가는 것으로 생각하는데 그러나 지나가는 것은 시간 속에 있는 존재자요, 시간적인 것이지 시간이 지나가는 것은 아니다. 시간자체는 어디까지나 지나가는 것이 아니고 그냥 있는 것이요, 현존하는 것이다. 그런 의미에서 존재와 시간은 서로 연결된다. 존재는 존재자이나 시간적인 것이 아니고, 시간도 존재자이나 시간적인 것이 아니다. 그러니까 시간과 존재는 그것이 있다 이렇게 말할 수는 없고 그것은 주어져 있다고 밖에 생각할 수가 없다. 그리고 주는 이도 막연하게 그것이라고 했지 무엇이라고 꼬집어 말할 수 없다. 막연하게 하늘이 그것을 보장保障하고 있다. 우리에게 존재를 주시고 시간을 주시는 그 분이 어떤 분이신지 우리는 생각해야 한다. 그것이 궁극자요, 엘아이그니스라고 말한다.

존재란 구체적으로는 현존재인데, 현존재도 존재케 한다고 생각해야 한다. 존재자나 현존재의 근본에는 그것을 존재케 하고 현존케 하는 무엇이 있어서 존재하고 현존한다고 생각해야 한다. 현존케 한다든가 존재케 한다는 것은 열려진 속에 해방한다는 것이다. 현존케 한다는 것은 비비익적非秘匿的인 것 속에 가져오고 비비익적인 속에 드러낸다는 것이다. 이리하여 현존재는 있게 되는 것이다. 현존은 허용되는 것이고 현존되는 것이지 현존하는 것은 아니다. 우리가 사는 것이 아니라 살려지고 있는 것이다.

현존은 하늘에 의하여 대자연에 의하여 운명에 의하여 현존되어지는 것이다. 현존이나 현현顯現은 주어지는 것이 허용되는 것이지 우리가 있는 것이 아니다. 현존이나 존재는 가장 깊은 것에 의하여 주어지고 허용되는 것이다. 이렇게 해야 현존재나 존재자의 존재가 가능하게 된다. 이것이 희랍 초기 사람들의 사상이요 하이데거의 사상이다.

존재한다, 산다는 것은 하나의 선물이다. 숨어서 우리에게 주시는 어떤 분의 사랑의 움직임, 그것을 느끼고 그분이 주시는 그 사랑에게서부터 사물을 생각해야 한다. 이것이 존재를 그것 자체서부터 근원적으로 생각하는 것이다. 결국 존재는 주어지는 것이고 생명은 살려지는 것이지 내가 사는 것도 아니고 존재자가 있는 것도 아니다. 전기가 들어와서 전등이 켜지고 물이 올라와서 나무가 살고 있는 것이나 마찬가지다. 결국 근원적인 것은 존재가 아니고 주시는 것이다. 그런데 존재를 주시는 모양은 어떤가? 그것은 선물을 주는데 선물을 주면서 그것은 선물 뒤에 숨어서 슬쩍 사라진다. 그리하여 주어진 것은 존재뿐이지 그것은 아니다. 이것이 존재의 운명이요, 존재의 내용이다. 그것은 주어도, 주어도 끝이 없다. 끝없이 주는 존재, 그것이 그것이다.

그렇다면 시간은 무엇인가? 보통사람들은 시간을 지금이라는 이제에서 생각해낸다. 지금이라는 표상, 지금의 사건, 지금의 사건의 연속, 이런 것으로 짐작한다. 그러나 시간의 고유한 것은 정신적인 것이다. 깨나는 순간이 존재지, 잠자는 동안은 시간은 없다. 현존의 의미로서의 현재는 지금의 의미로서는 현재와는 전혀 다른 것이다. 과학적인 시간과 철학적인 시간은 전혀 다르다. 시간은 정신의 깨어남이다. 이런 의미에서 현존성의 현재 그리고 이런 현재에 속하는 시간을 하이데거는 본래적인 시간이라고 한다.

현존재의 존재는 지금으로부터 다른 지금까지의 시간의 지속을 말하는 것이 아니라 현존재의 시간은 무엇의 임재를 말한다. 무엇이 머뭇거리고 체재하는 것이다. 그리고 현존재의 현은 그 무엇이 우리에게 말을 걸어온다는 뜻이다. 그러니까 현재는 무엇이 우리 사람에게 대하여 정면적으로 머물러 있는 것이다. 그러니까 인간은 현존성으로부터 걸〔係〕리워져 있는 존재요, 현존성의 걸림〔關係〕속에 서 있는 존재요, 현존성을 선물로 받고 있는 존재다. 인간은 이 선물을 받아야 인간이지 이 선물을 받지 못하면 인간이랄 것이 없다. 현존재는 받는 것이요 인간성을 받는 것이지 이것을 받지 못하면 인간성은 감추어지고, 닫혀〔閉〕지고, 인간은 인간이 되지 못한다. 그러니까 인간성은 인간에게 걸려오고 있으며 인간에게 와 닿고〔到〕있으며 인간에게 주어지는, 언제나 머물러 있는 것이다.

하이데거는 현존이라고 할 때 기재〔旣在〕도, 도래〔到來〕도 포함시킨다. 기재도 현존하기 때문에 기재 속에서도 현존은 주어지고, 도래

속에서도 현존은 주어지고, 현재 속에서도 현존은 주어진다. 기재, 도래 속에도 언제나 현존을 넘겨주는 작용이 작용하고 있다. 이것이 본래적인 시간이다. 이러한 본래적인 시간 때문에 현실적인 시간이 살아난다. 현실적인 시간이 삼차원의 시간인데 본래적 시간은 사차원의 시간이다. 이 사차원의 시간이 삼차원의 시간을 살리고 있는 것이다. 그것은 존재의 경우처럼 무엇이 시간을 주고 있다. 무엇이 시간을 주는 방법은 존재의 경우처럼 주면서 그 자체는 숨어버린다. 그러면 현존을 주는 그것, 그 무엇, 존재와 시간을 주는 그 무엇은 무엇일까? 우리들에게 존재와 시간, 다시 말해서 생명을 보내주는 그 무엇은 무엇일까? 희랍 사람들은 그것을 운명이라고 했다. 중국 사람은 천명이라고도 하고, 도라고도 하고, 자연이라고도 했다.

하이데거는 엘아이그니스라고 하는데 엘아이그니스는 보통은 사건이란 말로서 하이데거는 이 말을 깊은 의미로 해석하여 사물을 있는 대로 있게 한다, 사물을 본래 고유한 것으로 가져오게 한다는 뜻이라 한다. 나를 본래적인 자기로 되게 하는 것, 그것이 무엇이다. 시간과 존재를 보내주는 그 무엇은 나를 나되게 하는, 자연을 자연이게 하는, 세계를 세계이게 하는 천명이든, 운명이든, 엘아이그니스다. 그것은 언제나 보이면서 보이지 않게 내어준다. 시간을 내어줄 때도 보이면서 보이지 않게 주는 것이다. 존재도 보이면서 보이지 않게 공연한 비밀로 주는 것이다. 존재를 보내주는 모습이나 시간을 보내주는 모습이나 마찬가지다. 왜냐하면 존재는 시간에 의하여 규정되어 있기 때문이다.

천명에서 성이 나온다. 시간과 존재는 천명에서 나온다. 이 천명을 하이데거는 엘아이그니스라고 한다. 엘아이그니스가 하나님이지만 그것은 무엇이라고 할 수 없다. 그것은 무無라고 밖에 할 수가 없다. 그것은 존재를 주는 것이지 그 자체가 존재는 아니다. 그것은 보이면서 보이지 않고, 보이지 않으면서 보이고 있는 공연한 비밀이다. 이 공연한 비밀을 가장 잘 드러내는 것이 시간이다. 시간은 보이면서 안 보이고, 안보이면서 보이는 것이다. 그래서 옛날부터 시간을 통해서 존재를 찾았다. 그런데 하이데거는 엘아이그니스와 같이 엔트아이그니스란 말을 같이 쓰고 있다. 그것은 내어주면서 동시에 언제나 보유하고 있다. 마치 태양처럼 무한히 주면서 자기는 언제나 충만하게 보유되어 있다. 이것을 엔트아이그니스라고 한다. 그런 의미에서 그것은 자재自在이면서 자족自足이다. 있으면서, 넘치면서, 주면서 있는 것이다.

사람의 특징은 이 무엇이 사람에게 걸려온다는 것이다. 그것이 존재의 현존이다. 현은 걸려오는 것이다. 걸려오는 것을, 전화가 걸려오는 것을 받아듣는 것, 이것이 인간존재가 다른 존재자보다 우수한 점이다. 인간에게는 영감이 있다는 것이 인간이 만물의 영장이라고 하는 것이다. 사차원의 본래적 시간이 우리에게 걸려와 우리는 근원적 시간의 넘겨줌 속에 서 있게 된다. 엘아이그니스는 인간을 본래적 시간 속에 세우고 우리에게 시간을 넘겨준다. 그것이 시간의 현존이다. 이 때에 이 순간에 인간은 존재의 걸려오는 말을 들을 수 있게 된다. 이때 인간 고유의 본성〔靈性〕으로 깨어난다.

인간은 엘아이그니스의 보내옴을 통해서 인간 고유의 자기가 되는 것이다. 엘아이그니스는 존재는 아니다. 존재를 보내준다. 그는 주는 것뿐이다. 엘아이그니스는 엘아이그니스 하는 것뿐이다. 사랑은 사랑하는 것뿐이다. 그것은 자기로부터 자기를 향하여 자기를 주고 있는 것뿐이다. 그것이 아레테이아요, 진리다. 일체는 태양에서 나와서 태양으로 되돌아간다. 태양은 주고받고 있다. 그것은 일체를 살려주고 있고 되돌리게 한다. 그것은 일체를 그것 자신이게 한다. 내가 내가 된다는 것은 내가 나이면서 내가 아니게 되는 것이다. 드러나면서 동시에 숨어버리는, 있으면서 동시에 없어지는 나는 나이면서 내가 아닌, 내가 아니면서 그것이 나인, 그런 것이 현존성이다. 자기를 부정하면서 자기가 긍정되는 현존성, 없어질수록 있어지는 공연의 비밀, 이 공연의 비밀이 현상인 것이다.

적멸寂滅

사람은 어려서는 이 세상이 그대로 즐겁기만 하다. 그러나 어른이 되면 이 세상이 그대로 고해다. 생로병사의 고는 말할 것도 없고 인간관계가 그렇게 어려울 수가 없다. 그러나 늙은이가 되면 이 세상은 또 다시 즐거워진다. 직관력이 생겨 세상을 초월할 수 있고 실천력이 생겨 자기를 처리할 수 있기 때문이다.

원효는 "일도출생사一道出生死 일체무애인一切無碍人"이라고 한다. 한번 세상을 초월하니 넉넉히 자기를 처리할 수 있게 되었다는 것이다. 자기를 처리할 수 있으면 세상에 걸릴 것이 아무 것도 없다. 자유인이 된 것이다. 그러기 위해서는 직관력을 가져야 한다. 직관력 없이는 세상을 초월할 수가 없기 때문이다. 세상을 초월하지 못하면 세상을 처리할 수가 없다. 세상을 처리하지 못하면 자유는 없다. 직관력이란 자각이요, 실천력이란 자유다. 자각 없이는 자유는 없다. 자각이 있기 위해서는 세상을 의심하고 비판하고 회의하여 하나의 의단疑團이 되어야 한다. 이럴 수가 이럴 수가 하고, 신을 저주하고, 인생이 허무하고, 세상이 부조리함을 느껴야 한다. 그러다가 한번 자기의 얼이 깨어나면 세상이 변하여 다시 천국이 된다.

옛날 진주의 청원유신선사는 이렇게 말했다고 한다. "내가 30년 전에는 산은 산이요, 물은 물이었다. 그러던 것이 그 후 세상을 알고 보니 산은 산이 아니요, 물은 물이 아니었다. 그러나 마침내 깨치고 보니 산은 다시 산이요, 물은 다시 물이더라."

첫째 단계는 미혹의 세계요, 둘째 단계는 적멸寂滅의 세계요, 셋째 단계는 적조寂照의 세계다. 미혹의 단계는 과학적 세계, 적멸의 단계는 철학적 세계, 적조의 단계는 종교적 세계라고 표현할 수도 있다. 자연세계, 인간세계, 신의 세계라고도 할 수 있다.

사람은 어려서는 누구나 소박한 자연관을 가지고 있다. 시간의 변화와 공간의 충만을 믿고 있는 것이다. 이것이 대상對象의 세계요, 이것이 인간의 생존과 결부될 때 가치의 세계가 전개된다. 가치를 획득하기 위해서 오랜 싸움이 계속되고 이 싸움의 승리를 위해서 수리數理와, 물리物理와, 논리論理가 작용하여 필연성과 보편성과 일반성이 강조되게 되었다.

차차 정의情意적 요소가 제거되고 객관적 실험이 성공하여 학문의 체계가 구성되면 그것이 과학이다. 과학은 이 세계를 표상형태表象形態로 대상화하여 관념적인 세계상世界像을 만들어 가지고 인간을 의식 현상 속에서 살게 한다. 각각 자기 나름대로의 지식을 가지고 자기 나름대로의 세계를 이해하면서 자기 나름대로의 편견을 가지고 자기가 의식하는 세계 속에서 자기 나름대로의 인생을 살고 있는 것이다. 이 때에 세계는 사람의 수만큼이나 많다.

삼천대천三千大千세계가 세계상世界像의 모습이다. 이것이 미혹의 세계요, 상식의 세계요, 과학의 세계요, 상像의 세계다. 결국 과학의 세계란 주관, 객관, 대립의 세계요, 주관에 의하여 보여진 대상의 세계요, 의식에 나타난 현상의 세계다. 그렇기 때문에 그것은 있는 대로의 존재의 세계가 아니고 보이는 그림자[像]의 세계요, 허깨비[幻化]의 세계다. 이것을 참인 듯 망상하고 있기 때문에 미혹의 세계라고 한다. 이 미혹의 세계를 벗어나는 길은 대상과 의식을 벗어나는 길 밖에 없다. 수리, 물리, 논리의 과학체계에서 벗어나는 것이다. 수를 부정하고, 물을 부정하고, 논을 부정하고, 오로지 리理의 세계로 올라가는 것이다. 현실을 부정하고 이상의 세계로 올라가는 것이다.

그것을 불교에서는 법공, 인공이란 말을 쓴다. 객관과 주관을 다 벗어난다는 것이다. 변속에 불변을 가상했던 자성自性을 부정하고, 현상 속에 실체를 가정했던 유有성을 부정하고, 무자성, 무유성에 철저徹하는 것이다. 이리하여 능能, 소所 대립, 주主, 객客 대립에서 일어나는 대상적 파악의 태도를 버리는 것이 인공人空, 법공法空이요, 그렇게 되면 과학적인 태도를 버리고 철학적 태도로 들어가 고요하게 생각하는 순수 이리의 세계가 되는 것이다.

지각知覺하는 의식주관이 단멸되고 지각되어진 대상의 세계가 없어지니 온 세계가 온통 고요하기만한 세계가 견산불시산見山不是山 견수불시수見水不是水의 철학의 세계, 자각의 세계가 되는 것이다. 무념무상의 이의 세계, 일체를 초월한 적멸寂滅의 세계다. 그러나 사람은 또 다시 이 세계를 넘어 뛰어야 한다. 백척간두진일보百尺竿頭進一步다. 백척간두에서 뛰어 오르면 이때 시방 세계가 온통 진리의 힘으로 꽉 차게 된다. 이때 보이는 세계가 정신광명으로 보는 세계관이다. 이것이 적조寂照의 세계다. 이때 보이는 세계가 견산지시산見山祇是山 견수지시수見水祇是水의 종교의 세계다.

종교의 세계란 다시 현실 세계에 뛰어드는 것이다. 미혹했을 때 본 현실세계로 다시 뛰어드는 것이다. 그런 의미에서 견산시산見山是山이나 견산지시산見山祇是山이나 같은 산이다. 그러나 다른 것은 과학적 세계는 주객대립의 인식의 세계이고, 종교의 세계는 주객통일의 존재의 세계다. 과학은 분열된 세계요, 종교는 통일된 세계다. 과학은 알려고 하고 지배하려는 세계요, 종교는 살리려고 하고 섬기려고 하는 사랑의 세계다. 과학은 빠진 세계요, 종교는 구원의 세계다.

편견으로 싸우는 것이 아니라, 정견으로 사랑하는 세계가 적조의 세계다.

사람은 흔히 의식은 무엇을 지향하는 것이라고 한다. 밖에 있는 사물이든, 안에 있는 자기의식이든 무엇이든 대상을 지향하는 것이 과학의 세계의 본질이다. 그러나 종교의 세계는 지향성이 없다. 대상이 없기 때문이다. 정신 광명은 지향하는 빛이 아니라 자각하는 빛으로 이 빛은 자기를 부정하는 힘으로 나타난다. 이 힘은 자기를 부정하느니 만큼 남을 구원한다. 자기를 완전히 부정할 때 남을 완전히 구원한다. 이것이 십자가의 구원이다. 이것을 무심의無心意의 현행現行이라고 한다. 무분별지분별無分別之分別, 무공용지공용無功用之功用으로 심경일여心境一如의 자비의 세계다.

하이데거는 인간과 존재는 서로 서로 내맡겨져 있다고 본다. 존재와 인간은 상호귀속의 일체이다. 존재와 인간사유는 서로 어울려서 하나다. 인간의 본질적 사유의 구조와 존재의 구조는 일치한다. 세계의 넓이가 한 자라면 거울의 넓이도 한 자다. 그것은 지향된 세계가 아니라 구원된 세계다. 그것은 하나 하나가 오직 하나밖에 없는 단독자로서 수량으로 헤아릴 수 없는 단적으로 자재현전自在現前하는 진리와 현실이 하나가 된 구원받은 세계다. 이 세계는 현실적인 것으로 설명하려는 모든 해명에 걸려들지 않으며 인간의 조작이나 신의 영험을 빌어 접근을 기도할 때에는 이 불가사의한 것의 단순성은 부서져버리고 만다. 수평선 하늘 끝 맞닿아 물이 하늘이요, 하늘도 물일러라. 끝없이 아득한 곳, 게다가 휘영청 밝은 달, 갈대꽃마저 뽀얀, 흰 밤이라〔天水渾然成一色 望何極更兼秋月蘆花白〕.

결국 선禪의 생각은 세계와 인간의 사유는 하나라는 것이다. 세계가 있어서 내가 있는 것이 아니라 내가 있어서 세계가 있다. 내가 자면 세계도 자고, 내가 깨면 세계도 깬다.

하이데거는 『존재와 시간』에서 세계를 두 가지로 구분한다. 세계의 구조라는 세계와 세계의 근원이라는 세계다. 구조적 세계의 특징을 지시성指示性이라고 하고, 근원적 세계의 특징을 비지시성非指示性이라고 한다. 구조적 세계의 특징은 우리가 그 속에서 살고 있는 세계의 본질구조요, 근원적 세계는 신의 영광의 빛 속에서 피어난 세계다. 구조적 세계는 상像의 세계요, 현대의 세계요, 과학적 세계요, 선禪으로 말하면 자고 있는 세계다. 현대의 기술문명이 지배하는 대립의 세계요, 서로 미워하고, 이용하고, 싸우고, 지시指示하는 상대적 세계구조, 주관객관의 지배적 세계구조, 기계처럼 조직된 사회체제, 그늘에는 인간의 개성이 죽어버리는 세계를 구조적 세계라고 한다.

거기에 대하여 개성이 살 수 있는, 선으로 말하면 깬 세계는 전체가 하나로 조화된 예술의 세계다. 싸우는 도구의 세계가 아니라 고호의 그림이나, 희랍의 신전이나, 소포크레스의 비극이나, 헬더린의 시에서처럼 하늘과 땅과 신과 사람이 같이 어울리는 도의 세계, 존재가 주어지고 시간이 주어지는 감사와 기쁨의 기도의 세계, 영광의 빛 속에서 꽃피는 유희遊戱의 세계, 그런 세계가 근원적 세계다. 근원에서부터 피어나는 아름답고 참된 세계다. 이런 세계가 세계다운 세계요, 피어(世開)난 세계요, 뿌리를 가진 세계다. 뿌리에서 넘쳐나는 생명이 넘치는 사랑의 세계, 아무런 대립도, 대상도 없는 비지시성非指示性의 세계, 유무와 생사의 모순율이 통하지 않는 세계, 학문으로 조직할 수 없는 세계, 이런 세계는 있다고 할 수도 없고, 없다고 할 수도 없고, 오직 유무를 넘어서서 피어나는 세계, 저절로 피어나는 형이상의 세계, 존재의 세계, 도의 세계, 깬 세계, 그런 세계를 하이데거는 꿈꾸고 있다.

그것은 사람이 죽음에의 존재, 죽음을 넘어선 존재, 세계 안에 있으면서 세계를 넘어서 있는, 세계를 넘어서 있으면서 세계 안에 있는, 일도출생사 一道出生死하여 일체무애인一切無碍人하는 자각과 자유하는 인간에게서 열려지는 세계, 하나님의 영광이 빛나는 세계, 근원적 세계, 뿌리에서 피어나는 열려진 세계, 진시방세계사문전신 盡十方世界沙門全身, 근원적 자아에서 이루어진 근원적 세계다.

  석가가 부처가 되어 보니 산천초목이 동시에 부처가 되었다고 하듯 사람이 깰 때에 피어나는 적조의 세계다. 산을 보니 산이더라. 산을 보니 산이 아니더라. 산을 보니 또한 산이더라〔世界, 非世界, 是名世界〕하는 정반을 넘어서서 정반을 내포하는 구원하는 세계, 그것이 하이데거의 형이상학의 세계, 도의 세계, 예술의 세계. 그 세계는 내가 깰 때 세계도 깨는, 내가 피어날 때 세계도 피어나는, 나와 하나인 세계다. 물에 빠져 죽어 가는 사람을 건져내는 나, 죽음에의 존재가 있을 때만 있을 수 있는 존재의 세계, 그것이 하이데거의 세계다.

  죽음에의 존재, 죽음을 가장 사랑하는 사람, 죽음이 생명에 삼킨 바 된 사람, 어린이를 안고 있는 어머니처럼, 모래를 물고 있는 진주알처럼 죽음을 삼켜버린 건강한 생명에서 피어나는 건강한 세계, 이것이 하이데거의 피어난 세계, 열려진 세계다. 기독교적으로 말하면 하나님의 나라인데 희랍사상에 가까운 하이데거에게는 도의 세계다.

  운명을 사랑하는 니체의 초인처럼 죽음을 사랑하는 선구적 각오성 先驅的 覺悟性을 가지고 사는, 죽음을 초월한 죽음에의 존재에게만 비지시성의 세계가 열리게 마련이다. 죽음을 초월한 사람만이 죽음을 사랑할 수 있기 때문이다.

적조寂照

하이데거는 구조적 세계는 지시성指示性의 세계인데 그것은 분석分析으로 얻어진 세계이고, 근원적 세계는 체험으로 얻어진 세계라고 한다. 지시성의 세계는 내가 살고 있는 낯익은 집이고 비지시성의 세계는 출가出家 후의 낯선 집이다. 그것은 도道의 세계요, 길가에 있는 나그네의 집으로서 불안不安을 본질로 하는 근원적 세계다.

하이데거의 지시성의 세계가 어떻게 비지시성의 세계로 무너져 버리는 것일까? 그것은 내가 죽음에 부닥칠 때 이 세상이 죽어버리기 때문이다. 세상이 허무해지는 것이다. 키에르케고르의 말대로 사람이 온 세상을 얻어도 생명을 잃으면 무슨 유익이 있겠느냐. 인생이 죽음을 경험할 때 지금까지의 지시성의 세계가 무너져 버린다. 내가 죽으면 자식은 무엇하고, 아내는 무엇하나. 여기에 유무생사의 관두에 서서 유무생사를 초월하여 출가를 결심하게 된다. 이것이 일도출생사一道出生死다. 하이데거식으로 도상道上존재가 되는 것이다. 도를 닦는 수도자修道者, 진리를 탐구하는 구도자求道者가 되는 것이다. 이것이 과학적 세계가 무너지고 철학적 세계로 넘어가는 것이요, 미혹의 세계에서 적멸의 세계로 넘어가는 것이다.

외롭게 홀로 산길을 오르는 허무와 불안의 산길이다. 그러나 이 길은 열려진 세계다. 이제 진리를 깨달아 산꼭대기에 올라서면 온 세계가 한눈에 내다보이고 신의 영광이 비치는 적조寂照의 세계다. 이 세계는 세계가 세계로서 피어나는 근원적 세계요, 여기서 세상을 구원하기 위하여 내려가는 사람이 죽음에의 존재다. 이 세계가 구원의 세계요, 근원의 세계요, 피어나는 세계요, 열려진 세계요, 고차원의 세계다.

하이데거는 그 속에 내가 실존하고 있는 세계, 지시성의 구조를 가진 세계는 무너져 버리고, 이제 비지시성으로서 열려진 세계는 모든 것을 무중심이란 성격으로 열어 젖힌다. 여기에 무중심이란 말은 무귀속無歸屬이라고도 할 수 있다. 아무 것에도 속하지 않는 자유와 사랑의 세계다. 지시성의 세계에서 비지시성의 세계로 비약한 것이다. 비지시성은 지시성보다 일층 높은 차원에 속한다. 물론 지시성의 세계와 비지시성의 세계는 두 개의 세계는 아니다. 지시성의 견산시산見山是山과 비지시성의 견산지시산見山祇是山은 같은 산이다. 다만 미혹과 적조가 다를 뿐이다.

비지시성의 세계의 특징은 불안이다. 그것은 죽음에 부닥칠 때 혹은 인간이 근원에 부닥칠 때 그 근원에서부터 피어나는 세계가 비지시성의 세계다. 우리가 안주하고 있는 세계, 지시성의 세계는 사실은 불붙는 집이나 마찬가지다. 거기에는 탐진치의 불이 붙고 있는 것이다. 그것이 지시성의 세계다. 자연과의 관계, 인간과의 관계, 신과의 관계가 모조리 적대敵對관계를 이룬 것이 지시성의 세계다. 겉으로 보면 친숙하게 자기가 의탁하고 있는 구조의 세계지만, 속으로 보면 이기주의적인 자기중심적인 자기에게 일체가 향해지고 지시된 세계다. 피상적 세계, 불붙는 세계, 싸우는 세계, 대립된 세계다. 그러나 비지시성의 세계는 전체적인 통일된 근원적 세계다. 이런 세계가 열려지는 것은 집안[家內]이 다가 아니로구나 하고 산꼭대기에 올라가서 세상을 내려다 볼 수 있게 되는 데서 일어난다.

밤낮 집안에서 살림하느라고 한번도 밖에 나가보지 못한 한 여인이 어느 날 홀연히 산꼭대기에 올라서서 세상을 내려다보면서 전체적인 세계를 체험했을 때, 그리고 그 시원하고 상쾌한 맛을 정말 위험하리 만큼 느꼈을 때, 그때 집안의 인생이, 관념觀念의 인생이 얼마나 허무한 인생이었던가를 깨닫게 된다. 돈, 돈 하던 지시성의 인생이, 사랑, 사랑하던 지시성의 인생이, 어떻게, 어떻게 하던 도구적 인간이 얼마나 무의미하였다는 것을 알게 되는 것이다. 갇혀있는 집에, 관념에 갇혀있던 인생이 집을 떠나고, 관념을 깨뜨리고 처음으로 실재의 세계를 접하게 된다. 마치 계란 속에 갇혀있던 병아리가 계란을 깨치고 대지 위에 서게 된 것이다. 이것이 각존覺存이다. 나무가 땅에 서듯이 대지 위에 선 인간, 이것이 자유인이다. 그러나 자유인에게는 언제나 불안이 뒤따른다. 자유와 불안은 같은 말이다.

집안처럼 안정되고 편안한 곳은 없다. 그러나 일체가 나와는 거리를 가지게 된 것이다. 이제부터는 지시성의 대상이 없어진 것이다. 불안은 무엇에 대한 불안이 아니다. 거저 불안한 것이다. 불안은 지시성이 없다. 불안한 상태에서만 세계는 세계로서 개시開示된다. 불안한 상태에서만 자유롭게 될 수 있는 세계다. 그곳은 한없이 위험하고 죽음이 다가오는 세계다. 독수리는 하늘에서 배회하고, 뱀은 바위틈에서 엿보고 있다. 악마는 우는 사자처럼 사막을 배회하고 있다. 그것은 무의 세계다. '세계의 무', '세계의 비지시성', 불안의 무無의 밝은 밤이라고 한다. '밝은 밤'이란 신의 영광이 빛나고 있기 때문이다.

대자연은 위험하고 불안하여 그곳에는 약육강식이 끊임없이 되풀이되고 있으나 그러나 대자연의 사랑이 밑에 깔려있다고 볼 수 있다. 사자 옆에 얼룩말은 풀을 뜯고 있고, 맹수 옆에 초식동물들이 떼를 지어 번식하고 있다. 그곳에는 어떤 근원적인 것에 의하여 살려지고 조화되고 발전되고 있는 것이다. 이 세계는 출가出家라고 하는 근본 경험에 의해서만 얻어지는, 불안하고 자유로운 비지시성의 세계다. 그러면 출가하기 이전의 계란의 세계를 한번 분석해 보는 것이 좋을 것이다. 이 계란의 세계는 닫혀진 세계다. 이때 세계란 어떤 의미로 사람이 살고 있는 장소라고 할 수도 있다.

세계는 내 집이다. 내가 그 속에서 사는 집이다. 이 집은 내가 밖으로 나가서 보기 전에는 전혀 볼 수 없는 집이다. 이 집밖으로 나가는 경험을 근본경험이라고도 하고, 체험이라고도 하는데 그때에 본 집이 정말 집이다. 그것이 실재의 집이요, 존재의 집이다. 그것은 적조寂照의 세계에서만 이루어질 수 있는 세계다. 견산지시산見山祇是山의 세계다. 그러니까 집 속에서 보는 집은 사실은 관념의 집이다. 이것이 미혹의 세계. 어디서나 담에 부딪히는, 한계상황에서 살고 있는, 대상의 세계를 지향指向하고 있는 의식의 세계다. 이 집은 따뜻한 가정이요, 동시에 화택火宅이다.

하이데거는 이 집의 구조를 『존재와 시간』, 제1부 제1편 〈현존재의 준비적 기초분석〉의 제3장 〈세계의 세계성〉이라는 제목으로 세밀하게 세계구조의 현상학적 분석을 수행하고 있다. 우선 이 집에서 제일 중요한 것은 도구道具다. 이것은 자연을 정복하기 위한 물건이다. 사람은 도구 없이는 사람이 아니다. 사람이 사람이 되는 까닭은 도구 때문이다. 좋은 도구를 가진 사람이 문명인이고, 나쁜 도구를 가진 사람이 야만인이다. 도구를 가지면 자연을 정복할 수 있고, 도구 없이는 인간은 존재할 수 없다.

인간을 존재케 하는 제일 소중한 것이 도구다. 도구는 하나의 연관 구조를 가지고 있다. 분필은 칠판을 위해서, 칠판은 글씨를 위해서, 글씨는 교육을 위해서, 교육은 학문의 전달을 위해서, 학문은 문명을 위해서, 문명은 지배를 위해서, 지배는 인간을 위해서, 도구는 전체가 하나의 연관을 가지고 사람을 사람이게 하기 위해서, 사람을 이 세상에서 살게 하기 위해서, 있게 하기 위해서, 현존재 하기 위해서 있는 것이다. 도구는 인간을 인간이게 하기 위해서 있는 소중한 것이다.

하이데거는 도구의 특징을 사람에 의하여 만들어졌다고 하는 제작품이라는 현상을 강조한다. 자연물로부터 만들어졌으며 신을 위해서, 정신을 위해서, 나를 위해서 만들어졌다. 자연과 인생과 신과의 관계 속에서 만들어진 하나의 연관존재다. 무엇으로부터 무엇에 의하여 무엇을 위하여 변증법적 구조를 가지고 있다.

하이데거는 무엇을 위해서 하는 말을 귀추통태歸趨統態라고 한다. 무엇을 위해서는 결국 사람도 무엇을 위해서 있게 된다. 하나님의 영광을 드러내기 위해서 있게 된다. 사람은 자기가 그분을 위해서 있다는 것을 느끼게 되고 자신의 사명을 느낄 때 이 사명이 벌써 천명으로 선천적으로 정해져 있었다는 것을 느끼게 된다. 이것이 선천적으로 귀추 되어 있는 것이다. 그것은 벌써 예정되어 있었으며 그렇게 운명지워져 있었다고 생각될 때 하나의 아프리오리적인 완료태로 느껴지게 된다. 이러한 운명은 벌써 초월적 의지 또는 하나님의 배려(베조겐Besogen)로써 결국은 하나님의 사랑, 하나님의 관심(조르게 Sorge)에 근거하게 된다. 결국 사람은 도구를 찾다가 자기 자신이 하나님의 도구요, 일꾼이요, 하나님의 뜻을 이루는 아들임을 이해하게 된다. 이리하여 귀추연관은 현존재의 초월론적 존재방식까지도 밀고 올라가게 된다.

인간이 무엇을 위해 있다고 할 때에 사람은 자기 존재에 대하여 하나의 이해를 가지게 된다. 그런 의미에서 현존재로서의 인간은 이미 자기의 존재의 의미를, 사명을 지니고 이 세상에 태어났다고도 할 수 있다. 현존재는 이렇게 살 수 밖에 없도록 운명지어졌다고도 볼 수 있다. 현존재는 자기 자신을 전존재론前存在論적으로 이해할 수 있다.

사람은 타고난 성격과 소질 때문에 그렇게 살 수 밖에 길이 없게 태어났는지도 모른다. 자기의 소질을 이해하고 그것을 개발하는 것은 자기의 존재 이해를 가지고 존재해 간다고도 볼 수 있다. 특히 이 세상은 분업사회다. 이 분업사회에서 살아 갈 때 자기의 소질을 살려서 자기의 운명을 개척하는 것은 여간 중요한 일이 아니다. 세상이란 각자가 자기의 소질을 살려 갈 때 더욱 빛나게 된다. 현존재가 자기를 살려 가는 곳이 세계구조요, 이런 구조적 세계가 세계의 세계성을 이루고 있다.

하이데거는 세계의 세계성을 지시성指示性이란 말로 바꾸어 놓는다. 세계 안에 있다는 것은 세계를 구성하고 있고, 세계와 친하고 있다. 이 구조 속에 자기를 의탁하고 있으며, 현존재가 이 구조를 신뢰하고 자기를 의탁하고, 그 속에서 자기를 이해하고 또 이 구조 속에서 만족하고 살 수 있도록 자기를 이해시키기도 한다.

이해시킨다는 말을 하이데거는 지시指示란 말을 쓴다. 그것은 이해란 전체 속의 자기를 이해하여야 하며 자기는 전체의 관련을 지시하고 있기 때문이다. 세계가 세계로서 관련이 되기 위해서는 전체가 하나로 연관이 되어야 하며, 이 연관을 지시성이라는 말로 표현하는 것이 가장 잘 표현된다. 그것은 지시에 의하여 움직일 때만 세계는 하나의 구조로서 그의 세계성을 잘 드러낼 수가 있기 때문이다. 결국 세계는 어떤 구조로 구성되어 있는가 라고 할 때 지시성이란 말로 이해가 된다. 이 구조적 세계는 우선 가져야겠다는 것, 우선 잡아야겠다는 것, 우선 보아야겠다는 것, 이런 것 때문에 세계에 구멍이 뚫리고, 세계를 떠나는 근본적 경험을 하게 되는 것이다. 세계의 근원적 개시와 근원적 경험이 문제가 된다.

진성眞性

현존재란 깨달은 사람이다. 자기의 존재가 어떤 존재라는 것, 즉 존재의 의미를 알게 되었고 자기의 존재가 얼마나 소중하다는 것, 즉 존재의 진성眞性을 깨달은 것이다. 깨달았다는 것을 근본경험이라고 한다. 이것은 내가 있어서 경험하는 것이 아니라 경험해서 내가 있기 때문이다. 이 경험을 통해서 비로소 내가 있게 되고 현존재가 되는 것이다. 그렇기 때문에 근본경험 없이는 현존재도 없다. 진리를 깨달 았다는 경험 없이는 현존재는 없다.

진리를 깨달았다는 말은 자기의 자리가 어떤 자리인가를 안 것이다. 내가 하나님인가. 아니다. 내가 동물인가. 아니다. 그렇다면 나는 무엇인가. 하나님과 동물과의 사이다. 나는 태양은 아니다. 나는 만물도 아니다. 나는 달이다. 태양 빛을 받아 만물을 비추는 달이다. 태양 빛을 받기 위하여 진공眞空이 되어야 하고 받은 빛으로 만물을 비추기 위하여 묘유妙有가 되어야 한다. 깨달았다는 말은 진공묘유가 되는 것이다. 그것은 죽었다 사는 것이다. 그래서 하이데거는 죽음에의 존재라고 한다.

사람은 죽음을 피하려고 한다. 그러나 죽어야 하기 때문에 인간은 불안하다. 인간은 자기의 자리를 되찾아야 하기에 자기의 본연의 자리에 무관심할 수가 없다. 그래서 인간 본연의 상태는 관심이라는 것이다. 인간은 자기의 자리에 들어가 앉아야 한다. 그래야 자기가 자기가 된다. 자기가 자기가 되는 것을 시간성이라고 한다. 그것은 하나의 죽음이 필요하다. 결단이 필요하다. 양심이 필요하다. 각오가 필요하다. 그래서 본래적인 자기가 되어야 한다. 그것이 본래적인 실존이다.

자기가 한번 죽고 새로운 자기가 되면 일체를 새롭게 한다. 일체를 성숙하게 한다. 이것을 시숙時熟이라고 한다. 시숙은 일체를 현재화한다. 그것이 현존재의 동력이다. 이런 힘으로 열려진 세계가 세계다. 이리하여 세계-내-존재가 된다. 이 세계 속에서 현존재는 내가 된다. 나로 돌아오기 때문에 그것을 자기에로 돌아온다고 하여 장래

將來라고 한다. 그러나 돌아온 자기는 본래부터 있는 자기지 별다른 자기가 아니다. 자기 자신의 기유旣有로 돌아온 것이다.

자기가 자기가 된 나는 언제나 현재다. 현재인 나는 일체를 현재화하는 능력을 가진다. 꽃이 봄을 봄이게 하듯이 현존재는 시간을 무르익게 한다. 시성時性의 시숙時熟, 이것이 실존적 시간의 미래와 과거와 현재의 통일이다. 시성의 시숙이 구체화되면 현존재가 역사성이 된다. 죽음에의 존재로서의 인간은 역사적으로 실존하게 된다. 이리하여 세계-내-존재가 되는 것이다.

죽음에의 존재, 진공묘유의 현존재가 단적으로 드러나는 것이 비은폐성이다. 그것이 아레테이아요, 진리다. 이 은폐성이 벗겨지기 전이 비본래적인 실존이요, 일상성에 빠져 있는 현존재다. 이 때의 현존재는 달이 구름에 가려져 있듯이 가려져 있다. 이 구름이 깨져야 한다. 일상적 존재방식을 파괴한다는 것은 쉬운 일이 아니다. 그것은 이럴 수도 없고 저럴 수도 없는 막다른 골목, 불안 속에서만 이루어진다. 이런 막다른 골목을 근본정태성根本情態性이라고 한다. 근본기분이다. 마치 어린애를 낳으려는 산모처럼 불안한 기분이다. 그것은 죽을 것만 같은 기분이다. 산모는 죽음을 각오하고 죽음에 직면한다. 자기의 유가 무가 되는 죽음이 자기에게 열려 온다. 이 죽음을 헤치고 나오는 것이 어린아이다. 이것이 실존이다. 이리하여 나타나는 것이 현존재다.

현존재는 죽음을 통과해야 한다. 대사일번 절후소생大死一番 絶後蘇生. 이것이 생산의 진통이다. 이 진통을 겪고 나타나는 것이 어머니다. 어머니가 현존재다. 어머니는 집의 주인이다. 세계존재다. 이 진통 하나로 낡은 세계가 깨져 나가고, 새로운 세계가 나타난다. 이것이 근본경험이다. 그것은 백사천난百死千難에서 이루어진다. 이리하여 존재와 존재자가 확실히 구별된다. 아버지와 아들이, 태양과 만물이 확실히 구별된다. 하나님과 우상이 확실히 구별된다.

현존재가 아니면 신과 인은 구별이 안 된다. 이것을 존재망각이라고 한다. 존재를 잊은 것이 아니라 존재와의 인연이 이미 끊어져 있는 것이다. 그러나 근본경험은 다시 존재와의 관계를 가져온다. 존재에의 관심이 되살아난다. 현존재란 존재자 때문에 존재에 관심을 가진 사람이다.

하이데거는 현존재를 이렇게 규정한다. 그것에게는 그것의 유에 있어서 그것의 유 자신이 문제인 것이다. 현존재에게는 현존재의 유에 있어서 현존재의 유 자신이 문제인 것이다. 현존재의 유를 만물이라고 하고 유 자신을 태양이라면 달에게는 만물 때문에 태양이 필요하다. 이것을 회광반조回光返照라고 한다.

하이데거가 사람을 현존재라고 하는 것은 사람이라는 교만 때문에 신과 만물을 무시할까 걱정이 되어 그런 것이다. 사람에게 제자리를 채워주기 위하여 인간이라기보다는 존재란 말을 쓴다. 현존재다. 존재, 현존재, 존재자의 서열을 지키기 위해서 일부러 비인격적인 용어를 사용한다. 일체가 평등임을 깨닫게 하기 위해서이다. 인간은 하나의 현존재요, 그 이상도 아니고 그 이하도 아니다. 현존재는 언제나 달이요, 중간 존재자로서 존재나 존재자에 관심을 가진다.

현존재는 언제나 존재와 존재자와 더불어 세계 안에 있는 존재〔世界-內-存在〕다. 현존재는 죽음으로 사는 죽음에의 존재다. 그것은 희생제물이나 마찬가지다. 현존재는 중간존재이기 때문에 길 위에 있는 존재요, 시간존재요, 역사적 존재다.

현존재는 탈자적脫自的 존재다. 현존재는 비은폐태非隱蔽態다. 그러나 그것은 은폐될 수가 있다. 그것이 현존재의 일상성이다. 그것에는 그것의 있음에 의하여 있음 자신이 문제다. 만일 그것 현존재가 있지 않다면 세상 만물과는 아무 상관이 없다. 있기 때문에 그것은 세상 만물에 열려진 터이요, 하나의 세계이며 동시에 삼라만상 속에 자기를 발견하는 피투적 기투被投的 企投로서의 세계-내-존재世界-內-存在이며, 현실존재이기에 실존이며, 만물을 포섭하기에 탈존脫存이며, 세계에 나타난 만물과 관계하여 그것에 몰두하기도 하고, 의식하기도 하는 것은 모두 현실적으로 있기 때문에, 현존하기 때문에 그렇다. 그렇기 때문에 그것〔現存在〕에게는 그것의 존재에 있어서 진공眞空, 무無가 아닐 수 없다. 그런데 그것에게는 유에 있어서 유 자신이 문제가 된다. 왜 유 자신이 문제가 되는가 하면 인간의 유라는 것이 영원한 유가 아니라 언제나 무에 위협되고 있는 종말의 유요, 죽음에의 유요, 무화無化라는 유다. 그렇기 때문에 우리에게는 우리의 유 자신이 문제요, 우리의 모든 관심은 유 자신에 걸려있는 것이다. 유에 있어서는 공간문제고, 유 자신에는 시간문제다.

  인간은 시간과 공간이 곱해진 존재가 현존재다. 결국 인간이 존재 자신을 찾게 영원한 존재, 묘유妙有에 관심關心을 갖는 것은 시간 때문이다. 그런데 시간이 흘러가는 동안까지는 존재의 무화無化를 막을 재간이 없다. 사람은 시간을 끊어야 한다. 시간은 하나의 의식의 흐름이다. 의식은 일체를 상대화한다. 죽음마저도 표상 속에 재현하여 내가 그것을 지배하고자 한다. 그러나 그것은 어디까지나 객관적인 죽음이지 내 죽음은 아니다.

  내가 정말 죽기 위해서는 일체를 표상화하는 의식주관인 내가 깨져 나가야 한다. 꿈이 깨야 한다. 의식의 흐름이 끊어져야 한다. 실체적 주관實體的 主觀으로서의 자기가 깨져 나가야 한다.

  이것이 하이데거가 말하는 죽음이라는 것이다. 그것은 하나의 충격이다. 깸이다. 이 죽음은 의식의 재현이 아니라 죽음의 현전現前이다. 그것은 남이나 자기 앞에 세우〔前立〕는 표상表象이 아니라, 그 자신에 있어서 그 자신을 보여주는 계시啓示인 것이다. 그것이 현전이다. 그것은 내가 보는 것이 아니다. 나는 없어지고 저쪽에서 나타나는 것이다. 이때에 나의 의식은 완전히 없어지고 죽음이 현전한다. 이때 나는 죽음의 유가 된다. 죽을 수밖에 없는, 죽지 않을 수 없는, 사는 것이 그대로 죽음이 되는 무지無知, 무욕無慾의 존재가 된다. 진공이 된 것이다. 그것이 죽음의 존재다. 내가 죽음이 된 것이다. 내가 없어진 것이다〔無體〕. 내가 없어지고 나서 가득 차 오는 것이 존재의 빛이다. 이 빛 속에 나타나는 것이 세계다. 이때 비로소 있음과 있는 것과의 구별이 가능하다. 존재와 존재 자신의 구별이 가능하게 된다. 인연이 끊어졌던 존재 자신이 다시 살아나고 지금까지 존재 망각이었다는 것을 깨닫게 된다. 태양이 다시 비친 것이다. 이것이 묘유다. 영원한 태양이 비춰진 것이다.

　나는 나 없는 존재, 탈자적 존재가 되었다. 나는 제물이 되었다. 희생제물이다. 죽음의 존재다. 불안의 무의 밝은 밤에 비로소 있는 것이 있는 것으로서 근원적으로 나타난다. 그것이 있는 것이지 없는 것이 아니라는 사실이 일어나게 된다. 죽는 것이 사는 것이지 사는 것이 따로 있는 것이 아니다. 사랑, 그것이 사는 것이다. 사랑이란 죽는 것이다. 죽는 것이 사는 것이다. 그것이 어머니다.

　사랑에 있어서 어머니는 자기의 종말에 선구적先驅的으로 열려 있다. 어머니는 언제나 장래적將來的이다. 어머니는 자기를 사는 것이 아니라 어린이를 살고 있기 때문이다. 어린이를 위해 사는 것이 아버지를 위해 사는 것이다. 그것이 인류를 위해 사는 것이다. 그것이 자기의 근본에 귀래歸來하는 것이다. 어린이를 위해 살고, 남편을 위해 사는 것이 어머니 자신을 위해 사는 것이 된다. 그것이 현전現前이다. 그것이 사랑이다.

　사랑은 영원하다. 사랑은 충만하다. 사랑은 일체를 현재화한다. 사랑에는 과거도, 미래도 다 의미를 가진다. 기유적 현전적 장래旣有的

現前的 將來. 믿음과 소망과 사랑, 이것이 현존재의 근본적 구조다. 그것을 시간성이라고 한다. 어머니가 되는 것은 어린애를 낳기 때문이다. 어린애를 낳는다는 죽음에의 노출과 시간성은 죽음에의 경험이며 선구적 각오先驅的 覺悟이며 사선死線을 돌파하는 것이다. 이 충격, 이것이 죽음에의 존재며 시간성이다. 시간성은 동시에 역사성 歷史性이다. 사랑에만 역사가 있기 때문이다.

현존재는 자기 자신이 될 때 근원적으로 역사적이 된다. 햇빛을 받아 만물을 비추듯이 모든 인류의 좋은 유산을 자손만대로 넘겨준다. 그것이 역사다. 현존재의 세계는 역사적 세계다.

하이데거는 형이상학자로서 형이상학의 역사를 회고할 때 서양의 본질은 허무주의라는 것이다. 그것은 존재가 망각되었기 때문이라고 한다. 아리스토텔레스에 있어서 존재는 신이라고 할 때에 하이데거는 존재와 존재자를 혼동했다는 것이다. 그것은 신이 실체화될 때 신은 존재자지 존재가 아니라는 것이다. 또 데카르트에 있어서 내가 실체화 될 때 나는 존재자지 존재는 아니라는 것이다.

독로獨露

진리를 깨치고 나면 일체가 평범하다. 그래서 옛날 소동파는 돌아와 보니 별것이 없구나〔到得還來無別事〕. 노산에는 촉촉이 비가 내리고, 석강에는 아침저녁 조수물이 드나든다고 시를 읊었다. 이것이 자연이다. 그러나 자연은 평범한 것만이 아니다. 평범함 속에 또 진리가 번뜩이고 있다.

보라〔看看〕! 삼라만상〔萬象與森羅〕이 무량수, 무량광을 비추고 있지 않은가〔只此一身常獨露〕. 대상에의 집념이 없이 그때 그때 현행하는 순수행위純粹行爲에 설 때에는 선도 없고, 악도 없고, 좋은 것도 없고, 싫은 것도 없고, 고운 것도 없고, 미운 것도 없다. 좋다, 싫다, 곱다, 밉다의 가치 평가는 분별의식에서 오는 것이요, 분별의식은 주관, 객관, 대립의식에서 온다. 그러나 진리를 깨닫고, 주객의 의식이 깨지고, 분별의 의식이 무너지면 거기에는 좋고 밉고가 있을 수 없다. 그것은 대상정립 이전의 세계요, 분별의식 이전의 세계다. 그것은 부모님의 마음과 같아서 내 자식이요, 남의 자식이 아니며 그 속에는 더 곱고 덜 곱고가 없다. 똑같이 귀하고 꼭 같이 소중하다. 이것이 대상분별 이전의 순수한 세계다. 그러므로 세속적인 속인의 눈에는 우수사려優愁思慮의 대상도 깨친 사람의 눈에는 진주와 같이 감미로운 것이다.

깨친 세계는 부모님의 마음처럼 일체의 대상의식이 끊어지고 다만 맑고 밝은 의식현행〔心性本淨〕인고로 이 현행에서는 악을 끊되 끊을 것이 없고, 선을 닦되 닦을 것이 없다. 마치 꿈을 깬 사람에게는 일체의 몽중 사물이 없어진 것이나 마찬가지다. 이 경지에 서면 설법하는 이도 없고, 듣는 이도 없고, 보이는 이도 없고, 깨쳐 얻는 이도 없다. 버릴래야 버릴 것이 없으니 생사고뇌를 벗어날 문도 없고, 깨쳐 얻을래야 얻을 것이 없는, 즉 진리에 들어설 길도 없다.

진리를 깨달은 세계는 아무 것도 없는 평범한 세계다. 그러나 평범한 세계에는 일체 만물이 진리의 빛을 발하고 있다. 이것이 진공묘유眞空妙有다. 캄캄한 밤에 별이 빛나듯이 아무 것도 주한 바 없는 곳에 마음이 솟아나고 있다〔應無所住而生其心〕. 이것이 절대의 세계다.

평범한 절대의 세계에 상대의 진리가 빛나고 있다. 절대의 세계에서 보면 자타의 구별 없이 평등하지만 상대의 세계에서 보면 천차부동의 개별로 현전한다. 절대의 세계는 숨어있고 상대의 세계는 깨어 있다. 절대와 상대는 같이 있고 존재와 존재자는 함께 있다. 모든 사물의 현전은 삼라만상의 유일현전으로서의 단하나인 현전성 속에서의 현전인고로 진실로 있는 것은 유일현전성뿐이라고 볼 수도 있다. 그러나 사물로서의 현전 이외에 현전성이란 것이 따로 있는 것이 아니니 사실에 있어선 그때 그때의 사물의 현전뿐이라고 볼 수도 있다. 이치로는 있는 것은 절대 존재뿐이라고 할 수도 있지만 사실로는 상대 존재자뿐이라고 할 수도 있다.

절대와 상대는 확실히 다르지만 절대와 상대는 같다고 할 수 있다. 절대와 상대는 둘이면서 하나요, 하나면서 둘이다. 그런고로 삼라만상은 절대와 상대의 관계라고 할 수 있다. 이 관계는 언제나 긴장된 관계며 불안한 관계다. 이런 관계가 세상에 두루두루 나타나 있다. 이것이 신비한 것이다. 신비가 우주에 꽉 차있다. 이 신비를 벗어날 수는 없다. 이 신비를 체득하는 것이 진리를 깨닫는 것이다.

내가 하나의 신비가 된다는 것은 쉬운 일이 아니다. 이 신비는 이치로는 도저히 따질 수 없는 것이다. 그것은 스스로 몸소 밝히고 몸소 체득해야 하는 것이다. 이 신비는 누구에게나 꺼내 보일 수는 없는 것이다. 오직 친히 밝히고, 친히 체득한 사람끼리만 적나라하게 목전에 현전한 이것을 피차에 서로 고개를 끄덕 끄덕 서로 짐작할 따름이다. 그러나 이런 사람을 만나기란 쉬운 일이 아니다. 온 세상을 다 찾아보아도 만나기가 어렵다. 진리의 체득이란 그렇게 어렵다. 그러나 깨쳐 보았댔자 별것도 아니다. 너무 싱거워서 웃을 수밖에 길이 없다. 그러나 그 웃음에서는 쇳소리가 난다. 그 웃음은 영원히 우주에 울려 퍼진다. 진리의 웃음이기 때문이다. 가장 평범한 것 속에 진리가 번뜩이기 때문이다.

진리를 깨달으면 인간이 평범해진다. 평상심시도平常心是道다. 그러나 평범한 속에 독특한 개성이 빛나고 있다. 말씀이 육신이 되었기 때문이다. 현실이 그대로 진리다. 현실 사물을 떠나서 진리가 어디 있겠는가. 현실 사물을 직관할 수 있다면 진리처럼 알기 쉬운 것이 어디 있을까.

삼라만상의 하나하나의 현전 사물 속에는 유일의 현전성이 빛나고 있다. 이 유일의 현전성은 오직 인간만이 이것이로구나 하고 직관할 수 있다. 그것은 계교사량計較思量을 초월한 것이며 그것은 보는 눈만이 볼 수 있는 독특한 것이다. 이 눈이 진리를 깨달은 눈이며 이 눈을 가진 사람이 현존재다. 이 경지, 지극히 오묘하여 언어문자로 설명할 수는 없으나 머리를 들어 보라. 분명코 이미 현전하고 있지 않는가.

달 밝은 밤, 온 누리가 빛 바다인데 태양 같은 마음이 홀로 두루 비치니 그 빛이 만상을 한입에 들어 삼킨다. 빛이 경계를 비추는 것도 아니요, 비춰지는 경계도 또한 없다. 빛과 경계가 함께 없으니 도대체 이것은 무엇인고. 생각으로는 이해할 수 없는 불가사의한 신비다. 이 신비는 그것이 무엇인가고 생각하는 순간〔對象指向〕, 신비는 한꺼번에 깨져 버린다. 신비는 희미하고, 단순하고, 순진한 것이다. 일단 일념一念이 발생하면 천 조각 만 조각으로 사라져 버린다.

신비는 그대로 실천하는 길 밖에 없다. 하이데거는 이 편재현전遍在現前은 현실적인 것으로 설명하려는 모든 해명에는 결코 들어서지 않는다. 그것은 증석曾昔이래 현전하면서 어느 겨를에 벌써 이런 저런 모든 개별적 접근을 거부한다. 만일 인간의 조작이나 신의 영험을 빌어서 그것에의 접근을 기도할 때는 이 불가사의한 것의 단순은 부서져 버리고 만다. 이것이 현존재의 세계다.

현존재란 아는 의식도 없고, 알려지는 일체대상 세계도 사라진 뒤〔寂〕, 이 공 속에서 대공중에 높이 솟은 태양과 같이 티끌 하나 없이 맑고 밝은 광명이 두루 비친다. 소상히 보라. 삼라와 만상, 오직 이 하나가 홀로 항상 현전하고 있다. 이것이 바로 말씀이 육신이 된 것이다. 진리의 현전, 그것이 현존재요, 삼라만상이 모두 진리의 빛을 발산하고 있다.

 진리를 깨달았다는 말은 진리를 깨달은 것이 아니라 진리가 터져 나간 것이다. 밖에 있는 무엇을 안 것이 아니다. 내가 진리가 되고 만 것이다. 진리는 되는 것이지 아는 것이 아니다. 본래 되어있는 진리가 갑자기 나타난 것뿐이다. 그것이 현전이다. 내가 나타날 때 일체가 나타난다. 나에게서 진리가 드러날 때 일체에서 진리가 드러난다. 이것이 진리의 현전이다.

 대중들이여, 그대들 각자자신이 스스로 몸소 알라. 삼라만상의 현전은 경계와 지혜가 함께 밝은 경지명일境智冥一의 묘존妙存인고로 경지명일의 시방세계를 이 손안에 있는 나무 잎사귀를 보듯 소상히 본다. 그것은 우리 마음이 시방을 두루 비추기 때문이다. 우리 마음이 깨어있기 때문에 이 세상에서 되어지는 일을 다 알 수가 있다.

 이 세상만물은 다 깨어 움직이고 있다. 진리를 깨달아 보니 일체가 진리다. 같이 깨어 있는 세계는 보는 이도 없고, 보이는 이도 없고, 깨어 있는 이뿐이다. 이 단순한 세계는 훤하고 현전하고 있다. 달 밝은 밤, 온 누리가 명일색이듯 일과명극의 마음이 홀로 두루 비치니 그 빛이 만상을 한입에 들어 삼킨다. 빛이 경계를 비추는 것도 아니요, 비쳐지는 경계도 또한 없다. 빛과 경계가 함께 없으니 도대체 이것은 무엇인고. 마치 불붙는 쇠가 빨갛게 타오르니 쇠와 불이 하나가 되어 쇠도 없고, 불도 없고, 쇠는 불이요, 불은 쇠다.

 봄과 꽃이 하나가 되어 봄은 꽃이요, 꽃은 봄이요, 시간과 공간이 무르익었다. 사차원의 세계다. 그것은 우리의 생각을 불허한다. 조금이라도 생각하면 불과 쇠는 갈라져 버린다. 시간은 시간이요, 공간은 공간이다. 이것이 대상화된 세계다. 눈 깜짝할 사이, 대상지향에로 동념하는 날엔 이 단순한 것은 산산히 부서져 버린다. 사차원의 세계, 그것은 희미한 것이다. 정밀한 것이다. 하나인 것이다. 존재의 세계는 단순한 것이다. 시간과 공간의 곱한 세계는 이성의 탐색을 불허하는 세계다. 그러나 가을이 오면 일체가 가을이요, 수평선 하늘 끝 맞닿아 물이 하늘이요, 하늘도 물일러라. 끝없이 아득한 곳, 게다가 휘영청 밝은 달, 갈대꽃마저 뽀얀 백야이라.

만물과 가을은 하나다. 일체가 가을빛이요, 가을을 떠나 만물은 없다. 삼라만상의 하나하나의 현전사물 속에 그때 그때 현전하는 유일의 현전성은 오직 인간만이 아, 이것이로구나 하고 몸소 긍정하는 나 자신의 것이다. 단풍을 보고 가을을 느끼는 것은 나도 가을이 되었기 때문이다. 가을이 가을을 볼 때 지도무난이다. 물건이 물건을 볼 때 이물관물이다. 내가 물건이 되었을 때는 내가 없다. 내가 없으니 네가 없다. 나도 너도 없으니 절대의 묘존이다. 둘이면서 하나요, 하나면서 둘인 세계, 이것이 절대와 상대의 사차원의 세계다. 그것이 시간과 공간의 묘합이요, 관계요, 사랑의 신비다. 이 사랑의 세계는 언어문자나 심연상心緣相으로서는 물론이려니와 설사 빗발치듯 후려갈기는 덕산화상의 방망이나 뇌성벽력같은 임제의 호통으로서도 이 향상종승사向上宗乘事에는 꼭 들어맞추지 못하고 삼세제불도 다만 스스로 짐작할 뿐이요, 역대조사도 이것을 고스란히 들어서 보일 수는 없다.

사랑의 세계는 다만 의심을 싫어한다. 취사선택과 대립차별의 의식만 갖지 않는다면 높은 것은 높은 그대로, 얕은 것은 얕은 그대로, 학의 다리는 긴 대로, 올빼미의 다리는 짧은 그대로, 봄이 되면 꽃이 되고, 가을이 되면 단풍지고, 일일시호일日日是好日이요, 천하태평이다. 아무 의심 없이 거저 보고 듣고 행하면 세계는 좋다, 나쁘다, 높다, 낮다 없이 여실하게 일제평등으로 현전한다. 이 경지는 지극한 묘존妙存인고로 언어문자로 설명할 수는 없으나 머리를 들어보라.

분명코 이미 현전하고 있지 않는가. 사랑의 세계는 일제평등, 훤하고 현전하고 있지 않는가.

  사랑에는 직관하는 힘이 있다. 그것은 하나이기 때문이다. 삼라만상의 현전사물 속에 그때그때 현전하는 유일의 현전성은 오직 인간만이 아 이것이로구나 하고 몸소 긍정하는 나 자신의 것이다. 통하기 때문이다. 이것이 진리를 깨달은 것이다. 이것이 현존재다. 사랑으로 통하는 것이다. 일체를 사랑하면 일체와 통한다. 사랑의 세계는 대립의 세계, 대상화의 세계는 아니다. 분별의 세계가 아니다. 분별없이 분별하는 세계다. 그것이 직관이다. 그것이 지도다. 그것은 순수한 것이다. 그것은 단순한 것이다. 이 사랑의 세계는 사랑 의외의 일체의 다른 수단을 불허한다.

유희遊戲

  하이데거가 말하는 자연自然은 자연과학에서 말하는 자연은 아니다. 그것은 산 자연이다. 불타는 자연이다. 타는 것이 없이 훨훨 불이 붙는, 가스 불같은 흰 불이다. 생명의 불이다. 신비의 불이다. 보는 이에게만 보이는, 보이지 않는 불이다.

  자연과학에서 말하는 자연은 대상으로서의 자연이다. 인간이나 인간의 주관에 대립하는 객관으로서의 자연이다. 인간의 사유나 이성이 계산하고 측량하고 거기서부터 자연법칙을 끌어낼 수 있는 자연이다. 이것이 과학적인 자연이다. 그러나 하이데거의 자연은 스스로〔自〕그런〔然〕자연이다.

  노자 25장에 사람은 땅을 법 받고, 땅은 하늘을 법 받고, 하늘은 도道를 법 받고, 도는 자연을 법 받는다는 말이 있는데 자연은 천지신

〔道〕명〔人〕을 초월하고 그 속에 내재하는 자연이다. 자연은 천지신명의 유희삼매다. 자연은 하늘도, 땅도, 신들도, 사람들도 다 포함한다. 삼라만상을 꿰뚫고 있는 것이 자연이다. 자연을 일체제법一切諸法이라고 한다. 내가 만법증명을 하라고 하는 것은 미혹이요, 만법이 나를 증거함이 깨달음이다. 나귀가 우물을 들여다 보는 것이 아니라 우물이 나귀를 들여다보는 것이 자연이다. 내가 자연을 보는 것이 아니다. 자연이 나를 보고 있다.

자연이 된다는 말은 자기가 된다는 말이요, 자기가 된다는 말은 자기가 없어진다는 말이요, 자기가 없어진다는 말은 만법을 살린다는 말이다. 만법이 살아날 때 나의 신심身心이 떨어져 나간다. 떨어져 나간다는 말은 문제가 안 된다는 말이다. 그것이 깨달음이다. 그러나 깨달음도 또 없어져야 한다.

나무와 불은 하나다. 불타는 자연, 그것이 자재自在요, 자득自得이요, 자약自若이요, 자연이다. 심신 탈락하고 진실만이 남아 있는 것이 자연이다. 자연을 배운다는 것은 자기를 배워야 하고, 자기를 배운다는 것은 자기를 잊어버리는 것이다. 자연에는 자기가 없다. 횃불〔自然〕에는 연기〔自己〕가 없다. 보이지 않게 타고 있는 것이다. 자연과 하나가 되어 나도 없고, 너도 없고, 오직 불만 타는 것이 근본으로 돌아가고, 근원으로 돌아간 것이다.

우리의 근원, 우리의 근본이 자연이다. 우리의 근본을 찾고, 우리의 근원을 찾다가 피곤하고 지치고 쓰러질 때가 자기를 잊은 것이다. 자기를 잊었을 때 나타나는 것이 자연이다. 물은 좔좔 흐르고, 꽃이 빨갛게 피어있다. 거기는 자아는 없다. 만법이 하나요, 한 집안이요, 나남의 집착을 벗어버리고, 심신 탈락마저도 잊어버릴 때 물은 흐르고 꽃은 피어나는 것이 자연이다.

자연은 자기가 없다. 진공이다. 그러나 일체가 있다. 묘유다. 꽃은 빨갛고, 잎은 푸르다. 그것이 자연이다. 산은 산이요, 물은 물이다. 그것이 실상이다. 산은 산이 아니요, 물은 물이 아니다. 그것이 제법이다. 산은 또다시 산이요, 물을 또다시 물이다. 제법 실상이다. 나무에 불이 붙어 타고 있는 것이 제법실상이다.

공간에 시간이 곱하여 사차원을 이룩한 것이 자연이다. 자연 즉 신이다. 산은 도의 현현이다. 산은 도가 현현할 때 그 공덕은 무한하다. 산은 자연의 구현이요, 물도 자연의 구현이다. 산은 산대로 자연을 구현하고, 물은 물대로 자연을 구현한다. 물이 물을 보고, 물이 물을 닦고, 물이 물을 살 때 물은 물이 된다. 물이 물이 될 때 물에는 생사가 없다. 물은 본래의 면목을 발휘하여 자약自若이다. 만물만법 물개자득萬物萬法 物皆自得이 자연이다. 자기가 스스로 자기가 된 것이 자연이다. 자기가 자기의 힘으로 자기를 이기는 것이 자연이다. 자연법이自然法爾다. 삼라만상이 서로 조화되어 하나의 협동세계를 이룩한 것이 자연이다. 사람이 산을 볼 때 산도 사람을 본다. 이것이 감응도교다. 산이나 물이 다 나를 보고 있다.

자연은 살아 있다. 산도 살아 있고 물도 살아 있다. 산 자연, 그것은 시공을 초월해 있다. 그렇기 때문에 자연에는 집착이 없다. 실상무상實相無相이다. 하나의 꽃이 필 때 우주가 피어난다. 매화꽃 피니 세계가 피어나고, 세계가 피어날 때 그것이 봄이다. 매화가 필 때 봄이 왔고, 봄이 올 때 매화가 핀다.

영원은 찰나 속에 있다. 매화꽃 한 송이에 봄은 무르익는다. 스스로 그럴듯하게 거기 있는 자연, 스스로 좋아서 그렇게 된 자연, 저절로 좋아서 그렇게 피어나는 자연, 그런 것이 자연이다. 자연은 표상형태表象形態의 대상적 세계가 아니라 존재현전인 동시에 그것은 또한 인간의 본질적 사유인 존재이해가 일어나는 곳이기도 하다. 자연은 모든 현실적인 것들에서 현전하면서 있다. 모든 인위와 민족의 운명, 푸성귀, 짐승, 또는 홍수와 풍우에서도 현전한다. 불가사의하게도 자연은 도처에서 현전한다.

자연은 현실적 사물의 세계의 어느 구석에서도 하나의 개별적 사물로서는 만나지 않는다. 이 편현遍現은 개별적 사물들의 총합도 아니다. 이 편현은 개별적 사물을 근거로 해서 설명하려는 모든 시도에 들어서지 않는다. 편현은 결코 개별적 사물로서 표시되지 않는다. 분명코 내현재전乃現在前이건만 개별적 사물個別的 事物의 각도에서 접근하려고 하자마자 어느새 살며시 회피한다. 만일 인위로써 또는 신의 영험을 빌려서 접근을 기도할 때에는 이 불가사의의 단순성은 오히려 부서지고 만다. 이 편현遍現은 모든 인위적 작위人爲的 作爲로부터는 멀리 달아나면서 그러나 그럼에도 불구하고 그때 그때마다 그의 현전성을 가지고 사물을 확철廓徹한다.

원래 자연自然이라는 희랍 말의 피지스는 어원적으로 빛의 조명을 의미하는 것으로서 모든 것이 이 빛 속에 들어섬으로 비로소 나타나는 것이다. 그러므로 자연은 개별적 사물은 아니로되 그때그때 따라서 이것 또는 저것으로 현형現形하는 현전성이니 그것은 사물로서는 표상할 수 없다. 요료견了了見 언불급언不及의 세계다. 그것은 진리를 깨달을 때 한꺼번에 나타나는 세계지, 표상의 체계로 은폐된 세계상世界像은 아니다.

하이데거에 의하면 자연(피지스)은 산하국토와 역사 인간과 신 성신과 풍우도처에서 편현하는 것으로서 그 자체는 비록 개별적 사물과 인위적 행위로 접근되는 것은 아니지만 그럼에도 불구하고 그때 그때마다 그의 현전성을 가지고 모든 사물을 확철하는 것이다. 이 자연은 인간과 신, 빛 그때 그때의 사물들이 서로서로 모일 수 있는 개현의 광장을 미리 앞서서 마련하고 일체의 현실적인 것들을 그들의 존재관련 속에 연결한다. 공간이 가까이 있는 이 사물, 멀리 있는 저 사물의 원근거리를 초월하듯이 존재는 사물을 비추는 조명인고로 모든 사물보다 본질적으로 넓은 것이며, 이 자연은 시간처럼 모든 것에 앞서서, 또 모든 것을 넘어서 있다.

　이 자연은 이전 것 중에 가장 늙은 것이요, 이후 것 중에 가장 젊은 것이다. 그러므로 자연의 도래는 그때 그때마다 새로 새로 나타나는 가장 어린것의 현전이며 동시에 그때 그때마다 늙을 줄을 모르는 가장 늙은 존재의 현전이다. 이것이 바로 존속하는 시간으로서의 자연이 이렇듯 현실적 사물들의 개현의 광장이며, 현실적 사물을 꿰뚫는 현전성이며, 모든 현실적 사물들이 그 속에 들어서며 우리 앞에 훤하니 현전하는 세계가 아니겠는가. 우리가 이 불길 속에서 생과 사, 기쁨과 슬픔을 태우면서 살고 있는 현실적 세계가 아니겠는가.

　하이데거는 시간은 이미 인간의 실존만으로는 구명究明될 수 없고 인간을 포함한 세계 그 자신으로부터 생각하지 않으면 안 된다고 하였다. 이제 세계가 세개世開한다. 세계라는 꽃이 피어나는 것이다. 거기서 인간이 인간이 되고, 물건은 물건이 되고 거기서 모든 것이 하나 하나가 그 자성으로 돌아와 독립하면서 또 하나 하나가 탈자적으로 일체와 연결하는 세계, 공자의 화이부동和而不同, 노자의 독립불개獨立不改 주행불태周行不殆의 세계다. 그것은 하나의 유희遊戱라고 할 만한 순수 활동이며, 그것은 체와 상의 일치, 성性과 기起가 하나가 된 성기에서 주어진 세계다. 그것은 장내현재기유가 서로 들쑥날쑥하면서 서로 갈라졌다 합쳐졌다 춤을 추는 시간의 사차원의 세계로서 시숙時熟하면서 자기를 새롭게 해 가는 것이 자연의 모습이다. 자연은 언제나, 지금, 여기에서 이루어진다. 그것은 보통 말하는 지금이나 보통 말하는 여기가 아니다. 하이데거가 말하는 지금 여기는 초월적으로 영원한 것과 내재적으로 시간적인 것이 갈라지기 이전의 근원, 그러면서 거기서 둘이 갈라져 나오는 근원, 따라서 초월적으로 영원한 것보다 더 초월적이고, 내재적으로 시간적인 것보다 더 내재적인 것, 그러한 지금 여기서 세계世界가 세개世開하는 것이다. 그것은 견성한 시간이다. 마치 풀을 헤치고 구슬을 찾는 사람처럼 애써서 찾는다. 전혀 찾을 가망도 없고 온 세상에 어디 있는 줄도 모른다. 그러다가 찾았다. 그 순간이 지금 여기다. 그것이 견성성불하는 시간이요, 내가 자연이 되는 순간이다. 내가 자연이 되면 일체가 자연이 된다. 이것이 세계世界가 세개世開한다는 것이다. 자성식득自性識得 방탈생사方脫生死다.

자연은 생사를 초월한다. 자연에는 생사가 있다. 그러나 그것은 생사가 아니다. 생사 없는 생사다. 지금 자성을 자각한다는 것은 보통 어려운 일이 아니다. 발초참현撥草參玄, 풀을 헤치고 구슬을 찾는 어려움이다. 절망에서 희망을 찾는 것이다. 대단한 용맹심과 대단한 각오가 필요하다. 찾다가 숨이 끊어지기도 한다. 그래도 좋다. 미칠 지도 모른다. 그래도 좋다. 이런 각오가 없으면 자꾸 유혹에 빠진다. 악마에게 끌려 다니고 결정적인데 발을 헛디딘다. 침식을 잊는 정도가 아니다. 잠도, 밥도 일체의 욕심도 잊어버린다. 이것이 자기를 잊는다는 것이다. 무엇이 나타나든 죽여 버린다. 그 근원을 캐고야 만다. 물에 빠져도 밑바닥까지 가 닿기만 하면 쉽게 떠오른다. 적진에 눈을 감고 뛰어드는 것이다. 그때 탁 눈이 뜨인다. 진시방 세계가 나의 눈이요, 진시방 세계가 나의 몸이다. 나는 언제나요, 어디나요, 누구나다. 이것이 자연이다. 내가 불타기 시작한 것이다.

나무에 불이 붙는다. 상대가 절대가 된다. 존재자가 존재가 된다. 생사가 해탈이 된다. 생사 즉 해탈의 시간은 세계의 시간을 근본적으로 바꾸어 놓고 일상적 시간과 직통한다. 평상심시도平常心是道다. 우리의 생사는 생사의 근원을 절단하고 생사 없는 생사가 된다. 거대한 세계, 시간의 종말이요, 시초다. 생사를 초월한 시간에서 밥을 만나면 밥을 먹고, 차를 만나면 차를 마신다. 이때에 사람은 그때 그때마다 시간이 되어 버린다. 시간이 될 때 시간은 없어지고 시간 없는 시간을 살게 된다. 이때 비로소 시간을 마음대로 지배하는 입장이 되어 진짜 평상심으로 정말 일상적 실존이 된다. 그것이 자연이다.

관심關心

『존재와 시간』의 근본과제는 존재다. 존재가 무엇인가를 구체적으로 논술하는 것이 이 책의 목적이다. 그러기 위해서는 존재와 존재자를 구별해야 한다. 존재자는 나무나 돌이나 무엇이든지 존재하는 것은 다 존재자다. 그리고 존재자를 존재자로서 있게 하는 것, 그것이 존재다.

하이데거는 자기는 실존철학자가 아니라고 한다. 실존은 인간의 하나의 존재양식이요, 그 중심은 인간이다. 그러나 하이데거는 인간이 중심이 아니다. 존재가 중심이다. 인간도 존재의 하나의 형태에 불과하다.

하이데거는 인간론이 아니라 존재론을 시도한다. 하이데거가 묻고 있는 것은 존재일반을 묻고 있는 것이다. 그런데 존재는 언제나 은폐되어 있다. 은폐되어 있는 것이 하이데거의 현상이다. 이 현상은 현상 측에서 우리에게 보여주어야 한다. 현상이 자기를 보여주고 싶은 대로 보여주어야 한다. 이것을 현상학이라고 한다. 그런데 이 숨은 존재를 누구에게 물을 것인가. 길은 한 길밖에 없다. 그것은 인간이다. 인간은 무엇이 있다는 것을 막연하게나마 알고 있으며 존재가 희미하게나마 나타나는 곳은 인간뿐이다. 그래서 인간을 현존재라고 한다. 현존재를 분석하여 존재론적 구조를 해석하는 것을 해석학이라고 한다.

하이데거는 현존재의 범주를 실존범주라고 하고, 실존론적 분석을 기초적 존재론이라고 한다. 존재일반을 묻는 현상학은 현존재로 압축되게 되었다. 현존재의 현상학, 이것이 해석학이다. 현존재의 현상은 말씀이기 때문이다. 현존재의 실존론적 분석을 통해서 존재론적 구조를 차근차근 해석해서 도달되는 것은 현존재의 존재다.

하이데거는 현존재의 존재를 보살핌이라고 생각했다. 우선 물건을 보살피고〔配視〕, 사람을 보살피고〔顧視〕, 자기를 보살핌〔透視〕이다. 현존재의 존재는 보살핌이다. 현존재의 본성은 사랑이다. 사랑의 의미는 무엇일까. 시간성이다. 시간성은 솟아나는 샘물처럼 일체를 새롭게 한다. 현존재의 존재와 의미는 존재자의 존재일반과 그 의미와 통하는 데가 있을 것이다. 존재와 시간은 보살핌과 새롭게 함이다. 『존재와 시간』은 존재의 의미까지를 서술하고 제1부가 끝이 났다. 그리고 제2부는 다시는 나오지 않았다. 그러니까 우리가 읽을 수 있는 것은 현존재의 존재론적 구조의 실존론적 분석뿐이다.

하이데거가 보살핌에 관련지어 내놓은 것이 세 가지다. 도구와 다른 사람과 자기 자신이다. 먼저 첫 번 째로 도구의 존재론적 구조를 밝혀본다. 인간이 현존재로서 보살핌이라는 기능 때문에 사물은 도구가 된다. 도구는 우리의 보살핌 없이 손앞에 있는 것이 아니다. 우리의 보살핌을 받으며 손안에 있다. 손에 잡힌 망치는 못을 치려고 못을 지시指示하고 있다. 도구는 언제나 적절한 장소에서만 사용되어야 한다. 도구의 적구適具성과 적절適切성과 적재적소適材適所성은 도구의 적용適用성을 보장해 준다. 이렇게 도구가 적절하게 쓰여지는 장소가 세계다.

이 세계에서 쓰여지는 도구는 제각기 따로 따로 쓰여지는 것이 아니다. 전체적 연관을 가지고 있고 궁극목적은 현존재인 사람이 되고 만다. 그렇다면 모든 도구는 현존재인 사람이 존재함으로써만 도구적 존재의 의의意義를 찾을 수가 있다. 이런 의의의 총체가 세계성이라는 것이다.

도구의 세계성은 도구의 의의성이며 도구의 의의성은 현존재와의 전체적인 관련 때문에 있는 것이다. 그렇기 때문에 도구와 관계하는 현존재는 도구의 기반으로서의 세계 속에 이미 존재한다는 사실이 전제되지 않으면 안 된다. 그렇기 때문에 현존재는 우선 세계-내-존재世界-內-存在다. 현존재가 세계-내-존재라고 할 때에 우선 현존재는 도구처럼 세계 안에 내던져진[被投性] 존재라고 할 수가 있다. 이때에 인간은 아프다든가, 괴롭다든가, 아무렇지도 않다든가 하는 기분을 가지게 된다. 하이데거는 이것을 정상성情狀性이라고 한다.

현존재는 시시각각으로 어떤 정상 속에 놓이게 된다. 현존재가 이런 정상성 속에 있다는 것은 현존재가 피투성被投性이라는 성격 때문이지만 그러나 이것은 다른 존재 사물과 다른 현존재만의 사실성이기 때문에 현존재의 세계-내-존재로서의 존재성격은 정상성 내지 피투성과 연관하여 현사실성이라는 특수한 성격을 가지게 된다. 현사실성이란 사실성과는 다르다. 현존재는 도구적 존재도 아니요, 사물적 존재도 아니다. 이런 것을 보살피는 존재다. 그런데 사람은 세계-내-존재로서 세계-내-존재인 도구와 친밀하게 될 때 또 다른 세계-내-존재를 만나게 된다. 그것이 다른 사람이다.

옷감을 마를 때에 같이 마르는 사람도 있지만 옷감을 주문하는 사람도 있다. 그런데 현존재가 도구의 목적이었던 것처럼 옷감을 주문한 현존재는 옷감을 마르는 현존재의 목적이 되어 현존재는 어느새 하나의 도구로 전락될 수도 있다. 이렇게 된 현존재는 평균화되고, 균등화되고, 무책임하게 되고 중성이 되어 아무도 아닌 존재자가 된다. 주체성主體性을 상실한 중성中性으로서의 개성 없는 존재가 된다. 이것을 비본래성非本來性이라고 하여 하이데거는 자기로 살지 않고 있는 자기상실의 인간을 거저 사람 다스만(dasman), 얼빠진 사람, 얼간이라고 한다. 물론 얼간이라도 사람임에 틀림이 없다.

　하이데거는 비본래적이건, 본래적이건 현존재의 존재방식을 통일적으로 취급하지 그것을 절대 차별하지는 않는다. 그러니까 현존재는 본래적 자기를 상실하고 다른 현존재의 지배를 받는 수단으로서의 세인世人도 될 수 있다. 될 수 있는 것이 아니라, 모든 사람이 거의 그렇게 되어 있다. 그렇게 되어 있지만 현존재의 친밀성은 자기를 상실하고도 계속 남아 있어서 여전히 세계와 세계사물과 친밀 하는 속에 더욱 자기를 상실해 간다. 이처럼 타자의 지배를 받으며 세계 내에서 만나는 존재와 친하여 그렇게 삶으로 속인으로서의 자기의 본래적 자기를 상실하고 있는 현존재의 존재적 양식을 하이데거는 퇴락頹落이라고 한다. 이것이 세계-내-존재로서의 현존재의 둘째 성격이다.

　이제 현존재의 제3의 성격이 드러난다. 그것은 현존재의 본래적 자기가 되살아나는 문제다. 현존재의 친밀성은 현존재를 더욱 비본래적 자기로 끌고 들어갔지만 현존재에는 또 하나의 성격이 있었다. 그것은 현존재의 정상성情狀性이라는 것이다. 소위 기분이라는 것이다. 친밀성이 수평적이라면 정상성은 수직성이다.

　사람은 자기의 자리가 있다. 사람이 자기의 자리에서 떨어지면 사람은 기분이 나쁘다. 자기의 설자리가 무너지면 마음이 평안치 않다. 불안하다. 이 불안, 그것은 공포와는 다르다. 공포는 대상을 가지고 있지만 불안은 대상이 없다. 거저 불안하다. 물에 빠지면 거저 불안하다. 입장이 없기 때문이다. 그러나 입장이 서면 안전하다. 그것이 본래적 존재다. 본래적 존재란 자기의 입장을 가진 것이요, 비본래적 존재란 자기의 입장을 못 가진 것이다.

　존재란 자리란 말이다. 있다는 것은 자리에 있는 것이다. 사람은 신도 아니고 동물도 아니다. 사람은 중간 존재다. 사람은 언제나 자기의 자리를 유지해야 한다. 중간존재가 현존재의 위치다. 그런데 그것이 동물의 세계로 떨어지면 인간은 한없이 불안하다. 불안은 결국 현존재가 비본래적인 자기가 되어 타자의 지배를 받는 노예가 되어 타자와 더불어 공공적 세계公共的 世界에 몰입沒入하여 이 세계와 친밀하게 지내면서 세계 안에 살고 있을 때에 그것이 자기 상실이며, 자기 상실이 곧 불안인 것이다. 그렇다면 세계-내-존재가 하나의 불안이 된다는 것은 현존재가 세계와 친밀하게 지낼 수 없는 존재라는 것을 말하고 있다. 그렇다면 불안을 느끼는 존재가 본래적인 존재인 것이다.

그런데 현존재는 비본래적인 존재일 수도 있지만 본래적인 존재일 수도 있다. 그런 의미에서 현존재는 가능적 존재다. 현존재가 가능적 존재라는 것은 현존재는 자기의 본래적 자기가 무엇인지를 어렴풋하게나마 요해了解하고 있는 것이다. 그것은 불안을 통해서 요해하고 있다. 불안이 없으면 현존재는 비본래적인 자아로 끝날 지도 모른다. 그러나 현존재는 마음의 불안 때문에 더 극단적으로는 마음 때문에 본래적 자기를 찾게 되는 것이다.

마음이 곧 부처다. 마음 때문에 인간은 자기를 본래적 자기로 밀어 올린다. 이것이 기투企投라고 한다. 인간이 자기가 제자리에서 떨어졌다는 것을 깨닫〔了解〕고 본래적인 자기로 밀어 올린다고 할 때에 본래적인 자기는 자기보다 앞서 있었다고 할 수 있다. 여기, 자기에 앞서라는 현존재의 존재성격이 드러난다.

하이데거는 자기보다 앞서 있는 본래적 자기로 자기를 밀어 올리는 이런 태도, 이런 태도가 현존재의 또 다른 존재방식이 된다고 한다. 이런 존재방식을 실존實存이라고 한다. 하이데거는 실존을 정의하여 현존재가 그것에로 이런 저런 태도를 취할 수가 있고 또 언제나 그런 태도를 취하고 있는 존재 자신을 실존이라고 한다.

실존이란 자기의 본래적인 자리로 기어올라가는 존재가 실존이다. 이리하여 현존재에는 도구에 대하여 현사실성, 타자에 대하여 퇴락, 본래적 자기에 대하여 실존, 이 세 가지 성격이 드러나게 되었다. 세계내부에 이미 존재하고 있다는 현사실성, 세계 내에서 만나는 존재자 밑의 존재로서의 퇴락, 자기에게 앞서 있는 존재를 따르는 실존, 이런 세 가지 성격을 하이데거는 세계-내-존재의 세 가지 구조기구라고 말하고 있다. 이 세 가지 구조기구는 하나의 통일현상으로서, 이 세 가지 현사실성과 퇴락과 실존은 모두 현존재의 근원적인 성격으로서 모두 현존재의 조르게, 혹은 관심, 보살핌의 세 형태, 배시配視 또는 배려配慮, 고시顧視 또는 고려顧慮, 투시透視 또는 투려透慮라고 할 수 있다. 도구를 돌아보고 남을 돌아보고 자기를 돌아보는 돌아봄의 세 형태라고 할 수 있다.

현존재의 조르게, 혹은 관심, 보살핌의 존재론적 구조를 가능하게 하는 현존재의 의미는 무엇일까. 그것이 시간성이다. 시간성을 밝히기 위하여 하이데거는 또 다시 죽음과 양심의 현상을 실존론적으로 분석해 간다.

이상 말한 것이 본론 제1부 '시간성時間性을 향한 현존재의 학적 해석과 존재에 대한 물음의 초월론적 지평으로서 시간의 설명' 이란 주제의 전반부인 시간성을 향하는 현존재의 학적 해석이다. 그것은 제1부 제1편 〈현존재의 예비적 기초적 분석〉이라고 되어 있다. 이 1편은 6장으로 되어 있는데 1장은 현존재가 무엇인가? 2장은 세계-내-존재가 어떤 것인가? 3장에는 세계의 세계성으로서 도구와의 관계지시성들이 문제가 된다. 4장은 타자와의 관계, 5장은 현존재의 퇴락, 6장은 현존재의 존재로서 보살핌이 논술된다. 일련의 마지막은 하이데거의 진리의 열어보임〔開示性〕으로 끝맺는다.

생경험生經驗

생生을 학문으로 이해하는 것이 아니라 생을 생으로 이해한다. 다시 말하면 인생을 아는 것으로 그치지 말고 사는 데까지 가자는 것이다.

철학자는 아는 사람이 아니라 사는 사람이다. 살기 위해서는 시간이 무엇인가를 물어야 한다. 시간이 얼마나 소중한 지를 알아야 한다. 철학자는 시간을 시간 자신으로 이해해야 한다. 생을 생 자신으로 이해한다. 자기를 자기자신으로 이해한다. 그러기 위해서는 몸소 고苦속에 뛰어들 수밖에 달리 방법이 없다. 찬 지, 뜨거운 지 물 속에 뛰어들 수밖에 길이 없다. 생의 사실성, 생의 사실적 경험, 이것이 아는 것 이전에 더 중요하다. 이것이 생의 해석학이요, 사실성의 해석학이다. 생을 체험해 보는 것이다. 이것이 시간성이다. 시간을 시간 자신으로부터 이해하는 것이다. 이 말은 생을 근원으로부터 이해한다는 말이다. 삶을 근원적으로 이해할 때 내 삶을 더 깊이 이해하게 된다.

인간의 삶이 근원적으로 이해될 때 인간은 삶에 깊은 경탄을 느끼게 된다. 이때 비로소 인간에게는 새로운 삶이 시작되고 새로운 시간이 전개된다. 지금까지는 아무 의미 없이 살았지만 이제부터는 의미를 가지고 살게 된다. 지금까지는 세월을 인식 못하고 살았지만 이제부터는 의미를 가지고 살게 된다. 지금까지는 세월을 의식 못하고 살았지만 이제부터는 세월을 의식하고 시간을 아끼면서 살게 된다.

삶은 무의미한 것이 아니다. 삶은 우연적인 것도 아니다. 삶은 필연적인 것이다. 삶에는 어떤 뿌리가 있다. 이런 근원적인 삶을 가지기 위해서는 근원과의 만남(아레테이아)이 필요하다. 사람은 근원의 표현(파로시아)이요, 현존재(디자인)이다. 인간의 삶은 흘러가는 삶이 아니요, 근원적인 삶이며, 인간의 시간은 흘러가는 시간이 아니라 근원적인 시간이다.

인간이 근원과 부딪힐 때 이런 경험은 사실적 생경험事實的 生經驗이라고 한다. 이런 경험은 거저 쉽게 나오는 것이 아니다. 고생고생 끝에 나오게 된다. 죽어라 하고 고생한 끝에 얻어지는 경험이다. 십자가를 지는 경험이다. 십자가를 지고 걸어가는 존재, 그것이 죽음에의 존재다. 십자가를 지고 산꼭대기에 올라섰을 때 그때 근원적 경험을 하게 되고 근원적 개시根源의 開示에 접하게 된다. 생의 전체적 파악이 가능해지고 직관을 얻게 되는 것이다. 이때에 사람은 자기를 극복하게 되고 죽음을 넘어서게 된다.

죽음을 초월한 사람을 하이데거는 실존이라고 한다. 언제나 죽을 수 있는 존재, 죽음을 극복한 존재, 죽음에서 자유로운 존재, 사람이 실존이 되면 죽음 저쪽에 소리를 듣게 된다. 존재의 소리를 듣게 된다. 그리고 존재의 소리를 드러내는 현존재가 된다. 현존재는 인간의 가장 가능적인 존재다. 죽음에 뛰어든다는 것은 사람이 가장 자기다운 가능성으로 뛰어드는 것이다.

사람의 본질은 자유다. 자유란 신성이며 무無다. 인간은 죽음을 넘어설 때 자유를 얻게 된다. 인간이 죽음을 넘어섰다는 것은 정신이 육체를 지배할 만큼 정신이 자랐다는 말이다. 인간은 정신이 될 때 자유롭다. 정신이 자기의 가장 자기다운 본질이다.

인간은 무엇인가. 정신이다. 산 정신의 철학 행위에 찬 사랑의 철학, 경탄에 있어서 신에 내통하는 은밀한 철학, 이런 철학을 하이데거는 의식하고 있다. 그러기 위해서는 한번 죽었다 펴는 고생을 참고 견디어야 한다. 젊어서 고생은 금을 주고도 못산다고 한다. 고생을 피하지 말고 고생 속에 뛰어드는 것이 죽음에 뛰어드는 것이다. 죽음 속에 뛰어들 때, 죽음을 앞당길 때〔先驅的 決意〕, 이 때에 사람은 사람이 된다. 사람이 사람의 형상을 되찾게 된다. 사람은 죽음 속에 뛰어 들 때 영이 깨어난다. 이상이 된다. 신의 형상이 된다. 장래將來가 된다.

사람은 영이 될 때만 사람은 자기의 육체를 돌보게 된다. 육체를 과거라고 하면 과거로 돌아오는 것이다. 영이 육체를 돌보는 것이 수신修身이다. 사람은 장래가 될 때 과거로 되돌아온다. 이렇게 자기의 영을 되찾은 사람이 철든 사람이다. 철든 사람만이 근원적 시간을 살게 된다. 철든 사람만이 시간을 의식하고 시간을 계획하고 시간을 앞당기며 장래에서 산다. 죽음에 뛰어든 존재만이 죽음을 넘어서게 되고 도리어 죽음을 돌보게 된다.

죽음은 과거에 속한다. 과거는 다 죽은 것이다. 죽음에 뛰어드는 것은 과거에 뛰어드는 것이다. 과거에 뛰어드는 것은 고전古典에 뛰어드는 것이다. 고전을 사랑하여 말씀 속에 사는 것이 죽음에 뛰어드는 것이다. 죽음에 뛰어들어 죽음이 깨진다는 말은 고전에 뛰어 들어 고전이 깨진다는 것이다. 고전이 깨질 때 우리는 진리를 깨달았다고 한다. 진리를 깨달았을 때 인간은 과거를 벗어버리고 현재에서 살게 된다. 이것이 현전성이다. 장래가 과거가 되고, 과거가 현재가 된다. 이것이 철든 사람의 시간이다.

시간의 근원적 경험이란 철이 드는 것이다. 아침에 도를 듣는 것이다. 그러면 저녁에 죽어도 좋다. 죽음에의 존재는 루터의 '하이델베르그 토론 24'에 관계된다. "죽는다는 것, 그것은 죽음을 현재로서 느끼는 것을 말한다." 오늘 죽어도 좋다. 그것이 철든 사람이다. 철든 나무처럼 열매가 무르익으면 언제 떨어져도 좋다. 이것이 실존이다.

실존은 이 세상에 속한 사람이 아니다. 시간에 있기는 있지만 시간에 속한 사람이 아니다. 영원한 현재다. 시간에 있으면서 시간을 넘어선 사람, 시간이 찬 사람, 영이 된 사람, 죽음에의 존재는 영이 된 사람이다. 아직 나무에서 떨어지지는 않았지만 이제 곧 떨어지려는 열매, 그것이 죽음에의 존재다. 육을 쓰고 있는 영, 언제 죽어도 좋은 영, 도통한 사람, 시간을 초월하려는 사람, 아직 시간에 있기는 하지만 금새라도 시간을 떠나려는 사람, 시간성, 근원적 시간, 영원한 현재, 사실적 생경험, 정신, 세상에 있기는 있지만 세상에 있지 않는 사람, 하나님의 아들, 세상에 있지만 세상에 속하지 않는 사람, 이것이 현존재요, 죽음에의 존재요, 사실적 생경험이요, 현존재의 사실성의 해석학이다.

성서 데살로니가 5장 1절에 보면 "주의 날은 도적같이 온다."고 기록되어 있다. 아무 때 죽어도 좋다. 다 익은 실존은 지식이나 개념이 아니라 사실이다. 도이며, 영이다. 이성이 아니라, 생각이 아니라 직관이다. 하나님을 보고 사는 것이다. 사실적 생경험은 하나님을 만나는 사실이다. 파루시아, 현전이다. 시간의 장래성將來性이란 하나님의 오심이요, 내가 영이 되는 것이다. 내가 가능성이 되는 것이다. 자유가 되는 것이다. 죽음을 벗어나서 삶을 얻는 것이다. 존재가 되는 것이다. 내가 본래적인 내가 되는 것이다. 영적인 나, 자유의 나, 그것이 되는 것이다. 그것이 참 나다. 이것이 장래성이다. 이것이 제일 중요하다.

실존에 있어서는 장래성이 전부다. 그러나 영이 된 나는 육체를 버릴 수가 없다. 육체를 구원해야 한다. 개성을 살려야 한다. 타고난 것을 빛내야 한다. 타고난 것이 기재성旣在性이다. 마치 태양빛이 나무에 불을 붙이듯이 장작에 불을 지르는 것이 현전성이다. 영이 육을 불태워 정신을 내는 것이 현전성이다. 장래성과 기재성, 미래와 과거, 태양과 나무가 부딪치면서 불이 빨갛게 빛나고 있다. 이것을 현전성이라고 한다. 태양의 아들, 영원한 현재로서의 불, 죽음의 존재로서의 장작불, 현존재 이것이 시간성이다. 하이데거 말로 자기에게

도래한다. 그것이 장래將來라는 시간성이다. 영화靈化다. 그러나 그런 장래가 되기 위해서는 어디까지나 이미 있는 육적 자기를 받아들여야 한다.

천국은 하늘에서가 아니라 땅에서 이루어진다. 육적인 자기에 돌아오는 일, 이것이 현존재에 본래적인 기유성旣有性이다. 현존재는 언제나 육으로 귀래歸來하면서 영으로 장래將來하는 것이다. 육과 영이 둘 다 보존되면서 그 순간 순간 성숙해 가며 세상을 비추고 세상을 열어가는 정신, 그때 그때의 현실을 그때 그때 상황에 맞게 열어가며 그 속에서 나타나는 것들을 행동을 통해서 빛나게 하는 정신을 현존재라고 한다.

현재란 나와 만나는 것을 살려 가는 것이다. 나와 만나는 것을 비추고 깨우치고 살려주고 키워주는 것이다. 자기에게 장래하며 자기 자신의 기유旣有에 귀래하면서 자기 자신을 현전하는 이 세 가지 존재 방식을 시간성이라고 한다. 실존의 무르익음을 시성時性의 시숙時熟이라고 한다. 우리 인간, 즉 현존재가 시성의 시숙으로 있다는 것은 자기 자신의 무無인 죽음을 향하여 철저하게 열려져서 자기 자신을 성숙시켜가는 동성動性, 그것이 현존재의 시간성이다.

사람은 성숙해간다. 그것이 사람은 시간적으로 있다는 것이다. 세계-내-존재世界-內-存在도 마찬가지다. 자기의 무인 죽음에 자기를 열어 젖히고 그 속에 행위적으로 들어가 사물을 현재이게 하는 이런 실존이 움직이는 세계, 그것이 세계다. 실존 없이 세계는 없다. 세계를 열면서 세계 안에 있는 죽음에의 존재, 육으로의 영, 자유의 자연, 이것이 현존재다.

사람은 자연 속에 있으면서도 자유를 버릴 수가 없다. 자연에 안주할 수 없는 자유이기에 인간은 언제나 불안하다. 이 자유는 언제나 자연을 뚫고 나온다. 인간의 근본기분은 언제나 불안이다. 인간은 그 존재에 있어서 자기의 존재가 문제가 된다. 그것은 인간은 자연이 될 수 없는 자유라는 것이다. 인간은 어렴풋하게 자기가 자유라는 것을 자기가 기체라는 것을 느끼고 있다. 그것이 현존재다. 현존재인 존재는 자기의 존재에 있어서 그 존재가 언제나 문제가 되는 존재다. 가만있을 수 없다는 것이다. 속에서 자꾸 자유가 살아 나오기 때문이다. 밑바닥에서 죽음에의 존재가 밀고 올라오는 것이다. 죽음에의 존재는 죽음에의 자유라는 말이다. 영이 이 생을 뚫고 기어 나온다는 것이다. 이런 것을 경험하는 것이 근본적 경험이다. 이런 경험을 하고 나서 사는 것이 근본적 시간을 사는 것이다.

사람은 언제나 불안에 산다. 모순에 산다. 갈등에 산다. 걱정에 산다. 근심에 산다. 하이데거는 이런 것을 관심이라고 한다. 그렇기 때문에 사람은 죽음에의 존재가 완전히 자기를 탈락시키기 전에는 관심과 불안을 진짜로 극복할 수는 없다. 죽음에의 존재가 진짜로 원점에 돌아갈 때 세계가 열리고 시성時性이 시숙時熟하게 된다.

하이데거가 『존재와 시간』에서 현존재의 존재를 관심이라고 규정하고 관심의 의미를 시간성이라고 하는 것은 죽음에의 존재가 원점으로 돌아가서 경험하는 근본경험, 즉 현존재의 순간을 말하는 것이다. 자기의 존재를 불가능하게 하는 가능성으로서의 죽음을 받아들일 때, 그 때에 터져 나오는 자기 자신의 본래성, 그것이 시간성이다. 이리하여 죽음에의 존재는 영원한 현재가 되는 것이다. 죽음을 도리어 사랑하고 자기의 운명을 사랑하는 그런 존재가 된다.

죽음에의 존재는 죽음을 사랑함으로 죽음을 초월하는 자유 존재다. 이렇게 될 때 관심은 세상에 대한 애착으로서의 배타적인 사랑이 아니라 세상 전체를 구원하기 위한 관심, 사랑이 될 수 있다. 그런 의미에서 죽음에의 존재는 관심이라고 할 수 있다.

자고自孤

아침에 도를 들으면 저녁에 죽어도 좋다. 도는 생사를 초월하기 때문이다. 일도출생사一道出生死 일체무애인一切無碍人이다. 도인이야말로 성숙한 실존으로서의 자유인이다. 이런 실존은 정말 세계와 하나가 된 사람이다. 어머니가 집과 하나가 되듯이 실존은 세계와 하나가 된 사람이다. 실존이 실존이 될 때, 세계는 세계가 된다. 세계가 세계가 될 때, 실존의 면목은 뚜렷해진다. 꽃이 피고, 새가 우는 것이 실존이 실존이 되는 것이다. 천지가 제자리에 있고〔天地立焉〕 만물이 무럭무럭 자라는 것〔萬物化育〕이 실존이 되는 것이다. 실존은 영원한 현재이면서 동시에 평화로운 자연이다. 실존은 영원히 된 사람이요, 평화가 된 사람이다.

실존은 언제나 행을 사는 도인이다. 절학무위한도인絶學無爲閑道人이다. 지식이나 도덕을 초월한 정말 한가한 도인이다. 그래서 행은 외적인 행이 아니라 내적인 행이다. 이런 행은 언제나 숨은 행이지만 드러나지 않는 것이 없다. 은폐가 곧 비은폐. 아레테이아(진리)이다. 적적寂寂이 곧 조조照照가 되는 세계다. 은폐隱蔽가 곧 현전現前이다. 성색무처聲色無處 일진독로一眞獨露다.

지혜는 은폐 속에 언제나 현전을 간직하고 있는 것이다. 그러기 위해서는 생멸멸이生滅滅已 적조현전寂照現前이다. 생사를 초월하여야 실존이 되는 것이다. 생사를 초월하는 것을 도라고 한다. 십자가의 도도 내적 행內的 行이다. 실존을 지키는 행이다. 이것은 고행苦行도 아니고 외행外行도 아니다. 정행正行이요, 내행內行이요, 정도이다.

생사를 초월하기 전에는 생사 속에 영원은 없다. 생사를 초월하는 것을 시간을 끊는다고 한다. 흘러가는 시간을 끊어 버리는 것이다.

과거에서 현재로, 현재에서 미래로 흘러가는 시간을 끊어버리는 것이다. 그것을 시간제단時間際斷이라고 한다. 봄이 가고, 여름이 오는 것이 아니라, 봄과 여름 사이에는 아무 연결이 없다. 봄이 원인이고 여름이 결과가 아니다. 시간이 끊어지면 인과율이 끊어지고, 인과율이 끊어지면 이성理性이 끊어진다.

실존은 이성을 초월하고, 인과가 끊어지고, 시간이 끊어지고 사물을 직관하는 세계다. 적조현전寂照現前은 직관의 세계다. 가려진 은폐를 꿰뚫고 가려지지 않은 실재를 보는 것이다. 은폐가 곧 독로라는 말은 직관이라는 말이다. 속을 꿰뚫어 보는 것이다. 속은 가려져 있지만 꿰뚫어 보면 드러나게 마련이다. 은폐가 비은폐다. 진리요, 결국 직관이라는 말이다.

직관의 세계는 언어도단言語道斷의 세계다. 언어도단 심행처멸心行處滅이 직관이다. 존재현전의 현존재는 직관을 하는 사람이다. 사물의 본질을 꿰뚫어 보는 것이다. 직관을 견성見性이라고도 한다. 망연지후적적忘緣之後寂寂 영지지성력력靈知之性歷歷이다. 직관된 세계는 진공묘유眞空妙有의 세계다. 영원한 현재다. 현재 속에 영원이 숨어 있다. 그 영원을 보는 것이다. 그것이 존재현전이다. 나를 본 자는 하나님을 보았다. 실존은 직관을 하는 존재다. 고월원명 광탄만상 孤月圓明 光呑萬象이다.

인간은 스스로 열려 있는 곳이다(디자인). 이 열려있는 곳 속에 사물들이 들어서서 제 모습을 나타낸다. 그러므로 우리들 인간적 존재는 글자 그대로 존재개현의 장소로서 현존재라고 해서 마땅하다. 인간은 존재개현의 근원적인 근거다. 만일 우리가 인간 존재에서 현전現前이라는 이 점을 보지 않고 존재를 운운한다면 그것은 존재 그 자신을 너무나 소홀히 다루는 것이 된다. 인간의 본질적 사유인 요오了悟는 직관이요, 존재의 내현재전乃現在前이다. 존재개명, 하나님을 보는 것, 이것이 인간의 본질적 사유다. 그러기 위해서는 시간을 초월해야 한다. 부모님이 낳기 이전의 자기 면목을 보아야 한다〔明上座父母未生時面目〕. 그것이 본지풍광本地風光이다.

하이데거에 의하면 서구사상의 초기에 있어서는 존재의 근본개념인 우시아는 언제나 존재의 현전성을 의미하는 것이다. 영원한 현재 상주성常住性의 현전성現前性의 근거는 시간외에 어디서 찾아보겠는가. 그렇기 때문에 존재문제의 궁극적인 해명은 시간성에 있다. 시간을 초월하는 것이다. 생사를 초월하는 것이다. 도다. 도란 존재의 입문이다. 하이데거가 『존재와 시간』을 책의 제목으로 하는 것은 원효의 일도출생사一道出生死 일체무애인一切無碍人이라는 말과 같은 말이다. 존재의 입문은 도다.

나는 길이다. 나를 본 자는 하나님을 본 것이다. 영원한 현재 상주성과 현전성, 현존재를 해명하는 길은 시간뿐이다. 근원적 시간만이 영원하며 현재적이다. 상주와 현전을 내현재전乃現在前이라고 한다. 원래 현전이란 인간의 본질적 사유로서 직관 또는 요오를 의미한다. 직관에서 존재가 현전하기 때문이다. 직관은 내현재전이다.

하이데거는 정확하게 말하자면 인간이 존재하지 않았던 때가 있었다고 하는 것은 말이 안 된다고 주장한다. 시간은 오직 인간이 있는 한에서만 시숙하는 고로 인간은 언제든지 있었고, 있고 또 있을 것이다. 인간이 없었던 때가 없었다고 하는 말은 인간이 영원으로부터 영원을 향하여 있는 것이라는 뜻이 아니다. 시간성은 영원이 아니라 영원한 현재이다. 영원한 현재는 인간존재요, 인간존재가 곧 시간성이다. 희랍인들은 존재자의 존재를 현전자現前者의 현전성으로 경험했거니와 현전에는 현재와 지속이 지배하고 있다고 보았다.

현재와 지속이 지배하는 곳에 시간이 존재한다. 그러므로 존재 그 자신은 시간에서 밝혀지는 것이다. 다시 말해서 시간은 비은폐성, 즉 존재의 진리의 입문이다. 그러므로 존재문제는 존재이해의 입문으로서 시간에서 다루어져야 한다. 시간에서 다루어진다는 말은 시간을 초월하는데서 이루어져야 하고, 시간을 초월하기 위해서는 생사를 초월해야 하고, 생사를 초월하기 위해서는 음양을 초월해야 한다. 일음일양위지도一陰一陽謂之道라. 음양초월은 상대를 초월하고 절대에 돌입하는 것이다. 존재는 절대다. 시간은 상대다. 상대를 초월하여 절대에 들어가는 것이 시간과 존재다.

음양을 초월해서 절대에 빛난다는 것을 시간적으로는 전후단속 중간자고前後斷續 中間自孤라고 한다. 전후단속이란 전부접멸前不接滅 후불인기後不引起라는 것이다. 앞의 것이 없어지고 뒤의 것이 일어나는 것이 아니다. 그것은 인과의 세계다. 시간성은 인과가 끊어지고 앞의 것은 앞의 것대로, 뒤의 것은 뒤의 것대로, 그 가운데 아무 상관이 없는 이성을 초월한 실존의 세계, 삼차원을 초월한 사차원의 세계다. 그것은 영원히 빛나는 중간자고의 절대 현재다. 그것은 과거, 현재, 미래의 객관적 시간을 말하는 것도 아니고 의식의 흐름으로서의 주관적 시간을 말하는 것도 아니다. 주객을 초월해서 절대로 빛나는 절대현재 존재의 현전성으로서의 근원적 시간을 말하는 것이다. 주무소주住無所住의 현재 아닌 현재며 영원한 현재다.

하이데거는 고대 희랍인들의 현재는 이중의 의미를 지닌다고 한다. 그들에게는 현재는 과거, 현재, 미래의 과거 및 미래와 구별되는 시재, 여기 눈앞에 있는 것으로서의 현재를 의미하는 동시에 영원을 드러내는 현전성을 의미하기도 한다.

영원이란 과거, 현재, 미래를 통틀어서 현전시키는 비은폐성, 즉 현전성을 의미하기도 한다. 그런고로 현재는 주관에 대하여 눈앞에 마주 서 있다는 상대적 현전을 의미하는 것이 아니라 비은폐성인 개현된 지역에 도래到來를 말한다. 비은폐성 속에 도래야말로 고유한 의미에 현전자의 현전, 즉 절대적 현재다. 이러한 도래를 경험하는 것이 견성이다. 신을 만나는 것, 현존재, 그것이 절대적 현재요, 키에르케고르의 순간이다. 시간과 영원이 부딪히는 영원한 현재다.

존재함은 비은폐성 속에 현전함이다. 직관된 것이다. 직관된 현재가 영원한 현재요, 그것은 존재가 도래한 현재다. 이것을 절대의 현재요, 생멸이 멸한 후에 나타나는 영원한 현재다. 그런 의미에서 생멸멸이 적조현전生滅滅已 寂照現前이요, 전후단속 중간자고前後斷續 中間自孤다. 전후단속의 현재는 근원적 시간으로서 절대 현재다. 이런 절대현재에서 상대적 현재도 나오게 된다.

하이데거는 시간이 존재를 지배하는 것이 아니라 존재가 시간을 지배한다고 한다. 시간도 하나님이 만든 것이다. 결코 시간이 존재를 지배하는 것이 아니라 존재자신이 자기를 시화時化하는 것으로서 모든 시간을 시화하는 것이다. 그것은 본래적인 근원적 시간 그 자신이다.

하이데거는 존재의 현전성을 자연이라고 한다. 자연은 모든 현실적인 것에 현전하면서 존재한다. 자연은 인간의 작품과 민족의 운명과 신들의 섭리뿐만 아니라 돌과 푸성귀와 짐승 심지어는 하천과 기후에도 현전한다. 불가사의하게도 자연의 편재성이 있다. 자연은 현실적인 것 속에 하나의 현실사물로서는 결코 나타나지 않는다. 이 편재현전은 또 개별적 현실사물들의 총화도 아니다. 이 편재현전遍在現前 그 자신은 현실적인 것으로 설명하려는 모든 해명에는 결코 들어서지 않는다. 그것은 옛날부터 현전하면서 어느 겨를에 벌써 이런저런 모든 개별적인 접근을 거부한다. 만일 인간의 조작이나 신의 영감을 빌려서 그것에의 접근을 기도할 때에는 이 불가사의한 것의 단순성은 부서지고 만다. 이 불가사의의 단순성은 모든 인위 속에는 들어서지 않으나 그럼에도 불구하고 그때마다 모든 것을 그의 현전성으로서 확철廓澈한다. 도는 인위적인 것이 없어졌을 때 저절로 드러나는 것이다. 무위자연無爲自然이다. 도통은 인위적인 시도 일체를 거부한다. 도는 손지損之 우손지又損之다.

자연은 모든 것을 넘어서서, 모든 것에 앞서서 영원한 것이다. 자연은 모든 이전의 것 중 가장 나이 먹은[老年] 것이요, 모든 이후의 것 중 가장 젊은것이다. 봄은 언제나 새롭고 언제나 영원하다. 자연의 도래는 가장 젊어 늙을 줄을 모르고 가장 늙어 젊을 줄을 모른다. 봄은 영원한 현재다. 그것은 직관에서 이루어진다. 만물을 생성케 하고, 시간을 생멸케 하는 편재현전성의 자연을 근원적 시간이라고 한다. 그리고 실존은 탈자적 존재脫自的 存在로서 존재의 조명이 일어나는 현존재이다.

오늘도 태양은 불타고 있다. 오늘도 자연은 스스로 불타고 있다. 봄이 되고, 가을이 되고, 여름이 되고, 겨울이 되며 스스로 자기를 시화하여 현전 상주하는 근원적 시간이 아니겠는가. 지자知者는 현재 속에서 영원을 본다. 지자에 있어서는 현재적 및 비현재적인 일체, 존재자를 단 하나의 현전 속에 통합 보존한다. 현재적 현전자 만이 존재가 아니라 과거와 미래의 것도 역시 존재하는 것이 된다. 그러므로 존재한다는 것은 비은폐성, 즉 직관에서 현전하는 것을 의미한다. 전후단속의 직관 속에 중간자고中間自孤하는 절대 현재, 이것이 근원적 시간이다.

인간은 존재의 소리를 들을 때 비로소 자기의 존재를 자각하게 되고, 자기의 존재를 자각할 때 만물의 존재를 존재하게 할 수 있을 것이다. 이것이 인간의 사명이다.

실존實存

『존재와 시간』에서 제일 중요한 것은 현존재와 시간성이다. 제1편은 현존재에 관한 이야기고, 제2편은 시간성에 관한 이야기다. 이것을 한마디로 "현존재의 존재의 의미는 시간성이다."라는 말로 표시한다. 현존재의 존재는 조르게, 즉 관심이다. 그러니까 관심의 의미는 시간성이라고 말해도 된다. 관심은 세계-내-존재 때문에 일어나는 것이다. 자연과의 관계, 인간과의 관계, 신과의 관계, 이런 관계 때문에 일어난다. 이런 문제는 한마디로 공간의 문제다. 존재의 공간문제다.

진공묘유란 말을 썼는데 현존재의 존재는 진공묘유라고 해도 좋다. 그것은 다 마음의 문제, 그래서 관심이다. 번뇌도 관심이요, 보리도 관심이다. 그런데 공간문제는 또 그 속에 시간문제를 동반한다. 시간에서 공간이 나오고 공간에서 인간이 나온다. 현존재는 인간이다. 존재는 공간이다. 의미는 시간이다. 현존재의 존재의 의미는 인간, 공간, 시간이라고 표현해도 된다. 맨 처음에 시간이 있었고, 시간 속에 공간이 있었고, 공간 속에 인간이 있다. 인간이 있기 전에 공간이 있었고, 공간이 있기 전에 시간이 있었다. 시간에서 공간이, 공간에서 인간이, 이것이 『존재와 시간』에서 말하려는 것이다.

가을이 와야 단풍이 들고, 단풍이 들어야 사람이 모여든다. 철이 들어야 살림을 하게 되고, 살림을 하게 되어야 사람을 길러낸다. 아버지는 시간성이고, 어머니는 공간성이고, 어린이는 인간성이라고 해도 좋다. 현존재가 몸이라면 존재는 마음이요, 의미는 정신이라고 해도 좋다. 의미는 정신이 깨는 것이다. 선구적 각오성先驅的 覺悟性이란 말을 쓰는데 정신이 깬다는 것은 철이 드는 것이다. 이것은 죽음이란 자극이 시간의 유한성을 고발하기 때문이다.

아이들이 몸이 자라면 그 다음에는 마음이 자라고, 마음이 자라면 그 다음에는 정신이 깨는 것이 시간성이다. 시간성은 불성과 같은 것으로 불성이 깨나는 것을 견성見性이라고 하는데 견성이 되어야 성불하는 것이다. 현존재는 진공묘유여야 하고, 견성성불이어야 한다.

진공묘유는 공간이 적멸이 되어 마음이 없어져야 하고, 견성성불이 되어 시간성이 깨어나야 하고 정신이 깨어나야 하고 철이 들어야 한다.

현존재인 인간은 마음이 텅 비어 진공묘유가 되어야 하고, 정신이 깨어나 견성성불이 되어야 한다. 인간은 공간 속에 있어야 하고, 시간 위에 있어야 한다. 시간, 공간, 인간, 이것이 현존재의 존심양성存心養性이요, 존재의 의미다. 이렇게 사람의 마음이 깨끗해지고 정신이 깨어나는 것이 현존재의 존재의 의미다. 그것은 거저 되는 것이 아니다. 이것을 가능성이라고 한다. 노력해야 되는 존재, 이것을 실존이라고 한다. 실존이란 실천해야 되는 존재다. 여기에 자유의 근거가 있다. 노력하면 자유가 되고, 노력 안 하면 자유가 안 된다.

실존의 핵심은 자유다. 부처란 자유인이다. 누구나 노력하면 자유인이다. 실존이란 가능적 존재다. 가능적이란 말은 노력해야 된다는 말이다. 가능적이란 말은 될 수 있고 되어야 한다. 될 수 있고 되어야 하는 존재, 그것이 실존이다. 현존재는 실존이 되어야 하고 될 수 있는 존재다.

현존재는 진공하면 묘유가 되고, 견성하면 성불이 된다. 실존문제는 의지의 문제다. 시간성이란 의지의 문제다. 시간성이 될 때, 견성이 될 때 의지의 인간, 행行의 인간이 된다. 행의 구조, 이것이 시간성의 구조다. 나는 이 시간성을 철이 든다고 그랬는데 철이 들면 내적 행內的行을 실천하게 된다. 철이 들었다는 것이 선구적 각오성이요, 각오성에 의하여 가장 독자적인 특이한 존재가능의 존재가 되는 것이다.

철이 들어야 그 사람의 개성이 깨어난다. 이처럼 현존재가 가장 독자적인 자기의 가능성에 도래到來할 수가 있고 또 이 가능성을 계속 유지해 갈 수 있을 때 그것을 실존이라고 한다. 자기가 자기 고유의 가능성을 보존하면서 자기가 자기 자신으로 계속 도래하는 것, 이것을 장래將來라고 한다. 장래는 미래와는 다르다. 미래는 아직 오지 않은 것이지만 장래는 현존재가 가장 자기의 독특한 존재가능에 있어서 자기에로 도래한 그 옴〔來〕을 말한다. 철이 든 것, 부처가 된 것을 말한다.

철이 들면 지금까지 내려온 모든 전통과 살림을 이어받게 되는 것이 기재既在성이다. 이제 이 유산을 밑천으로 하여 새로운 살림을 개척해 간다. 그것을 현전성이라고 한다. 자기에게 향向하는 도래와 근원에 되돌아오는 기재와 모든 것을 만나게 하는 현전, 이것이 시간성이다.

실존성의 첫째 의미는 장래다. 철이 드는 것이 우선이다. 철이 드는 것이 우선 급선무다. 그래서 독일어 '폴(vor)'이란 말을 쓴다. '앞서'라는 말인데 장래라는 것이 우선 실존의 첫 조건이다. 그 다음이 '숀(schon)'이란 말로서 '임'의 뜻인데 '임'이란 살림을 책임지는 것이다. 그 다음이 '바이(bei)'인데 이것은 '옆'이라는 의미로 현존은 장래와 기재사이에 끼어있기 때문에 '옆'이란 말을 쓴다. 자기에게 도래한다는 '래'가 장래將來요, 장래에서 기재가 시작되고, 장래와 기재에 쌓여 있는 것이 현전이다.

마치 어린 현전이 아빠 장래와 엄마 기재에 쌓여 있는 것이나 같다. 그러나 아빠와 엄마와 어린이는 셋이면서 하나다. 이래서 집이 화목하게 되고, 충만하게 되듯이 시간성은 성숙해 가고 충만해 간다. 시간성이란 인생의 가장 근원적인 힘이다.

시간성이란 정신력이요, 밑힘이요, 믿음이다. 삶의 가장 기초적 형식이다. 이 형식이 이루어질 때 소아는 빠져나가고, 무아가 된다. 무아를 탈자脫自라고 한다. 엑스타제다. 근원적이고 본래적인 시간성은 본래적 장래에서부터 시숙時熟한다. 본래적 장래가 장래적으로 기존하면서 현재를 일깨운다. 물론 이것은 하나다. 현존재의 존재는 관심이요, 살핌이다. 그런데 이때의 존재는 죽음의 존재다. 죽음에의 존재가 되어 살길을 살피고, 이 세상과 관계를 짓고, 거기서 오는 걱정근심과 우수사려에 쌓이게 된다. 그리하여 생로병사의 고해에 빠지게 되고 이 세상을 벗어나기 위해서 뛰어나오는 것이 선구적 각오성이다. 이리하여 새로운 각오를 가지고 정신적으로 사는 것이 시간성이다.

　죽음에의 선구라는 것은 죽음을 초월하는 것이다. 그래서 유한有限적으로 사는 것이다. 이것을 유한적 실존, 종말적 실존이라고도 한다. 죽어서 사는 것이다. 죽어서 살면, 사선을 넘어서 살면 죽음이 없다. 죽음은 육체의 죽음이다. 정신에는 죽음이 없다. 정신적으로 살 때는 죽음은 이미 없는 것이다. 근원적으로 산다는 말은 정신적으로 산다는 것이고 이때야말로 힘차게 사는 것처럼 사는 것이다. 실존이란 말은 열매라는 말인데 곡식이 열매를 맺게 되는 것은 가을이다. 자기 자신에게 돌아온다고 하는 것은 곡식이 열매가 되었다는 것이다. 자기 자신이란 열매란 말이다. 열매가 되는 것이 장래성이다. 장래성이란 가을이란 말이다. 그리고 땅 속에 들어 기재가 된다. 그러다가 봄이 되어 다시 현전이 된다. 철이라고 하는 것은 하나의 틀이다. 이 틀은 자연이며, 무아無我적인 것이다.

　탈자脫自란 말을 쓰는데 자연만 춘하추동이 아니다. 인간도 춘하추동이다. 어렸을 때, 젊었을 때, 어른이 되어 그리고 늙을 때, 이것은 확실히 춘하추동이다. 춘하추동을 하루 속에 가져야 한다. 아침이 봄이고, 낮이 여름이고, 저녁이 가을이고, 밤이 겨울이다. 인간의 삶이란 하루를 사는 것이다. 한 달을 살아도 하루살이요, 일년을 살아도 하루요, 백년을 살아도 하루다. 이 하루를 자연과 같이 사는 것, 이것이 시간성이다. 하루 속에서 가을을 사는 것이 장래요, 겨울을 사는 것이 기재요, 아침을 사는 것이 현전이다. 이것은 하나의 틀이다. 이것은 하나의 도다. 평상시도平常是道라고 한다. 일상日常이 아니다. 평상平常이다. 일상은 속된 시간이다. 그러나 평상은 영원한 시간이다. 영원한 시간이기에 도라고 한다. 저녁이 실존이요, 밤이 탈자요, 아침이 존재와의 만남이다.

아침에는 존재와 만난다. 내가 만나는 것이 아니다. 존재가 찾아오는 것이다. 그것이 이순耳順이다. 밤은 죽음이다. 그것이 탈자다. 그것이 지천명知天命이다. 저녁이 실존이다. 그것이 불혹不惑이다. 저녁이 계戒요, 밤이 정定이요, 아침이 혜慧다. 이것이 근원적 시간성이다. 실존을 유지하면 저절로 탈자가 되고, 탈자가 되면 저절로 존재와 만나게 된다.

장래에서 기재가 나오고, 기재에서 현전이 나타난다. 이것은 하나의 틀이다. 시 짓는 사람이 운만 맞추면 시가 저절로 나오듯이 사람의 삶이 시간성에 일치하면 존재의 의미는 저절로 드러난다. 이것이 현존재다. 이 틀〔骨組〕은 근원적 소유와 근원적 투시와 근원적 파악으로 구성되어 있다고 한다. 근원적 소유니, 근원적 투시니, 근원적 파악이니 하는 것은 근원적으로 먹고, 근원적으로 자고, 근원적으로 깨는 것이다. 우주와 같이 먹고, 우주와 같이 자고, 우주와 같이 깨는 것이 시간성이다. 하이데거의 철학은 깬 정신의 철학이다.

소강절의 시 한 수를 소개한다.

월도천심처月到天心處풍래수면시風來水面時
일반청의미一般淸意味요득소인지料得少人知

달이 하늘 복판에 도달[到來]하고 바람은 물위를 불어[旣在] 오는데 배 타고 노는 시원함[現前]이란 아는 사람만이 안다.

이것은 성인의 심경을 그린 것이다. 성인의 마음에는 언제나 달이 떠 있고, 성인의 몸에는 언제나 시원한 바람이 불어오고, 성인의 정신은 언제나 깨어 있다는 것을 말한다. 월도月到란 장래성을 말하고, 수면水面이란 기재성을 말하고, 청의淸意란 현전성을 말한다.

시간성이란 결국 철인의 경지를 말하고 있다. 철인을 탈자적 실존이라고 한다. 장래성과 기재성과 현전성, 이것이 우주관이요, 세계관이요, 인생관이다. 우주와 세계와 인생을 꿰뚫어 본 인생은 정말 인생을 살고 있는 것이다. 존재는 꿰뚫어 봄이고, 시간은 사는 것이다.

『존재와 시간』은 참깸과 참삶이다. 참깸을 통해서 참삶을 살자는 것이 해석학을 통해서 현상학으로 가자는 것이다. 깸에서 삶으로, 이것이 현존재의 해석학으로부터 보편적 현상학에 이르는 존재론이다. 시작은 언제나 현존재다. 현존재란 구체적 나를 말한다. 이것은 데카르트의 보편적 나가 아니다. 데카르트의 나는 누구나와 같은 말이다. 그러나 하이데거의 나는 누구나가 아니다. 그것은 정말 나다. 내가 있다. 그것뿐이다. 각자성各自性의 나, 저마다의 나다. 남하고 바꿀 수 없는 나다.

사람은 각각 자기가 문제가 되어야 한다. 자기가 문제가 되지 않는 사람은 철학과는 아무 상관이 없다. 각자의 자기를 문제 삼는다는 의미에서 하이데거는 실존주의에 속한다. 실존이란 대리불가능의 절대적 나다. 자기를 문제 삼는다는 것이 현존재의 해석학이다.

시간성時間性

『존재와 시간』제2편은 시간성을 문제로 삼는다. 제1편에서는 현존재를 묻고 있었다. 그런데 제1편에서는 현존재의 일상성을 묻는 것이었다. 그것은 결국 살핌〔關心〕이다. 어머니를 찾는 어린아이의 단계처럼 그것은 불완전하고 비본래적인 것이었다. 속인과 퇴락을 문제 삼았다. 현존재의 존재는 관심이었다. 그런데 제2편에서는 현존재의 존재의 의미를 묻고 있는 것이다. 어린아이가 찾고 있는 것은 어머니다. 어머니가 존재의 의미며 관심의 근거는 시간성이다.

시간성에서 밝혀지는 것은 현존재의 전체성과 본래적 존재다. 현존재의 전체성과 본래성을 밝힘으로 현존재의 존재의 실존론적 해석은 그 근원성에 도달할 수 있게 된다. 어린이의 관심이 살핌이라면, 어머니의 시간성은 살려줌이다. 아이가 지혜라면 어머니는 사랑이다.

제2편의 제1장은 현존재의 전체존재다. 전체존재란 죽음에까지 도달한 사람이다. 또 죽음에까지 도달했다는 말은 죽었다는 말이 아니라 현존재가 삶의 한가운데서 자기의 종말인 죽음에 뛰어 들어 자기의 죽음을 앞당기고, 자기의 죽음을 뛰어넘어 현존재가 각각 존재가 되는 것을 말한다.

현존재의 존재의 살핌, 관심이 장작불이라면 현존재의 존재의 의미 살림, 시간성은 금강석 빛이다. 관심이 번뇌라면 시간성은 불성이요, 보리다. 비본래적 비전체적 현존재가 장작불이라면, 본래적, 전체적 현존재는 금강석이다. 나무가 장작불도 되고, 금강석도 되는 것은 나무가 태양〔存在〕의 아들〔現存在〕로서 불이 될 수도 있고 근원적으로는 빛이 될 수도 있다. 번뇌가 되고, 보리가 되는 것은 모두 불성 때문이다. 걱정근심도 불성 때문이요, 안심입명도 불성 때문이다. 미혹하면 관심이 되고 깨달으면 시간성이 된다. 번뇌 즉 보리는 관심 즉 시간성이다. 나무가 금강석이 되기 위하여 땅 속에 묻히는 것처럼 전체적 존재의 분석은 죽음의 현상 분석이다.

현존재란 죽음을 문제 삼는 존재다. 현존재의 존재는 살핌〔關心〕인데 밤낮 살피는 것은 죽음을 살피는 것이다. 현존재의 관심은 죽음이다. 결국 제1편에서 다룬 것은 죽음에 떨고 있는 현존재를 문제 삼은 것이다. 그리고 이제 죽음을 건너뛰는 현존재, 그것이 제2편 시간성의 문제다. 죽음을 뛰어 넘는 길은 죽음에 뛰어드는 길밖에 없다. 그것을 선구先驅라고 한다.

현존재의 본래성을 찾는 것이 제2편 제2장의 내용이다. 현존재의 본래성은 양심이다. 인간에게 절대적인 것이 있다면 그것은 양심이다. 인간의 절대적인 양심을 지키겠다는 결의, 그것이 결의성決意性이다. 3장에서는 현존재의 전체성을 드러내는 죽음에의 선구와, 현존재의 본래성을 드러내는 양심의 결의가 어떻게 연결되는가 하는 것이 그 내용이다. 무엇이 죽음을 뛰어 넘게 하는가. 그것은 양심이다. 죽으면 죽었지 양심은 못 속인다. 이것이 죽음에 뛰어드는 양심의 힘이다. 이것을 선구적 결의성이라고 한다. 죽음에 뛰어들어 다시 빛나는 것이 금강석이다. 금강석이 현존재의 존재의 의미요, 그것을 시간성이라고 한다.

시간성이란 영원한 현재라는 말이며, 태양의 아들이란 말이다. 영원한 현재나, 태양의 아들이나 같은 말이다. 시간적으로 말하면 영원한 현재요, 공간적으로 말하면 태양의 아들이다. 태양의 아들, 금강석이 영원히 빛나는 시간성이다. 현존재와 시간성은 같다. 현존재의 존재의 의미는 시간성이다. 시간성이란 영원히 빛난다는 말이다. 태양이 금강석이 되니 장래요, 태양이었음이 기재성이요, 현재 빛나니, 현전성이다.

현존재의 존재의 의미는 빛이다. 인생의 목적은 하나님의 영광을 드러내는 하나님의 아들이 되는 것이다. 영원한 빛, 영원한 현재, 그것이 시간성이다. 시간성은 근원적 시간이다. 영원한 시간이요, 영원한 현재다. 이와 같이 근원적 시간, 시간성을 문제 삼은 후, 다시 옛날로 돌아가서 지엽 말단적 시간, 비본래적인 세계-내-존재로서의 시간, 그것은 시간성과 어떻게 관계가 되는가? 시간성과 시간, 어머니와 아이, 금강석과 장작, 이것이 어떤 관계가 있는가? 이것이 제4장에서 다시 한번 논의가 된다.

하여튼 제2편의 핵심은 시간성이요, 그것은 선구적 결의 때문에 금강석이 된 것이다. 이리하여 현존재인 나는 금강불괴의 확고한 내가 되는 것이다. 이런 나는 나로 끝나는 것이 아니라 사회를 열어 헤치고, 역사를 열어 헤친다.

제2편 제5장에서는 현존재의 역사성이 다시 실존론적으로 규명된다. 역사학이란 어떻게 성립되는 것일까? 이것을 하이데거는 시간성을 근거로 해서 해명해 간다. 이것이 제5장의 내용이다. 사람이 역사적으로 살아가고, 세계-내-존재로서 사회적으로 살아갈 때 사람은 세계시간을 설정하지 않을 수가 없다. 세계시간에 의하여 세계내부의 존재자의 시간 규정이 이루어지게 된다. 그래서 세계 안에 사는 만물은 시간 안에 있게 되고 만물의 시간 내부성이 성립된다. 이것이 우리가 쓰고 있는 통속적인 시간 개념인데 어떻게 시간성에서 세계시간, 시간 내부성, 통속적 시간개념이 생기게 되는가 하는 것이 제6장의 과제다. 이리하여 하이데거가 시간성을 근거로 해서 우리들의 일상성日常性, 역사성歷史性, 통속적 시간개념을 학문적으로 해석한 것이 『존재와 시간』의 제2편이다.

제1편에서 존재문제를, 제2편에서 시간문제를 결국 현존재의 존재의 의미는 시간성이다 라고 하는 한마디로 매듭짓는다. 생의 의미가

무엇이냐? 성숙해지는 것이다. 성숙한 인생, 그것이 현존재다. 성숙한 인생을 우리는 자유라고 한다. 자유의 탐구, 그것이 『존재와 시간』의 전부일 것이다. 현존재의 존재의 의미가 무엇일까. 자유다. 시간을 초월한 자유, 열두 시에 끌려 다니지 말고, 열두 시를 넘어서서 사는 사람, 그것이 현존재다. 절학무위한도인絶學無爲閑道人, 그것이 현존재다.

『존재와 시간』 제1편에서는 현존재의 존재를 살핌〔關心〕으로 밝히고, 제2편에서는 현존재의 존재의 의미를 살핌〔時間性〕으로 밝혀 근원적인 시간성의 시숙 위에 현존재의 모든 존재구조는 가능하게 된다는 것을 제시하고 입증하는 것이 『존재와 시간』의 사실상의 내용이다.

하이데거의 『존재와 시간』이란 존재의 이해를 가능케 하는 것은 시간이라는 뜻이다. 어른은 철이 들어야 한다. 그런데 하이데거는 현대를 철이 들려는 때가 가까워진 것으로 본다. 그것은 현재가 어른을 완전히 잊어먹은 때이기 때문이다. 존재의 의미에 대한 물음이 현대에 와서 완전히 망각되어 있다라는 말은 아버지를 잊어먹었다는 말이다. 그러나 그것은 아들이 거의 어른이 되었다는 말이 아니겠는가. 그래서 망각이 도래到來가 아니냐. 인간이 성숙해져서 존재가 된 것이 아니냐. 그것이 현존재라는 생각이다.

존재의 물음은 플라톤, 아리스토텔레스가 필사적으로 찾던 과제다. 그런데 그후 이천 년, 이 물음은 침묵을 지켜왔다. 플라톤이나 아리스토텔레스만큼 힘찬 사람이 없었기 때문이다. 그것은 헤겔도 마찬가지다. 지금까지의 철학은 플라톤이나 아리스토텔레스의 각주에 불과하다. 그런데 세계대전을 치르면서 인류의 멸망을 앞에 둔, 죽음의 존재인 오늘의 사람들은 생의 의미를 다시 묻지 않을 수 없게 되었다. 그것이 오늘의 역사요, 철학적 사유다.

결국 존재의 물음은 시간이 만들어 내는 것이다. 이미 존재는 시간에서 이해되고 있고 존재 이해는 역사적인 것이다.

존재론의 역사는 존재의 이해라고 할 수가 있다. 존재 망각의 역사가 존재의 물음이 되는 것이다. 존재의 망각이 존재의 물음이 되는 것은 현존재가 성숙했기 때문이다.

하이데거는 현존재는 역사적이 되었다고 한다. 인간이 세계의 주인공이 되었다는 말이다. 역사의 움직임은 인간 밖의 힘에서가 아니라 인간고유의 힘으로 움직이고 있다는 것이다. 물론 하이데거가 역사라는 큰 수레바퀴가 돌아가고 있고, 인간의 운명이 수레바퀴에 걸려서 돌아가고 있는 것을 모르는 것은 아니다. 다만 하이데거가 인간의 역사를 움직인다고 하였을 때 인간은 실존으로서의 인간을 말한다. 죽음으로부터 해방된 실존이 본래적인 역사성을 드러내게 된다는 것이다. 마치 금강석이 스스로 빛을 발하듯이, 죽음에 자기를 내맡겨 죽음에서 다시 자유로워진 실존이 자기만 빛나는 것이 아니라 같이 사는 모든 현존재를 빛나게 한다. 전통을 물려받아 되살리는 것이 실존의 운명인데, 전통뿐만 아니라 같은 시대에 사는 사람을 다시 살려 내는 것을 명운命運이라고 한다. 운명은 진리를 깨닫는 것이고, 명운은 생명을 얻게 하는 것이다.

실존은 도에 통한 사람이다. 자기의 장래성이 도이고, 자기의 기재성이 진리이고, 자기의 현전성이 생명이다. 자기가 깨고, 말씀이 깨고, 사람이 깬다. 실존이 되면 유산을 물려받게 되는데 이것이 운명이요, 그 유산으로 사람들을 살려낸다. 이것이 명운이다. 실존이 되었다는 말은 어른이 되었다는 말이다. 그것이 현존재다.

어른은 역사의 주체다. 이것이 역사성이라는 것이다. 이 역사적으로 있다는 말은 그의 존재가 죽음에의 존재, 책임지는 존재, 깨달은 존재라는 말이다. 결국 인간이 역사에 짓밟히지 않고 역사의 주체가 되는 것은 죽음에 짓밟히지 않고, 죽음에서 벗어나는, 죽음에의 자유에 있다. 죽음에의 자유가 현존재의 실존을 역사적 실존이 되게 한다.

현존재의 실존가능성은 밖에서 오는 것이 아니다. 그것은 자유가 아니다. 그것은 근원적이 아니다. 자기 속에서 나와야 근원적이고 자유다. 자기에게서 나온 시간, 이것이 근원적 시간이다. 자기 속에서 터져 나오는 시간이 자기 속에서 나오기 위해서는 시간의 유한성이라는 것이 제일 큰 자극제다. 이제 곧 죽는다는 이 자극이 없으면 좀처럼 철이 안 든다. 죽음에의 존재, 종말에의 존재가 결국 실존을 가능케 한다.

자기의 유한성의 철저한 자각에서 주관적 자기는 죽고, 실존적 자기로서 죽음에서의 자유를 획득하여, 역사적 실존이 되는 것이다. 결국 20세기에 들어와서, 거대한 기구에 끼여 죽게 된 인간은 이 역사의 수레바퀴에 모두 멸망해버릴 것인가를 묻는다. 이 역사의 수레바퀴를 움직이고 있는 역사의 배후에 뛰어 드는 그것이 허무요, 악마인 것을 간파하고, 역사를 다시 실존과 신성의 역사로 돌리어 새로운 역사를 찾아내는 역사가 실존적 역사다. 결국 자유의 절대 부정이 자유의 절대긍정으로 바뀌는 시대가 현대라는 것이다. 결국 '역사가 무엇인가'는 '실존이 무엇인가' 하는 문제가 되고 말았다.

하이데거는 죽음을 초월한 현존재만이 역사적 세계 문제를 해결할 수 있다고 말함으로 생각 있는 사람에게는 깊은 동의를 불러일으킬 수 있게 되었다. 그것은 실존만이 세계 문제를 풀 수 있기 때문이다.